Helene Sommerfeld
Die Töchter der Ärztin
Zeit der Hoffnung

HELENE SOMMERFELD

DIE TÖCHTER DER ÄRZTIN

Zeit der Hoffnung

Roman

dtv

Von Helene Sommerfeld ist im dtv außerdem erschienen:
Polizeiärztin Magda Fuchs –
Das Leben, ein ewiger Traum
Polizeiärztin Magda Fuchs –
Das Leben, ein großer Rausch
Polizeiärztin Magda Fuchs –
Das Leben, ein wilder Tanz
Die Töchter der Ärztin. Zeit der Sehnsucht

MIX
Papier aus verantwortungsvollen Quellen
FSC® C019821

Originalausgabe 2023

Lektorat: Anne M. Hilliges
Zitat auf S. 5 aus: Erich Kästner, Der Gang vor die Hunde
© Atrium Verlag AG, Zürich, und Thomas Kästner, 2013
Karte »Berlin« und »Los Angeles«: © Peter Palm, Berlin
Stammbaum: © Katharina Netolitzky, www.katharina-netolitzky.com
Umschlaggestaltung: Hauptmann & Kompanie Werbeagentur, Zürich
Umschlagmotive: Lilia Alvarado/Trevillion Images; Rekha Garton/
Arcangel Images; Lee Avison/Arcangel Images
Satz: C.H.Beck.Media.Solutions, Nördlingen
Gesetzt aus der Stempel Garamond 10,25/13,5·
Druck und Bindung: Druckerei C.H.Beck, Nördlingen
Printed in Germany · ISBN 978-3-423-21876-4

»Was soll bloß aus mir werden«, flüsterte sie,
als spreche sie zu sich selber …
»Eine unglückliche Frau, der es gut geht«,
sagte er viel zu laut.
»Überrascht dich das?
Kamst du nicht deswegen nach Berlin?
Hier wird einem nichts geschenkt, hier wird getauscht.
Wer haben will, muss hingeben, was ist.«

aus: *Der Gang vor die Hunde*
von Erich Kästner (1899–1974)

LOS ANGELES
1930
Hollywood School for Girls
HOLLYWOOD
Hollywood Blvd.
Sunset Blvd.
Santa Monica Blvd.
Cedars of Lebanon
Melrose Ave.
WEST HOLLYWOOD
La Brea Ave.
Filmstudio Paramount
Western Ave.
Vermont Ave.
BEVERLY HILLS
Sunset Blvd.
Villa Florentine
San Vicente Blvd.
Santa Monica Blvd.
PACIFIC PALISADES
Haus Victor/Henny
Overland Ave.
CULVER CITY
LOS ANGELES
SANTA MONICA
Filmstudio MGM
Santa Monica Pier
Baldwin Hills
Ocean Park
Venice
Culver Blvd.
PAZIFISCHER OZEAN
INGLEWOOD
Friedhof
Manchester Ave.
Palisades Del Rey
Belleview Ave.
HAWTHORNE
El Segundo
El Segundo Ave.
ATHENS
Manhattan Beach
GARDENA
Hermosa Beach
Redondo Beach
TORRANCE
N
W
O
S
Palos Verdes Hills
HOLLYWOOD
PASADENA
PACIFIC PALISADES
BEVERLY HILLS
SANTA MONICA
INGLEWOOD
Santa Monica Bay
LOS ANGELES
LONG BEACH
Terminal Island
San Pedro Bay
0 1 2 3 4 5km

DIE KAPITEL

DIE WICHTIGSTEN PERSONEN

Ricarda Thomasius »Rica« * 1863, Ärztin
Henriette Vandenberg »Henny« * 1890, ihre älteste Tochter
Antonia Thomasius »Toni« * 1900, ihre jüngste Tochter
Siegfried Thomasius * 1860, Ricardas Mann
Victor Vandenberg * 1892, Hennys Mann
Victoria Vandenberg »Vicky« * 1918, Hennys und Victors Tochter
Leonhard Vandenberg »Leo« * 1929, Hennys und Victors Sohn
Rosamunde von Freystetten »Rosel« * 1865, Ricardas Schwester
Karla Petersen * 1842, Ricardas und Rosels Mutter
Friedemann von Freystetten * 1864, Rosels Mann
Frieda von Freystetten * 1907, Friedemanns und Rosels Tochter
Franz von Freystetten * 1889, Friedemanns und Rosels Ältester
Grit von Freystetten * 1898, Franz' Ehefrau
Florentine von Freystetten * 1862, Victors Mutter
Georg Kögler * 1895, Ricardas Sohn
Sophie * 1892, seine Frau
Berthold * 1916, Richard * 1921, die gemeinsamen Söhne
Celia Fahrland * 1898, Freundin von Toni
Guntram Harrich * 1901, Arzt

Adam Jacob Mills * 1900, Student der Germanistik
Jonathan Landsmann * 1895, Architekt
Josefine Daldrupp * 1896, Sprechstundenhilfe
Kurt Vollmer * 1887, Freund von Victor
Marlene Dietrich * 1901, Schauspielerin
Vicki Baum * 1888, Schriftstellerin
Doris Kaufmann * 1901, Schauspielerin
Ernst Wagner * 1878, Kriminalrat

HEIMKEHR

— ◆ —

September 1929

So oft hatte Antonia sich diesen Augenblick vorgestellt: Der Zug fährt in den Lehrter Bahnhof ein, sie sieht vom Abteilfenster aus auf den Bahnsteig hinab, wo sich die Menschen drängen. An dieser Stelle hatte sie sich immer gefragt: Würde Guntram dort sein? Mit einem Strauß Rosen. Egal, welche Farbe sie hätten. Schon eine einzige wäre schön. Ihre Vorstellungskraft hatte stets nur bis zu diesem Augenblick gereicht. Und dann? Würde ihr Herz vor Freude springen? Was würde sie tun? Guntram umarmen, gar küssen?

Nun war dieser Moment da, in dem der Zug in den Lehrter Bahnhof einfuhr.

Woran sie nicht gedacht hatte, waren die dicken weißen Wolken aus Dampf, die sich bildeten, wenn die Lok hielt; sie verstellten ihren Blick. Als der Qualm verflog, suchten ihre Augen den Bahnsteig ab. Die ersten Paare hatten sich gefunden und fielen sich in die Arme. Aber es war niemand da, der sie erwartete. Auch kein Guntram. Natürlich nicht. Wie denn auch? Sie hatte von einer Ankunft geträumt, die es nicht geben konnte, weil niemand wusste, dass sie ausgerechnet an diesem vorletzten Samstag im September in Berlin eintreffen würde.

Mit demselben, nunmehr reichlich ramponierten Koffer in der einen Hand, der verkratzten Arzttasche in der anderen, den Rucksack aus verdrecktem Leinen auf dem Rücken und in denselben Kleidern, mit denen sie im Winter 1927 aufgebrochen war, betrat Antonia den Vorplatz des Lehrter Bahnhofs. Es war früher Morgen, die ganze Nacht war sie unterwegs gewesen. Nicht nur diese Nacht, auch die Tage und Nächte der letzten Wochen. Mit dem Flugzeug, dem Schiff, der Bahn. Es war nicht nur eine Reise vom Osten Afrikas hierher nach Berlin gewesen, sondern der lange Abschied von einer unerfüllt gebliebenen Sehnsucht, und das noch schwerere Vergessen einer unerfüllt gebliebenen Liebe.

Ihr war, als wäre sie in ihrem Körper nicht zuhause. Eine große Abgeschlagenheit, ein Gefühl von Kälte, als ständen die Türen offen wie bei einem Durchzug. Sie fror, obwohl es in Berlin nicht kalt war. Das große Thermometer am Bahnhof zeigte immerhin fünfzehn Grad.

Jemand rempelte sie an, sie tat ein paar Schritte zur Seite, kam einem anderen, der in seinen Tag hineinhetzte, in den Weg, und prallte gegen eine Frau, die aus ihrem Bauchladen heraus Butterstullen verkaufte.

»Kannste nich kieken! Mach die Oogen uff!«

Der Umgangston ihrer Stadt.

»'tschuldigung«, brummelte Antonia und erinnerte sich zu spät daran, dass man sich in Berlin nie entschuldigte; man blaffte bestenfalls zurück.

Den kurzen Weg entlang der Spree war sie hunderte, tausende Male gegangen. Der Fluss beschrieb einen Bogen rund wie ein Hufeisen. Rechter Hand ging der Blick zum Platz der Republik, wo die goldene Statue der Viktoria über den herbstlich bunten Bäumen des Tiergartens glänzte, und dann erreichte Antonia auch bereits die Südspitze des Charité-Geländes. Sie wandte sich nach links und bog in die Luisenstraße ein.

Die aus dunklem Backstein erbauten Gebäude zogen sich entlang der schmalen Straße. Sie strahlten Ernsthaftigkeit aus, Strenge, Disziplin, jene Werte, die aus einem Krankenhaus den Hort weltweit geschätzten medizinischen Wissens geformt hatten. Dort hatte ihre Mutter Antonias Zukunft gesehen, und genau davor war sie davongelaufen. In der langen Zeit, in der sie fort gewesen war, hatte sie gelegentlich gegrübelt über ihren Entschluss. War es richtig gewesen oder falsch, wie fast die ganze Familie gemeint hatte. Sie hatte lange mit der Antwort gerungen. Nun würde sie sie schon sehr bald bekommen. Ein wenig fürchtete sie sich davor.

Gegenüber der Charité befand sich das Mietshaus, in dem die Familie wohnte und auch sie selbst. Immer noch, beziehungsweise: wieder. Obwohl sie in diesem Jahr neunundzwanzig geworden war.

Sie drückte die Türglocke neben dem Namensschild »Thomasius«.

Es war kurz vor acht. Die Gewohnheiten der Eltern waren ihr nach wie vor vertraut. Acht Uhr fünfzehn: Die Mutter bräche zu ihrer Praxis am Savignyplatz auf, wo sie um neun die ersten Patientinnen empfing. Acht Uhr fünfundvierzig: Der Vater ginge zum Invalidenhaus in der Scharnhorststraße, um dort eine Viertelstunde später ehrenamtlich Soldaten zu betreuen, die im Krieg Traumata erlitten hatten.

Aber auch nach dem dritten Läuten öffnete niemand. Sollten sich die Tagesabläufe der Eltern geändert haben? Reichten knappe zwei Jahre für etwas, das im Jahrzehnt davor nahezu unverändert geblieben war?

Die Hauswartsfrau öffnete ihr. »Toni! Biste wieder da! Komm rein. Wo der Schlüssel ist, weißte ja.«

Sie hatte Antonia schon als Kind gekannt und klang, als

wäre Antonia kurz einkaufen und nicht auf der anderen Seite der Welt gewesen. Wie lang die Reise dorthin dauerte, konnte sich schließlich niemand vorstellen, der es nicht erlebt hatte.

»Herr und Frau Doktor sind in Freystetten«, rief die Hauswartsfrau ihr nach, als Antonia schon in den ersten Stock hinaufging.

Der Schlüssel lag unter dem Fußabtreter, wie immer. Alles war still, und es roch ein wenig nach Staub und damit nach Stillstand, nur das Pendel der alten Stehuhr im Wohnzimmer kündete vom Vergehen der Zeit. Auf dem Küchentisch eine kleine Schachtel edler Pralinen und ein Brief mit der Handschrift der Mutter.

Liebe Toni, willkommen zuhause! Verzeih, dass wir nicht hier auf dich gewartet haben, aber wir mussten überstürzt aufbrechen. Ich erkläre dir alles, sobald du bei uns in Freystetten bist. In deinem Schrank hängt ein Kleid, das ich nach deinen Maßen habe schneidern lassen, damit du bei Hennys Hochzeit passend gekleidet bist. Ich hoffe, du bist mit meiner Wahl einverstanden. Komm, so rasch du kannst.
In Liebe, Mutter
P.S.: Celia Fahrland erwartet deinen Anruf.

Antonia heizte den Ofen im Badezimmer ein, ließ Wasser in die Wanne, legte sich hinein. Das Frösteln ließ dennoch nicht nach. Im Brotkasten fand sie einige Scheiben, in der Speisekammer war frisches Schweineschmalz mit Grieben und Apfel. Sie zog das Kleid über und besah sich im Spiegel. Der sonnengelbe Stoff wirkte so heiter, wie es sich für eine Hochzeit gehörte, und passte gut zu ihren dunklen Locken, die bis auf die Schultern fielen. Doch es war zu weit; sie hatte mehrere Kilo abgenommen.

Noch immer fror sie, zog zwei dicke Pullover übereinander und eine Strumpfhose unter. Sie hatte das Gefühl, ernsthaft krank zu werden, und beschloss, es zu ignorieren. Sie hatte keine Zeit dafür, schwach zu sein.

Sie ging zum Telefon, ließ sich mit Celias Anschluss in Schöneberg verbinden und sagte: »Hier ist Toni. Ich bin zurück.«

FRAU GRÄFIN

— ♦ —

September 1929

Das von Gelb in Braun verfärbte Laub säumte die schmale Straße. Die sich über die sanften Erhebungen dehnenden Felder waren gepflügt, satt von Feuchtigkeit schimmerte die Erde. Antonia streckte den Kopf aus dem geöffneten Autofenster und atmete tief ein. So roch, was ihre wahre Heimat war, so intensiv, so würzig, so kräftig. Das hatte sie ganz vergessen.

Über ihr rauschten die Kronen der Alleebäume hinweg, ein bunter Teppich, gewebt aus den Farben des Herbstes und dem intensiven Blau des Himmels. Hier im Osten von Brandenburg lagen Weite und Nähe so eng beieinander. In Afrika, das mehr noch in Antonias Herzen als in ihrem Kopf weiterlebte, hatte es nur die Weite gegeben. Und nichts, das der Seele Halt bot.

»Wie fühlt es sich an, wieder zuhause zu sein?«

Celia, ihre beste Freundin, hielt das große Lenkrad ihres Wagens lässig in den Händen. Ihr Lächeln verriet, dass sie die Antwort in Antonias Gesicht lesen konnte.

Sie beide waren durch und durch Berlinerinnen. Doch im Gegensatz zu Celia hatte Antonia schon einen Großteil ihrer Jugend hier draußen verbracht.

»Ich habe das alles vermisst. Aber …« Antonia zögerte. »Ich weiß nicht, ob ich dem gewachsen bin. Was mich erwartet.«

»Kein Wunder! Deine ganze große Familie auf einmal!« Celia lächelte mitfühlend. »Aber eine Nacht zum Eingewöhnen hast du ja noch.«

»Sie werden mich mit ihren Fragen überschütten!«

»So wie ich!«

»Bei dir ist das etwas anderes. Ich kann dir nicht genug danken, dass du mir sogar ein Flugzeug nach Afrika geschickt hast.«

»Kein Wort mehr dazu, Toni! Ich hätte dich gern mit meinem eigenen Flugzeug abgeholt, aber das war unmöglich.«

Die Freundin besaß als eine von wenigen Frauen eine Fluglizenz und sogar eine eigene Maschine. Am liebsten hätte sie Antonia sogar begleitet, als die zu ihrem großen Abenteuer aufgebrochen war. So hatte Antonia ihr nur stundenlang erzählt, von der Endlosigkeit der unvergleichlich schönen Landschaft, der Einsamkeit in der Savanne, aber auch der Konfrontation mit dem Tod. So viel war geschehen, dass sie Zeit brauchen würde, um sich wieder einzufinden in der Welt, die sie verlassen hatte. Doch auch zuhause hatte sich offenbar viel verändert.

»Wie heißt eigentlich Hennys und Victors Kind?«, fragte Antonia mit etwas gequältem Lächeln. »Ist es ein Junge oder ein Mädchen?«

»Ein Junge, aber die beiden wollen seinen Namen erst bei der Taufe preisgeben. Du wirst eine der Patinnen. Aber das weißt du schon?«

»Das hat Henny mir bereits geschrieben. Was danach geschah … keine Ahnung.« Antonia seufzte schwer.

Celia legte kurz ihre Hand auf Antonias Unterarm. »Das ist nur eine von vielen Überraschungen, die dich erwarten. Dein Cousin Franz hat auch geheiratet.«

»Wie bitte!« Antonia brach in Lachen aus. »Welche Frau nimmt den denn? Der hat doch nur sein Militär im Kopf.«

Celia grinste wissend. »Soweit ich Henny verstanden habe, hat er seine Haltung diesbezüglich nicht geändert. Man hat ihm eine Gattin ausgesucht. Dass deine Kusine Frieda Zwillinge erwartet, weißt du aber schon?«

»Frieda wird Mutter? Und wer ist ihr Ehemann?«

»Den gibt's nicht!«

»Uneheliche Grafenkinder? Unvorstellbar!«

Celia lächelte wissend. »Du warst einundzwanzig Monate fort. Eine lange Zeit, in der nicht nur viele Kinder entstanden sind.«

Endlich tauchte Schloss Freystetten auf, der elegante Bau mit den beiden Seitenflügeln, seinen Türmchen und der weiten Auffahrt.

Von irgendwo erklang Klavierspiel, brach ab, setzte von vorn an, als probte jemand ein neues Stück ein. In gewisser Weise passte das zu diesem unwirklich erscheinenden Moment. Es lag etwas Unfertiges in der Luft, eine sich anbahnende Veränderung. Erstaunlicherweise war das ein gutes Gefühl. Das Schloss repräsentierte die alten Werte, die Tradition, die Behaglichkeit, aber die Grafenfamilie hatte sich auch immer wieder neu erfunden. In gewisser Weise stand Antonia dasselbe bevor. Gleichzeitig spürte sie, dass das unangenehme Gefühl von Kälte verschwunden war, durch das sie sich elend gefühlt hatte. Freystetten hatte ihr gefehlt, das war wohl der Grund gewesen.

»Du lächelst so versonnen«, stellte Celia fest und begann, das Gepäck aus dem Auto zu holen. »Ich geb 'nen Groschen für deine Gedanken.«

Von dem neben dem Schloss gelegenen Gärtnerhaus näherte sich schnellen Schrittes eine elegant gekleidete Dame, die einen hochbeinigen Kinderwagen schob. Antonia stutzte, weil sie nicht gleich erkannte, um wen es sich bei der jungen Mutter handelte. Dann stürmte sie ihr entgegen.

Als Antonia auf Henny zueilte, dabei vergaß, ihren Strohhut mit einer Hand festzuhalten, sodass er fortsegelte wie eine tollkühne, längst überholte Idee, dachte Henny: Du bist ja doch noch meine kleine Schwester geblieben! Aber dann, als die zehn Jahre jüngere näherkam, fiel ihr die Veränderung auf. Das war nicht mehr die *Kleine*, als die Toni aufgebrochen war. Stattdessen war sie heimgekehrt als eine andere.

Als wer?

Konnten sie beide ansetzen, wo sie zuletzt aufgehört hatten? So viel war geschehen. So heftig wie selten zuvor hatte Henny in den letzten Monaten gespürt, wie viel ihr Toni bedeutete. Dass sie sich kein Leben ohne ihre Schwester vorstellen konnte. Henny schossen Tränen in die Augen.

»Oh Gott, ich bin so froh, dich gesund zu sehen!«

»Unkraut vergeht nicht!« Antonia gab sich burschikos wie früher. »Weißt du doch.«

Die Schwestern hielten sich im Arm, keine entweihte den kostbaren Augenblick durch ein weiteres Wort.

»Du siehst wie eine echte Abenteurerin aus«, sagte Henny.

Das Gesicht ihrer Schwester war stark gebräunt, wobei die Augenpartie etwas blasser war. Es war der Teint einer Weltreisenden, die im Cockpit der Sonne ausgeliefert und nur durch die große Fliegerbrille geschützt gewesen war. Ihre vollen braunen Locken waren wilder denn je und heller. Eine eigenwillige Persönlichkeit und eine schöne Frau war sie. Aber wie sah es hinter der Fassade aus?

»Hast du alles gut überstanden, Toni?«

»Ja. Jetzt geht's mir wieder gut.«

»Ich hatte Angst um dich.« Henny hatte sich vorgenommen, das nicht so direkt auszusprechen, denn es klang nach großer Schwester. Nach: Ich hab doch vorher gewusst, wie gefährlich alles werden würde. Obendrein war es eine Untertreibung. Die ganze Familie hatte um Tonis Leben gebangt.

»Ist ja alles gut gegangen.« Antonia bemühte sich offensichtlich ein wenig zu sehr darum, ihre Abenteuer herunterzuspielen.

»Es hieß, ihr wärt mit dem Flugzeug abgestürzt, Ben und du?« Henny befürchtete, dass es Toni schwerfallen könnte, diese Frage zu beantworten. Dennoch musste sie gestellt werden; niemand hatte bislang erfahren, was Toni wirklich zugestoßen war.

»Nicht abgestürzt«, korrigierte Antonia. »Ben hat in der Savanne eine Bruchlandung gemacht, als der Motor keinen Treibstoff bekam.«

»Und dann?«, fragte Henny atemlos.

»Wir wurden aus dem Flugzeug geschleudert.« Sie stockte kurz. »Aber ich hatte einen Schutzengel.«

Tonis Augen glänzten feucht.

Henny drückte ihre Schwester sanft an sich. »Es tut mir leid wegen Ben. Du hast ihn bestimmt sehr gern gehabt.«

Antonias Gesichtsausdruck veränderte sich. Es schien Henny, als blickte sie ins Nichts.

»Ich hatte viel Zeit, um über Ben nachzudenken. Und über mich. Darüber, was das eigentlich ist – Liebe.«

Es war offenkundig, dass Toni zu viel erlebt hatte, um darüber unbefangen zu sprechen. Man würde später Zeit genug haben, um zu reden.

Antonia linste in den Kinderwagen; es war ein willkommener Anlass, ihre Wunden nicht zu zeigen.

»Meine Güte, der ist ja süß!«

Hennys Kind war aufgewacht, blinzelte verschlafen, um den kleinen Mund zu einem Gähnen zu öffnen.

»Das macht er seit seiner ersten Lebensstunde so«, erzählte Henny. »Als wollte er etwas sagen, wozu ihm noch die Worte fehlen. Victor meint, in Wahrheit ist es ein lautloses Brüllen. Weil sein Sternzeichen der Löwe ist. Sein Geburtstag ist am 22. August.«

»Dann ist er jetzt fünf Wochen alt.« Antonia seufzte. »Ich hätte dir so gern beigestanden.«

Henny schluckte die Erwiderung runter. Während ihrer Schwangerschaft hatte sie Toni nicht vermisst; zumindest in der Anfangszeit, als noch niemand von dem Drama wusste, das sich in Afrika abspielte. In diesen Monaten hatte Hennys Leben eine neue Wendung genommen, und dazu hatte sie nur Victor gebraucht. Ihn hatte sie wiederentdecken wollen und damit auch die Frau, die sie gewesen war. Jemand, der das Leben genießen und es nicht nur verwalten konnte. Toni hätte dabei womöglich sogar gestört, aber das hätte sie ihr nie gestanden. Nun war es gut, dass sie zurück war. Als sie ihr nach einer gefühlten Ewigkeit wieder nah war, spürte sie die Hoffnung, es würde ein Neuanfang für sie beide sein.

»Magst du Leo auf den Arm nehmen?«, fragte Henny.

»Darf ich denn?«

»Natürlich! Du wirst seine Patin!«

Behutsam holte sie ihren Neffen aus dem Wagen. »Leo. Du hast aber einen klangvollen Namen bekommen.«

»Eigentlich wird er Leonhard heißen.«

»Guten Tag, kleiner Ritter Löwenherz! Ich bin Toni, deine Tante.«

Toni hielt den Säugling mit der gelassenen Sicherheit einer Ärztin. Sie schäkerte auch nicht mit ihm, sondern bot ihm ihren kleinen Finger, den er mit angeborenem Reflex umklammerte.

»Celia sagte, ihr wollt Leos Namen bis zur Taufe geheim halten. Warum?«

»Ich wollte abwarten, bis du zurück bist«, erwiderte Henny.

Dass es etwas mit der Angst zu tun hatte, ihre Schwester nie wiederzusehen, das verschwieg sie. Wenn etwas schiefgegangen wäre, hätte Leo einen anderen Namen bekommen, das hatte sie sich fest vorgenommen. Dann hätte sie ihn Anton, die männliche Form von Antonia, genannt. Nun, da sie ihren kleinen Sohn auf dem Arm ihrer heimgekehrten Schwester sah, bemerkte Henny etwas an sich, das sie lange nicht gekonnt hatte: Sie holte tief Luft und atmete aus. Es war wie eine Befreiung. Die große Sorge um Toni hatte zentnerschwer auf ihr gelastet.

Damals, als Toni ihr Vorhaben offenbart hatte, ihr praktisches Jahr als Ärztin in Afrika zu absolvieren, weil sie in Daressalam zur Welt gekommen war, hatte Henny sie gewarnt: Du begibst dich in zu große Gefahr. Ihre Unkenrufe wurden wahr. Aber nie mehr, niemals – das schwor sich Henny nun – würde sie ein einziges Wort darüber verlieren, dass sie recht gehabt hatte.

Mit zwei kurzen Fanfarenstößen aus der Hupe fuhr ein weißes Cabriolet heran, umrundete Celias Wagen und stoppte direkt vor dem Schloss. Aus dem Eingang eilte ein Diener und öffnete die Fahrertür. Henny konnte sich nicht erinnern, dass es so etwas hier früher gegeben hatte.

Die schlanke, ganz in Weiß gekleidete Dame entstieg dem Wagen mit vollendeter Grazie und blickte Henny mit einem Siegerlächeln an. Henny war gerade im Begriff, ihren kleinen Sohn wieder in den Kinderwagen zu legen. Dieser Blick fühlte sich nicht gut an. Er gab Henny das Gefühl, den Steigbügel gehalten zu haben, während die Dame auf das teure Ross gestiegen war. Das Dumme daran war nur, dass Henny genau das getan hatte. Hatte sie einen Fehler gemacht, sich darauf einzulassen?

»Welch ein extravaganter Auftritt!«, stellte Antonia fest. »Ist die Dame einer eurer Hochzeitsgäste?«

Die Vermutung lag nah, denn Victor, der Mann, den Henny morgen heiraten wollte, kannte berühmte Menschen.

Bevor Henny den Irrtum richtigstellen konnte, ertönte ein Schrei.

Antonia blickte Henny verwundert an. »Hast du das gehört? Ruft da jemand um Hilfe?«

Jede werdende Mutter ging mit der letzten, der alles entscheidenden Phase der Schwangerschaft anders um. Und Ricarda hatte selten erlebt, dass sie sich darin geirrt hatte, auf welche Weise sich ihre jeweilige Patientin dieser extremen Herausforderung stellen würde. Die Stunden und Tage, in denen eine Frau Leben schenkte, glichen einer Krise, in der sich die versteckten Seiten der Persönlichkeit enthüllten. Die Burschikosen offenbarten ihre Verletzlichkeit, die Schüchternen gingen aus sich heraus. Folglich hatte Ricarda nicht erwartet, dass ihre Nichte die Geburt so angehen würde, wie die gesamte Schwangerschaft – mit Abgebrühtheit. Mit dieser Haltung, die Ricarda so gar nicht nachvollziehen konnte: Jetzt krieg ich halt die Kinder, und dann mache ich, was ich am liebsten tue: Es mir gut gehen lassen.

Bei Frieda kam seit einigen Stunden jener Mensch voller Ängste zum Vorschein, den sie niemandem hatte zeigen wollen. Von denen Ricarda jedoch wusste. Vielleicht besser als ihre zweiundzwanzig Jahre alte Nichte selbst. Sie sehnte sich gerade jetzt nach Fürsorge, Verständnis und Liebe. Auch davon kündete der unmenschlich laute Schmerzensschrei, den Frieda in diesem Augenblick von sich gab.

»Verdammt! Warum muss das so wehtun!«

»Ruhig atmen, Frieda, bleib ruhig.«

»Du hast gut reden!«

Ich habe das dreimal durchgemacht, dachte Ricarda, aber sie legte nur beruhigend ihre Hände auf den Bauch ihrer Nichte.

»Ich brauche Luft, Tante Rica. Bitte mach das Fenster auf.«

Ricarda öffnete beide Flügel. Was für ein wunderbarer Herbsttag, dieses viele goldene Laub, von der tiefstehenden Sonne beleuchtet. Der weite Blick in den Park, der Ricarda nie gleichgültig ließ, war hier doch so viel geschehen, das sie geprägt hatte.

Bevor ihre Gedanken abschweiften, wurde sie vom lauten Hupen eines Autos in die Wirklichkeit zurückgeholt.

War das etwa Antonia? War sie angekommen?

Ricarda streckte den Kopf weit heraus. Es war zwar nur jene Dame, die sich seit ein paar Wochen Gräfin Freystetten nennen durfte, die aus dem Auto stieg. Tatsächlich war da unten aber auch Toni. Sie war offenbar bereits zuvor eingetroffen! Hier an Friedas Bett hatte Ricarda davon nichts mitbekommen, obwohl sie sich doch so darauf freute, ihre Jüngste nach langer Zeit in die Arme zu schließen.

Antonia hielt ihren kleinen Neffen schon auf dem Arm. Was für ein wundervoller Anblick, die beiden Töchter wieder vereint! Und Henny würde ihrer jüngeren Schwester morgen einen wunderbaren Vertrauensbeweis entgegenbringen. Sie, die bislang bezweifelt hatte, dass Toni die nötige innere Reife hätte.

»Toni ist gekommen, ich begrüße sie rasch!« Ricarda trat vom Fenster zurück und versicherte Frieda, gleich wieder bei ihr zu sein.

Aber ihre Nichte schrie erneut auf und atmete wieder

viel zu schnell. »Frauen können sterben bei der Geburt. Das weiß ich«, stieß sie hervor.

»Du stirbst nicht. Du darfst dich nur nicht so vollkommen unnötig aufregen«, besänftigte Ricarda.

Mit einem Ruck wurde die Tür aufgerissen. Atemlos stürzte Rosel herein. »Um Himmels Willen! Rica, mach das Fenster zu! Man hört Friedas Schreie überall.«

Sie wartete Ricardas Reaktion nicht ab, sondern verriegelte die Flügel selbst. Die bodenlangen Gardinen zog sie obendrein zu, obwohl es kein Gegenüber gab.

»Mutter, bitte, ich ersticke«, sagte Frieda angestrengt. »Mach wieder auf.«

»Kommt gar nicht infrage. Das Zimmer ist groß genug, du bekommst genug Luft«, widersprach Rosel.

»Es sind noch keine Gäste da«, wandte Ricarda ein. »Die frische Luft tut Frieda gut.«

»Und was uns guttut, danach fragt wohl niemand«, erwiderte Rosel schroff.

Was vollkommen abwegig war, denn Frieda sollte ihre Zwillinge nur deshalb im Schloss zur Welt bringen, weil ihre Mutter das so gewollt hatte. Als betreuende Ärztin hätte Ricarda es für verantwortungsvoller gehalten, die Zwillinge würden in einem der Berliner Krankenhäuser geboren. Allerdings sah sie ein, dass es so viel einfacher war, die Herkunft der Kinder zu verschleiern. Und sie war bestens vorbereitet; Friedas Zimmer glich einer improvisierten Entbindungsstation. Mit einer Einschränkung: Rosel hatte jederzeit Zugang, was alles verkomplizierte.

»Schön, dass du nun da bist«, sagte Ricarda und legte den Arm begütigend um die Schulter ihrer knapp zwei Jahre jüngeren Schwester. »Dann bleibst du jetzt bei Frieda, und ich gehe hinunter zu Toni, um sie zu begrüßen.«

»Nein, Rica, das kann ich nicht. Du bist die Ärztin.«

»Ich komme gleich zurück. Gib Frieda Wasser, halte ihre Hand.«

Ricarda fing Friedas Blick auf, der sie anflehte zu bleiben.

In der Einfahrt vor dem Schloss sagte Henny: »Toni, darf ich dir Grit vorstellen, die Gattin von Franz.«

Die neue Gräfin Freystetten bevorzugte offensichtlich einen extravaganten Kleidungsstil. Sie trug einen weißen Herrenhut, einen Borsalino, der einen geheimnisvollen Schatten auf die Augenpartie warf. Ihre Lippen waren grellrot geschminkt, und sie benutzte viel Make-up. Antonia gefielen ihr weißer, mit großen Karos auffällig verzierter Wollmantel und ihr weit geschnittener Herrenanzug. Das alles war allerdings völlig unpassend für das Landgut, das Schloss Freystetten im Grunde war. Es mochte Absicht sein, genau das zum Ausdruck zu bringen, weshalb auch immer. Antonia schätzte die extravagante Person auf höchstens Mitte dreißig. Sie war zwar nicht hübsch, aber durchaus apart, und hätte bestens in eine der schicken Bars in Schöneberg gepasst, von denen einige einen zweifelhaften Ruf genossen.

»Grit, das ist meine Schwester Antonia. Sie ist geradewegs aus Afrika eingetroffen.«

Die Vorstellung hätte in umgekehrter Reihenfolge erfolgen müssen. Antonia faszinierte, mit welcher Lässigkeit Henny die neue Gräfin damit auf Augenhöhe holte.

Ob die Dame auf diese Weise mit sich umspringen ließ, war eine andere Sache. Sie musterte Antonia mit hochgezogenen Augenbrauen und stellte fest: »Ach, die so lange verschollene kleine Schwester. Mir scheint, Sie sollten Ihr Make-up einer kleinen Prüfung unterziehen.«

»Mein Make-up wurde durch die Sonneneinstrahlung im Flugzeug beeinflusst, Durchlaucht.«

»Dann wäre diese Art des Reisens für mich wohl eher ungeeignet.« Die Gräfin lachte.

Zwei Hausangestellte räumten Gepäck aus dem Auto der neuen Gräfin, die sich an einen der Bediensteten wandte: »Man hat doch hoffentlich den Kamin in meinen Zimmern eingeheizt?«

»Selbstverständlich, Durchlaucht.«

»Man möge mir bitte ein heißes Bad bereiten.«

»Selbstverständlich, Durchlaucht.«

Mit schnellen, energischen Schritten strebte sie ins Schloss. »Das ist die Ehefrau von Franz? Konnte er denn niemand Passenderes finden?«

»Franz hat sie nicht ausgesucht. Sondern Frieda und ich haben das für ihn übernommen.«

Eine arrangierte Ehe war durchaus nach wie vor in besseren Kreisen üblich, und dazu zählte ein Graf Freystetten durchaus.

»Was hast du damit zu tun?«

»Das ist eine lange Geschichte.«

Auf diese Dame wäre meine Wahl kaum gefallen, dachte Antonia, schwieg aber lieber. Da sie über sich selbst herausgefunden hatte, dass sie von der Liebe nichts verstand, wäre sie wohl eine noch schlechtere Ehestifterin gewesen.

Die Eingangshalle schmückten bereits große Sträuße aus Sonnenblumen und einige Palmen in schweren Kübeln. Denn die Hochzeitsfeier würde im Gartensaal des Schlosses stattfinden. Von der Treppe in die im ersten Stock gelegenen Privatgemächer kamen schnellen Schritts Hennys und Tonis Mutter herunter.

»Toni, endlich! Da bist du!«

Antonia sah Ricarda sofort an, dass sie nicht irgendwo in

den unzähligen Zimmern dieses Anwesens tatenlos herumgesessen hatte. Wie so oft umgab sie jene besondere Aura nie ruhender Geschäftigkeit, die Antonia an ihr gleichermaßen schätzte wie fürchtete. Denn ihre Mutter war nie in erster Linie Mutter gewesen, sondern Medizinerin. Das Muttersein war eher so etwas wie eine Beigabe, weil ihr das Pflegende und Heilende im Blut lag. Oft hatte Antonia deshalb das Gefühl gehabt, ein Kind zu sein, das betreut werden musste. Nach all dem, was hinter ihr lag, hatte sie nicht den Wunsch, dass es so bliebe.

Sie sah jedoch noch etwas anderes: Ihre Mutter wirkte müde. Ricarda schien während Tonis Abwesenheit stärker gealtert zu sein, als es Antonia innerhalb dieser Zeit für möglich gehalten hätte. Ihr schönes volles Haar war schneeweiß geworden, sie trug es zum Knoten gebunden im Nacken. Und das ließ Toni sich schuldig fühlen, brachte sie es doch mit ihrer Reise in Zusammenhang, die viel länger als geplant gedauert hatte. Sie wünschte sich zwar, selbstständig leben zu dürfen. Gleichzeitig war sie die jüngste Tochter und damit jene, an der die Mutter mit besonderer Liebe hing; sie war die Letzte, die das Haus verlassen würde. Genau daran erinnerte sie der Blick ihrer Mutter: eine Mischung aus Sorge um und Stolz auf sie.

Zwar hatte Ricarda längst nicht so stark wie Henny auf Antonia eingewirkt, auf Afrika zu verzichten. Aber letztlich hatte sie deutlich gemacht, dass Antonia stattdessen unverzüglich eine Laufbahn als Ärztin an der Charité anstreben sollte. Es war der von der Mutter vorgezeichnete Weg einer Pionierin weiblicher Selbstbehauptung in einer Männerdomäne. Nun war Antonia zurück, und die Frage würde neu gestellt werden: Was soll aus dir werden?

Nicht heute, aber demnächst würde die Mutter das thematisieren.

»Ich habe euch Sorge bereitet«, sagte Antonia und schloss sie in die Arme. »Es tut mir leid.«

»Aber nein, das muss es nicht, Toni. Was haben du und Henny um uns gebangt, damals, als wir in China in diesen schrecklichen Krieg geraten waren. Ich bin so froh, dich gesund hier zu haben.«

Das war eine der Stärken ihrer Mutter: Sie konnte sich in Toni hineinversetzen. Vor allem freute es sie, dass Ricarda die Parallele zum eigenen Leben zog, denn Toni wusste, was Verlustangst war. Als Backfisch hatte sie über Wochen in diesem Schloss darauf gewartet, dass die Eltern heimkehrten.

Solange sie sich erinnern konnte, roch ihre Mutter selten nach einem Damenparfüm. Jetzt war es eindeutig *Lysol*, ein Mittel zur Desinfektion, das auch Toni in Afrika benutzt hatte.

Nun war der Schrei, der Antonia schon zuvor stutzig hatte werden lassen, erneut zu hören. Dieses Mal kam er eindeutig aus der oberen Etage.

»Bei Frieda haben die Wehen eingesetzt«, sagte Ricarda zur Erklärung. Sie klang dabei sehr sachlich.

»Henny sagt, Frieda erwarte Zwillinge. Soll sie hier im Schloss niederkommen? Gibt es dafür einen Grund?«

Ricarda nahm die Hand ihrer Tochter und lächelte Henny zu: »Ich entführe Toni mal für eine Weile.«

Ricarda Thomasius sah in den Gesichtszügen ihrer Tochter eine neue Ernsthaftigkeit, etwas Nachdenkliches, sehr Erwachsenes. Es schien jedoch für den Preis großer Schmerzen erkauft worden zu sein. Am liebsten hätte sie sich mit Toni in einer ruhigen Ecke versteckt und einfach nur zugehört, was sie zu erzählen hatte. Aber da rief bereits Rosel nach ihr.

»Habt ihr euch bei Frieda mit dem Geburtstermin geirrt? Oder weshalb ist sie hier?«, fragte Antonia, während sie die Treppen nach oben gingen.

Ihre Mutter hörte einen leicht kritischen Unterton heraus. Der war berechtigt, denn eine Zwillingsgeburt war in einem Krankenhaus besser zu betreuen als bei einer Heimgeburt. Auch wenn die verantwortlichen Ärztinnen sehr erfahren waren, so konnte man es durchaus für Selbstüberschätzung halten. Den wahren Grund würde Toni sehr schnell herausfinden.

Darum antwortete sie: »Frieda konnte den Zeitpunkt der Empfängnis tatsächlich nicht benennen. Sie führte damals ein sehr bewegtes Leben.«

Antonia blickte ihre Mutter skeptisch an. »Henny hat nichts davon gesagt, dass Frieda ebenfalls geheiratet hätte. Mutter, was geht hier vor sich?«

Ricarda sah ihrer Tochter an, dass sie über genügend Kombinationsgabe verfügte, um sich die Antwort selbst zu geben. »Genau das, was du vermutest, Toni. Friedas Kinder werden unehelich geboren. Das soll niemand erfahren. Was nicht einfach zu bewerkstelligen ist. Es brauchte dafür eine gehörige Menge Einfallsreichtum.«

»Niemand soll erfahren, dass Tante Rosel und Onkel Friedemann womöglich ein Stammhalter geboren wird? Die beiden sollten sich freuen!«

»In einer besseren Welt wäre es so, Toni.«

Ricardas Schwester hatte ursprünglich sogar verlangt, dass Frieda die Kinder nach der Geburt weggibt. Diese Information unterschlug Ricarda wohlweislich, um die sich anbahnende Konfrontation nicht vorzeitig hochzuschaukeln. Insgeheim hoffte Ricarda sowieso, dass sich Rosels Haltung ändern würde, wenn die Kinder erst mal da wären. Wenn sie sie im Arm hielte … Aber natürlich war das zu spät. Bereits jetzt hätte Frieda ihre Mutter gebraucht.

»Weil die Kinder unehelich zur Welt kommen, will man sie unterschlagen? Das sind doch Ansichten von vorgestern!«, empörte sich Antonia so laut, dass Ricarda erschrak.

»Ich würde dir gern zustimmen, Toni. Aber dies ist nicht die Großstadt, sondern ein Dorf. Hier haben die Leute andere Vorstellungen von dem, was sich geziemt. Daran muss sich die erste Familie des Ortes anpassen.«

»Geheimniskrämerei passt schlecht zu dem Umstand, dass das Haus voller Fremder sein wird. Tante Rosel wäre besser beraten, wenn sie zu ihrer Tochter stünde, anstatt ihr in den Rücken zu fallen.«

»Ich bin froh, dass du jetzt da bist, Toni. Du kommst gerade rechtzeitig.«

»Das dachte ich auch schon!« Sie reckte kämpferisch das Kinn.

Ihr Dickkopf hat jedenfalls keinen Schaden genommen, dachte Ricarda und gestand sich ein, dass Toni wohl tatsächlich der einzige Mensch war, der sich offen mit Rosel anlegen würde.

Sie öffnete ihr die Tür zu Friedas Zimmerflucht.

Obwohl draußen die Sonne vom klaren Himmel schien, herrschte in diesem Zimmer Halbdunkel, da die hohen Fenster hinter schweren Vorhängen verborgen waren. Die düstere Atmosphäre wurde durch ein gequältes Stöhnen verstärkt. Auf dem Bett lag Frieda und wand sich vor Schmerzen. Rosel war über sie gebeugt. Erst auf den zweiten Blick begriff Antonia, was Tante Rosel gerade tat: Sie versuchte, ihrer Tochter den Mund zuzuhalten, um sie daran zu hindern, zu schreien.

»Nicht so laut, Frieda. Man kann dich hören!«

Frieda stieß ihre Mutter fort.

Impulsiv durchquerte Antonia den großen Raum mit

festen, schnellen Schritten. »Es ist ihr gutes Recht, laut zu sein!«, rief sie empört.

Rosel schrak zurück. »Antonia, du bist da.«

Zur Schwester ihrer Mutter hatte Antonia nie ein herzliches Verhältnis gehabt. Sie hatte nicht gewusst, weshalb das so war. In diesem Augenblick, mit dem Abstand der langen Abwesenheit, fiel es ihr wie Schuppen von den Augen: Ihre Tante war ein selbstgerechter Mensch. Auch das Verhältnis von Frieda zu ihrer Mutter war nie gut gewesen. Zuletzt waren sie sich aus dem Weg gegangen. Doch gerade jetzt, wo sie Geborgenheit brauchte, war Frieda ihr ausgeliefert.

»Toni, ich habe dich vermisst.« Frieda streckte ihr die Arme entgegen.

Die Kusine war schweißnass.

»Zwei Kinder auf einen Schlag? Wenn du etwas machst, dann richtig«, scherzte Antonia.

Frieda war nicht zum Lachen zumute: »Ich habe Angst.«

»Das ist völlig normal. Und wenn du schreien willst, dann schrei deine Angst hinaus. Dies ist dein Zuhause.«

»Antonia! Wir haben Gäste!«, ereiferte sich Rosel, die Hände entsetzt an die Wangen gelegt.

»Bevor du hier noch mehr Unheil anrichtest, ist es wohl besser, wir lassen die beiden allein«, sagte Ricarda und führte ihre Schwester hinaus.

»Ich wünschte, wir beide wären Schwestern«, sagte Frieda. Die Wehen gönnten ihr gerade eine Pause. »Ich habe die falsche Mutter. Niemals hält sie zu mir.«

Das war in der Tat so. Ricarda hatte dazu ihre eigene Theorie, in die sie Antonia eingeweiht hatte. Demnach warf Rosel ihrer Tochter unbewusst vor, dass sie lebte, während deren Brüder tot waren. Die Jagdflieger Ferdinand und Florian von Freystetten waren vor mehr als zehn Jahren im Weltkrieg umgekommen, nur der Älteste lebte noch – Franz. Tante Rosel hatte ihren Tod immer als heldenhaft bezeichnet. Antonia war der Ansicht ihrer Mutter, dass sie den Verlust auf diese Weise leichter verkraften konnte.

»Nun erzähl doch erst mal, was hier geschehen ist, während ich fort war«, sagte Antonia.

Es war die Geschichte einer lebenshungrigen jungen Frau, die zwar nur sieben Jahre jünger als sie selbst und dennoch so ganz anders war. Antonia hatte sich mit Leidenschaft zunächst in das Studium der Tiermedizin gestürzt und war auf Humanmedizin umgeschwenkt. Frieda hatte zwar auch die Schule für höhere Töchter abgeschlossen, sich jedoch zu keinem Studium aufgerafft, sondern ihre Freiheit genossen, wie sie gerade sagte.

»Ich liebe die langen Nächte, Toni.« Sie blickte ihre Kusine mit einem Ausdruck im Gesicht an, der Bände sprach. »Nach Hause gehen, wenn die Stadt gerade erwacht. Das Licht ist dann so anders, weicher, die Geräusche gedämpfter, die Menschen schwatzen nicht so laut, und die Vögel singen ungestört. Einen Mann am Arm haben, der mir süßes dummes Zeug ins Ohr flüstert, mich grenzenlos bewundert, abgöttisch liebt und dessen Namen ich am Abend vergessen haben werde. Herrlich verrückt sein. Das Leben ist viel zu ernst.« Sie spürte wieder den Wehenschmerz, versuchte ein Grinsen, setzte hinzu: »Siehst du, das meine ich.« Sie fokussierte Antonia. »Du bist Ärztin. Du musst mir Kokain besorgen, damit ich das hier durchstehe. Das kannst du doch, nicht wahr?«

»Nein.« Die Silbe flutschte heraus wie etwas Verdorbenes, das sie ungewollt zu sich genommen hatte. »Das kommt nicht infrage.«

»Du bist anders als alle anderen, Toni. Du verstehst mich. Ich bitte dich, tue mir diesen Gefallen.« Sie verkrampfte sich, stieß die Worte hervor. »Mit Kokain ist alles einfacher. Ich weiß das.«

»Wann hast du es das letzte Mal genommen?«, fragte sie und maß den Blutdruck.

»Vor ein paar Tagen, aber hier bekomme ich keines. Meine Freunde werden nicht zu mir gelassen. Du bist meine einzige Rettung.«

Na, vielen Dank, dachte Antonia und zwang sich dazu, jetzt nicht wie die Kusine zu empfinden, die von Frieda für deren Zwecke eingespannt werden sollte, sondern wie eine Ärztin zu denken. Kokain galt immer noch als Medikation, die Ärzte gegen starke Schmerzen einsetzten, stand aber auch im Ruf, das Herz zu schädigen. Inwiefern sich das während der Schwangerschaft nachteilig auf die Leibesfrucht auswirkte, war nicht erforscht. Antonia hielt es dennoch für selbstverständlich, jedes Risiko auszuschließen. Oder war es dafür bereits zu spät? Ansprechen musste sie es, denn Frieda sollte wissen, was auf dem Spiel stand.

»Du wirst Mutter, Frieda. Auch wenn du die Kinder nicht willst, so trägst du die Verantwortung für sie. Du willst doch nicht, dass sie krank zur Welt kommen. Nur, weil du möchtest, dass es dir gut gehen soll.«

»Krank? Wie meinst du das?«

Friedas Blutdruck war viel zu niedrig. Das passte zu Antonias Theorie: Noch vor ihrer Abreise aus Deutschland hatte sie in einem Fachaufsatz gelesen, dass sich der menschliche Körper an Substanzen wie Morphium oder Kokain gewöhnte. Eine Entwöhnung ausgerechnet jetzt belastete den Organismus vermutlich zusätzlich.

»Dein Körper und die Kleinen sind miteinander verbunden. Kokain beschleunigt dein Herz. Das müssen auch die Föten mitmachen. Und dann fällt dein Puls wieder. Und damit auch jener der Kinder. Du willst doch nicht, dass die winzigen Herzen Schaden nehmen.«

»Wir Freystettener haben Herzen wie Pferde!«, rief Frieda. »Mach dir keine Sorgen!«

Eine Angestellte brachte einen Weinkühler voller Eiswürfel und frische Handtücher.

»Wie lange liegst du schon in den Wehen?«, fragte Antonia und legte die kühlenden Tücher auf Friedas Stirn.

»Seit einer Ewigkeit. Ich weiß es nicht, Toni. Frag deine Mutter. Sie ist meine Ärztin.«

Antonia überfiel die Vermutung, dass Frieda hier nicht in den Wehen läge, wenn sie selbst damals nicht in Afrika gewesen wäre, sondern ihrer Kusine hätte beistehen können. Denn die Ärztin Ricarda Thomasius war prinzipiell gegen Schwangerschaftsabbrüche. Antonia sah das etwas anders. Wenn es verantwortungsvoll von kundiger Hand zum richtigen Zeitpunkt gemacht wurde, fand sie es vertretbar. Das Thema war zwischen ihrer Mutter und ihr tabu.

»Du hast keinen Vater für die Kinder?«, fragte Antonia.

»Es kommen mehrere infrage.« Ihr verhuschtes Lächeln verriet, wie süß die Sünde einst geschmeckt hatte.

»Und einen deiner Liebhaber wolltest du nicht heiraten, nehme ich an. Und Henny?«, fragte sie. »Hast du sie um Hilfe gebeten, als du die Schwangerschaft bemerkt hast?«

Frieda verdrehte die Augen. »Vor vielen Monaten traf ich sie und Victor auf einem Fest. Ich war … na ja … in Feierlaune, und habe wohl ein paar Dinge gesagt und getan, die ihr nicht gefielen. Das war nicht so gut für unsere Freundschaft. Letztlich hat sie mir dann doch geholfen, als ich diese Idee mit Franz hatte. Hat sie dir das nicht erzählt?«

Eine neue Wehe hinderte sie daran, fortzufahren.

»Welche Idee mit Franz hattest du?«, fragte sie, sobald Frieda wieder sprechen konnte.

Als sie das Ergebnis kannte, schwankte Antonia zwischen Belustigung und Verärgerung: »Du bringst deinen Bruder dazu, die ihm fremde Grit zu heiraten, damit er deine Kinder adoptieren kann? Frieda, du spinnst doch! Das sind *deine* Kinder. Du kannst deinen Bruder nicht ausstehen. Und diese Frau? Kennst du sie wenigstens?«

Sie hätte sich für ihre unkontrollierte Impulsivität ohrfeigen können, als sie Friedas entsetztes Gesicht sah.

»Was hätte ich denn machen sollen? Alle haben mich unter Druck gesetzt, und ich hielt das für eine Idee, mit der allen geholfen ist. Es nützt Franz, wenn er ein braves Familienleben vorweisen kann. Er will doch Politiker werden.«

Antonia hätte am liebsten laut losgelacht. »Wenn du von der Dame sprichst, die ich vorhin kurz kennengelernt habe, dann vergiss das brave Familienleben, Frieda. Das ist ein Vamp, keine Mutter für Zwillinge.«

»Das ist nur Fassade, Toni. Grit ist in Ordnung. Sie hat einen vernünftigen Beruf, sie ist so etwas wie eine bessere Schneiderin. Sie hat auch das Hochzeitskleid gemacht. Henny ist ganz begeistert.«

Antonia sagte jetzt lieber nichts mehr. Der Auftritt von zuvor ließ vermuten, dass der Schneiderin ihr Grafentitel zu Kopf gestiegen war.

»Versteh doch, Toni: Ich habe es wirklich gut gemeint mit Franz. Und mit Freystetten. Meine Mutter lag mir ständig in den Ohren, dass sie einen Stammhalter haben wollte. Na bitte: Nun kriegt sie gleich zwei.«

Antonia war sprachlos vor Empörung. Welch ein Irrsinn ging hier vor sich! Wie konnte Frieda ihre Kinder gewissermaßen verschenken? Aber wer war sie, dass sie nach so langer Zeit heimkehrte und über die Entscheidungen ihrer Familie richtete, ohne eine andere Lösung anbieten zu können? Und wenn es noch nicht zu spät war, diesen geradezu teuflischen Plan zu verhindern? Unruhe packte sie, sie stand auf, um hinauszugehen.

Frieda griff nach ihrer Hand, um sie aufzuhalten. »Bitte, Toni, besorg mir Kokain!«

Antonia dachte, dass sie sich die Mühe, Frieda alles erklären zu wollen, hätte sparen können. Ihrer Kusine fehlte offenbar die Einsicht, welcher Gefahr sie ihre ungeliebten Kinder aussetzte.

Das Kleid war ein Traum, anders konnte Henny es nicht bezeichnen. Nach der Geburt von Leonhard hatte sie ihre Figur noch nicht zurück, aber diese Kreation aus sanft schimmernder Seide und Tüll umfloss ihren Körper schmeichelhaft elegant. Der elfenbeinfarbene Stoff reichte dabei gerade bis zum Knie, sodass ihre schlanken Unterschenkel zur Geltung kamen.

»Grit, du hast das wundervoll hinbekommen«, lobte sie, während sie sich im Spiegel bewunderte.

»Danke, Henny. Ich habe meine Damen angespornt, ihr Bestes zu geben.«

Die neue Gräfin rauchte ihre Zigarette mit einer langen Spitze, was zu ihrer übrigen Aufmachung passte. Dabei lehnte sie lässig am Kleiderschrank des Zimmers, das Henny bewohnte, wenn sie zu Besuch war.

»Wie bist du mit deinem neuen Salon zufrieden?«, erkundigte sich Henny.

»Ich erwarte keine Wunder. Die Zeiten, um sich selbstständig zu machen, sind schlecht, sagt mein Bankier.« Grit löschte ihre halb gerauchte Zigarette im Aschenbecher. »Die Leute haben kein Geld, und mein Bankier sagt, es würde noch schlimmer kommen. Macht nichts, denn so sind die Näherinnen billig, und schließlich habe ich ja auch noch Franz.«

Sie lächelte auf eine Weise, die Henny missfiel. Die Konstruktion, die geschaffen worden war, um Friedas Kinder abzusichern, hatte zur Folge, dass Grit sich alle Rechte herausnahm, die sie haben wollte. Dazu gehörte der kürzlich eröffnete Modesalon Kurfürstendamm/Ecke Auguste-Viktoria-Platz. Da, wo Berlin am teuersten war und die Kundinnen die wählerischsten.

»Du konntest deine Kundschaft vom KaDeWe mitnehmen?«, fragte Henny im Plauderton.

In Berlins prominentestem Kaufhaus hatte Grit bis kurz vor ihrer Hochzeit in ihrem erlernten Beruf als Couturière die Maßschneiderei für Damen geleitet.

»Einige Damen wollen mir treu bleiben. Sie wissen, dass sie nichts Besseres bekommen. Aber was sollen sie machen, wenn die Gatten ihre Portemonnaies zuschließen, weil sie nicht wissen, ob sie morgen noch genug Geld haben? Dann gibt es eben kein neues Kleid und für mich keinen Auftrag.« Grit strich ein kaum sichtbares Fältchen an Hennys empfindlichem Kleid glatt. »Ich habe zwei befreundete Fotografen gebeten, morgen zur Kirche zu kommen. Du hast doch nichts dagegen.«

Der Zusammenhang war für Henny offensichtlich: Die neue Gräfin versprach sich von der Hochzeit Reklame. Denn mit ihrer Hochzeit im Schloss taugten Braut und Bräutigam für den Klatsch in den Zeitungsseiten. Victor, der Filmproduzent, und sie, die angesehene Ärztin mit einer Praxis, in der schon manch prominente Persönlichkeit Hilfe gefunden hatte.

Henny hatte jedoch kein Aufsehen gewollt, wenn sie Victor ein zweites Mal heiratete. Für sie war das eine Privatsache, die nur die Familie anging. Aber sie hätte sich denken können, dass Grit so handeln würde. Es war ihr Stil. Nun ja: Und es war seit Neuestem auch ihr Schloss, zum

Teil zumindest. Henny biss sich auf die Lippen, um nichts Falsches zu erwidern. Sie hatte sich vorgenommen, mit dieser Entwicklung ihren Frieden zu machen, wohl wissend, dass es ein zerbrechlicher Frieden war. Zumindest das Kleid war schön, wenngleich auch nicht umsonst. Einen »Freundschaftspreis« hatte es durchaus gekostet …

Nach einem energischen Klopfen stapfte Antonia ins Zimmer. Noch immer trug sie Reisekleidung, Hose und Pullover, als wollte sie ausreiten. Ihre Wangen glühten, weil sie nach wie vor ihr inneres Feuer schlecht verbergen konnte. Entsprechend ahnte Henny, dass eines der Wortgewitter losbrechen würde, für die Toni schon früher bekannt gewesen war.

»Oh, du hast Besuch«, stellte Antonia fest. »Ich müsste nämlich mal ganz dringend mit dir unter vier Augen sprechen.«

»Ich bin kein Besuch«, sagte Grit, bevor Henny zu Wort kam. »Dies ist mein Schloss, Fräulein Thomasius.«

»Ganz offensichtlich legen Sie auch sehr viel Wert darauf, das zu betonen«, erwiderte Antonia ein wenig zu leidenschaftlich. »Ich gratuliere ganz herzlich, aber meine Bemerkung bezog sich einzig auf die Situation.«

»Das Kleid, das Ihre Frau Schwester trägt, ist meine Kreation. Wenn ich einen Vorschlag machen darf, Fräulein Thomasius: Ich entwerfe nicht nur Brautmode, sondern auch Garderobe für die elegante Dame. Statten Sie mir doch in meinem Salon am Kürfürstendamm einen Besuch ab.«

»Danke, gnädige Frau, sehr freundlich, aber ich bin keine elegante Dame, und mein Budget ist gegenwärtig sehr begrenzt.«

»Wir sind doch Familie. Im weitesten Sinne, nicht wahr?«

»Genau darüber wollte ich mit meiner Schwester sprechen. Allein, gnädige Frau. Darf ich?«

»Sie genießen den zweifelhaften Ruf einer Rebellin, meine Gute. Aber nun denn: Ich empfehle mich. Henny, bis später.«

Henny nickte ihr schweigend zu und fragte sich, woher Tonis unverhohlene Feindseligkeit rühren mochte. Man brauchte Grit, es war ausgesprochen unklug, sie derart harsch anzugehen. Auch wenn Toni gerade erst eingetroffen war, sah Henny die Notwendigkeit, sie dringend zur Vernunft zu bringen.

»Sag mal, was geht hier eigentlich vor?«, platzte Antonia los, sobald Grit den Raum verlassen hatte. »Frieda hat ihre Kinder an diese Person abgetreten? Oder wie soll ich das nennen? Bist du von Sinnen, so etwas zu unterstützen! Henny, das ist nicht nur zutiefst amoralisch. Das ist der verkommene Stil von Leuten, die Kinder wie seelenlose Gegenstände betrachten. Das werden Friedas Nachkommen sein. Und diese Frau soll sie großziehen? Ist das wirklich wahr?«

»Ja, Toni, es ist genau so, wie du sagst. Amoralisch, verworfen und sonst was. Gibt dir das das Recht, mir das vorzuwerfen? Ohne zu wissen, welche Vorkehrungen ich getroffen habe, um Friedas Kinder dennoch zu beschützen? Hilf mir bitte, mich umzuziehen. Sich bei der Anprobe des Hochzeitskleids zu streiten, bringt Unglück.« Ihr Lächeln sollte Toni beschwichtigen.

Hennys ruhige Erwiderung ließ Antonias aufgestaute Wut in sich zusammenbrechen. »Tut mir leid. Ich war lange weg, und ihr habt getan, was ihr für notwendig hieltet. Heimzukommen und rumzunörgeln, war nicht meine Absicht. Dennoch: Mich regt das auf. Und was heißt *Vorkehrungen, um die Kinder zu beschützen?*«

»Erst das Kleid, Toni. Gefällt es dir?«

»Ja, schön.« Sie hatte überhaupt kein Auge dafür. »Hat Grit das wirklich geschneidert? Wer ist sie überhaupt?«

»Eine gebürtige Gräfin von Pollheim.« Henny lächelte schelmisch. »Was ihr leicht elitäres Auftreten erklärt. Die Familie stammt aus Österreich, verlor aber alles, weil nach dem Weltkrieg die Grenzen neu gezogen wurden. Nun befindet sich ihr Schloss auf ungarischem Staatsgebiet. Und ihr blieb nur der Name.«

Übung in der komplizierten Handhabung eines Hochzeitskleides hatte Antonia keine und stellte sich ungeschickt an. Prompt riss eine Naht.

»Also schön, sie ist gräfliche Schneiderin …«

»Couturière«, verbesserte Henny schmunzelnd.

»Wenn sie den Titel doch schon hatte, was nützt der Dame die Ehe mit Franz?«

»Es ist ein Geschäft, Toni. Sie spielt die Ehefrau, und Franz unterstützt sie im Gegenzug finanziell«, sagte Henny rundheraus. »Ich weiß nicht, ob du das in Afrika mitbekommen hast: In Deutschland liegt die Wirtschaft zwar noch nicht ganz am Boden, aber die Arbeitslosigkeit ist sehr hoch, und niemand weiß, wie es aufwärts gehen soll. Außer du fragst jene, die diesem Herrn Hitler zujubeln, die wissen alles ganz genau. Bei denen mischt Cousin Franz mit. Er ist schon fast ganz oben in der Hierarchie angekommen. Darum braucht er eine Frau, Kinder, eine Familie. Was er nicht braucht, ist der Verdacht, homosexuell zu sein. Seine Schwester Frieda hat das glasklar kommen sehen und benutzt es. Sie ist nämlich nicht nur vergnügungssüchtig, sondern auch ziemlich raffiniert.«

»Kusine Frieda macht die Rechnung ohne den Wirt, Henny. Sie muss diese Kinder zur Welt bringen. Unter Schmerzen und Qualen. Das verbindet sie mit den Zwillingen. Sie irrt, wenn sie meint, sie kann sie ihrem Schicksal überlassen.«

»Was glaubst du, wie viele Frauen genau das tun!«, rief Henny. »Nach der Geburt drehen sie sich um und gehen ihrer Wege. Nicht jede Frau ist dazu geschaffen, Mutter zu sein. Das ist eine Tatsache. Mit Moral hat das weniger zu tun.«

»Womit dann?«

»Irgendetwas mit der Psyche, vielleicht. Frag den berühmten Doktor Freud.«

»Uns müssen wir fragen, denn wir kennen Frieda. Wie sonst können wir sie unterstützen?«

Sie half Henny, das Hochzeitskleid auf einen Bügel zu hängen.

»Also, welche Vorkehrungen, um Friedas Kinder zu schützen, hast du getroffen?«, fragte sie.

»Ich habe bei deiner Freundin Rat gesucht. Celia Fahrland war mit einem märchenhaft reichen Mann verheiratet …«

»… der sie wegen einer anderen verlassen hat«, warf Antonia ein.

»Deshalb hat eine ihrer Bekannten, eine Anwältin, für Celia einen Ehevertrag verfasst. Seit der Scheidung ist deine Freundin deshalb nicht nur sehr reich, sie durfte auch das Sorgerecht für ihre Tochter behalten, was – wie du weißt – keine Kleinigkeit ist. Da dachte ich mir: Ein ähnlicher Vertrag sollte Franz und damit die Kinder schützen, falls Grit es sich anders überlegt und sich scheiden lassen will.«

»Ist das nicht zu kurz gedacht?«, fragte Antonia. »Friedas Zwillinge werden eine Familie brauchen. Wer soll das sein?«

»Tante Rosel ist vierundsechzig, Onkel Friedemann ein Jahr älter«, lautete Hennys Antwort. »Warum sollten sie das nicht schaffen?«

»Die Kinder sollen bei ihren Großeltern aufwachsen? Wie kommt ihr auf eine solche Idee!«

»Es gab keine andere, Toni. Frieda bat unsere Mutter um eine Abtreibung. Du ahnst, wie sie reagierte. Danach war unsere Kusine wie vom Erdboden verschluckt. Nach Monaten tauchte sie wieder auf, hochschwanger, und wollte immer noch nicht verraten, wer der Vater war. Wäre es besser, die Zwillinge unehelich aufwachsen zu lassen? Welche Kinder sollen so leben, mit diesem gesellschaftlichen Makel? Darum stimmte ich Friedas Plan zu, dass Franz sie adoptiert.«

Sie hatte sich geirrt, gestand Antonia sich ein: In einer schwierigen Situation hatte ihre Schwester eine überaus pragmatische Lösung unterstützt. Ob sie Bestand haben würde?

Das Klavierspiel kam aus dem Gartensaal, dessen Doppelflügeltür offen stand, weil das Personal immerzu hin- und herging, um den großen Hochzeitsempfang vorzubereiten. Die junge Musikerin saß so hoch konzentriert an ihrem Instrument, dass sie von der Unruhe ringsum nichts mitzubekommen schien. Gerade brach sie wieder mitten in der dahinfließenden Tonfolge ab, obwohl es sich in Antonias Ohren schon perfekt angehört hatte. Langsam trat sie näher, bemüht, nicht zu stören, und dennoch von dem großen Wunsch beseelt, ihre Nichte an sich zu drücken und zu herzen. Da bemerkte Vicky sie und sprang auf.

»Toni! Wo kommst du denn her!«

»Aus Afrika, wo die wilden Tiere wohnen! Und jetzt fress ich dich ein bisschen!«

Sie drehte sich mit der zarten Elfjährigen so lange im Kreis, bis sie beide das Gleichgewicht verloren und lachend auf dem Parkett des Saals lagen.

Plötzlich wurde Hennys Tochter ernst. »Mach das nie wieder!«

»Was denn?«

»So lange fortzubleiben. Wir sind schier verrückt geworden vor Angst um dich.«

Antonia ordnete zärtlich Vickys lange dunkle Locken. »Du bist größer geworden. Und so hübsch siehst du aus! Aber immer noch so kritisch mit deinem Klavierspiel, wie?«

Vicky straffte sich. »Wenn ich morgen vor den Gästen auftrete, dann klatschen sie alle. Ach, die Kleine, spielt ja ganz manierlich, werden sie sagen. Aber sie sollen nicht klatschen, weil ich ein Kind bin. Sie sollen klatschen, weil ich sie überwältige.«

»Darin liegt ein unauflösbarer Widerspruch, Vicky: Du bist ein Kind. Und Kinder bekommen immer einen Bonus, wenn sie etwas tun, das Erwachsene nicht hinbekommen.«

Vicky streckte ihr die Zunge entgegen: »Ich habe dich überhaupt nicht vermisst!« Sie warf sich ihr sofort in die Arme. »Und wie ich dich vermisst habe! Weil du nie drum herum redest. Du sagst immer, wie es wirklich ist. Mutter kann das überhaupt nicht leiden. Sie sollte Diplomandin werden.«

»Findest du, sie ist diplomatisch?«, verbesserte Antonia sanft.

Ihre Nichte erkannte ihren Fehler und errötete leicht, etwas, das sie früher nie getan hatte. Sie näherte sich dem Alter, in dem sich ihre große Sensibilität in Äußerlichkeiten zu offenbaren begann.

»Wir sind zwei Schwestern, die ein wenig unterschiedlich sind«, fuhr Antonia fort. »Ich finde das ganz gut, sonst wär's langweilig. Wie fühlst du dich denn, nun, da du die große Schwester bist?«

»Bin ich das?«

Vicky machte sich frei, setzte sich auf den Hocker vor dem schwarzen Bechstein-Flügel. Vor dem großen Instrument wirkte sie klein und fast zerbrechlich. Es faszinierte Antonia immer wieder, wie ihre zarten Finger über die achtundachtzig schwarzen und weißen Tasten zu herrschen vermochten. Antonia selbst hatte es früher gerade geschafft, *Alle meine Entchen* auf drei oder vier Tasten hinzubekommen, denn zu mehr hatte ihr Ehrgeiz nie gereicht.

»Natürlich bist du die große Schwester. Was denn sonst?«

»Die seltsame Tochter, das bin ich. Die sind doch alle ganz froh, dass ich die Verrückte bin, die nur ihr Klavier im Kopf hat. Da störe ich wenigstens nicht, wenn die Erwachsenen ihr Baby liebhaben.«

»Du klingst wie ein verstimmtes Klavier.« Antonia quetschte sich zu Vicky auf den Hocker und legte den Arm um sie. »Es gibt Tage, da ist man den Erwachsenen im Weg. Das ist nun mal so. Aber diese Tage gehen vorüber, und du machst genau das Richtige: Du kümmerst dich um dich selbst. Also, was sagst du zu Leo?«

»Du weißt, wie er heißt?«

»Du nicht?«

»Doch, natürlich! Aber ich habe geschwiegen wie ein Grab.« Sie starrte versonnen vor sich hin. »Er ist wie ein Cello.«

Antonia lachte. »Wie bitte?«

»Na, ich kann kein Cello spielen. Ein riesengroßes Ding aus Holz, und ich weiß nicht, was ich damit machen soll. Ich weiß auch nicht, was ich mit Leo machen soll. Entweder er schläft, oder er schreit.«

»Dein Vergleich ist gut: Der Bogen streichelt die Saiten des Cellos. Mach dasselbe mit deinem Bruder: Streichle ihn, lern ihn kennen.« Antonia stutzte, als ihr eine Parallele bewusst wurde: »Du bist elf Jahre älter als Leo. Deine Mutter ist zehn Jahre älter als ich. Als ich klein war, waren wir lange getrennt, und dadurch wurden wir uns fremd. Darf ich dir einen Rat geben?«

»Tante Toni, so schwer ist es wirklich nicht zu verstehen, was du mir damit sagen willst!« Sie grinste. »Ich spiele mit ihm Cello, ich hab's kapiert.« Sie blickte Antonia ernsthaft an. »Mein Vater möchte übrigens tatsächlich, dass ich auch noch Cello lerne. Darum habe ich das gesagt.«

»Und du willst beim Klavier bleiben?«

»Wenn ich später am Konservatorium studieren will, muss ich ein zweites Instrument beherrschen.« Sie stockte. »In Wahrheit steckt hinter Vaters Wunsch etwas anderes.«

Vicky wirkte plötzlich noch bedrückter als zuvor.

»Nämlich?«, fragte Antonia vorsichtig.

»Vater und Mutter wollen, dass ich zu beschäftigt bin, um mitzubekommen, was wirklich passiert.«

»Und was ist das?«

»Schwörst du, niemandem zu sagen, dass ich es weiß?«

Antonia fragte sich, was ihrer Nichte offenbar so große Sorgen machte. Abgesehen davon, dass sie die Aufmerksamkeit ihrer Eltern neuerdings mit einem Neugeborenen teilen musste.

»Ja, Vicky, ich schwöre, denn ich habe dich sehr lieb.«

»Vater und Mutter reden viel darüber. Sie tuscheln. Aber ich habe das absolute Gehör. Das hat ein Professor festgestellt, von dem Mutter sagt, er wäre berühmt. Weil ich die leisesten Töne hören kann, weiß ich, was sie vorhaben.«

Sie grinste verschmitzt, und Antonia wusste nicht so recht, ob sie gerade auf den Arm genommen wurde oder ob ihre Nichte sich selbst veralberte.

Vicky zog die Mundwinkel weit nach unten, und jetzt wirkte sie tatsächlich betrübt. »Wir werden ... – aber du darfst es niemandem verraten – … wir werden schon bald …«

»Da seid ihr ja! Vicky, ich habe dich überall gesucht! Bekommt dein Vater einen Begrüßungskuss?«

Vicky stand offensichtlich nicht der Sinn nach väterlicher Nähe. Sie erhob sich mürrisch und drückte die Lippen flüchtig auf die ihr dargebotene Wange.

Victor Vandenberg ging darüber mit einem breiten Lächeln hinweg, mit dem er sich Antonia zuwandte. »Toni, gut, dich gesund und munter zu sehen. Ich bin ehrlich: Ich hätte dich nicht wiedererkannt. Wie lange ist das her, dass wir uns zuletzt gesehen haben? Jahrzehnte!«

Antonia hingegen war überzeugt, dass sie Vickys Vater auf der Straße wiedererkannt hätte. Nicht nur war er seinem Stil treu geblieben – ein charmanter Gentleman, wie aus dem Ei gepellt, sogar eine rote Rose im Anzugaufschlag. Er benahm sich auch wie früher – immer ein wenig zu aufgedreht, als spielte er Theater. Was ja auch in gewisser Weise sein Beruf war. Er hatte dichte pechschwarze Locken, die er an seine Tochter weitergegeben hatte.

»Ich gratuliere dir«, sagte Antonia. »Wirklich, es freut mich für Henny und dich, dass ihr wieder zusammen seid. Euer kleiner Sohn ist so süß. Ein Sieg der Liebe.«

Mit großem Schwung wurde sie von ihrem Schwager umarmt. »Es klingt wie aus einem Liebesfilm, wie du das sagst. Aber so ist es auch. Ich habe um Henny gekämpft. Sie wollte mich nämlich nicht zurücknehmen.«

»Ich habe auch für dich gekämpft, Vater«, sagte Vicky.

Ihre Körpersprache war eindeutig: Sie hielt die Arme vor der Brust verschränkt und den Kopf gesenkt. Durch die neue Familienkonstellation läuft sie Gefahr, am Rande zu stehen, dachte Antonia. Sie nahm sich vor, Vicky beizustehen, aber würde sie die Möglichkeit dazu haben?

Victor holte aus seiner Anzugtasche eine rot-weiße Zuckerstange hervor, die er ihr mit fast feierlicher Geste überreichte. »Das ist der Beweis, dass ich an dich denke, auch wenn ich nicht bei dir bin.« Er wandte sich an Antonia. »Es gibt einen Grund, weshalb ich erst jetzt komme. Es ist ein Herr, den ich vom Bahnhof abholen musste, um ihn geradewegs hierher zu bringen. Deine Mutter hat ihn sofort mit Beschlag belegt.« Er zwinkerte Antonia zu. »Du kennst ihn sehr gut.«

Der junge Mann, der in einem der Ohrensessel in der Bibliothek saß, trug einen dunklen Anzug mit Weste und Krawatte. Sein Hut lag am Boden neben dem Tisch, zwei Stehlampen warfen sanftes Licht auf sein Gesicht. Jemand hatte ihm bereits eine Tasse Tee gebracht, die er mit beiden Händen umfasste, als müsste er sich daran wärmen. Er wirkte wie ein Besucher, der gekommen war, um bald wieder aufzubrechen. Was auch an dem einzelnen Koffer in seiner Griffweite lag. Es gab Ricarda einen Stich, ihn so zu sehen – einsam, verloren. Aber das war oft so gewesen, wenn sie ihn getroffen hatte. Sie war dem schlechten Gewissen, das sie ihm gegenüber hatte, hilflos ausgeliefert. Er war der Sohn, den man ihr als kleines Kind weggenommen hatte. Sie hatte es nicht verhindern können, weil ihr die Macht dazu gefehlt hatte. Die Wunde in ihrem Herzen riss auch jetzt wieder auf.

Er sah sie eintreten, stellte die Tasse ab, erhob sich. »Mutter!«

»Georg!«

Er war um etliches größer als sie, die selbst eine stattliche Frau war. In seinem Blick meinte sie, eine leichte Unsicherheit zu erkennen, aber das mochte täuschen. Es war lange her, dass sie sich zuletzt getroffen hatten. In der Zwischenzeit hatte Georg schwere Zeiten durchgestanden.

Sie legte den Kopf an seine Schulter, roch Tabakrauch, spürte Fremdheit und zugleich Vertrautheit.

»Danke, dass du gekommen bist. Mir bedeutet es unendlich viel. Und Henny erst recht. Toni ist auch gerade erst eingetroffen. Ihr drei seid vereint. Endlich wieder.« Sie kämpfte mit den Tränen.

»Das letzte Mal war das 1920 der Fall. Du kamst aus New York zurück.« Auch seine Stimme war schwer von mühsam beherrschten Gefühlen. »Wie geht es dir, Mutter?«

»Wie immer packe ich mir zu viel auf die Schultern.« Aber er hatte etwas anderes gemeint. »Ja, und ich bin gesund. Der Krebs ist nicht zurückgekommen. Henny hat ihn mir damals aus dem Leib gebrannt. Viel wichtiger ist: Wie geht es dir?«

Georg war erschreckend blass, und wie sein Vater hatte er den gleichen starken Bartwuchs. Überhaupt sah er dem Mann, der wie er geheißen hatte, mit seinen nunmehr vierunddreißig Jahren sehr ähnlich. Sein Anzug – aus edler Wolle gewebt und maßgefertigt zu Zeiten, als ihm sein Leben noch nicht entglitten war – war ihm sowohl in den Schultern als auch am Bauch zu weit. Und während Ricarda ihn umarmte, spürte sie, wie mager er war.

»Ich komme zurecht«, sagte Georg.

»Du wohnst wieder bei Sophie und deinen Söhnen?«

»Das möchte ich beibehalten. Trotz allem.« Der Anflug eines Lächelns erwärmte sein Gesicht. »Die Buben sind schon ganz schön groß. Mir fehlt die Zeit, die uns genommen wurde. Der Berti is heuer vierzehn worden. Und der Richard is auch schon acht.«

Ricarda mochte den leicht bayerischen Zungenschlag ihres Sohnes. Auch, weil es sie an seinen Vater erinnerte. Ihre beiden Enkel kannte sie jedoch kaum.

Als hätte er ihre Gedanken erraten, sagte Georg: »Ich

habe mit Onkel Rupert gesprochen, Mutter. Er möchte, dass du uns in München besuchst.« Seine Augen wurden feucht. »Es ist jammerschade, dass die Familie so zerrissen is. Ich hab dir ein Foto mitgebracht von meinen Buben.«

Mit ernsten Mienen blickten zwei stocksteif posierende Jungen in die Kamera, in ihrer Mitte Sophie, die Mutter der beiden, im Hintergrund Georg selbst. Zwar alle in bayerischer Tracht, aber jede der Personen stand einzeln, ohne Kontakt zur anderen.

»Das is vom letzten Monat«, sagte er zur Erklärung.

Ricarda wusste nichts zu sagen; es waren fremde Menschen. Mit Sophie war sie bei den seltenen Begegnungen ohnehin nie warm geworden. Auch auf diesem Foto störte sie etwas an ihr, das sie früher nicht hätte benennen können. Inzwischen wusste sie, was es war.

»Danke für die Einladung.« Das klang distanziert, aber sie konnte nicht anders.

»Wirst du uns besuchen?«, hakte Georg nach.

»Gib mir bitte Zeit, darüber nachzudenken.« Dann erkundigte Ricarda sich nach dem Mann, der für sie der Hauptgrund ihres Zögerns war: »Rupert geht es gut, nehme ich an?«

»Der Onkel ist wie eine deutsche Eiche. Trotzig stellt er sich den Stürmen. Allmählich merkt man ihm aber sein Alter an.«

»Wie kommst du mit ihm zurecht?«

»Ich bin jetzt sein Angestellter, da sollte ich wohl mit ihm zurechtkommen. Jemand anders nimmt mich nicht.« Er machte eine kurze Pause. »Mutter, ich schäm mich so für das, was passiert ist. Ich traue mich kaum, Henny und Toni unter die Augen zu treten.«

»Bitte, denke nicht so, Georg. Sie lieben dich für das, was du bist – ihr Bruder.«

Die gedämpfte Stimmung verflog, als Antonia hereinstürmte. »Georg, da bist du ja endlich!« Sie strahlte und warf sich ihm in die Arme.

Antonia hatte lange an der Tür zur Bibliothek gewartet. Ihr Herz hatte wie wild geklopft, aber sie hatte es ausgehalten, den richtigen Moment abzupassen. Und sie sah an der Körpersprache ihrer Mutter, wie schwer es ihr fiel, Zugang zu Georg zu finden. Sie wusste auch, wie kompliziert das Verhältnis der beiden war – das permanent schlechte Gewissen, ihm keine gute Mutter gewesen zu sein, Georgs verschlungener Lebensweg. Und wie wohl alle, auf die er im Schloss treffen würde, kannte auch sie die Schlagzeilen der Zeitungen. Es war zwar Jahre her, aber so etwas vergaß niemand.

»Willkommen im Raubtierkäfig Familie.« Sie nahm seine Hand. »Lass dich ein wenig herumführen.«

Die Augen ihrer Mutter signalisierten Einverständnis.

»Ein paarmal habe ich in Afrika an dich gedacht«, sagte sie, als sie nebeneinander durch den Schlosspark gingen. »Nicht sehr fest, gebe ich zu.« Sie grinste ihn an. »Ich war zu sehr mit mir selbst beschäftigt. Verzeihst du mir meine Gedankenlosigkeit?«

»Gedanken kann man nicht verzeihen, das ist das Gute daran«, verbesserte er, und sie genoss die Schwere seiner Stimme, in der so viel Beruhigendes lag. »Ich habe Henny angerufen, als ich aus dem Gefängnis raus war. Sie sagte mir, dass du in Afrika verschollen bist.« Er legte den Arm um ihre Schulter, ließ sie jedoch sofort los, als hätte er sich eine unzulässige Freiheit herausgenommen. »Ich hatte nicht einmal gewusst, dass du so weit weg warst. Denn ihr alle wart weit entfernt. Wie in einer anderen Welt.«

»Ich hatte so viel Platz um mich herum, du zu wenig.

Drei Jahre sind eine lange Zeit. Wie hast du es verkraftet?« Sie sah zu ihm auf. »Hast du es überhaupt verkraftet?«

»Ganz die alte Toni! Immer direkt aufs Ziel los.« Er schmunzelte kurz.

»Ich wollte dich nicht enttäuschen. Aber im Ernst, Georg: Drei Jahre hinter Gittern, das verändert einen Menschen ebenso wie das, was ich erlebt habe.«

»Zuerst du. Was war das für ein Unfall in Afrika?«

»Der Flugzeugmotor blieb stehen, der Pilot segelte zur Erde, setzte auf. Er machte alles richtig. Aber wie aus dem Nichts tauchte ein Erdwall auf, und wir rasten direkt darauf zu, ohne stoppen zu können. Ich dachte nur noch: Ich hätte mich gern von Mutter verabschiedet.«

»Du meine Güte! Du Arme! Und der Pilot starb? Kanntest du ihn?«

»Eine Weile hatte ich gehofft, aus uns würde ein Paar. Aber er hatte Pläne mit einer anderen Frau.«

»So dramatisch war es bei mir nicht«, sagte Georg in seiner bedächtigen Art. »Aber nach dem Urteil habe ich alle Brücken abgebrochen.«

»Das ist durchaus dramatisch. Niemand durfte dich besuchen.«

»Das stimmt. Das galt auch für meine Söhne.«

»Und deine Frau?«

»Auch Sophie nicht.« Georg blieb stehen, ließ den Blick über den herbstlichen Park schweifen.

Antonia fiel auf, dass er seine Lippen fest zusammenbiss. In ihm tobte etwas, das hinauswollte, was er nicht zuließ.

»Weshalb wolltest du alles allein durchstehen, Georg? Es war ein Unfall.«

»Nein, Toni, verurteilt wurde ich wegen fahrlässiger Tötung.«

»Anselms Tod war doch schon Strafe genug für dich.«

Antonia hatte den Privatsekretär ihres Bruders nur so flüchtig gekannt, dass sie sich nie eine richtige Meinung über ihn hatte bilden können. Sie wusste nur, dass sie eine sehr enge Freundschaft verbunden hatte. Die Umstände seines Todes kannte sie wegen ihrer langen Abwesenheit ebenfalls nicht, wollte ihn jetzt aber nicht ausfragen.

»Mein Anwalt meinte, das Urteil wäre zu hart. Dennoch wollte ich nicht, dass er in Berufung geht. Ein Mensch, der mein bester Freund gewesen war, ließ sein Leben, weil ihn eine Kugel tötete. Daran gemessen, war jede Haftstrafe zu mild.«

Er war Jurist und klang wie der eigene Ankläger. Antonia hatte bislang nicht darüber nachgedacht, was das Gefühl, Schuld auf sich geladen zu haben, mit einem Menschen machte. Am Beispiel ihres Bruders erlebte sie gerade, wie es nicht sein sollte: Er ließ nichts zu, das sein Los erleichterte.

Als Ricarda das sogenannte Gelbe Zimmer betrat, jenen Raum, den sie und Siegfried für gewöhnlich im Schloss bewohnen durften, machte ihr Mann sich gerade bereit, es in Hut und Mantel zu verlassen. Er hatte einen ausgedehnten Mittagsschlaf hinter sich und sah ausgeruht aus.

»Die Kinder sind gekommen, glaube ich«, sagte er.

»Alle drei sind da. Gerade habe ich Georg begrüßt; er wirkt unendlich betrübt.«

»Du warst schon immer um ihn besorgt. Aber du hast auch immer gesagt, dass er ein Kämpfer ist. Wie sehr seine Psyche zerstört war, als er aus dem Krieg kam! Und er hat sich erholt. Auch dank deines Beistands.«

»Er hat seinen besten Freund erschossen. Egal, wie die Umstände waren, wie soll ein Mensch das verkraften?«

»Es geschah, als er die Waffe gereinigt hat. Das ist ein alltägliches Unglück, Rica. Ich werde mit ihm sprechen, von Mann zu Mann.«

Sie hatte Zweifel, dass es so einfach sein würde. Andererseits hatte ihr Mann sich intensiv mit der Psyche befasst und viele Bücher Sigmund Freuds gelesen.

Sie ließ ihn gehen, legte sich aufs Bett und nahm das Foto zur Hand, das Georg ihr zuvor gegeben hatte. Wenn ich doch nur in Sophies Kopf hineinsehen könnte, dachte sie.

Sie hatte ihre Schwiegertochter immer für etwas einfältig gehalten, weil sie nicht mitzubekommen schien, welcher Art die Beziehung zwischen Georg und Anselm tatsächlich war.

Im Prozess vor dem Münchner Amtsgericht hatte Ricarda selbst gehört, wie eines der Hausmädchen es so umschrieb: »Des war scho mehr als nur der Chef und sein Sekretär, Herr Richter. Die ham was miteinander ghabt. Aber die gnädige Frau hat des net sehn wollen.«

Womit Sophie als Dulderin eines Dreiecksverhältnisses bezeichnet worden war. Georgs geschicktem Verteidiger war es gelungen, es als Gerede abzutun. Aber der Prozess hatte seither unter dem Vorzeichen gestanden, dass die Tat eventuell aus Eifersucht verübt worden war. Georg selbst hatte nie eine Aussage gemacht, sondern alles seinem Anwalt überlassen.

Am Tag des Richterspruchs war Ricarda im Gericht gewesen. Bevor ihr Sohn abgeführt worden war, hatte er zu ihr gesagt: »Ich habe geerntet, was ich gesät habe.« Dann hatte er sie gebeten, ihn niemals zu besuchen. »Irgendwann komme ich zu euch allen zurück.«

Heute war dieser Tag, aber Ricarda konnte nur hoffen, dass sich dadurch etwas änderte. Dass bei Georg der Damm des Schweigens bräche, er erzählte, wie es wirklich zum Tod des Freundes gekommen war.

Es klopfte, sie schrak hoch und erkannte, dass sie eingenickt war. Henny, Leonhard im Arm, setzte sich zu ihr ans Bett.

»Ich habe mit Victor gesprochen«, sagte sie. »Er ist einverstanden: Georg wird Leonhards Pate.«

»Oh, Henny!« Sie zog ihre Älteste an sich. »Was für eine wunderbare Geste von dir. Georg wird deinem Sohn ein würdiger Pate sein. Nun kann es losgehen. Hochzeit und Taufe an einem Tag!«

DAS NEUE GLÜCK

— ♦ —

September 1929

Ausgerechnet jetzt gestand Henny sich ihre Zweifel ein. Hatte sie wirklich die richtige Entscheidung getroffen? Victor noch einmal zu heiraten, obwohl so viele Fragen offen waren? Die wichtigste war zwar geklärt: Sie beide liebten sich. Aber würde das reichen? Angesichts all dessen, was vor ihnen lag?

Victor erwartete sie bereits im Frack vor dem Altar, als Siegfried sie in die Freystettener Kirche führte. Die Orgel spielte mit feierlicher Schwere das »Brautlied« aus Richard Wagners Lohengrin. Ihr elfenbeinfarbenes Kleid raschelte, der Brautstrauß aus gelben Rosen duftete lieblich, der Schleier tauchte alles in lichtes Weiß. Es war, als befände sie sich in einem Traum.

In der ersten der nicht einmal ein Dutzend Kirchenbänke erkannte sie Vicky. Von ihr stammte die Idee, dass die Kleider aller Frauen der Familie sonnengelb sein sollten. »Weil wir zeigen wollen, wie glücklich wir darüber sind, dass sich Vater und du wieder liebhaben.« Vickys Brautjungfernkleid war mit einem kleinen weißen Hut kombiniert, um dessen Krempe die Andeutung eines Schleiers spielte. Ricarda, die für diesen Tag auf ihre sonst bevorzugten dunklen Farben verzichtete, hielt den fest schlafenden Leo im Arm. Der Säugling konnte noch nicht ahnen, was ihm gleich widerfahren würde. Antonia, die stets an Vickys Seite war, stand das Gelb besonders gut, passte es doch gut zu der Bräune ihres Gesichts.

Der letzte Ton der Orgel brauste eben noch durch den aus Feldsteinen errichteten Bau, da begann der Pfarrer schon mit der Predigt. Der weit über Siebzigjährige war kurzfristig für den erkrankten Dorfpfarrer eingesprungen. Er hatte keinen Hehl daraus gemacht, dass er Scheidungen ablehnte und damit auch diese erneute Trauung; schließlich sollten Mann und Frau in guten wie in schlechten Zeiten zusammenhalten. Victor und Henny war das beim letzten Mal nicht gelungen: Das Vertrauen ineinander war ihnen abhandengekommen und damit ihre Liebe.

»Was nun Gott zusammengefügt hat, das soll der Mensch nicht scheiden«, donnerte der Gottesmann. »Gestern war der einundzwanzigste September, der Tag des Apostel Matthäus, der diese Worte geschrieben hat. Zusammengefügt …«, betonte der Geistliche, »… das heißt: Von dieser Stunde an sind Mann und Frau eins.«

Er klang, als verbiete er dem Paar eine erneute Scheidung. Was nicht nötig gewesen wäre, hatte Henny sich doch selbst geschworen, dieses Ja, das sie Victor gleich geben würde, nie mehr rückgängig zu machen – komme, was wolle. Sie hätte damals mehr um ihn kämpfen sollen. Künftig würde sie aber auch ihm zu verstehen geben, dass ihre Liebe es wert war, darum zu ringen, denn sie war nichts, das sie beide für selbstverständlich halten sollten.

»So frage ich dich, Victor Vandenberg, willst du die hier anwesende Katharina Henriette Vandenberg …« Der Gottesmann brach ab und blickte irritiert auf seine Notizen. Zweimal derselbe Nachname? Das brachte ihn kurzfristig aus dem Konzept. »Ähm ja, natürlich, darum geht es ja«, brummelte er und fuhr fort: »… Henriette Vandenberg zur Frau nehmen, antworte mit …«

»Ja, ich will!«, platzte Victor dem Mann ins Wort.

»Man merkt: Sie haben darin Übung«, bemerkte der Pfarrer halblaut mit einem Anflug von Humor, den Henny ihm nicht zugetraut hatte.

»Und Sie, Katharina Henriette …«

Plötzlich waren alle Zweifel fort. »Ja, ich will!« Natürlich wollte sie! Nie hatte es einen anderen Mann in ihrem Leben gegeben, und es würde auch nie einen anderen geben.

Als Hennys Trauzeugin übernahm ihre Freundin Cornelia den Brautstrauß; durch die einstige Mitstudentin hatte das Paar sich einst kennengelernt.

Victors Trauzeuge brachte die Eheringe, die golden auf einem schwarzen Samtkissen leuchteten. Seine Wahl war der Schriftsteller Kurt Vollmer. Der große schlanke Intellektuelle mit Nickelbrille, vollem Haar und vorspringendem Kinn, war Anfang vierzig und nicht einmal ein sehr guter Freund von ihm. Hinter dieser Entscheidung vermutete Henny Kalkül, denn Kurt galt als einflussreich. Doch Henny hatte einen noch viel schwerwiegenderen Einwand, den sie lieber verdrängte.

»Dieses Mal für immer.« Victor schob ihr den Ring auf den Finger.

»Sie dürfen die Braut küssen«, erlaubte der Pfarrer.

»Erst jetzt?«, veralberte Victor den jahrtausendealten Keuschheitsglauben und hob Hennys Schleier gleichwohl mit der feierlichen Langsamkeit, mit der ein kostbares Geschenk enthüllt wurde, um sodann ihre Lippen zart zu kosen.

»Ich freue mich so für euch beide!« Cornelia gab Henny den Brautstrauß zurück.

Vorn in der Bank tupfte sich Großmutter Karla Tränen der Rührung von den Wangen. Hennys erste Eheschließung hatte ohne sie und ohne den Segen der Kirche stattgefunden, was die tiefgläubige Fünfundachtzigjährige nie überwunden hatte. Nun schloss sie Henny in ihre Arme.

Ihre Mutter umarmte nicht nur sie, sondern anschließend auch Victor. Gegen die erste Heirat der beiden hatte sie sich vehement gewehrt. Als umso schöner empfand es Henny, nun auch ihren Segen zu bekommen. »Passt gut auf euer neues Glück auf«, flüsterte Ricarda.

Victor war nicht nah am Wasser gebaut, aber dieser Zuspruch seiner Schwiegermutter ließ seine Augen feucht werden. Dieses Mal würde die Ehe halten, das spürte Henny. Zart küsste sie ihren schlafenden kleinen Sohn auf die Stirn. Sein hübsches Gesicht hatte eindeutige Ähnlichkeit mit Victors. Immer, wenn sie den Kleinen ansah, musste sie lächeln. Er war ein wahrhaftiges Wunder, das ihr geschenkt worden war. Sie legte den Arm um Vicky. Wie schön eine Hochzeit mit Kindern doch war!

»Nun wollen wir auch das jüngste Mitglied in unserer Gemeinde willkommen heißen«, verkündete der Pfarrer und schritt zum Taufbecken. Halten musste ihn nach altem Brauch der Patenonkel. Als zweifacher Vater meisterte Georg diese Aufgabe mit sicherer Hand, als dem Säugling das Wasser über den Kopf gegossen wurde.

»Ich taufe dich auf den Namen Leonhard Georg«, sagte der Pfarrer.

Über die Störung seines Schlafs empört, brach der kleine Leonhard Vandenberg in Weinen aus. Im Grunde gehörte dieser Tag ihm. Ohne ihren kleinen Sohn hätte Henny sich nicht auf das neue Abenteuer in ihrem Leben eingelassen – erneut Ehefrau zu werden. Obendrein als Ärztin mit eigener Praxis. Und einem Berg Schulden.

»Leo weiß, wie man sich Gehör verschafft«, scherzte Kurt Vollmer. »Das wird er brauchen.«

Henny zwang sich zu einem Lächeln. Ausgerechnet der Anblick von Victors Trauzeugen erinnerte sie an die große Prüfung, vor der ihre frische Ehe sehr bald stehen würde. Denn Kurt – das hatte Henny erst kürzlich herausgefunden – war die treibende Kraft hinter Victors nächstem großen Plan als Produzent: Der neue Film der beiden sollte unbedingt in Hollywood entstehen. Das bedeutete entweder Trennung auf Zeit oder ein Leben an der Westküste der USA. Beides war für Henny unvorstellbar, doch eine Lösung wusste sie nicht.

Daran wollte sie nicht ausgerechnet jetzt denken. Irgendwie würden Victor und sie das schon alles hinbekommen.

»Det sind die modernen Zeiten: Rin inne Kirche als Braut, raus als Mutter«, hörte Henny eine der Frauen aus dem Dorf sagen, als sie kurz darauf an Victors Arm dem Ausgang der Kirche zustrebte.

»Man sollte die Zeit des lieben Gottes schließlich nicht über Gebühr beanspruchen«, gab Henny lächelnd zurück.

An diesem Tag war alles genau so, wie sie es sich gewünscht hatte. Der Himmel strahlte blau, geschmückt mit ein paar leichten Wölkchen, das Laub der Bäume leuchtete golden im milden Licht der Herbstsonne, die beiden Kirchenglocken läuteten hell, die Blumenmädchen zauberten einen Teppich aus Blüten. Nur die von Grit angekündigten Fotografen störten, weil sie immer wieder neue Posen verlangten, um das Brautpaar ins rechte Licht setzen zu können.

Die Menschen aus dem Dorf ließen das Brautpaar hochleben. Henny drehte ihnen den Rücken zu und warf den Strauß mit beiden Händen hinter sich. Noch bevor sie sehen konnte, wer ihn gefangen hatte, hörte sie Antonias charakteristisches Lachen.

»Nein! Ich bin die Falsche!«, rief Antonia und warf den Brautstrauß mit großem Schwung weiter in die Menge, wo ein anderes Mädchen beherzt zupackte.

»Du hast dich wirklich nicht verändert«, sagte Tonis Freundin Celia. »Schmeißt den Brautstrauß einfach weiter. Ich wüsste keine Zweite, die das getan hätte.«

»Was soll ich damit? Das Letzte, nach dem ich mich gerade sehne, ist eine neue Liebe.« Womit Antonia auf ein Thema anspielte, das sie beide bislang gemieden hatten. Das sich bei einer Hochzeit allerdings anbot. »Also gut, Lia, ich will es jetzt wissen«, platzte es aus ihr heraus. »Was ist mit Guntram?«

Als sie nach Afrika aufgebrochen war, hatte er sie am Bahnhof mit einem Strauß Rosen verabschiedet und danach einige Briefe geschickt, die sie hoffen ließen, dass aus einer Liebelei eine Liebe werden könnte. Nach einer Weile war diese Post ausgeblieben. Hatte die lange Trennung sein Herz abgekühlt, oder konnte sie ihn doch noch für sich gewinnen?

»Die ganze Wahrheit, Toni? Wirklich jetzt?«

»Warum nicht? Schließlich habe ich gerade eben alles getan, um mir weiteres Liebesglück vom Leib zu halten.« Sie ahnte aber bereits, nicht das zu hören zu bekommen, was sie in Wahrheit ersehnte.

In diesem Augenblick kam Tante Rosel mit der hochbetagten Großmutter Karla aus der Kirche. Sie war im Begriff, ihr die Stufen zu dem Sandweg hinunterzuhelfen, der zwischen Kirche und Schloss verlief. Antonia sprang hinzu, um sie zu stützen.

»Toni, was hast du da gerade getan«, tadelte die Großmutter. »Den Strauß zu verschmähen, bringt Unglück.«

Antonia drückte die alte Frau an sich. »Ich wollte mein Glück teilen!«

Ihre Großmutter schmunzelte. »So kann man das auch sehen. Ich bete dafür, dass auch du den einen findest, der erkennt, was für ein wunderbares Mädchen du bist.«

»Deine Schwester heiratet nun schon zum zweiten Mal«, stellte Tante Rosel fest. »Wird es bei dir nicht Zeit, es zum ersten Mal zu versuchen?«

Tante Rosel trug seit Neuestem eine Brille, ein rundes goldenes Gestell. Es machte ihr Gesicht weicher und ließ sie wie eine nette Tante erscheinen. Leider fand Antonia, dass eher das Gegenteil der Fall war. Sie beschloss, nichts zu erwidern.

Celia wollte Rosels Frage offensichtlich nicht unbeantwortet lassen: »Nicht die Zeit sollte entscheiden, wann eine Frau heiratet, sondern einzig und allein ihr Herz.«

»Wie viele Ehen haben Sie bereits hinter sich, meine Liebe?«, stichelte Rosel.

»Genügend, um zu wissen, wovon ich spreche.« Celia lachte entwaffnend und hakte sich bei Antonia ein. »Du fragtest vorhin nach Guntram, Toni«, sagte sie, als sie ein Stück entfernt waren. »Lass uns das jetzt klären und dann für immer vergessen.«

»Das lässt nichts Gutes ahnen.«

»Kommt drauf an, für wen.« Celia zwinkerte ihr zu. »Guntram hat geheiratet«, stellte sie fest.

»Nein!« Darum hatte er plötzlich keine Briefe mehr nach Afrika geschickt! Antonia wusste nicht, ob sie entsetzt war. Oder erleichtert. Denn ihre Liebelei mit Guntram war so kompliziert, dass sie nicht einmal gewusst hatte, wie sie ihm beim Wiedersehen hätte begegnen sollen. Allerdings gestand sie sich ein, dass ihr Stolz verletzt war. Und ihre Eitelkeit. »Wen hat er denn geheiratet?«

»Wir kennen sie beide nicht. Eine Krankenschwester. Wen ein junger Arzt, der in einer fremden Stadt eine neue

Stelle an einem großen Krankenhaus antritt, eben als Erstes so kennenlernt.«

»Hattest du schon immer so ein loses Mundwerk, Lia?«

»Als du nicht da warst, musste ich dich doch angemessen vertreten.«

Äußerlich hatte sich die Freundin kaum verändert. Ihr weizenblondes Haar trug sie nach wie vor mit Pony, was sie jünger als einunddreißig wirken ließ. Dass sie bereits einen Doktortitel in Medizin hatte, sah man ihr nicht an.

»Wird Guntram denn auch gleich Vater?«, fragte Antonia.

»Da sagst du immer, du verständest nichts von der Liebe! Aber genauso ist es: Ist die große Liebe unerreichbar, schlittert ein Mann gern mit der Zweitbesten ins Abenteuer Familie. Letzte Woche kam die Geburtsanzeige. Aus Kiel übrigens, dort wohnt Guntram nun irgendwo auf dem Dorf. Ich finde, er sollte uns leidtun.«

Im Gegensatz zu Antonia war Celia in der Nähe des Kurfürstendamms in großbürgerlichen Verhältnissen aufgewachsen.

»Ich mag das Landleben«, beharrte Antonia.

»Wenn es sich so gestaltet wie hier, pflichte ich dir bei.«

Für den ersten Stehempfang ließen Hausherr Graf Friedemann und seine Frau Rosel direkt vor dem Haupteingang des Schlosses Sekt ausschenken. Selten hatte Antonia Freystetten von dieser mondänen, ausgelassenen Seite erlebt. Die Bewohner des Dorfs, die eleganten Städter aus Berlin, das Brautpaar und ihre Familien – alle waren versammelt.

Grit genoss ihren großen Auftritt als neue Gräfin Freystetten. An ihrer Seite war Victors Trauzeuge, der Schriftsteller Kurt Vollmer. Da die beiden sehr vertraut miteinander umgingen, schloss Antonia daraus, dass auch Grit zu Victors Künstlerkreisen zählte. Gerade warf sie sich in

Positur, um im grell aufleuchtenden Licht der Fotoapparate eine gute Figur abzugeben, was ihr glänzend gelang. Auch sie trug freundliches Gelb, dasselbe wie die Frauen der Familie.

»Grit ist ganz in ihrem Element«, sagte Celia. »Du hättest sie bei ihrer eigenen Hochzeit erleben sollen, Toni. Es war im Roten Rathaus, was ein schlichter Rahmen ist, und als reine Formalität gedacht war, nichts, das Aufsehen erregen sollte. Sie hat das Gegenteil daraus gemacht: Die halbe Berliner Presse war anwesend.« Die Freundin machte ein besorgtes Gesicht. »Die Dame hat es faustdick hinter den Ohren. Bin gespannt, was die Freystettener noch von ihr zu erwarten haben.«

Da entdeckte Grit bereits Antonia und steuerte mit ihrem Begleiter direkt auf sie zu. Aber sie wandte sich an Celia: »Wir sind schon einige Male aneinander vorbeigelaufen und sollten einander unbedingt vorgestellt werden. Fräulein Thomasius, wären Sie wohl so nett?«

»Frau Doktor Fahrland, Gräfin Freystetten.«

»Waren Sie nicht verheiratet mit einem der Hinnes-Söhne?«

Der Name stand für eine deutsche Dynastie, die zu unermesslichem Reichtum gelangt war, deren klangvoller Name jedoch zu verblassen begann.

»Ich bin seit Jahren glücklich geschieden«, erwiderte Celia knapp. Antonia wusste, wie wenig die Freundin es leiden konnte, auf ihre Ehe mit Edgar Hinnes angesprochen zu werden.

»Das hörte ich. Mein Gemahl hat dieselbe Anwältin wie Sie, wurde mir gesagt. Ich verdanke ihr einen höchst komplizierten Ehevertrag.« Grit wandte sich an ihren Begleiter. »Denk dir nur, ich musste mich zu einem moralisch einwandfreien Lebenswandel verpflichten.«

»Unglaublich! Wie kann man nur so etwas von dir verlangen!« Kurt Vollmer wirkte amüsiert. »Und wo ist er überhaupt, dein kostbarer Gemahl?«

»Ich habe keine Ahnung!« Grit lachte, als hätte sie einen Scherz gemacht. »Ist er nicht auch Ihr Cousin, Fräulein Thomasius? Wissen Sie, wo Franz stecken könnte?«

»Oh, Sie nennen ihn beim Vornamen«, sagte Antonia mit einem plötzlichen Anflug von Übermut.

»Ja, natürlich, er ist mein Mann.«

»Ich war lange fort, deshalb wusste ich nicht, dass sie ihm schon so nah gekommen sind, ihn beim Vornamen zu nennen.« Es reizte sie, herauszufinden, ob sie die gekaufte Gräfin provozieren konnte.

Grit starrte Antonia kurz fassungslos an, dann lachte sie ebenso wie Kurt laut los. »Fräulein Thomasius, Sie stehen im Ruf, eine flinke Zunge zu haben.«

»Ich war lange allein in der afrikanischen Savanne, wo keine Menschen sind. Seitdem habe ich Nachholbedarf.«

»Faszinierend!«, rief Kurt Vollmer. »Wie geht es Frieda?«, erkundigte er sich. »Ich fürchte, sie ist für die Aufgabe, die vor ihr liegt, nicht so recht geschaffen. Was meinen Sie?«

Antonia wusste nicht, was sie von ihm halten sollte. Zumindest machte er den Eindruck, sich tatsächlich für Friedas Befinden zu interessieren.

»Ich denke, Sie haben Friedas Haltung treffend beschrieben.« Die Bitte ihrer Kusine im Ohr, sagte sie: »Sie meint, es nicht ohne Kokain zu schaffen.«

Ohne zu zögern, griff Kurt Vollmer in die Tasche seiner Smokingweste. »Geben Sie ihr das, Fräulein Thomasius.«

Es war ein flaches silbernes Etui.

»Du willst ihr das doch nicht wirklich geben?«, fragte Celia kurz darauf mit allen Anzeichen von Entsetzen in der Stimme.

»Natürlich nicht, Lia. Aber jetzt habe ich das unter Verwahrung.«

»Du meinst, Herr Vollmer hätte es ihr sonst gegeben?« Sie musterte Antonia anerkennend. »Wie vorausschauend von dir.«

Auf der Treppe zu Friedas Zimmer begegnete den beiden Freundinnen Ricarda. Sie wirkte besorgt.

»Ich komme gerade von Frieda. Wenn das so weitergeht mit ihr, fürchte ich, dass wir nicht um den Kaiserschnitt herumkommen.«

»Das ist nicht dein Ernst!«, sagte Antonia. »Nach Berlin kann man sie in diesem Zustand nicht mehr bringen. Und das Schloss ist kein Krankenhaus. Einen Kaiserschnitt kann man hier unmöglich durchführen.«

Um Henny herum drehte sich alles. Der Park, der Salon, die Tische auf der Terrasse, die vielen Gäste, die Musikkapelle. In ihr war eine lange vermisste Leichtigkeit, als sie in Victors Arm über die Tanzfläche zwischen den Grünanlagen und dem Schloss schwebte. Die kleine Band spielte den Walzer vielleicht auch ein wenig zu schnell, vielleicht lag es auch an dem halben Glas Champagner, das sie getrunken hatte. Sie war schließlich nichts mehr gewöhnt, hatte sie doch seit Beginn der Schwangerschaft bis heute keinen Tropfen Alkohol getrunken.

»Gönn mir eine Pause«, sagte sie. »Und ich glaube, etwas zu essen brauche ich auch.«

Victor begleitete sie durch die Tänzer zu ihrem Tisch. Jetzt am Mittag gab es Amuse-Gueule, leckere Kleinigkeiten. Es war Hennys ausdrücklicher Wunsch, dass auch die Menschen aus dem Dorf zum Buffet eingeladen waren, bevor das eigentliche Hochzeitsessen für die Familie und die engen Freunde serviert wurde.

Solch ein heiteres Fest hätte Henny bereits zu ihrer ersten Eheschließung mit Victor haben können. Aber damals hatte sie in Freystetten einen ihr feindlich gesinnten Ort gesehen. Mit dem Tod ihrer Patentante Komtesse Henriette hatte sich alles verändert, aber auch sie selbst war eine andere geworden. Und wieder stand eine Veränderung bevor, dachte sie gerade, als sie Grit und ihren Begleiter Kurt Vollmer unter den Tänzern ausmachte. Die beiden gaben ein interessantes Paar ab. Was mochte sie verbinden? Der Esprit oder Freundschaft, Erotik, eventuell sogar Liebe? Heimlich, natürlich, denn immerhin hatte Grit gerade erst den Sohn des Hauses geehelicht.

Victor reichte ihr die vom Buffet mitgebrachten Happen, deftige Hausmannskost, Schwarzbrot mit Käse und Spreegurke, appetitlich angerichtet. Er lächelte sie verliebt an, küsste sie galant auf die Wange.

Als sich Trauzeuge Kurt Vollmer zielstrebig näherte und Grit mit einem halben Schritt Abstand folgte, dachte Henny, dass die Sorgen um die Zukunft die Feinde der Gegenwart waren.

»Ein wunderbares Fest, man könnte sich in das Landleben verlieben«, sagte der Schriftsteller. »Ich gratuliere euch beiden zu eurem Glück.«

Auf einem jener verrückten Künstlerfeste in Kurts Wohnung hatte Henny die splitternackt tanzende Frieda erlebt, und alle hatten getan, als wäre das vollkommen normal.

»Kurt hat mir von euren Plänen berichtet«, begann Grit, und Henny war, als hätte die Gräfin endgültig mit einer Nadel in den Luftballon ihres neuen Glücks hineingestochen. »An der Westküste der USA soll es zum Jahresende warm sein wie bei uns im Sommer. Ich beneide euch.« Ihr Lächeln wirkte wie pure Ironie. »Mit Kindern wird es bestimmt besonders schön. Ist ja auch viel angenehmer, als im Berliner Winter in der Praxis arbeiten zu müssen.«

»So weit sind wir noch nicht«, sagte Victor so schnell, dass er jeder Erwiderung von Henny zuvorkam. »Wir müssen das noch gründlich durchdenken.«

Hennys gute Laune war verflogen. Wieso erzählte Kurt Grit von etwas, über das zwischen ihr und Victor noch diskutiert wurde? Sie nutzte den nächsten Tanz, um ihren frisch angetrauten Mann zur Rede zu stellen.

»Das müssen die beiden falsch verstanden haben«, verteidigte sich Victor.

»Kurt hat sich mit dir abgesprochen. Victor, wenn du das so machst, ist das der schlechteste mögliche Start in unsere Ehe.«

»Die Leute gucken, Henny. Bitte, lass uns das später bereden.«

Es hatte Zeiten gegeben, in denen er es darauf angelegt hatte, dass die *Leute gucken*, dachte Henny. Zumindest das hatte sich geändert, machte jedoch nichts besser.

In Ricardas langer Laufbahn war es nicht oft vorgekommen, dass sie das Gefühl hatte, mit ihren Mitteln am Ende zu sein. Bevor sie im Treppenhaus auf Antonia und Celia getroffen war, hatte sie Frieda erneut untersucht. Das Ergebnis teilte sie den beiden nun in Friedas Ankleidezimmer hinter geschlossener Tür mit, denn die werdende Mutter sollte nicht beunruhigt werden.

»Der Muttermund hat sich nur ein paar Zentimeter weit geöffnet«, sagte Ricarda. »Obwohl sie seit vierundzwanzig Stunden in den Wehen liegt. Es geht einfach nichts voran.«

»Wie liegen die Kinder, Frau Thomasius?«, fragte Celia.

»Eines hat sich bereits perfekt ausgerichtet mit dem Kopf

zum Geburtskanal. Das obere scheint quer zu liegen«, berichtete Ricarda. »Darum mache ich mir noch keine Sorgen. Nach der Geburt des ersten hat es Platz, sich zu drehen.«

»Und die Herztöne?«, fragte Antonia.

»Regelmäßig, aber nicht sehr kräftig. Das Problem ist, dass Frieda keine Kraft mehr hat.«

»Ob es daran liegt, dass sie die Kinder gar nicht gebären will?«

»Aber Toni, du willst doch nicht allen Ernstes behaupten, dass man sich gegen eine Geburt wehren kann!«

»Doch, Mutter, das ist mein voller Ernst. Sie wollte die Kinder nicht, und will sie bis heute nicht. An ihrer Stelle sähe ich auch keinen Grund, sie zur Welt zu bringen.«

»Rein biologisch gesehen, ist das eine gewagte These«, wandte Celia Fahrland ein.

»Die Natur findet immer einen Weg«, meinte Ricarda. Was ging nur im Kopf ihrer Tochter vor! Wie konnte sie so unlogisch argumentieren?

»Oder die Ärzte beziehungsweise wir als Ärztinnen finden ihn. Denn darum geht es doch wohl«, sagte Antonia.

Ihre Mutter spürte ihre Verärgerung und fand, dass es angesichts der vielleicht drohenden Komplikationen an der Zeit war, reinen Tisch zu machen: »Gut, dann klären wir das jetzt, Toni. Du wirfst mir vor, dass ich bei Frieda keine Abtreibung durchgeführt habe.«

Einen Augenblick war es still, aus dem Garten drang gedämpft eine Walzermelodie. Unten wurde wohl gerade getanzt. Es war ein Jammer, dass sie drei Hennys wichtigen Tag auf diese Weise verstreichen lassen mussten.

»Vorwerfen? Nein. Ich kann dir dein Gewissen nicht vorwerfen«, sagte Antonia schließlich. »Aber ich hätte Frieda geholfen, denn das war doch ihr klarer Wille, nicht wahr?«

»Ja, das war er. Und ich bot ihr meinen Beistand in jeder Lebenslage an.«

»Seltsamerweise liegt sie in den Wehen. Nicht du.«

Celia knuffte ihre Freundin. »Toni, bitte, sei nicht ungerecht.«

»Ja, tut mir leid, Mutter. Meine Meinung ist jedoch: Wenn eine Frau rechtzeitig um Hilfe bittet, muss sie ihr gewährt werden.«

»Auch wenn es gegen das Gesetz verstößt?«, fragte Celia. »Oder gegen den Eid des Hippokrates? Oder gegen die christliche Ethik?«

»Die Gesetze wurden von Männern geschrieben. Hippokrates war ein Mann, die Kirche wird von Männern bestimmt. Wenn Männer zu allem fähig sind, wieso hat dann noch nie ein Mann ein Kind bekommen?«, fragte Antonia.

Ihr Gesicht glühte vor Empörung, und Ricarda sah jenen Augenblick in all seiner dramatischen Deutlichkeit vor sich, den sie bis ans Ende ihrer Tage nie vergessen würde: die bewusstlose Toni in ihrem Blut auf dem Operationstisch der Charité, nachdem sie an sich selbst eine Abtreibung versucht hatte, vermeintlich streng nach Lehrbuch.

Celia ließ Tonis provokante Frage unbeantwortet verklingen. »Ich schlage vor, dass wir Frieda eine Pause gönnen. Am besten eine Spritze mit etwas Morphium, damit sie zur Ruhe kommt.«

»Sehr gute Idee«, lobte Antonia. »Dabei werden wir die Herztöne überwachen. Bislang ist keine der möglicherweise zwei Fruchtblasen geplatzt. Wir gewinnen Zeit.«

»Einverstanden«, sagte Ricarda. »Ich habe Morphium in meinem Zimmer. Ich hole es.«

Die drei Ärztinnen gingen zurück in Friedas Schlafgemach. Dort hielt nach wie vor Großmutter Karla am Bett Wache und wirkte noch verzweifelter als ihre Enkelin.

Ricarda nahm ihre Hand. »Komm, Mutter, jetzt lassen wir die drei jungen Frauen mal machen.«

Bevor sie mit Karla die Tür erreicht hatte, holte Antonia sie ein. »Du weißt, dass ich dich liebe, nicht wahr? Ich nehme dir nichts übel.«

»Ja, Toni, das weiß ich. Ich war in einer Zwickmühle. Ich war Tante und Ärztin. So, wie ich gerade Mutter und Kollegin bin. Ich wollte mein Urteil unparteiisch treffen, aber dann hätte ich Frieda nicht meine Hilfe als Tante anbieten dürfen. Das erkenne ich inzwischen. Die Gefühle dürfen uns Medizinerinnen nicht in die Quere kommen. Denn es ist genau jenes Argument, mit dem die männlichen Kollegen uns Frauen seit jeher die Qualifikation für diesen Beruf absprechen: Uns würde die Objektivität fehlen.«

»Du bist auch nur ein Mensch, Mutter. Ein guter Mensch obendrein. Wie willst du da Interessenkonflikte vermeiden?«, fragte Antonia und kehrte ins Gebärzimmer zurück.

Ricarda begleitete ihre gebrechliche Mutter behutsam die Stufen nach unten.

»Hast du dich übernommen, Rica? Sei ehrlich: Das ist doch keine gute Idee, die Kleine hier niederkommen zu lassen«, erkundigte sich Karla.

»Das schaffen wir schon«, sagte Ricarda und gab ihrer Stimme einen optimistischen Klang, denn sie wusste, dass ihre alte Mutter vollkommen recht hatte. Auch ihrer Schwester gegenüber hatte sie die beiden Rollen durcheinandergebracht, die sie in diesem Schloss spielte. Als Schwester wollte sie Rosel einen Gefallen tun, als Ärztin gefährdete sie dadurch unter Umständen Mutter und Kind.

Wie lange war das her, dass sie getanzt hatte! Ricarda konnte sich beim besten Willen nicht erinnern. Früher waren Siegfried und sie gelegentlich ausgegangen. Seitdem er bei einem Aufstand in Deutsch-Ostafrika am Fuß verletzt worden war, hatte er Schmerzen. Aber gerade, als sie endlich den Weg zur Terrasse gefunden hatte, war Georg auf sie zugekommen. Und jetzt führte er sie zum Klang eines Walzers, was eine ebenso große Seltenheit war. Sie waren beide ungeübt und lachten immer wieder, wenn sie sich auf die Füße traten. Nun nahm Victor seine kleine Tochter Vicky und machte mit, was dem Mädchen offensichtlich gut gefiel. Ricarda stellte fest, dass sich ihre musikalische Enkelin sehr geschickt anstellte. Währenddessen befand sich Henny in einem Gespräch mit Grit und deren Begleiter, wobei sie einen angespannten Eindruck machte.

»Wie lange kannst du bleiben?«, fragte Ricarda ihren Sohn, als sie beide im gleichen Schwung waren.

»Ich muss zurück nach München, Mutter. Ich war viel zu lange fort.« Womit er nicht auf diesen Besuch anspielte, zu dem er allein gekommen war, weil ihn die Situation sonst überfordert hätte.

»Die Kinder haben Sehnsucht nach dir, das verstehe ich.«

»Ich bin ihnen ein nahezu Fremder.« Sein entrücktes Lächeln zeigte, dass er gerade in Gedanken bei seinen Söhnen war. »Ich bin ohne Vater aufgewachsen.«

»Ja, ich weiß.«

Sein Vater Georg war im selben Jahr gestorben, in dem sein einziger Sohn zur Welt gekommen war.

»Umso mehr habe ich den Wunsch, dass meine Buben wissen: Ich bin für sie da. Denn eines habe ich in den Jahren im Gefängnis gelernt, Mutter: Nichts ist wichtiger, als eine Familie zu haben, die einen braucht. Erst das gibt meinem Leben einen Sinn. Nicht das Geld und nicht das Ansehen.«

»Du hattest begonnen, Medizin zu studieren, und bist dann doch zur Juristerei zurückgekehrt. Ich hatte daraus geschlossen, dass du wie dein Vater in der Brauerei eine

Rolle spielen wolltest. Dein Onkel Rupert wird nicht ewig leben.«

Seine Anteile an der Familien-Brauerei hatte Georg vor über zehn Jahren an den Onkel verkauft. Da seine Frau Sophie Ruperts Enkelin war, würden somit Georgs Söhne erben.

Aber Ricardas Sohn wich der Antwort aus: »Gerade genieße ich es, keine Pläne zu machen, die über den nächsten Tag hinausreichen.«

So viele Male hatte das Schicksal ihm harte Nackenschläge versetzt. Immer wieder hatte er seine Charakterstärke bewiesen und sich aufgerappelt. Es würde ihm auch diesmal gelingen, davon war Ricarda überzeugt.

Der Walzer war zu Ende, eine schnelle Melodie wurde angestimmt, zu der die jungen Leute aufs Parkett eilten. Es war der Shimmy, ein Tanz, von dem Ricarda wusste, dass Toni ihn liebte, weil sie sich dabei verausgaben konnte. Gerade tobte sich die kleine Vicky dazu aus.

Nun kam Großmutter Karla zu Ricarda, in ihrem Gefolge eine Frau von Mitte oder Ende fünfzig. Sie trug ein schlichtes, sorgsam gebügeltes Kleid in dunklen Farben, ihr rotwangiges Gesicht wirkte besorgt.

»Ricarda, das ist Frau Schneider. Sie arbeitet in der Küche.« Die Großmutter richtete ihre nächsten Worte an Frau Schneider: »Paula, das ist meine Tochter, eine richtige Frau Doktor. Sag ihr, was du auf dem Herzen hast.«

Die Zeiten, in denen die Köchin Karla Petersen wenig von den ärztlichen Fähigkeiten ihrer ältesten Tochter Ricarda gehalten hatte, lagen nicht sehr weit zurück. Von ihr empfohlen zu werden, schmeichelte Ricarda auch in ihrem fortgeschrittenen Alter.

»Verzeihen Se bitte, wenn ick Se störe. Gnädiger Herr, ich bitte ooch Sie sehr um Verzeihung.«

Georg hatte sich ohnehin erhoben und nutzte die Gelegenheit, um mit seiner Großmutter plauschend fortzugehen.

»Es geht um meene Tochter, Frau Doktor. Se hat 'n Kindchen jeboren. Sind Se so freundlich und sehn sich das an? Da is wat nich richtig mit.«

Frau Schneider stieß die Tür zu einem der niedrigen Häuschen auf, die entlang der Dorfstraße nebeneinander aufgereiht waren. Ricarda war in diesem Ortsteil so gut wie nie gewesen, wo seit Jahrhunderten die Familien der Arbeiterinnen und Arbeiter wohnten, die ihren Lohn auf dem Schlossgut verdienten. Sie war in ihrem gelben Festtagskleid gekommen, nur ihre Arzttasche hatte sie vor ihrem überstürzten Aufbruch geholt.

Einen größeren Gegensatz zwischen dem heiteren Hochzeitsfest und dem Inneren des Häuschens war kaum denkbar. Obwohl es draußen noch heller Nachmittag war, brannten Lampen, denn die kleinen Fenster ließen kaum Tageslicht ein. In einem Baldachinbett lag eine junge Frau, neben sich einen Säugling, ein ebenso junger Mann hockte auf einem Schemel daneben. Beide mochten Ende zwanzig sein.

»Dit is meene Emma und ihr Mann, Fritze. Die Kleene is Maren.« Ein tiefer schwerer Seufzer. »Tja.«

Ricarda konnte das Bündel kaum erkennen. Behutsam nahm sie es hoch. Es war gepuckt, also so eng gewickelt, dass auch die Ärmchen eingeschnürt waren. Früher hatte man es auch in der Stadt so gemacht. Inzwischen hatte sich die Ansicht durchgesetzt, dass die Neugeborenen die Ärmchen bewegen sollten. Vorsichtig wickelte sie den Säugling aus. Seine Haut war eiskalt, kein Herzton mehr zu hören. Um helfen zu können, kam sie zu spät. Das musste schon klar gewesen sein, bevor sie gerufen worden war.

»Wann kam Maren zur Welt?«, fragte Ricarda.

»Vor vier Tagen«, sagte die Mutter schluchzend.

»Es tut mir leid, Ihre kleine Maren ist im Himmel.«

Der Kindsvater nickte, seine Frau brach in Tränen aus.

»Was ist passiert?«, fragte Ricarda.

»Maren lag heute tot in ihrer Wiege«, sagte Emma Becker.

»Wenige Tage alte Säuglinge sterben gelegentlich aus unerklärlichen Gründen«, sagte Ricarda.

Der plötzliche Kindstod war der Albtraum junger Eltern.

»Wir haben so lange gewartet auf das Kind«, sagte Emmas Mann. »Warum nimmt der Herrgott, was er uns gerade geschenkt hat?«

Zu gern hätte Ricarda der unglücklichen jungen Mutter etwas Tröstliches gesagt, aber selbst der Hinweis auf ihre Jugend und die Möglichkeit, ein zweites Mal *beschenkt* zu werden, hätte jetzt wie Hohn geklungen.

Sie untersuchte die in Tränen aufgelöste Emma und sah, dass sie unter starkem Milchfluss litt. Offenbar hatte sie ihr Kind gestillt. Ricarda blieb nur die traurige Pflicht, einen Totenschein auszustellen.

»Ich werde morgen wieder nach Ihnen sehen.« Sie war schon fast zur Tür hinaus, als ihr ein Gedanke kam, den sie für sich behielt.

Siegfried Thomasius legte eine Scheibe des Kalbsnierenbratens von seinem Teller auf Antonias. »Mir ist es zu viel, Toni. Und du kannst ein bisschen mehr auf den Rippen vertragen.«

So kannte Antonia ihren Vater. Auch wenn er zu einem Hochzeitsessen im Schloss eingeladen war, würde er niemals etwas in die Küche zurückgehen lassen, und er war stets um ihr Wohl besorgt.

»Du bist schmal geworden im Gesicht«, umschrieb er höflich den Umstand, dass sie fast zehn Kilo an Gewicht verloren hatte. »Was dich natürlich nur hübscher macht.«

»Hab ich dir zuvor nicht gefallen?«, neckte sie ihn.

»So habe ich das doch nicht gemeint, Toni!« Er wirkte gekränkt, dass sie sein Kompliment nicht angenommen hatte, und wechselte zu einem Thema, mit dem er sich besser auskannte: »Ich wollte mit dir über deine Dissertation sprechen. Weshalb forschst du ausgerechnet zur Bilharziose?«

»Weil ich in Daressalam so viele Kinder behandelt habe, die qualvoll starben. Bei uns im Krankenhaus interessierte das niemanden, weil die Einheimischen grundsätzlich nicht behandelt werden. Ich wurde gewissermaßen mit der Nase auf einen Missstand gestoßen, und den wollte ich beheben.«

»Das war schon zu meinen Zeiten so. Als Sanitätsoffizier durfte ich nichts daran ändern, das wäre Befehlsverweigerung gewesen. Die Medizin wurde von Europäern für Europäer erfunden, die Afrikaner bekamen die Brotkrumen, die vom Tisch fielen.« Lächelnd schob er ihren Teller etwas näher an sie heran. »Du weißt doch: Lieber sich den Magen verrenken, als dem Wirt was schenken. Aber im Ernst: Wir nannten die Bilharziose *Blutharnruhr*, und wenn es statt der Blase den Darm betraf, war es die *Ruhr*. Mir als Arzt stand keine Medizin zur Verfügung, bestenfalls schickte ich die Männer nach Hause zurück, schlimmstenfalls starben sie in Afrika oder auf dem Heimweg.« Er seufzte. »Ich fürchte, das Deutsche Reich verlor mehr Soldaten durch Krankheiten als feindliche Angriffe.«

»Mein Vorgesetzter machte es sich einfacher: Weiße würden nicht an der Bilharziose erkranken. Bis eine Britin unsere Patientin wurde, die daran zu sterben drohte«, erzählte Antonia. »Also betrifft es alle Menschen, und es wird künftig wieder mehr gereist. Deshalb will ich herausfinden, wie die Übertragungswege verlaufen, um eine Verbreitung gar nicht erst aufkommen zu lassen.«

»Dein Ansatz gefällt mir, Toni. Wie willst du vorgehen? Kann ich dir dabei helfen?«

Sie war gerührt. »Danke, Vater. Erst mal muss ich wissen, wer hier in Berlin meine Doktorarbeit betreuen will.«

»Das Thema ist gut, aber ich bezweifle, dass die Charité sich dafür interessiert. Wir haben keine Kolonien, jedoch wächst der Handel mit fernen Ländern. Hast du schon an das Tropeninstitut in Hamburg gedacht? Mit denen habe ich zu meinen besten Zeiten in engem Kontakt gestanden, die waren auf ihrem Gebiet in der Welt führend. Der Kollege Nocht hat es damals gegründet und ist noch immer der Leiter. Ich kann mich mit ihm in Verbindung setzen, wenn du magst.« Er blickte sie nachdenklich an. »Müsstest du nicht zunächst eine andere Frage klären: Wo siehst du deine Zukunft? Worauf hoffst du? Willst du forschen? Oder direkt mit den Patienten arbeiten?«

Sie wog nachdenklich den Kopf. »Es war die Mischung aus beidem, die mir in Daressalam so gut gefallen hat. Ich schrieb euch ja, dass ich dort eine Buschklinik aufzubauen versuchte. Der direkte Kontakt mit den Menschen kostet Kraft, aber es ist eine unendlich große Belohnung, wenn jemand gesund wird.«

»Meine Tochter, du bist eine Idealistin.« Er strich ihr sanft über das Haar und scherzte: »Keine Ahnung, woher du diese Neigung haben könntest.«

»Das kann ich mir auch nicht vorstellen«, gab sie lächelnd zurück. »Und du? Immer noch im Ehrenamt bei der Betreuung der einstigen Kameraden?«

»Der Krieg ist seit elf Jahren vorbei, das bekomme ich

immer wieder gesagt. Mit meinen neunundsechzig Jahren solle ich mich in meinen wohlverdienten Ruhestand zurückziehen. Aber ich habe meinen Beruf nie als etwas empfunden, das an mein Lebensalter gebunden ist.«

Antonias Vater faltete seine Serviette sorgsam zusammen; er hatte kaum etwas gegessen.

»Zur Zeit sind es noch rund ein Dutzend Männer, die ich betreue. Keiner von denen, um die ich mich gekümmert habe, ist als Bettler auf der Straße gelandet, weil sie als Krüppel nicht mehr ihr tägliches Brot und das Dach über dem Kopf verdienen können. Oder gar in der Klappsmühle, weil sie in manchen Nächten schreien vor Angst. Obwohl das doch alles mehr als ein Jahrzehnt her ist. Verzeih, ich wollte mich nicht über den grünen Klee loben.«

»Das tust du nicht, Vater. Du hast immer im Verborgenen gewirkt.« Sie aß den Rest auf dem Teller, obwohl sie satt war.

»Was ich sagen will, Toni: Du wirst eine Entscheidung treffen müssen. Forschung oder Praxis. Das Thema deiner Dissertation führt dich in die Forschung. Bist du dir darüber im Klaren?«

Seine Bemerkung machte ihr erst bewusst, welche Freiheiten sie in Daressalam gehabt hatte. In Deutschland würde sie solche Zustände nirgendwo finden. Das Tropeninstitut in Hamburg? Sie würde es versuchen, nahm sie sich vor, schließlich hatte sie bereits viel Zeit und Mühe in ihre Feldforschung investiert. Das sollte nicht vergeblich gewesen sein.

Mit der Petroleumleuchte in der Hand schlich sich Henny ins Zimmer. Sie kam geradewegs von Frieda, bei der Celia Fahrland auf der Chaiselongue übernachtete, um Wache zu halten.

Victor schlief, neben ihm stand die Kinderkrippe mit Leonhard, fahles Mondlicht fiel durch das angelehnt geöffnete Fenster. Ein Gefühl großer Geborgenheit durchströmte sie. In einem Zustellbett lag Vicky, ein entspanntes Lächeln im Gesicht. Die Hochzeitsgäste hatten ihrem Klavierspiel langen Applaus gespendet, und sie hatte ihn sichtlich genossen. Henny wusste, wie es sich anfühlte, die Aufmerksamkeit der Mutter zugunsten jüngerer Geschwister zu verlieren. Deshalb war es wichtig, wenn auch Vicky im Mittelpunkt stehen konnte.

Henny ließ ihren Morgenrock auf einen Stuhl fallen und schlüpfte neben Victor ins Bett. Dies war ihre Hochzeitsnacht, aber es fühlte sich nicht so an. Doch kaum, dass sie lag, drehte sich Victor zu ihr, war hellwach und küsste sie zärtlich.

»Du hast kalte Füße«, flüsterte er.

»Ich war barfuß, um keinen Lärm zu machen, aber die Steinfußböden …«

»Ich wärme dich.« Er zog sie an sich heran. »Unsere letzte Hochzeit war nicht so turbulent.«

»So finde ich es schöner, harmonischer, alle sind unseretwegen da.« Sie machte eine Pause, dann sprach sie es aus: »Deine Mutter hat allerdings nicht einmal ein Glückwunschtelegramm geschickt.« Sie machte eine weitere Pause, um das Thema vorzubereiten, das ihr auf der Seele brannte: »Aus New York.«

Victor begriff sofort, worauf sie hinauswollte: »Kurt hat es dir gesagt?«

»Er ist voller Vorfreude, er liebt New York doch so sehr. ›Da hat auch Victors Mutter ein Haus‹, sagte ich. Es würde sich ja auch anbieten, sie zu besuchen, wenn ihr beide dort wärt, meinte er. Dann, mein Schatz, bin ich aufs Ganze.« Sie sprach leise, dicht an seinem Ohr. »Ich sagte: ›Ihr braucht sehr viel Geld, um *Menschen im Hotel* verfilmen zu können. Woher soll das kommen?‹ Da sprudelte er nur so los und sagte, deine Mutter wollte schon immer im Filmgeschäft mitmischen. Du wolltest mit ihr reden, wenn ihr dort wärt.«

»Wenn Kurt trinkt, liegt ihm das Herz auf der Zunge. Tut mir leid, ich wollte es dir selbst sagen.«

Seine Küsse schmeckten nach schlechtem Gewissen, aber ihr stand der Sinn nicht nach Streit. Sie wollte ihm die Gelegenheit geben, sein bisheriges Schweigen zu erklären. »Wie stellst du dir das also vor?«

»Kurt und ich fahren in ein paar Wochen nach New York, um mit anderen Geldgebern zu verhandeln. Denn ich will nicht, dass meine Mutter den ganzen Film finanziert; sie würde in jedes Detail hineinreden wollen. Ihr Geld soll nur dazu dienen, die anderen Produzenten in Sicherheit zu wiegen, damit sie die Geldbörsen öffnen.«

»Und dann?«

»… werden wir nach Hollywood fahren und alles vorbereiten.«

»Und wir, die Kinder und ich?«

»Ihr kommt dann nach, das ist doch keine Frage.«

Ist es durchaus, hätte sie am liebsten widersprochen, aber sie ließ es gut sein. Es ging auf Mitternacht zu. Ihre Hochzeit war vorbei, morgen begänne der Alltag. Und wenn Victor ein schlechtes Gewissen hatte, war er ein umso zärtlicherer Liebhaber. Als solchen brauchte sie ihn jetzt.

Ricarda blickte auf die Uhr – fast eins. Frieda lag jetzt seit bald sechzig Stunden in den Wehen. Immer noch war der Muttermund nicht weit genug geöffnet, aber die Fruchtblase war geplatzt, die Zeit drängte nun.

»Ich kann nicht mehr!«, japste die Kreißende. »Lieber sterbe ich, als das weiter auszuhalten.«

Sie waren zu dritt an Friedas Bett: Ricarda, Antonia und Celia. Da begann Antonia, sich bis auf die Unterwäsche auszuziehen.

»Wir machen das jetzt zusammen, Frieda. Ich komme zu dir ins Bett. Und dann atmen wir gemeinsam«, verkündete sie. »Die Kinder müssen raus. Und die kommen raus.«

Sie schob sich hinter ihre Kusine.

»Milliarden Kinder sind zur Welt gebracht worden. Das heißt, Milliarden Frauen haben das geschafft. Und heute bist du dran, Frieda. Hör auf zu jammern, und jetzt wird gepresst. Mutter, horch noch mal auf die Herztöne.«

Ricarda war restlos überrumpelt vom energischen Auftreten ihrer Jüngsten, die das Kommando an sich riss. Sie beugte sich über Friedas Bauch. »Wir sollten voranschreiten«, sagte sie.

Es war höchste Zeit, wenn man die Gesundheit der Kinder nicht gefährden wollte.

»Lia, lass heißes Wasser bringen. In einer Stunde ist ein Kind da.« Antonias Ton duldete kein Zögern. »Fragt jemand bitte Henny, ob sie sich uns anschließen kann? Es könnte sein, dass die Kinder sie brauchen werden. Mutter, du hast eine Zange?«

»Alles bereit, Toni.«

Sie ist die geborene Frauenärztin, schoss es Ricarda durch den Kopf, die daran denken musste, was Siegfried ihr von seinem Gespräch mit Toni berichtet hatte – Toni in der Forschung. Wenn sie nicht alles täuschte, war sie die typische Praktikerin.

»Ausatmen, Frieda.«

Toni tat es selbst, Frieda folgte ihrem Beispiel.

»Tief Luft holen.«

Wieder machte Toni vor, und ihre Kusine gehorchte.

»Jetzt pressen. Fest! Mehr! Du kannst das! Du bist stark!«

Toni gab ihr Äußerstes.

Einige Mal wiederholten die beiden den Vorgang.

»Sehr gut macht ihr das«, lobte Ricarda.

Sie sah den Fortschritt, der Muttermund war geöffnet. Das Köpfchen schob sich immer wieder vor, glitt jedoch stets zurück. Nach der von Antonia vorgegebenen Stunde war Frieda am Ende. Sie keuchte nur noch.

»Kokain, Toni, bitte«, flehte sie. »Dann schaff ich es.«

»Mutter, hast du genug Platz für die Zange?«, fragte Antonia.

»Ja, der Kopf ist halb draußen.«

»Sehr gut. Dann los. Bist du so weit, Mutter?«

»Ja.«

»Dann jetzt.«

Inzwischen war Henny eingetroffen, alles war für zwei Neugeborene bereitet.

Frieda bemerkte, wie sich Ricarda mit der Zange näherte. »Was machst du, Tante Rica? Nein, das will ich nicht!«

»Dann reiß dich zusammen und press sie raus!«, kommandierte Antonia. »Wir wollen, dass deine Kinder lebendig zur Welt kommen!«

So kannte Ricarda ihre Tochter nicht. Und einen solch harschen Jargon hatte sie noch nie bei einer Geburt erlebt! Aber es funktionierte: Frieda presste mit aller Kraft, und wenig später glitt das erste Kind in Ricardas Hände.

»Genau vierzehn Uhr und drei Minuten«, stellte Henny fest.

Ricarda gab ihr den Säugling. Ihre Älteste begann gemeinsam mit Celia mit der Untersuchung. Um Frieda nicht zu verunsichern, tauschten die Ärztinnen sich leise aus, während Ricarda und Antonia die Geburt des zweiten Kindes vorbereiteten. Wie leise es war! Das Neugeborene gab keinen Mucks von sich. Aus den Augenwinkeln sah Ricarda, wie die beiden Ärztinnen um das Leben des Kindes zu ringen begannen. Anscheinend konnte es nicht von allein atmen.

»Ist es tot?«, fragte Frieda.

»Nein. Atme jetzt bitte und press«, befahl Antonia.

Doch Ricarda merkte, dass es so nicht funktionierte. Sie tastete den Bauch erneut ab. »Es liegt quer. Wir müssen es drehen.«

»Was heißt das, Tante?«

»Das mache ich«, verkündete Antonia resolut. »Ich habe das in Afrika ein paarmal hinbekommen.« Sie kroch aus dem Bett. »Es wird wehtun, Frieda. Daran kann ich nichts ändern. Da musst du jetzt durch.« Sie beugte sich über ihre Kusine. »Du willst das Kindchen doch nicht im Bauch behalten, bis es zur Schule kommt.«

Frieda schüttelte lächelnd den Kopf. Währenddessen tastete Antonia bereits den Bauch ab.

»Mit dem Kind im Leib kannst du auch nicht tanzen. Du freust dich doch aufs Tanzen. Ich werde dich begleiten, habe ich gerade beschlossen. Ich war schon lange nicht mehr tanzen. Den Shimmy haben Lia und ich immer sehr gemocht. Erzähl mal: Wohin wirst du mich ausführen, Frieda?«

Die Ablenkung wirkte, und Antonia packte fester zu. Frieda schrie auf, und Sekunden später war alles still. Die junge Mutter war ohnmächtig geworden. Antonia streifte sich ein Paar bereitliegende Gummihandschuhe über, untersuchte hoch konzentriert mit geschlossenen Augen.

Und sagte paradoxerweise: »Das sieht gut aus. Kopf liegt im Becken. Mutter, die Herztöne?«

»Regelmäßig, Toni.«

»Wecken wir sie auf.«

Mit sanftem Klatschen auf die Wangen holte sie die Ohnmächtige zurück. Antonia ließ ihr wenig Zeit, stimmte wieder ihren ungewöhnlich harschen Kommandoton an. Und nach weiterem Pressen glitt das zweite Kind in Ricardas Hände. Das winzige Mädchen war mitsamt einem Teil der Fruchtblase herausgekommen, sein Gesichtchen davon wie mit einem durchscheinenden Schleier bedeckt. So etwas kam nur sehr selten vor, und Ricarda wusste von Fällen, bei denen dieses Stückchen aus dem Mutterleib – eingenäht in ein Wachstuch – den Kindern ein Leben lang als Talisman diente. Diese Tradition war allerdings schon fast vergessen.

»Es ist ein Mädchen, ein Glückshaubenkind«, sagte sie. »Das ist ein gutes Zeichen.«

»Frieda, du hast ein Glückskind!«, wiederholte Antonia.

Aber Frieda war noch nicht so weit, um darauf eingehen zu können. Sie japste nach Luft.

Vorsichtig nahm Ricarda die sogenannten Eihäute fort und sah das rosig gesunde Gesichtchen des neugeborenen kleinen Mädchens. Kurz darauf gab es den ersten leisen Schrei von sich.

»Vierzehn Uhr zweiundvierzig«, notierte diesmal Celia ganz sachlich als Geburtszeitpunkt.

Ricarda dachte, dass es ein ungewöhnlicher Mensch sein mochte, der an diesem klaren Herbsttag zur Welt gekommen war. Alle, die dabei gewesen waren, würden sich an sie kleine Glückshaube erinnern, die es zu etwas Besonderem machte. Seine Mutter äußerte jedoch nicht einmal den Wunsch, es zu sehen. Ricarda hielt ihr zugute, dass sie vollkommen entkräftet war.

»Du hast das wunderbar gemacht«, sagte Antonia. »Wir sind sehr stolz auf dich.« Sie küsste sie zart auf die Stirn wie eine Schwester.

»Danke.«

Um den Erstgeborenen, einen kleinen Jungen, kämpfte Henny immer noch.

Frieda brach in Tränen aus, und ihre aufgewühlten Gefühle sprangen auf Toni über. Die krabbelte wieder zu ihrer Kusine und hielt sie fest im Arm.

Ricarda sah auch ihrer Tochter die Erleichterung an. Hatte Toni ihr nicht gestern erst vorgehalten, Beruf und Privatleben vermischt zu haben? Und was tat sie gerade? Aber Ricarda verkniff sich jede Bemerkung. Für sie war es eindeutig: Toni gehörte in einen Kreißsaal, nicht in ein Labor. Aber das würde sie schon noch selbst herausfinden.

Eintausendachthundert Gramm wog der winzige Mensch, der kraftlos in Hennys Händen lag. Das war nur etwas mehr als die Hälfte des Gewichts eines gesunden Neugeborenen, wie Henny ihn ein paar Wochen zuvor selbst geboren hatte. Im Gegensatz zu Frieda hatte sie während der Schwangerschaft sehr auf ihre Gesundheit geachtet. Hatte ihre Kusine ihren Kindern geschadet? Seine Atemwege hatte sie befreit, das Herz schlug, aber es beeilte sich nicht damit, den Organismus mit Blut zu versorgen. Konzentriert massierte Henny den in ein weiches Handtuch gewickelten Körper mit den Fingerspitzen.

»Komm schon, Kleiner, du bist draußen. Du bist hier. Wir sind da. Mach mit«, sagte sie mit gedämpfter Stimme.

In ihrem Rücken bahnte sich gerade die Geburt des Zwillings an, aber sie konzentrierte sich völlig auf den Jungen, dessen Leben auf dem Spiel stand. Es gab keinerlei Hilfsmittel, die ihr zur Verfügung standen. Nur ihre eigene Erfahrung mit einer ähnlichen Situation, in der es um das Leben ihrer eigenen Tochter gegangen war, um Vicky. So lange lag das zurück!

Es hieß, dass das Glücksgefühl, ein Kind zur Welt gebracht zu haben, alle negativen Eindrücke dieses schicksalhaften Erlebens überlagern würde. Bei ihr war das nicht so, sie sah jeden Augenblick nach Vickys Geburt klar vor sich. Vicky wäre gestorben, hätte damals in Los Angeles nicht eine japanische Hebamme dafür gesorgt, dass Vicky überlebte. Sie hatte lange nicht verstanden, was das Wichtigste in solch einer Situation war. Jetzt konnte sie ihr Wissen anwenden: Es war die Hoffnung, etwas unmöglich Erscheinendes zu bewerkstelligen.

»Frieda, du hast ein Glückskind!«, sagte in diesem Augenblick Antonia.

»Hast du das gehört?«, flüsterte Henny dem Winzling in ihren Händen zu. »Dein Schwesterchen ist auch da. Du musst ihr ein Gefährte sein. Also komm, mach nicht schlapp. Wenn sie das Glückskind ist, dann bist du es auch. Ihr beide werdet Seite an Seite durch das Leben gehen.«

Der kleine Mensch stieß einen kaum wahrnehmbaren Laut aus, etwas, das einem Räuspern gleichkam. Seine Lunge zeigte also Reflexe.

»Noch mal, Glücksbrüderchen. Puste, atme!« Sie war jetzt nicht nur Ärztin, sie sah sich wie damals bei ihrer Tochter als jenen Menschen, der dabei half, einem anderen Lebewesen die Tür zum Dasein weit zu öffnen.

Wieder ein Ton wie ein heiseres Husten.

»Vierzehn Uhr zweiundvierzig«, sagte wenige Schritte von Henny entfernt Celia Fahrland, weil es wichtig war, den Geburtszeitpunkt festzuhalten.

Viel hatte Henny bislang nicht mit Celia zu tun gehabt. Erst, als Toni in Afrika verschollen gewesen war, hatten sie überhaupt erst intensiven Kontakt zueinander. Durch ihre Mutter hatte Henny erfahren, dass Celia nach einer klug bewerkstelligten Scheidung über ein großes Vermögen verfügte. Celia hatte sehr viel Geld eingesetzt, um Toni nach Hause zu holen. Damit wäre Toni zwar Celia zu Dank verpflichtet, aber wo lag Celias Vorteil? Das würde sich möglicherweise noch erweisen. Bislang konnte Henny in der zarten blonden Frau nichts sehen, das ihren Argwohn hätte wecken können.

Henny massierte das Neugeborene nach wie vor behutsam, als Rosel hereinkam. »Es ist ja so still hier«, stellte sie fest. Dann sah sie sich um. »Leben die Kinder?«

»Ja, das tun sie, Rosel«, sagte Ricarda. »Du kannst deine Tochter zu ihrer Leistung beglückwünschen. Sie war sehr tapfer.«

»Das klang aber nicht so.«

»Sie sind deine Enkel, Rosel«, sagte Ricarda. »Das kleine Mädchen wurde mit einer Glückshaube geboren.«

Rosel nahm es nun in Augenschein, und Henny meinte, in ihrem bislang wie versteinerten Gesicht eine leichte Gemütsregung zu bemerken. Die Zwillinge waren sehr unterschiedlich: Der Junge hatte schwarzes Haar und einen leicht bräunlichen Teint, das Mädchen helle Haut und einen rötlichen Flaum auf dem Kopf. Es war nicht ungewöhnlich, dass sich zweieiige Zwillinge unterschieden. Hier jedoch war der Unterschied so groß, dass es überaus wahrscheinlich war, dass es zwei Väter gab, mit denen die wilde Frieda in sehr kurzem Abstand geschlafen hatte.

»Die Kinder brauchen Namen«, fuhr Hennys Mutter fort.

»Sie ist eine Felicitas«, sagte Antonia. »Die Glückliche. Was meint ihr?«

»Ja, ist hübsch.« Frieda lächelte schwach. »Felicitas, die wie ihre Mutter durch das Leben tanzt.«

Henny beugte sich über das Kind. »Demnach bist du Felix.«

Sein Herz schlug kräftiger, in ihr war gerade fast so ein Glücksgefühl wie nach der Geburt von Leo, der nach einer kurzen Wehenphase problemlos zur Welt gekommen war.

»Felix und Felicitas von Freystetten«, sagte Rosel nachdenklich. »Das klingt gut. Also: Von mir aus sollen sie so heißen.«

Sie warf einen skeptischen Blick auf Hennys Schützling, seufzte und verließ den Raum.

»Seine Großmutter kann sich niemand aussuchen«, sagte Henny zu dem kleinen Jungen. »Aber du wirst ihr Herz schon noch erobern.«

Mittlerweile war Felicitas gebadet und gewickelt. Celia brachte sie Frieda, um sie ihr auf die Brust zu legen. Henny hielt den Atem an. Wie würde die junge Mutter reagieren?

»Nein«, sagte sie ohne Zögern. »Ich habe getan, was erwartet wurde. Freystetten hat seine Erben. Jetzt sind es die Kinder von Franz und Grit.«

Keine der vier Ärztinnen war zu einer Reaktion fähig, obwohl Frieda nichts anderes tat als das, was sie angekündigt hatte. Die Kinder zu sehen, die in ihr herangewachsen waren, konnte sie nicht umstimmen. Und Henny dachte, dass Frieda ihrer Mutter Rosel vielleicht ähnlicher war, als sie selbst es wahrhaben wollte.

»Aber sie müssen gestillt werden«, sagte Celia Fahrland. »Wollen Sie es sich nicht doch noch überlegen?«, fragte sie Frieda.

Der Montag neigte sich dem Abend zu, als Ricarda an Emma Beckers Häuschen klopfte. Die junge Gärtnerin ließ sie ein; sie war allein zuhause. Sie bewegte sich wie eine Traumwandlerin. Würde es ihr helfen, wenn Ricarda sie darum bitten würde, Friedas Kinder zu stillen? Oder belastete sie es zusätzlich, nicht die eigene Tochter zu nähren?

Ricarda hatte diese Fragen sowohl mit Toni und Henny als auch mit Celia besprochen. Alle drei waren der Ansicht gewesen, dass sie es probieren sollte. Die künftige Adoptivmutter Grit mit einzubeziehen, hatte Ricarda nicht einmal erwogen. Zu deutlich hatte sie zum Ausdruck gebracht, sich nicht für die Kinder zu interessieren.

»Ick schäm mir so«, sagte Emma, als Ricarda die feuchten Flecken auf ihrer Bluse bei der Untersuchung bemerkte.

»Das ist vollkommen natürlich«, beruhigte sie die junge Frau. »Ihr Körper kann sich nicht so schnell umstellen. Das führt zu Entzündungen, die sehr schmerzhaft sind. Ich mache Ihnen einen Vorschlag, Frau Becker.«

Ricarda war sich nicht darüber klar, ob Emma wusste, dass Frieda an diesem Mittag zwei Kinder zur Welt gebracht hatte.

»Sie wissen, was eine Amme ist?«, fragte Ricarda.

Sie konnte sich noch gut an jene Zeiten vor einem halben Jahrhundert erinnern, als Amme ein Beruf gewesen war, mit dem in Berlin Frauen ihre Familien ernährt hatten. Selbst auf dem Land war diese früher gebräuchliche Sitte fast vergessen. Inzwischen hatte sich die von Heinrich Nestle erfundene Trockenmilch überall durchgesetzt. Nach einer Übergangszeit würden auch Friedas Kinder so ernährt werden, aber Ricarda hielt jetzt, wo die Zwillinge so schwach waren, richtige Muttermilch für nahrhafter.

Emma antwortete schnell: »Wem sein Kind soll ick denn stillen?«

Ricarda hatte sich vorgenommen, die Wahrheit zu sagen; sie käme ohnehin heraus. »Natürlich bekommen Sie dafür Geld«, setzte sie hinzu.

»Geld? Für meine Milch?« Emma lächelte. »Die kostet doch nischt. Wann kann ick die Kinder stillen?« Sie sah glücklich aus. »Geht das noch heute, Frau Doktor?«

EIN ALTER TRAUM

— ◆ —

Oktober 1929

Die zarte Frau tänzelte mit winzigen Schritten auf den Fußspitzen. In Boxhandschuhen, die an ihren schmalen Gliedmaßen zu groß wirkten, hämmerte sie konzentriert auf die braune Boxbirne ein. Das Feinripphemd eines Mannes, das die Schultern frei ließ, die Shorts und ihre Tennisschuhe waren schwarz, was ihre schneeweiße Haut betonte. Hätte nicht das kalte Licht einer der Gaslampen, die an der Decke hingen, ihre blonden Haare beleuchtet, Henny hätte die einsame Kämpferin wohl kaum entdeckt. Dass sich die gerade erfolgreichste Schriftstellerin Deutschlands auf eine solche Weise abplagte, mutete absonderlich an. Erkannt hätte sie in dieser Aufmachung ohnehin kaum jemand. Es roch nach Franzbranntwein, mit dem überanstrengte Muskeln gelockert wurden, nach Schweiß und dem Leder der Handschuhe, die auf das Leder des Punchingballs trafen.

Frau Baum war überhaupt die einzige Frau, von der Henny wusste, dass sie boxte. Bei ihrem einzigen bisherigen Treffen, das während eines Kampfes von Max Schmeling im Berliner Sportpalast stattgefunden hatte, hatte die Schriftstellerin sich zu Hennys Verblüffung als Freundin des Männersports zu erkennen gegeben.

»Um zwei mache ich Mittagspause. Dann können wir uns treffen, wenn Sie möchten«, hatte Vicki Baum am Telefon gesagt.

Der Boxkeller des *Studios für Boxen und Leibeszucht* war in Berlin bekannt, seit sein Besitzer Sabri Mahir den Boxer Franz Diener zum Deutschen Schwergewichtsmeister trainiert hatte. Die Räumlichkeiten lagen nur zwei Gehminuten von der U-Bahn-Station Wittenbergplatz entfernt, Tauentzien/Ecke Passauer Straße. Der düstere Ort war in gewisser Weise passend, wollte Henny doch mit Frau Baum über ihre eigene Zukunft verhandeln. Für die sah sie schließlich große Probleme.

Die Uhr an der Wand zeigte bereits zehn nach zwei an, aber die verbissene Kämpferin bearbeitete nach wie vor den Punchingball. Der Schweiß lief ihr über die Stirn, doch das irritierte sie offenbar nicht.

»Bin gleich so weit«, stieß die Boxerin aus. »Noch fünf Minuten zur Auflockerung!« Vicki Baum hob ein Springseil vom Boden auf.

Es sah aus, als hielte die zierliche Person die beiden Enden einer Kurbel, die sie fortwährend antrieb, wobei sie selbst im Zentrum der Bewegung zu schweben schien.

»Ich habe zu spät angefangen, tut mir leid. Zur Zeit ist so viel los, ständig kommen mir die Termine ins Rutschen«, sagte Frau Baum, ohne allzu sehr außer Atem zu klingen. »Das Seilspringen mache ich zum Aufwärmen und um den Kopf herrlich frei zu bekommen. Und hinterher, um wieder locker zu werden. So, und fertig. Also, ja nun, was gibt's? Ach, und schön, Sie zu sehen. Oder waren wir beim Du?«

»Du ist für mich in Ordnung«, sagte Henny.

»Ich treff so viele Leute, und grad sind es besonders viele. Aber als du anriefst, erinnerte ich mich sofort, dass du die Ärztin bist.« Ein wenig klang ihr Wiener Akzent durch.

Ihr wenige Wochen zuvor erschienener Roman *Menschen im Hotel* war ein überragender Erfolg, wenngleich auch nicht ihr erster, aber der bisher größte. Sie waren fast gleichaltrig, Henny war nur zwei Jahre jünger.

Frau Baum führte ihren Gast hinauf ins Erdgeschoss, das halb Café, halb Sportstudio war. Im hinteren Bereich wurde gerade ein gedrungener Boxer im Ring von seinem ebenso kräftig gebauten Trainer Sabri Mahir angewiesen. Sobald er Vicki Baum bemerkte, grüßte Mahir lächelnd. Aus einem Samowar befüllte sie zwei Gläser mit schwarzem Tee, auf einem Teller lagen getrocknete Apfelschnitze bereit. Die Schriftstellerin gab zwei Teelöffel Zucker in ihren Tee.

»Das gönne ich mir nur nach dem Boxen«, sagte sie zur Erklärung.

»Weshalb Boxen?«, fragte Henny. »Warum nicht Tennis?«

»Tennis? Das ist etwas für Damen. Ich bin keine Dame. Ich habe mich immer durchgeboxt, bevor Sabri mir gezeigt hat, dass eine Frau boxen kann. Wenn ich den Punchingball bearbeite, ist das ein Kampf mit mir selbst. Etwas Ähnliches tue ich den ganzen Tag an der Schreibmaschine.« Sie lächelte. »Nicht den ganzen Tag. Eigentlich eher die ganze Nacht, da schreibe ich. Du wolltest mit mir über das Buch reden?«

»Mehr über dessen Verfilmung. Victor und Kurt wollen einen amerikanischen Film daraus machen.«

»Victor hat mal so etwas erzählt. Schon kurz, nachdem er die Rechte gekauft hatte. Ich habe das nie ganz ernst genommen. Man macht überhaupt viel Rummel um das Buch. Zu viel. Als wär's mein erstes.«

»Du hast mir bei unserem Treffen im Sportpalast gesagt, du hättest dir eigens die Haare blondieren lassen!«

»Das wollte der Verlag, damit ich mehr hermache. Blond hat mehr Glamour.« Sie beugte sich leicht nach vorn, und in ihre Augen trat ein begeistertes Funkeln. »Max Reinhardt wird *Menschen im Hotel* im Januar in seinem Theater am Nollendorfplatz aufführen. Die Figuren, die ich mir in meinem kleinen Schreibbüro im Ullstein Verlag ausgedacht habe, auf einer Bühne! Zum Anfassen. Diese Vorstellung fasziniert mich mehr als ein Film in Hollywood.«

Eine großgewachsene junge Frau im engen Hosenanzug, mit weit wehendem Mantel und keck ins Gesicht geschobenem Hut, durchquerte den Raum mit energischem Schritt. In ihren tiefliegenden Augen lag eine Mischung aus leichter Melancholie, Skepsis und Überheblichkeit. Sie nickte der Schriftstellerin im Vorbeigehen einen Gruß zu und hielt schnurstracks auf die Treppe zu, die hinunterführte zum Trainingskeller.

»Du bist wohl nicht die einzige Dame, die hier boxt«, stellte Henny fest.

»Eine Schauspielerin. Dietrich heißt sie. Ich kenne sie kaum. Man sagt, sie dreht demnächst mit Emil Jannings.«

Dass der erste Oscar-Preisträger Amerika den Rücken kehrte, weil sein Englisch für den Tonfilm zu schlecht war, darüber machte er gerade in Zeitungsinterviews Scherze.

»Also gut«, sagte Vicki Baum. »Ich gebe dir Bescheid, wie es mit *Menschen im Hotel* weitergeht. Ich finde, Victor sollte das hier in Berlin verfilmen. Männer! Immer diese großen Träume! Warum begreifen sie nicht, dass ein großer Traum mit unendlich vielen Schweißtropfen verdient werden will.« Sie schob sich die immer noch feuchten Haare aus der Stirn.

Nachdenklich ging Henny zurück zur Untergrundbahn. Es mochte ja sein, dass Victors und Kurts große Absichten mit der Romanverfilmung eine gute Idee war. Für die beiden. Für sie selbst galt das nicht, und zu ihrem Glück auch nicht für Frau Baum. Eine Schriftstellerin, die sich offenbar nichts aus ihrem Ruhm machte. Sehr sympathisch uneitel.

Henny kannte Hollywood und ahnte, dass diese Dame dort nicht hinpasste.

Sie nahm sich vor, Victor seinen Plan auszureden.

Victor stand am geöffneten Fenster, als Henny den Salon betrat, und blies den Rauch seiner Zigarette langsam aus. Er wandte sich ihr zu, lächelte wie immer, wenn er sie glauben machen wollte, alles wäre gut, und küsste sie auf den Mund. Sie sah ihm die Enttäuschung an, bevor er etwas sagte. Er zog ein Telegramm aus der Anzugtasche.

»Meine Mutter hat aus New York geschrieben.«

»Keine guten Nachrichten?«

»Lies selbst.«

Habe Finanzprobleme + Film unmöglich + Bedaure + Florentine

»Was bedeutet das, Victor?«, fragte Henny, obwohl die Antwort auf der Hand lag.

Vor einigen Tagen hatten an der amerikanischen Börse die großen Aktiengesellschaften extrem stark an Wert verloren. Aber ihre Schwiegermutter war eine Frau, die über ein so großes Vermögen zu verfügen schien, dass Henny sich nicht vorstellen konnte, sie könnte es verlieren.

»Was das bedeutet, Henny? Es bedeutet, dass meine Mutter nur wenige Worte brauchte, um einen Traum in Staub zu verwandeln.«

»Bist du nicht etwas ungerecht? Es war doch auch ihr Traum. Wahrscheinlich hat sie viel Geld verloren.«

Victor machte eine wegwerfende Handbewegung. »Es wird schon genug übrig geblieben sein.«

Ein großer Traum will mit unendlich vielen Schweißtropfen verdient werden, hatte Vicki Baum gesagt. Hatte Victor genug »Schweißtropfen« aufgewandt?

Er blickte Henny auf eine Weise an, als würde ihn die

schlechte Nachricht nicht aus der Ruhe bringen. »Was soll's: Wegnehmen kann mir die Filmrechte niemand. Die sind bezahlt.«

»Du bleibst sehr gelassen«, stellte Henny fest.

Früher hatte er heißblütiger reagiert, wenn etwas nicht so klappte, wie er es sich vorgestellt hatte.

»Kurt Vollmer rief vorhin an. Die Ufa braucht dringend einen Aufnahmeleiter, der gut Englisch spricht. Er hat am Drehbuch mitgearbeitet zu einem ganz besonderen Film. So besonders, dass einige Leute kalte Füße kriegen.« Er lächelte vielsagend.

Von der Straße drangen jetzt Sprechchöre herauf. Die Wohnung der Familie lag wegen der Nähe zum Brandenburger Tor zwar sehr zentral, hatte jedoch den Nachteil, dass zahlreiche Demonstrationszüge durch die Behrenstraße zogen. Gerade waren es die Nationalsozialisten mit ihrer widerwärtigen Hetze gegen jüdische Geschäftsleute. Victor schloss das Fenster.

»Wenn du nichts dagegen hast, Henny, nehme ich das Angebot an. Ich muss bereits morgen anfangen, am zweiten November ist Drehbeginn. Und man zahlt gut.«

Für ihn als Produzenten bedeutete die Stelle des Aufnahmeleiters allerdings eine klare Herabstufung.

»Ja, einverstanden. Aber warum sagtest du, die Leute bekämen kalte Füße?«, fragte Henny.

»Der Chef der Ufa steht den Nationalsozialisten nah. Aber der Produzent, der Regisseur, der Filmkomponist, einige Darsteller – alles Juden. Und noch dazu geht es um einen Professor, der einem leichten Mädchen verfällt.« Er hob in gespielter Verzweiflung die Hände. »Obendrein ist das der erste große Tonfilm der Ufa. Es wäre auch für meine Pläne schlecht, wenn das in die Binsen geht. Noch dazu mit einer Hauptdarstellerin, die wohl nur der Regisseur gut kennt, ein Fräulein Dietrich. So ein Risiko! Wo die Ufa doch gerade erst mit *Metropolis* viel Geld verbrannt hat. Wenn die pleitegehen, kann ich auch einpacken.«

Er seufzte, weil er seinem Freund, dem Regisseur Fritz Lang, prophezeit hatte, dass die Ära des Stummfilms vorbei wäre, aber der wollte den Science-Fiction-Film ohne Ton drehen.

»Du willst mit deinem Feuerwehreinsatz also die Ufa retten?«, zog sie ihn auf.

Victor grinste. »Man fleht mich förmlich an. Gucken wir also nach vorn. Wann willst du deine Praxis wiedereröffnen?«, fragte er.

Sie küsste ihn. Die Sorgen um ihre eigene Zukunft hatten sich gerade verflüchtigt: kein Umzug in das verhasste Hollywood!

Henny reichte Celia Fahrland einen feuchten Lappen, damit sie sich die Flecken von ihrem grauen Wollmantel wischen konnte. Was nach einem wenig erfolgreichen Unterfangen aussah. Offenbar war sie direkt in eine ölverschmierte Pfütze gestürzt. Auch ihre schwarzen Nylonstrümpfe waren nicht mehr zu retten. Vom Knie abwärts zogen sich hässliche Laufmaschen.

»Oben in meiner Wohnung habe ich noch Strümpfe, wenn ich Ihnen die schenken darf«, schlug sie vor.

Ihre Besucherin schüttelte lächelnd den Kopf. »Alles nicht so schlimm. Ich bin nur froh, dass mir nichts Ernsthaftes passiert ist. Ein bisschen Dreck, aber keine Beule. Wenn die Kommunisten gewusst hätten, dass ich der personifizierte Klassenfeind bin, wäre ich nicht mit einem kräftigen Rempler davongekommen.« Sie lächelte.

Die Behrenstraße verkörperte seit über hundert Jahren das arrivierte Berlin, war sie doch gesäumt von den mehrgeschossigen Trutzburgen der Banken und Versicherungen. Aber die Zeiten hatten sich geändert. Vom alten Geld gingen plötzlich Gefahren aus, von denen die normalen Menschen sich bedroht fühlten: Firmenpleiten schufen ein stetig wachsendes Heer an Arbeitslosen, die genau hier ihren Unmut loswerden wollten. Dies verschaffte sowohl den Linken als auch den Rechten starken Zulauf. Die Demonstrationen verliefen zunehmend gewaltvoller.

Henny sah jeden Tag, wie die Menschen vor den Banken Schlange standen, um ihr Erspartes abzuheben. Oder vielleicht sogar zu retten. Längst vergessen geglaubte Ängste erwachten. Erst sechs Jahre zuvor hatte die Währungsreform aus einer Billion Reichsmark eine einzige Mark gemacht, weil ein Brot mehrere Billionen gekostet hatte. Gerade verlangte der große Bäcker Paech für seinen Pfundlaib *Altmärkisches Roggenbrot* achtzig Pfennig, wobei ein Arbeiter im Schnitt hundert Mark im Monat verdiente.

»Unter diesen Umständen«, sagte Henny, »ist es mir ein wenig peinlich, Sie eingeladen zu haben.«

»Weil Leute demonstrieren und mich dabei über den Haufen rennen? Das beeindruckt mich nicht. Ich habe Schlimmeres erlebt«, erzählte Celia. »Ich bin durch und durch Berlinerin, unsere Stadt ist im Grunde ein Pulverfass. Man muss einfach achtgeben, wenn mal wieder jemand die Lunte anzündet.« Sie blickte Henny neugierig an. »Ihrer Kusine Frieda geht es hoffentlich wieder gut? Und den Zwillingen?«

»Die Amme ist ein wahrer Glücksgriff. Eine Seele von Mensch. Meine Mutter hat dafür gesorgt, dass sie im Schloss wohnt. So kann sie Felicitas und Felix immer bei sich haben. Frieda hat wie erwartet das Weite gesucht; wir wissen leider nicht, wo sie ist.« Sie seufzte. »Ich wollte mit Ihnen über diese Praxis hier sprechen. Wie gefällt Sie Ihnen?«

Hennys Besucherin ließ den Blick schweifen. »Sehr mondän. So großzügig muss eine Praxis in dieser Gegend wohl aussehen.«

Das klang recht distanziert, fand Henny. Ein leichter Zweifel überkam sie, ob sie das Richtige vorhatte. Trotzdem fragte sie: »Könnten Sie sich vorstellen, hier zu arbeiten?«

Celia Fahrland schmunzelte. »Es gibt Menschen, die können sich nicht vorstellen, dass ich überhaupt arbeite!« Sie wurde ernst. »Ja, das kann ich mir vorstellen«, antwortete sie knapp. »Denken Sie an eine Partnerschaft, oder möchten Sie sich mit Ihrem Mann nach Amerika zurückziehen?«

Natürlich hatten sich Victors Pläne herumgesprochen! »Amerika hat sich fürs Erste erledigt. Ich stelle mir eine Partnerschaft vor, Frau Kollegin.«

Obwohl sie sich äußerlich so kühl gab, schien Celia mit aufwallenden Gefühlen zu kämpfen, sagte jedoch schließlich gefasst: »Danke, Frau Kollegin. Ich weiß das zu schätzen.«

»Ich verstehe nicht«, sagte Henny. »Heißt das, Sie lehnen ab?«

»Es ist komplizierter. Wenn ich das erklären darf: Sie entstammen einer Familie, die in dieser Stadt einen exzellenten Ruf genießt. Ärztinnen in dritter Generation. Wenn man ihre Patentante dazu zählt. So ist es doch?«

»Ja.«

»Ich bin eine Parvenü, jemand, der sich nach oben gekämpft hat und dabei über Leichen ging. So sagen manche Leute, weil ich angeklagt war, meinen ersten Mann erschossen zu haben. Die Anschuldigung brach zwar vor Gericht zusammen, und ich wurde freigesprochen, aber die Leute vergessen nicht so schnell. Auch mein Vater hatte einen Ruf wie Donnerhall. Er finanzierte seine Praxis mit Abtreibungen. Das Vermögen, das ich habe, verdanke ich meinem zweiten Gatten, und mein Sinn für Geldanlagen hat es gemehrt. Sind Sie sicher, dass Sie mich als Partnerin an Ihrer Seite haben wollen? Sie, die ehemalige Dozentin an der Charité. Mit der Praxis, die in der ganzen Stadt den besten Leumund hat.«

Von diesen Geständnissen überrumpelt, musste Henny sich erst mal sammeln. Bislang hatte sie Celia Fahrlands Vergangenheit nicht hinterfragt. Im Gegenteil, sie war ihr dankbar, dass sie Toni aus Afrika zurückgeholt hatte, und bei Friedas Entbindung hatte sie sich professionell eingebracht, und beide Zwillinge hatten sich gut erholt. Mit dem Vorleben der Freundin ihrer Schwester hatte sie sich allerdings nie beschäftigt. Weshalb auch? Sie machte einen durch und durch vertrauenswürdigen Eindruck.

Noch bevor Henny den Versuch machen konnte, Celias Bedenken zu zerstreuen, schlug ihre Besucherin vor: »Gönnen wir uns beide etwas Bedenkzeit.«

Antonia fror bereits, als sie aufstand. Es war Mitte Oktober, der schönste Teil des Herbstes war vorbei, der Winter näherte sich mit Riesenschritten. Kein Wunder also, dass ihr kalt war. Zum ersten Mal musste sie schon morgens den Wohnzimmerofen einheizen und deshalb in den Keller hinunter, um die Kohlebriketts zu holen. Das war schon vor ihrem Afrika-Aufenthalt so gewesen, weil sie die Jüngste und Kräftigste des Haushalts war. Den Rückweg, in jeder Hand etwa vier Kilo Kohle, hatte sie immer in einem Gang geschafft. Heute schnaufte sie erst mal im Erdgeschoss durch. Die Luft war ihr knapp, das Herz schlug zu schnell, Schweiß brach aus. Ärgerlich. Heute war ein wichtiger Tag, ihre Nerven waren angespannt, daran würde es wohl liegen.

»Ach, Toni, da kann ich dir ja gleich eure Briefe mitgeben«, sagte die Postbotin, die gerade zur Haustür hereinkam.

Auf einem Schreiben stand Antonias Name und auf der Rückseite jener der Absenderin. Die Buchstaben waren so zierlich klein, als hätte sich die Schreiberin am liebsten nicht zu dem Mut bekannt, sich gemeldet zu haben.

Schwester Hilla, Diakonissenheim Daressalam

Antonia wusste aus eigenem Erleben, was es bedeutete, einen solchen Brief auf den Weg zu bringen. Die Antwort würde erst nach Monaten erfolgen, eine Unendlichkeit langen Wartens. Wenn Hilla schrieb, so barg ihr Brief große Erwartungen.

Freundinnen hatten sie nicht werden können, nur Verbündete in dem Ziel, afrikanischen Patienten zu helfen. Folglich hatte Hilla diesen Brief geschickt, weil er von einer Hoffnung erzählte. Doch sie konnte diese Hoffnung nicht erfüllen, denn sie hatte kein Geld, um es nach Afrika zu schicken. Es wurde gebraucht für ein neues *hospitali*, ein Krankenhaus am Rande von Daressalam, damit das durch ein Feuer vernichtete ersetzt werden konnte. Sie hatte gar kein Geld. Was sie im *Ocean Road Hospital* als Assistenzärztin verdient hatte, war für die Rückreise ab Alexandria mit Schiff und Bahn draufgegangen, obwohl sie nur dritter Klasse gereist war.

Die von Hilla in ihrem Brief geäußerte Bitte um Unterstützung ihres dringend notwendigen Vorhabens stimmte Antonia nachdenklich und traurig zugleich – eine schlechte Vorbereitung für das Gespräch, zu dem sie aufbrechen musste. Sie verließ das Haus, überquerte die Straße und betrat die Charité. In dem großen Hauptgebäude entlang der Luisenstraße ging sie zum Dekanat. In ihrer Tasche trug sie den größten Schatz, den sie aus Afrika mitgebracht hatte – das Zeugnis über ihre Zeit als Assistenzärztin. Es war einer von zwei wichtigen Bausteinen für die Laufbahn, von der sie träumte. Im Vorzimmer des Prodekans bat sie der Sekretär zu warten. Die Minuten verstrichen zu Stunden, und zu ihrer Angespanntheit gesellte sich das körperliche Unwohlsein.

Erst jetzt fiel ihr auf, dass es sich anfühlte wie bei ihrer Ankunft in Berlin. Zum stärker werdenden Frösteln kam der Kopfschmerz. Sie war drauf und dran, aufzustehen und um einen neuen Termin für ihr Vorhaben zu bitten. Aber sie gab nie auf, immer hatte sie durchgezogen, was sie sich in den Kopf gesetzt hatte.

»Ist Ihnen nicht wohl, Fräulein Thomasius?«, fragte der Sekretär.

»Nur eine momentane Schwäche, das geht vorbei.«

Ihre Psyche wollte ihrem eisernen Willen nicht gehorchen. Das war wohl auch der Grund gewesen, weshalb sie sich bei ihrer Ankunft in Berlin so matt gefühlt hatte, beruhigte sie sich.

Es ging bereits auf Mittag zu, als der Prodekan, ein Herr mit herabhängenden Mundwinkeln, runden Schultern und dünnem Haar, endlich erschien. Sie traf ihn zum ersten Mal. Seine Miene drückte Abwehr aus, und sie hätte gern ein paar Freundlichkeiten gesagt, um die Stimmung aufzuwärmen, war aber nicht in der Lage dazu.

»In Afrika waren Sie?« Sein Näseln klang nach norddeutscher Herkunft. »Daressalam. Britisches Mandatsgebiet. Was wollten Sie denn beim einstigen Feind? Na, Ihre Sache. Sie haben ja wohl eine Übersetzung aus dem Englischen anfertigen lassen. Zeigen Sie mal.«

Sie überreichte ihm das kostbare Dokument. Ertrotzen hatte sie es sich müssen, da ihr Vorgesetzter in der Kronkolonie Tanganjika es hatte zurückhalten wollen. Erst kurz vor ihrer Abreise und auf Umwegen hatte sie den Nachweis ihrer Tätigkeit erhalten.

Der Prodekan blickte keine zehn Sekunden auf das Zeugnis. »Bedaure, Fräulein. Das wird nicht anerkannt.«

»Aber so wurde es mir von Ihrem Vorgänger versprochen. Das *Ocean Road* ist ein angesehenes Krankenhaus.« Ihre Aussprache klang wegen des Zitterns verwaschen. Sie hätte einen neuen Termin machen sollen, ärgerte sie sich. Angeschlagen, wie sie war, fehlte ihr die Kraft, ihre Interessen zu vertreten.

»Angesehen? So, so.« Er zog die herabhängenden Mundwinkel noch weiter nach unten. »Ich habe mir Ihr Zeugnis ebenfalls *angesehen*. So etwas kann jeder ausstellen. Im ganzen Reich wird Ihnen das niemand anerkennen. Schönen Tag noch.«

Minuten später stand Antonia draußen im Gang und zitterte wie Espenlaub. Sie schleppte sich über die Straße hin zum Wohnhaus der Eltern und die Treppe hinauf in den ersten Stock. Die Kohle stand noch im Flur, aber zum Einheizen war sie zu schwach. Am ganzen Körper zitternd, kroch sie unter die Bettdecke. Sie dachte, dass sie eine Wärmflasche bräuchte, aber selbst dazu fehlte ihr die Kraft.

Irgendwann läutete das Telefon, aber sie fühlte sich zu matt, um ranzugehen.

Ricarda legte den Telefonhörer wieder auf, als das Fräulein vom Amt ihr mitteilte, dass beim Anschluss Thomasius niemand abhebe. Kurz darauf geleitete Sprechstundenhilfe Josefine eine Patientin ins Sprechzimmer. Ein mütterlich weicher Typ in etwas abgetragener, aber einst teurer Kleidung. Sie klagte über Fieber und Gelenkschmerzen, bat um

Medikamente. Da sie an diesem Tag die dritte Patientin mit ähnlichen Symptomen war, schloss sie als Ärztin daraus, dass die Grippe in diesem Jahr wohl früher durch die Stadt zöge. Wie zu den schlimmsten Zeiten der Inflation zu Anfang des Jahrzehnts gingen die Menschen schlecht gerüstet in den Winter: Es gab zu wenig Arbeit und zu wenig Essen bei zu wenig Lohn.

Am Bahnhof der Untergrundbahn am Savignyplatz kündeten die Tageszeitungen von den Folgen des großen Börsen-Kollapses in New York, und Ricarda dachte: Ein Glück, dass Henny jetzt nicht ausgerechnet dort ist! Ein wenig Sorge überkam sie bei dem Gedanken an Victors Mutter. Florentine hatte Ricarda vor einigen Monaten geschrieben, dass sie nebenbei, wie sie es nannte, *Geschäfte mit Aktien* machte.

Das alles war längst verdrängt, als sie zuhause die Tür aufsperrte. Zwei Pakete mit Kohlebriketts waren im Flur abgestellt, und es duftete nicht nach Mittagessen, obwohl Toni versprochen hatte zu kochen.

»Toni, bist du da?«

Unter mehreren Decken verbarg sich ihre Tochter in ihrem Bett.

»Bist du krank?«

»Mich friert, aber das geht vorbei.«

Ricarda tastete nach Tonis Stirn, fühlte ihren Puls. »Du scheinst die Grippe zu bekommen.«

»Glaube ich auch. Sei vorsichtig. Steck dich nicht an, Mutter.«

»Ich mache dir eine Wärmflasche und eine heiße Milch mit Honig.« Ricarda wollte hinausgehen.

»Warte, Mutter. Ich muss dir was erzählen: Ich war in der Charité. Man erkennt mein Zeugnis nicht an.«

Ricarda biss sich auf die Zunge, um nicht zu sagen: Das

hätte ich prophezeien können. »Das ist ärgerlich. Was willst du tun?«

»Vater meinte, ich solle es im Tropeninstitut versuchen. Ich habe dort schon für morgen einen Termin bekommen.«

Auch jetzt hielt Ricarda ihre Meinung zurück, sagte nicht: Du solltest Ärztin und nicht Forscherin werden, sondern: »Das ist gut, aber werde erst mal wieder gesund.«

Schon am nächsten Morgen hörte Ricarda, dass Antonia Briketts in den Öfen verteilte und einheizte. Bereits fix und fertig angezogen, lugte sie kurz darauf ins Schlafzimmer ihrer Eltern.

»Guten Morgen! Ich nehme in einer halben Stunde den Zug nach Hamburg. Drückt mir die Daumen.«

Ricarda fuhr hoch. »Wieso das, Toni? Du bist krank!«

»Nee, nee, alles wieder gut. Ich bin munter wie der Fisch im Wasser. Heute Abend bin ich zurück.«

»Richte von mir einen Gruß aus«, sagte Siegfried, der gerade erwachte.

»Mach ich!«

Schon war sie weg.

»Das Mädchen lässt sich nicht unterkriegen«, stellte Siegfried anerkennend fest.

Ricarda gab ihm recht. Doch sie hatte Zweifel, dass seine Begründung, aus der der Kampfgeist des einstigen Stabsoffiziers sprach, für Tonis schnelles Genesen ausreichte. Ihr Gefühl sagte ihr, dass mehr dahintersteckte.

Ich bin so stark, wie ich mich fühle, dachte Antonia, während sie mit forschen Schritten zum Lehrter Bahnhof eilte. So ganz war die plötzliche Schwäche des Vortags nicht verschwunden. Unter ihrer Haut lauerte ein Gefühl, als kröche Zugluft unter der verschlossenen Tür hindurch. Also ging sie noch schneller, um den Körper mit vermehrter Anstrengung anzuheizen.

Die Menschen an diesem trüben frühen Morgen waren wie eine Wand, die sie durchdringen musste. Sie wollte nicht wieder die Person werden, die sie vor ihrer Zeit in Afrika gewesen war, aber es ging nicht anders: Sie musste die Ellenbogen ausfahren, um ihr Tempo zu behaupten, und wusste, dass alle anderen es ebenso machten.

Im Zug begann sie endlich, *Menschen im Hotel* zu lesen, das Buch, von dem Henny befürchtete, es könnte sie aus Berlin forttreiben. Obwohl es doch hier spielte!

Sie hatte die ersten Seiten gelesen und erfahren, dass ein Portier demnächst Vater würde, fragte sich, was daran so faszinierend sein mochte, als sich gegenüber von ihr ein Mann mit dunkler Haut auf dem einzigen noch freien Platz des Abteils niederließ. Seine Kleidung war überaus elegant und gleichzeitig dezent bis hin zur goldenen Krawattennadel. Sie starrte ihn an und merkte selbst, dass sie es tat. Verlegen wandte sie den Blick wieder dem Buch zu.

In den vielen Jahren, in denen sie in Berlin lebte, waren ihr kaum je Afrikaner begegnet. Vor allem jedoch einer, damals, als sie im Berliner Zoo ausgeholfen hatte. Fünfzehn war sie gewesen. Bata hatte die Affen mit so liebevoller Zuwendung betreut, dass sie die Primaten mit derselben Wärme ins Herz geschlossen hatte. Ihre Sehnsucht nach Afrika hatte sie auch Bata zu verdanken gehabt. So viel hatte er von seiner tropischen Heimat, dem Kongo, erzählt.

Sie versuchte, wieder in das Buch zu gucken. Es gelang ihr nicht; sie sah auf. Der Mann mit der dunklen Haut blickte sie direkt an.

»*From which part of Africa are you?*«, fragte sie ohne Umschweife nach seiner Herkunft.

»*I am from Atlanta, Miss.*«

Sie verstand nicht: »*Atlanta? Where in Africa is it?*«

»*Not all black men are from Africa.*«

Das Lächeln des Fremden war schwer zu deuten. Machte er sich über sie lustig?

Er wechselte ins Deutsche: »Alle weißen Menschen denken, wir sind Afrikaner. Aber meine Vorfahren wurden von dort verschleppt. Ich bin Amerikaner in dritter Generation.«

Antonia fing sich schnell: »Und Sie sprechen Deutsch. Aber nicht in dritter Generation, vermute ich.«

Er erwiderte ihr Lächeln. »Nein, in erster. Ich studiere in Berlin.«

Vier weitere Personen befanden sich in dem Abteil dritter Klasse und verfolgten das etwas ungelenke Gespräch der beiden jungen Menschen mit mühsam verborgener oder auch offen gezeigter Neugier.

»Ich war in Amerika, in New York«, sagte Antonia. »Aber das ist lange her. Gerade komme ich aus Afrika.«

»Ich war nie in Afrika«, erwiderte der schwarze Mann. »Wie ist es dort?«

»Warm«, sagte sie mit der leisen Frechheit, mit der sie Menschen gern herausforderte. In diesem Fall sah es so aus, als verfinge ihre Ironie nicht. Wenn seine Vorfahren aus Afrika stammten, erwartete er eine weniger spaßige Antwort. »Ich mochte Tanganjika. Die Menschen dort waren sehr freundlich.« Sie machte eine Pause, um betonen zu können, wie sie das verstanden wissen wollte: »Die einheimischen Menschen waren freundlich.«

»Tanganjika. Dort waren Sie? Sie gehören zu den Unterdrückern der schwarzen Menschen.«

»Nein, überhaupt nicht. Im Gegenteil, ich ...«

Die weißen Mitreisenden ergriffen schweigend Antonias Partei, indem sie den Mann aus Amerika mit unverhohlenem Misstrauen anstarrten. Sie beschloss, dass beide Seiten sich nicht auf ihren Urteilen ausruhen durften.

»Ich bin Ärztin«, sagte sie. »Ich war in Daressalam, um Menschen zu behandeln. Das war meine Aufgabe und Arbeit. Wenn jemand der Meinung ist, dass Menschen nur dann behandelt werden dürfen, falls sie dieselbe Hautfarbe haben, so tut es mir leid für diese Leute. Für mich als Ärztin sind alle Menschen gleich.«

Die Mitreisenden schwiegen, murmelten etwas Unverständliches oder schlugen die Augen nieder. Der Mann aus Atlanta hingegen sah sie offen an. Er lächelte nicht. Das taten nur seine Augen.

Am nächsten Bahnhof stieg er aus.

Professor Nochts Arbeitszimmer wirkte wegen seiner Mischung aus zum Bersten gefüllten Bücherregalen, aufgespannten Weltkarten, Schiffsmodellen und präparierten seltenen Fischen wie Kapitänszimmer und Gelehrtenstube gleichzeitig. Die Aussicht auf die Landungsbrücken des Hamburger Hafens war obendrein fantastisch.

Der Hausherr musterte Antonia über den Rand seiner Lesebrille. »Die Tochter von Siegfried Thomasius sind Sie«, stellte er fest. »Ihr Vater ist ein tapferer Mann, einer unserer besten. Das Deutsche Reich wird ihm immer zu Dank verpflichtet sein. Allein die aufopferungsvolle Arbeit als medizinischer Direktor unserer Krankenhäuser in Deutschost verdient höchsten Respekt. Dieses riesige Land! Und er war überall.« Er legte die Hand auf einen Stapel Dokumente. »Seine Berichte. Ich habe sie extra für Sie herausgesucht, Fräulein Thomasius. Er hat dem Institut wertvolle Unterlagen über seltene tropische Krankheiten zukommen lassen.«

Antonia schöpfte Hoffnung. Sie wusste, welch wissenschaftlicher Koryphäe sie gegenübersaß. Nach Jahren als Schiffsoffizier hatte Dr. Bernhard Nocht das Institut für Schiffs- und Tropenkrankheiten vor fast exakt dreißig Jahren in Hamburg-St. Pauli, direkt am Hafen, gegründet und war seitdem dessen Leiter.

»Sie waren gerade selbst in unserer einstigen Kolonie, sagte mir Ihr Vater am Telefon. Und Sie bringen ein ehrgeiziges Projekt mit.« Er machte eine nachdenkliche Pause. »Ist Ihnen nicht wohl?«

Sie hatte sich alle Mühe gegeben, ihre Schwäche zu verbergen. Doch seitdem sie in Hamburg angekommen war, litt sie an übermäßigem Schwitzen.

»Eine Erkältung. Mal ist mir heiß, mal kalt«, sagte sie. »Aber ich wollte die Möglichkeit, Sie so rasch zu treffen, unbedingt nutzen.«

»Haben Sie die Möglichkeit erwogen, dass Sie Malaria haben?«

»Nein«, erwiderte sie impulsiv. »Mein Aufenthalt liegt zu lange zurück.«

»Nicht, wenn es sich um die Variante Malaria Quartana handelt, Fräulein Thomasius.«

Nocht erklärte ihr, dass sich diese Form unter Umständen erst sechs Wochen nach der Infektion bemerkbar machen könnte.

»Das kann Sie noch lange begleiten. Sobald das wieder einsetzt, lassen Sie Ihr Blut auf den Plasmodium-Erreger untersuchen. Es kann sein, dass man nichts findet, denn die Quartana ist tückisch.« Er lächelte. »Nun zu Ihrem Anliegen. Das Problem daran ist: Bilharziose kommt in unseren Breiten nicht vor.«

»Ja, ich weiß, Herr Professor. Aber die Menschen reisen und …«

Nocht hob eine Hand, um ihren beginnenden Redefluss

zu stoppen. »Forschung muss ihr Anliegen nicht rechtfertigen. Und ich habe mich stets für meine Doktoranden eingesetzt.« Er seufzte. »Aber die Zeiten haben sich geändert, Fräulein Thomasius.«

Bitte, sagen Sie mir nicht, dass Sie mich im Stich lassen, schrie Antonia innerlich auf.

»Ich habe es Ihrem Vater nicht gesagt, weil Männer unseres Alters nicht gern hören, dass sie zum alten Eisen geworfen werden.«

Nocht war drei Jahre älter als Siegfried Thomasius.

»Auch für mich ist es soweit, dass ich mich zurückziehe. Ein Kollege wird demnächst meinen Platz einnehmen. Ich gehe nicht ganz freiwillig: Die Gelder für die Forschung wurden zusammengestrichen. Wir haben nun mal keine Kolonien mehr. Wir holen uns die seltenen fremden Erkrankungen nicht mehr in der Ferne ab. Heutzutage kommen sie per Schiff zu uns.« Er deutete auf den Hafen. »Das hat die Ausrichtung unserer Forschung verändert. Es tut mir leid, keine besseren Nachrichten zu haben. Ich werde Ihre Dissertationspläne dennoch meinem Nachfolger vorlegen. Sie sind schon weit gediehen mit der Feldforschung. Das sieht sehr ordentlich aus.«

»Danke, Herr Professor.«

»Gern, mein Kind.« Er reichte ihr die Hand zum Abschied. »Alles Gute. Und machen Sie sich nicht verrückt, falls es die Quartana sein sollte. Die ist harmlos.«

Wenig später verließ Antonia gedankenschwer das Institut und blickte über den Hafen, wo reger Schiffsverkehr herrschte. Weiter östlich, an der Blockhausbrücke, hatte ihre Reise nach Afrika begonnen, als sie an Bord gegangen war. Die Vorstellung, hier ihren großen Traum zu verwirklichen, gab ihr ein Hochgefühl. Doch so, wie ihr der kalte Wind von der Norderelbe her ins Gesicht blies, verhielt es sich wohl auch mit dem gerade zu Ende gegangenen Gespräch. Hatte der Professor nicht sogar versucht, ihr jede Hoffnung zu nehmen?

Sie ging quer durch die Stadt zu Fuß zurück zum Hauptbahnhof, bestieg den Zug und versuchte, sich auf das Buch zu konzentrieren, was ihr nicht gelang. In Stendal, wo der schwarze Amerikaner ausgestiegen war, blickte sie den Bahnsteig entlang. Ob es ein gutes Vorzeichen war, dass sie ihm begegnet war, als sie dorthin unterwegs gewesen war, wo sie ihre Zukunft sah?

Jetzt stieg er nicht zu. Sie schalt sich, kindisch zu sein, und versuchte, in dem Buch zu lesen. Da stellte sie fest, dass das Kältegefühl vom Vormittag verschwunden war. Seltsam. Was war los mit ihr?

Also doch: Vicky muss sich dem ungeliebten Cello stellen, dachte Antonia, als Henny ihr die Wohnungstür öffnete und sie den Klang des Streichinstruments hörte.

Im Salon wirkte Vicky hinter dem großen Cello fast schmächtig. Sie führte den Bogen mit Bewegungen über die Saiten, die sogar Antonia ungelenk erschienen. Entsprechend klang es auch. Ihre Nichte brach die Übung ab, sobald sie Antonia sah.

Am Klavier hatte Victor versucht, seine Tochter zu begleiten, und stöhnte auf: »So wird das nie etwas, wenn du immer davonläufst.«

Antonia nahm Vicky in die Arme. »Aller Anfang ist schwer.«

»Endlich jemand, der mich versteht!«, jubelte Vicky. Leise flüsterte sie: »Wir fahren doch nicht nach New York.«

»Vor unserer Tochter kann man keine Geheimnisse haben«, sagte Henny, die offenbar ebenfalls über ein feines Gehör verfügte.

In die Pläne der Familie bislang nicht eingeweiht, bat Antonia um Erklärung: »War es denn schon sicher, dass ihr hier alle Zelte abbrecht? Und jetzt habt ihr es euch anders überlegt?«

»Wir werden auf jeden Fall nach Amerika gehen«, stellte Victor fest. Dann berichtete er, dass man sich mit der Autorin Baum auf eine Reise gegen Ende des folgenden Jahres geeinigt habe.

»Das ist der Grund, warum *I learn to speak English«*, warf Vicky ein. *»Do you* versteh *me?«*

»Yes, my darling, I unterstand.« Antonia küsste sie auf die Stirn.

»I am learning. Verlaufsform. Weil es lange dauert«, verbesserte Victor zwar, grinste aber lausbubenhaft; er hatte Teile seiner Jugend bei seinem Stiefvater an der Ostküste der USA verbracht.

»Ich wollte mit dir über unsere Zukunft sprechen, Toni«, sagte Henny und geleitete Antonia in ihr Arbeitszimmer. »Celia Fahrland hat zugesagt, demnächst als Partnerin in die Praxis einzusteigen. Und ich dachte …«

»Bitte nicht so schnell. Celia fängt hier demnach an, damit sie dich ablösen kann, wenn ihr alle in Amerika seid?«

»Genau so soll es kommen. Darum habe ich ihr das angeboten.«

»Das hast du gut gemacht.«

»Ich hatte befürchtet, du könntest dagegen sein, Toni. Die Praxis ist schließlich so etwas wie ein Familienerbstück.«

»Ich gönne Lia die Chance von ganzem Herzen, die du ihr bietest.«

»Dann könntet ihr hier doch Seite an Seite praktizieren.«

»Ja, natürlich.« Es fühlte sich jedoch gar nicht natürlich

an, das zu sagen. Denn es war wieder so wie vor ihrer Reise nach Afrika: Henny machte ungefragt Pläne für sie.

»Ich wusste, dass du begeistert bist«, sagte die große Schwester. »Du würdest die Frauenheilkunde übernehmen, und Celia macht alles andere. Und ums Röntgen könntest du dich auch kümmern. Du könntest sogar schon hier mitarbeiten und dir etwas dazuverdienen.«

Fast exakt dasselbe Gespräch hatten sie vor Antonias Reise nach Afrika geführt. Damals hatte Henny den teuren Apparat gerade angeschafft. In Freystetten hatte Antonia nebenbei erwähnt, dass sie in Daressalam dasselbe Gerät gehabt und die Zeit genutzt hatte, um sich die Bedienung beizubringen.

Jetzt jedoch hatte sie keine Lust auf eine erneute Auseinandersetzung. Mit keinem Wort hatte Henny sich nach dem Tropeninstitut erkundigt oder wie sie damit umging, dass ihr Praktisches Jahr nicht anerkannt wurde. Henny war es, die die Maßstäbe setzte und die Richtung vorgab. Die zehn Jahre Altersunterschied würde sie niemals einholen. Es war ein ungleiches Rennen, bei dem die Ältere längst am Ziel war.

Sie fand einen Vorwand, sich schnellstens zu verabschieden.

An der Wohnungstür schlang Vicky die Arme um sie und blickte mit einem frechen Lächeln zu ihr auf. »Kannst du dir vorstellen, wie es ist, deine Schwester zur Mutter zu haben?«

»Stell dir lieber nicht vor, sie als Schwester zu haben«, scherzte Antonia. »Dann hättest du nämlich wie ich zwei Mütter.«

Als sie aus der Haustür trat, standen vor den Banken in der Behrenstraße lange Menschenschlangen, obwohl es bereits Abend war. Sie endeten an den Türen der Geldinstitute, die von Polizisten vor dem Ansturm geschützt wurden.

»Wir wollen unser Geld jetzt!«

»Morgen kriegt man nischt mehr für sein teures Geld!«

Antonia schob sich an den Leuten vorbei und dachte, dass sie sich glücklich schätzen konnte. Sie musste sich keine Sorgen um Geld machen, und ihre Zukunft war vorgezeichnet. Sie würde als Ärztin Arbeit haben, wahrscheinlich sogar hier.

Aber genau das war ja das Problem. Was sie bedrückte, war ein Luxusproblem: Sie wollte sie selbst sein und ihren eigenen Weg gehen.

ES WÄRE SCHADE UM SIE

— ◆ —

Dezember 1929

»Du musst auf andere Gedanken kommen, Toni!«, hatte Celia gemeint.

Antonia konnte nicht widersprechen. Inzwischen waren drei Monate vergangen, seitdem sie zurückgekehrt war, und sie hatte das Gefühl, nie fort gewesen zu sein. Im Gegenteil: Eher schien es so, als wären die Uhren zurückgedreht worden. Sie arbeitete wieder als Assistenzärztin, diesmal zwar in der Frauenklinik der Charité, dafür aber mit wesentlich weniger Freiheiten als in Daressalam, wo sie bei einem Notfall sogar einen Kaiserschnitt hatte durchführen müssen. Ihre Mutter schalt sie jemanden, der sich nicht anzupassen vermochte. Was ja auch stimmte, wie sie zugab. Die Erinnerung an die Möglichkeiten, die sie in Afrika gehabt hatte, erschwerte es ihr tatsächlich, sich in die Hierarchie der Charité einzufügen. An ihre Dissertation zur Bilharziose dachte sie ohnehin kaum noch. Das Hamburger Tropeninstitut hatte die erwartete Ablehnung geschickt. Fast ein Jahr lang hatte sie Wasserproben aus afrikanischen Tümpeln gezogen und am Mikroskop untersucht. Das Ergebnis interessierte offenbar einzig sie selbst.

Ja, sie musste sich ablenken, die schönen Seiten des Lebens wiederentdecken. War *Clärchens Ballhaus* dafür der richtige Ort? Das über zwei Stockwerke reichende Tanzlokal stammte aus der Kaiserzeit, und die Männer, mit denen sie hier tanzen konnte, versprühten einen Charme, so steif wie ihre gestärkten Stehkrägen. Zumindest bewegte sich Antonias Tanzpartner geschmeidig.

In einer Pause setzte der junge Mann einen Blick auf, der verwegen wirken sollte. »Darf ich das Fräulein auf ein Gläschen Noisette einladen?«

Wie die meisten hier schien er ein paar Jahre jünger zu sein als sie selbst. Er führte sie zur Bar.

Sie machte sich nichts aus dem süßen Likör und blieb gleichwohl höflich: »Gern.«

Nun schloss sich auch Celia mit ihrem ebenfalls jüngeren Begleiter den beiden an.

Die Freundin reagierte gewohnt unverblümt: »Noisette? Wenn schon, dann Schampus.«

Die Gesichter der Herren wurden lang. Champagner kostete das Dreifache des Likörs.

»Ich lade ein«, verkündete Celia sofort. »Mir ist nach einem kleinen Rausch zumute!«

»Die Herren sind Studenten?«, fragte Antonia.

Sie nickten. »Medizin! Und was machen die Damen so? Lassen Sie mich raten: Telefonistinnen! Sie sind die Fräuleins vom Amt.«

Die Freundinnen tauschten einen einvernehmlichen Blick und grinsten.

»Genau so ist es«, erwiderte Antonia und nahm ihren Tänzer bei der Hand. »Tanzen wir, mein Herr!«

Antonia trug ihr gelbes Kleid, das für Hennys Hochzeit geschneidert worden war und das sie selbst abgenäht hatte, damit es passte. Sie fiel damit auf, aber es war das einzige Kleid, das sie für einen solchen Anlass im Schrank hatte. Sie bemerkte die Blicke der jungen Männer und auch, dass ihr Tänzer sie bei diesem Walzer fester an sich zog. Begehrt werden – ein vermisstes Gefühl!

»Ist Ihr Herz noch frei, mein Fräulein?«, fragte der junge Mann dicht an ihrem Ohr.

»Das möchte es auch bleiben«, erwiderte sie und schob ihn ein wenig auf Distanz. Begehrt zu werden war ja schön, aber es musste schon der Richtige sein.

»Ihr Herz ist gebrochen, mein Fräulein! Als angehender Arzt ist es mir eine Pflicht, es zu heilen!«

»Wir sind doch nicht im Krankenhaus, sondern im Ballsaal!«

Die Musikkapelle wechselte vom schnellen Walzer zum Charleston, und die Tanzfläche wurde schlagartig leerer. Nicht nur Antonias und Celias Tänzer taten sich schwer mit den völlig anderen Bewegungen, bei denen Arme, Beine und Hüften ausgelassen geschwungen wurden. Auch Antonia hatte noch nie Charleston getanzt, aber einige junge Frauen schienen genau darauf gewartet zu haben. Sie nachzuahmen, war nicht schwer, und wie frei und unbeschwert es sich anfühlte, so zu tanzen! Welch ein Glück, das weit schwingende Kleid zu tragen! Das waren der Übermut und die Lebenslust, die sie gesucht hatten. Die Freundinnen vergaßen, wo sie waren. Als das Stück geendet hatte, stellten sie fest, dass kaum ein Mann mehr auf dem Parkett übrig geblieben war. Sie hielten sich an ihren Bierkrügen fest und sahen zu. Frauen, die auch ohne sie Spaß hatten, machten wohl Angst.

»Wie ist das mit dir und der Liebe?«, fragte Antonia später. »Willst du es noch einmal versuchen?«

Celia schüttelte entschlossen den Kopf. »Mir kommt ein Mann bestenfalls noch ins Bett. Am nächsten Morgen muss er gehen.«

Das klang sehr selbstbewusst. Allerdings lebte Celias vierjährige Tochter Ida bei ihr, was gewiss Rücksichtnahme erforderte.

»Hattest du schon viele Affären?«

Es war das Modewort schlechthin. In den mondänen Kreisen der Hauptstadt gab sich eine Frau, die etwas auf sich hielt, verrucht.

»Ach, Quatsch!« Celia lachte. »Keine einzige. Na gut: eine winzig kleine. Ich liebe meine Freiheit mehr, als ich je einen Mann lieben will. Die guten Männer sind ohnehin längst vergeben.«

»Oder gefallen«, ergänzte Antonia, weil viele von denen, die jetzt um die Dreißig gewesen wären, ihr Leben im Krieg gelassen hatten.

»Und du?«, fragte Celia. »Bist du wieder bereit für eine neue Liebe?«

Antonia ließ den Blick über das aktuelle Angebot an liebeswilligen Herren schweifen und dachte unweigerlich an Ben. Würde er in *Clärchens Ballhaus* passen? Konnte sie sich vorstellen, hier mit ihm zu tanzen? Was hatte sie überhaupt an ihm gemocht? Dass er aus einer so ganz anderen Welt als der ihrigen stammte? Der Verdacht lag angesichts der leicht spießigen Atmosphäre nah.

Sie antwortete, was sie dachte: »Ich weiß es nicht, Lia. Suchen werde ich nicht nach einer neuen Liebe. Entweder sie trifft mich wie der Blitz oder …« Ihr fiel kein weiterer Vergleich ein.

»Habe ich dir erzählt, dass ich schon mit meinem ersten Mann bei *Clärchen* war?«, fragte Celia, als sie das Lokal verließen. »Er war unbeweglich wie ein Kleiderschrank und ich ein junges Ding, das von nichts Ahnung hatte.« Sie drückte Antonias Arm. »Auch mit meinem zweiten Mann war ich hier. Bei ihm hatte mich die Liebe wie der von dir erwähnte Blitz getroffen.« Sie seufzte. »Das hat unserer Liebe auch nicht geholfen.«

Sie schlenderten durch das früher berüchtigte Scheunenviertel, in dem es mittlerweile vergleichsweise gesittet zuging. Zwar boten wie immer die Prostituierten den flanierenden Herren ihre Dienste an, und die Schupos patrouillierten mit Schlagstöcken im Holster, aber es gab keine Schlägerei auf offener Straße. Und hinter manchem Fenster erinnerte der Kerzenschein von Adventskränzen daran, dass bald Weihnachten war.

Unvermittelt kam Unruhe auf, da schrillten von fern schon die Trillerpfeifen der Polizisten. Mit dem sechsten Sinn für drohende Gefahren verzogen sich die Prostituierten in die Hauseingänge.

»Ich bin hier schon mal in eine Razzia geraten. Das war nicht so angenehm«, sagte Celia. »Verschwinden wir lieber.«

Sie bogen in eine Seitenstraße ab, die zum Hackeschen Markt führte, wo sie die Untergrundbahn nehmen wollten. Unversehens drängte eine Menschenmenge heran, die den beiden Freundinnen den Weg zum Markt versperrte. Sie grölten Unverständliches und schwangen Fahnen und Transparente über ihren Köpfen. Offenbar war eine Demonstration aufgelöst worden. Die Aufmachung der vorwiegend jungen Männer – Arbeitshosen, kurze Jacken, Mützen – ließ keinen Zweifel daran, dass sie zu den Kommunisten gehörten, kleideten sich die Nationalsozialisten doch vorwiegend in einem strengen Uniformstil.

Zwar hielt sich Antonia für einen sportlichen Menschen, der rasch zu laufen imstande war. Nicht jedoch mit den Tanzschuhen, deren breite Absätze zwei Zentimeter hoch waren. Ein Entkommen war in der engen Gasse nicht möglich. Eng an eine Hauswand gepresst, ließen sie die Demonstranten vorbei, hielten sich dabei an den Händen. Ein Geschubse entstand, die Polizisten schwangen ihre Knüppel.

Direkt vor Antonia stürzte ein Bursche, die nächsten fielen über ihn und rappelten sich wieder auf.

Einer von ihnen griff ins Leere, als suchte er irgendwo Halt. Instinktiv packte Antonia zu, wurde selbst zu Boden gerissen. Und starrte in das Gesicht eines Mannes mit dunkler Haut. Da zerrte Celia sie schon wieder hoch.

»*I'm sorry, Miss!*«, rief der Fremde, griff nach dem Hut, den er bei seinem Sturz verloren hatte, und rannte mit den anderen davon.

Minuten später war der Spuk vorbei. Die schmale nächtliche Straße war menschenleer, Plakate und ein paar Fahnen lagen auf dem Kopfsteinpflaster. Aus der Ferne waren noch Rufe und Pfiffe zu hören.

»Den habe ich schon mal im Zug getroffen«, sagte Antonia verblüfft.

»Wen?«

»Den Amerikaner.«

Celia war damit beschäftigt, Antonias Tanzkleid zu richten, während sie sagte: »Das war ein Schwarzer, Toni. Sehen die nicht alle gleich aus?«

»Ganz und gar nicht«, wehrte sie ab. »Auf der Plantage in Kenia arbeiteten Menschen ganz verschiedener Stämme. Nicht einmal ihre Hautfarbe war stets dieselbe, auch ihre Gesichtsformen, ihr Körperbau unterschied sich.«

»Wenn du meinst«, erwiderte Celia.

Vermutlich hatte die Freundin dennoch recht: Wieso sollte ein Mann, der vermutlich in Stendal wohnte, hier in dieser Nacht unterwegs sein? Solche Zufälle gab es nicht. Und überhaupt: Was ging sie ein Amerikaner an, der in Hut und Mantel für die Kommunisten demonstrierte?

Sechsundzwanzig Stunden hatte Antonia Dienst gehabt. Zwei Entbindungen in Folge, dazwischen Arztberichte schreiben und ein Nachtdienst mit Patientinnen, die vor Schmerzen schrien. Und jetzt musste sie nur über die Straße gehen in die Wohnung der Eltern. Die Kohle aus dem Keller holen, die Asche aus den über Nacht erloschenen Öfen räumen und neu einheizen.

Sie überquerte die Luisenstraße, aber als sie am Hauseingang ankam, ging sie einfach geradeaus weiter. Ihre Füße, wie von selbst gesteuert, trugen sie in ein Café, sie ließ sich einen Kaffee und ein belegtes Brötchen bringen und nahm sich die *Vossische Zeitung* vom Haken.

Ein anderes Leben führen, dachte sie zusammenhanglos und starrte auf das bedruckte Papier, ohne in der Lage zu sein, etwas davon in sich aufzunehmen. Und wie aus heiterem Himmel begriff sie, weshalb der Prodekan ihr afrikanisches Jahr nicht anerkannte: Sie hatte gemogelt, sich an der Routine vorbeigestohlen, die sie nun erlebte. Gearbeitet hatte sie zwar, aber sie hatte es sich gut gehen lassen, war am Meer entlangspaziert, hatte unter Palmen in einer Teestube gesessen und *chai* getrunken, hatte nicht gefroren. Wie selbstgerecht sie gewesen war. Sie schüttelte den Kopf über sich selbst und sah nun das Foto, auf das sie die ganze Zeit gestarrt hatte, ohne wahrzunehmen, was es war: das Bild eines Schimpansenweibchens, die ihr Junges im Arm hielt.

Nachwuchs im Berliner Zoo. Name für kleines Affenmädchen gesucht.

Hatte sie nicht erst kürzlich im Zug an Bata denken müssen, den Affenpfleger? Wie hatte er vor vierzehn Jahren mit seinem lustigen französischen Akzent gesagt? *Hier pflanzen sisch die Affen nischt fort.* Offenbar taten sie es inzwischen. Nun las sie den gesamten Artikel und stellte fest, wie viel er mit ihr und ihrem Leben zu tun hatte. Sie brach so überstürzt auf, dass sie fast zu zahlen vergaß.

Das neu erbaute Affenpalmenhaus war das Schmuckstück des Berliner Zoos und befand sich fast in der Mitte der weitläufigen Anlage. Das wie ein Pavillon geformte Halbrund des Freigeheges war leer, denn die Primaten vertrugen die winterliche Kälte nicht. Antonia bewunderte die Großzügigkeit dennoch. Nichts erinnerte mehr an jenes Affenhaus, in dem sie als Backfisch unzählige Tage und lange Nächte verbracht hatte. An einem grauen Morgen so kurz vor Weihnachten war kaum jemand hier. Auch sie hatte die eine Mark Eintritt nur wegen des Berichts über die Affen bezahlt und hätte sich tagsüber ausschlafen müssen, denn am Abend hatte sie wieder Dienst.

Langsam flanierte sie an der Längsseite des Gebäudes entlang, wo sich die Einzelkäfige befanden. Deren Rückseiten waren zum Inneren der Halle geöffnet. Auch hier hatten die Tiere viel mehr Platz als damals, aber die Tatsache, ein Leben hinter Gittern verbringen zu müssen, hatte sich nicht geändert.

Und da war es, das Schild, nach dem sie gesucht hatte. *Sam, geboren im Berliner Zoo am 2. September 1916, Schimpanse.*

So sachlich stand es da, aber ihr Herz machte einen Freudensprung. Er lebte noch!

Natürlich lebte er noch. Er war jetzt dreizehn. Im besten Mannesalter eines Schimpansen, gut und gerne vierzig bis fünfzig Jahre alt konnte er werden; oh, sie wusste mit einem Schlag wieder alles über Schimpansen!

Die Flut der Erinnerung stürzte auf sie ein. *Wir möchten dir eine wichtige Aufgabe anvertrauen. Es geht um einen kleinen Schimpansen. Seine Mutter ist sehr krank geworden. Wir fürchten das Schlimmste und müssen verhindern, dass auch das Kleine stirbt, falls die Mutter nicht überlebt. Darum möchten wir dich bitten, das Vertrauen von*

Mutter und Kind zu gewinnen. Unser Affenpfleger hat nicht die Zeit, alleine eine Rund-um-die-Uhr-Betreuung zu leisten.

Die Stimme jenes Mannes, der ihr Mentor gewesen war, klang ihr im Ohr, als wäre alles erst gestern gewesen. Aber es war mitten im Weltkrieg. Überall fehlten die Tierpfleger, die an der Front kämpften und starben, auf die der Zoo jedoch angewiesen war. Ein in Tiere vernarrtes junges Mädchen war gerade recht gekommen, um eine große Aufgabe auszufüllen.

Sie konnte dicht an die Käfige herantreten, aber sie erinnerte sich gut an die Warnung, dass Schimpansenzähne Menschenfinger mit derselben Leichtigkeit durchbeißen konnten wie Karotten. Gleichwohl stand da nur: *Nicht in die Käfige fassen.*

»Sam?«, fragte sie nicht einmal übermäßig laut in das Dunkel des leeren Käfigs hinein und fühlte sich, als wäre sie wieder sechzehn. »Bist du da?«

Gleichzeitig schalt sie sich, wie töricht sie sich benahm. Zum einen war kein Affe zu sehen, zum anderen würde Sam sich nicht an sie erinnern. Er war wenige Monate alt gewesen, als sie seine Pflege hatte aufgeben müssen. Sie hatte die Schule vernachlässigt, ihr Vater hatte ihr auferlegt, sich nur noch wenige Stunden pro Woche um Sam zu kümmern, um ein Sitzenbleiben zu vermeiden.

Sie wollte gerade umkehren, um das Affenpalmenhaus durch den Seiteneingang zu betreten, als sich durch die hintere Luke das Gesicht eines Affen schob. Seine dunklen Augen fixierten sie.

Und sie fragte wieder halblaut: »Sam?«

Sie spürte mit irgendeiner Art von mütterlichem Instinkt, von dem sie nicht wusste, dass sie ihn besaß, dass er es war. Aber es war unmöglich, das Kleinkind, das er gewesen war, wiederzuerkennen in dem jungen Affenmann, der nun hervortrat.

Er brauchte nur wenige lässige, auf allen vieren zurückgelegte Sprünge, um vorn am Gitter anzukommen. Und dann begann er zu schreien, riss sein großes, zahnbewehrtes Maul auf, schlug gegen die Stäbe, gegen seinen Kopf, rannte von einer Wand zur anderen, purzelte durch den ganzen Käfig, rannte wieder zu ihr, streckte die Hände durch das Gitter. Ein wahrer Freudentanz.

»Ich komme zu dir, Sam. Warte. Ich gehe hinein. Bin gleich bei dir!«

Jegliche Vernunft war vergessen. Sie rannte zum Eingang, hinein in die Haupthalle, bemerkte nichts von dem tropischen Flair, das die unter der lang gestreckten Lichtkuppel aufgereihten Palmen verströmen sollten.

Vor der Innenseite von Sams Käfig holte sie eine in ihrer Handtasche mitgebrachte Banane hervor und reichte sie ihm durch die Gitterstäbe. Im Krieg hatte es solche Köstlichkeiten nicht gegeben, aber jetzt genoss der Schimpanse die Frucht. Neben seinem Käfig befand sich ein kleiner Futterautomat, an dem sie gegen ein paar Pfennige eine Packung Nüsse erstand.

Ein Tierpfleger kam heran. »Wie ham Se dit jeschafft?«, fragte er. »Seit Tagen hat der nüscht jefressen.«

»Was hat er denn?«

»Weeß ick nich. Seitdem der kleene Affe uff der Welt is, is der janz anders.«

Das in der Zeitung abgebildete Affenkind und seine Mutter befanden sich im Nebenkäfig.

Sam streckte Antonia beide Hände entgegen, die sie ergriff.

»Saß immer ganz still in seene Ecke. Is ja ulkich, dass er zu Ihnen kommt.«

»Ich habe Sam aufgezogen. Damals, während des Kriegs.«

Sie erinnerte sich, wie sie ihm ihre Mütze überlassen hatte, damit sich das winzige, knochendürre Wesen, das er war, hineinkuschelte, um jene Geborgenheit zu finden, die ihm seine Mutter nicht geben konnte.

»Sams Mutter war trächtig, als man sie in Afrika fing. Darum wurde Sam hier geboren. Er war der erste Schimpanse, der im Zoo zur Welt kam«, sagte sie, während Sam an ihren Händen riss. »Dr. Heinroth bat mich darum, dass ich mich um Sam kümmere.«

Nun begann Sam, erneut zu kreischen und in seinem Käfig zu toben. Sein wildes Gebaren fand eine Erwiderung im Geschrei anderer Primaten. Hektisch suchte Antonia weitere fünf Pfennige hervor, um ein zweites Pappschächtelchen mit Nüssen zu erstehen.

Der Tierpfleger, ein Mann mit dürrem Haar und in grauem Arbeitsdrillich, hatte sie schon während ihres kurzen Vortrags von Kopf bis Fuß gemustert. »Hm«, sagte er. »Ick ruf den Doktor an. Rühren Se sich nich. Und machen Se den Affen nich noch verrückter.«

Dr. Oskar Heinroth hatte anderthalb Jahrzehnte zuvor auf Antonia den Eindruck gemacht, dass ihm die Sorge um die ihm anbefohlenen Tiere wichtiger war als alles Menschliche. Nie würde sie vergessen, wie sachlich er ihr davon erzählt hatte, dass Sams Betreuer Bata am Abgang zur Untergrundbahn ermordet aufgefunden worden war. Nun war auch er ein Mann von sechzig Jahren mit ernsten Augen hinter runden Brillengläsern und grauem Vollbart. Er wirkte sichtlich erfreut, Antonia wiederzusehen. Schon damals war er nicht Direktor des Zoos gewesen, sondern Gründer des Aquariums. Als Verhaltensforscher hatte der

Vogelexperte sich eingebracht, um den kleinen Affen Sam in guter Obhut zu wissen.

»Wie ist es Ihnen ergangen, Fräulein Thomasius? Was ist aus Ihnen geworden? Haben Sie Tiermedizin studiert, wie Sie es vorhatten?«

Ihrem einstigen Mentor zu gestehen, dass sie sich diesen Traum nicht hatte erfüllen können, riss keine alten Wunden auf, stellte sie erstaunt fest. Ihre Tierliebe war einer Schwärmerei für scheinbar hilflose Wesen entsprungen. Als Ärztin zu arbeiten, war eine Sache des Wissens, bei der das Herz in der Regel zu schweigen hatte. Das Wiedersehen mit Sam war schön, aber es machte sie nicht wieder zum Backfisch. Sie berichtete von ihrem Werdegang, während sie vom Tierpfleger inzwischen mit Äpfeln und Salatblättern versorgt wurde, die sie Sam in seinen Käfig hineinreichte.

»Meine Liebe zu Afrika ist geblieben«, sagte sie. »Vielleicht ist auch Sam daran ein wenig beteiligt.«

»Welch ein Jammer, dass Ihnen unsere Afrika-Schauen entgangen sind! Erst letztes Jahr brachte Direktor Heck von einer Tierfangexpedition in unsere alte Kolonie Deutschost Giraffen, Flusspferde, Zebras und Nashörner mit. Die müssen Sie sich ansehen«, schwärmte Heinroth.

Aber ihr war nicht danach, Tiere hinter Gittern zu sehen, die sie in Freiheit erlebt hatte. Was sie ihm nicht sagte, denn es war seine Arbeit, Tiere jenen Menschen zu zeigen, die nicht wie sie das Privileg hatten, die Welt bereisen zu können.

»Lieber würde ich mich eine Weile zu Sam setzen«, bat Antonia stattdessen.

Heinroth sperrte auf, und Antonia betrat vorsichtig Sams Zuhause. Sie trug eine warme Mütze auf dem Kopf. Bevor sie sich's versah, schnappte Sam sich das aus weicher Wolle gefertigte Stück.

»Interessant«, sagte Verhaltensforscher Heinroth. »Der Schimpanse weiß noch solch ein Detail aus seiner frühesten Kindheit!«

Sie erinnerte ihn daran, was sie damals von ihm gelernt hatte: die Lehre von den Gewohnheiten. Mit einem Experiment, zu dem sie die Freystettener Hühner gebraucht hatte, hatte sie später sogar den Grafen beeindruckt.

»Vielleicht gelingt es Ihnen, herauszufinden, ob Sam krank ist«, sagte Dr. Heinroth und lächelte. »Oder ist dies ein einmaliger Besuch?«

Henny legte das Lineal unter die aufgelisteten Positionen und addierte die Endsumme. Das konnte doch nicht stimmen! Noch einmal rechnete sie die Posten zusammen. Doch sie hatte sich nicht vertan. Es war wie im Vormonat – nur noch schlimmer. Nun fehlte ihr bereits die unglaublich hohe Summe von fünftausend Mark, um ihre Bankkredite zu decken! Eine Sprechstundenhilfe verdiente dieser Tage etwa einhundertfünfzig Mark. Aber sie war eine Ärztin mit einer extrem kostspieligen Praxis, der die Patientinnen fernblieben. Und dabei hatte sie schon in der zwangsweisen Pause während ihrer Schwangerschaft einen Schuldenberg angehäuft!

Sie schaltete das Licht ihrer Schreibtischlampe aus, anschließend die noch brennenden Leuchten in den vielen Räumen ihrer Praxis. Sie stand im Empfangsraum in jenem Halbdunkel, das durch die Straßenlaternen ermöglicht wurde. Der große, von Vicky und ihr zu Beginn der Adventszeit mit reichlich Lametta und silbernen Kugeln geschmückte Weihnachtsbaum warf einen langen Schatten auf die weißen Fliesen des Entrées. Eleganz und Weltoffenheit sollte ihre Praxis verströmen. Dafür hatte sie viel investiert. Dann war ihr Victor wiederbegegnet, und ihr Leben hatte eine unerwartete Wendung genommen. Die Praxis war zwar erneut eröffnet, aber sie hatte keine Zulassung für Patientinnen, für die die Krankenkasse die Kosten übernahm. Und diese Zulassung hatte Henny auch noch nicht beantragt, weil die Kasse nicht die Erstattung der Behandlung für ihre modernen Geräte übernahm. Denen Henny ihren Ruf als führende onkologische Praxis verdankte.

Im Endergebnis stand sie vor einem Berg Schulden.

Davon hatte sie Celia Fahrland bislang kein Wort gesagt. Die neue Kollegin und Partnerin war immer noch voller Ehrfurcht vor der berühmten Praxis, die sie, die Anfängerin, aufgenommen hatte.

Aber Celia war vermögend. Sehr sogar.

Henny schüttelte diese Zufluchtsmöglichkeit innerlich ab wie ein Hund, dem ein Eimer Wasser übergeschüttet worden war. Nein, sie hatte ihren Stolz. Celia mochte ein freigebiger Mensch sein, ein zugewandter obendrein, aber dies war einst die Praxis ihrer Patentante gewesen, der sie ihren Taufnamen verdankte. Die konnte sie nicht gewissermaßen verscherbeln, weil sie gerade in Geldnot war. Sie würde mit der Sparkasse reden. Da würde sich gewiss etwas machen lassen mit einem Kredit. Und dann gab es noch das Aktienpaket, das sie für Notfälle hatte. Das wollte sie zwar unangetastet lassen, aber möglicherweise war dies bereits ein *Notfall*.

Oben in der Wohnung traf sie auf Vicky, die sich mit dem Cello quälte. So klang es zumindest in den Ohren der sich selbst nicht für sonderlich musikalisch haltenden Mutter. Das neue Kindermädchen wickelte Leo, der hörbar schlechte Laune hatte, weil er gestillt werden wollte. Dass sich in der Küche das Geschirr vom Mittagessen im Waschbecken stapelte, hatte Henny schon im Vorbeigehen gesehen. Keine Heinzelmännchen, die mir den Haushalt vom

Halse halten, nirgendwo, dachte sie, und fragte Vicky gar nicht erst, ob ihr Vater wenigstens sie angerufen habe. Der Film, mit dem er meinte, die Ufa retten zu können, und der den seltsamen Titel *Professor Unrat* trug, fraß ihn förmlich auf.

Das Kindermädchen reichte ihr den schreienden Leo. »*I'm late, Misses Henny. I am so sorry. Somebody is waiting for me.*«

Sie war Britin, aus einem Ort namens Blackpool. Henny hatte noch keine Zeit gehabt nachzusehen, wo in England das lag. Wichtig war ihr gewesen, dass sie Englisch sprach, damit sowohl Leo als auch Vicky mit der Sprache vertraut wurden. Was sich mittlerweile als Irrtum erwies, denn die junge Frau hatte wohl schnell Anschluss gefunden in Berlin. Fast jeden Tag wartete ein *somebody* auf sie, weshalb nicht nur der Abwasch unerledigt blieb. Mit Vicky wechselte die Britin auch kaum ein Wort.

Henny stillte ihren kleinen Sohn auf dem Sofa, tat, als lauschte sie Vickys Spiel, und erwachte wieder aus ihrem Erschöpfungsschlummer, als ihre Tochter fragte: »Mutter, schläfst du?«

»Ich glaube, ich bevorzuge dein Pianospiel«, sagte sie flugs.

»Ich auch«, erwiderte Vicky und kuschelte sich an sie.

»Hilfst du mir beim Abwasch?«

»Lieber, als dass ich Cello übe!« Vicky kicherte.

Einige Tage später war es nach Mitternacht, als Henny endlich die Wohnungstür gehen hörte. Sie lag im Bett, konnte aber kein Auge zu tun. Leo schlief neben ihr in der Wiege, und auf Victors Seite hatte sich Vicky zusammengerollt. Jetzt, eine Woche vor Weihnachten, bestand ihre Tochter darauf, dass sie ihr wie früher an jedem Abend vorlas. Gerade war es eine Erzählung von Else Ury, von der Vicky alle *Nesthäkchen*-Bücher kannte. Sie handelte von einem selbstbewussten Mädchen aus Rothenburg, das sich über gesellschaftliche Konventionen hinwegsetzte.

Vorsichtig schlich sich Henny aus dem Bett, warf sich einen Morgenrock über. Im Flur hing Victor gerade seinen Mantel auf, er war voller Schnee. Endlich Schnee zu Weihnachten, dachte Henny, Vicky wird sich freuen. Aber ihre Gedanken beschäftigte etwas anderes viel mehr.

Victor goss sich im Salon erst mal einen Whisky ein. Er begann sofort zu erzählen von der langen Autofahrt vom Filmstudio in Neubabelsberg durch den plötzlich heftig fallenden Schnee hierher nach Mitte. Dass der Regisseur mit seinen Launen alle tyrannisiere, Hauptdarsteller Emil Jannings sich nicht genug beachtet fühlte und bei Aufnahmeleiter Victor gewissermaßen Zuflucht suchte, weil der sich schließlich mit Hollywood auskannte.

Schließlich stellte er fest, dass Hennys Gesichtsausdruck ihre eigenen Sorgen verriet. »Du wirkst bedrückt. Was ist geschehen? Ist etwas mit den Kindern?«

»Sie sind wohlauf. Nein, ich habe große Geldsorgen, Victor. Ich weiß nicht, wie ich meine Kredite bezahlen soll.«

Da sie das Geld lange vor der Hochzeit aufgenommen hatte, blieb ihr Mann außen vor.

»Du wolltest zur Bank«, stellte er fest.

»War ich. Die Sparkasse weigert sich. Ich hätte keine Sicherheiten.«

»Deine Aktien?«

»Wertlos. Ich habe das meinen Bankier machen lassen. Der legte alles in amerikanischen Werten an. Die wären sicherer. Denkste. Die Firmen dort drüben sind entweder bankrott oder ihre Aktien nichts mehr wert.«

»Geht Jannings auch so. Hat auch viel verloren. Stell dir mal vor: Der bekommt 200 000 Mark für seinen Professor Unrat!«

»Frag ihn bitte, ob er mir was leiht«, scherzte sie etwas gallig.

»Fräulein Dietrich erhält ein Zehntel seiner Gage. Das hat sie heute rausgefunden. Du kannst dir vorstellen, was los war! Ach, es kommt noch besser: Der Film heißt jetzt nicht mehr so wie der Roman, nach dem er gedreht wird, sondern *Der blaue Engel*. Jannings ist somit nicht mehr der Star. Na, der ist vielleicht sauer.«

»Victor, ich habe, ehrlich gesagt, andere Sorgen.«

»Entschuldigung. Erzähl.« Er schien endlich innerlich bei ihr angekommen zu sein, setzte sich neben sie und nahm ihre Hand.

»Die Sparkasse hat mein Geld vernichtet, und zum Dank für mein Vertrauen in ihre Arbeit verweigern sie mir einen neuen Kredit, weil ich nicht mehr über jenes Geld verfüge, das sie pulverisiert haben. Ich schwöre: Wenn morgen die Kommunisten hier in der Straße demonstrieren, gehe ich runter und schließe mich ihnen an! Enteignet die Kapitalisten!«

Victor blickte sie mitfühlend an. »Du weißt, wie du die Praxis retten kannst. Du musst es nur tun.«

»Wozu? Wenn wir doch sowieso auf dem Sprung nach Amerika sind. Pfändet die dumme Sparkasse halt meinen Röntgenapparat. Mir doch egal. Ist ohnehin alles für die Katz.« Sie sank in sich zusammen.

Victor strich begütigend über ihren Rücken. »Dein Stolz hat einen Knick bekommen, Henny. Aber deine Existenz ist beileibe nicht vernichtet. Wenn Celia in diesem Haus arbeitet, weshalb soll sie dann nicht finanziell dazu beitragen, dass es erhalten bleibt? Wegen der Vergangenheit?

Liebling, dieses Haus hat einmal mir gehört. Hast du das vergessen? Ich habe es dir und Vicky bei der Scheidung unserer ersten Ehe überschrieben.«

Seine Worte waren wie eine schallende Ohrfeige. Aber er hatte recht. Das prächtige Anwesen hatte eine lange, wechselhafte Vergangenheit. All die Umschwünge hatten nichts an seinem Bestand verändert.

»Was ist schon Geld?«, fragte Victor und begann, seinen Anzug auszuziehen. »Im Grunde ist es eine Fiktion: Wir stellen uns vor, wie schön es ist, wenn man es hat. Und können uns deshalb nicht vorstellen, dass das Leben auch ohne Geld schön sein kann. Sieh uns doch an: Wir haben uns, die Kinder, den Kopf voller Ideen und Wissen.« Er legte ihr seine Krawatte spielerisch um den Hals, um sie mit den Enden an sich heranzuziehen. »Das Kostbarste sind wir. Bitte denk immer daran, bevor du dich wegen des Geldes grämst.«

Ricarda hatte sich entschieden, schon ein paar Tage vor Weihnachten ihre Praxis zu schließen und nach Freystetten zu fahren. Bislang war sie jedes zweite Wochenende im Schloss gewesen, um nach den Zwillingen zu sehen. Es war für sie klar gewesen, dass ihr diese Aufgabe zufiel, denn Hennys und Tonis Tage waren ausgefüllt, während Grit und Franz ohnehin nur vor dem Gesetz als Eltern fungierten.

Felicitas und Felix waren inzwischen drei Monate alt. Das *Glückskind*-Mädchen hatte sich altersgemäß entwickelt. Felix jedoch wog drei Pfund weniger als sein Schwesterchen – in diesem Alter ein erheblicher Unterschied, wie Ricarda zu bedenken gab.

»Ick leg ihn immer wieder an, Frau Doktor, aber der trinkt nich richtich«, rechtfertigte sich die besorgte Amme Emma. »An die frische Luft bin ick ooch ständig mit die

Kinder. Immer warm einjepackt, wie Se mich einjeschärft haben.«

Ricarda untersuchte Felix wieder einmal besonders ausgiebig. Es war nach wie vor sein Herz, das zu schwach war, und sie konnte nur hoffen, dass dieser Geburtsfehler im Laufe der Zeit von allein vergehen würde.

Noch während Ricarda im Kinderzimmer mit der Untersuchung beschäftigt war, gesellte sich ihre Schwester zu ihr. »Ich habe den kleinen Felix gern«, sagte Rosel plötzlich.

Bislang hatte sie keine derartige Gemütsregung erkennen lassen.

»Glaubst du, dass er durchkommt?«

Während der Untersuchung gab der Säugling kaum einen Ton von sich.

Die Frage rührte natürlich aus Rosels Erfahrung, ihren eigenen Zwillingssohn im Säuglingsalter verloren zu haben, wie Ricarda wusste.

»Ich weiß es nicht, Rosel«, gestand sie. »Emma gibt sich alle Mühe mit ihm.«

Soweit Ricarda wusste, war sie die einzige Person im ganzen Schloss, die das tat. Von Felix' Mutter Frieda gab es nach wie vor keine Nachrichten. Was in gewisser Weise konsequent war, hatte sie doch angekündigt, nach der Geburt nichts mit ihren Kindern zu tun haben zu wollen.

»Emma ist eine aufrichtige Frau, obwohl sie nur Gärtnereigehilfin ist«, sagte die Gräfin.

»Obwohl?« Ricarda blickte sie von der Seite an. »Unser Vater war Gärtner.«

»So meine ich das nicht, Rica, das weißt du.«

»Da bin ich mir nicht so sicher.«

»Hör schon auf«, brummelte Rosel. »Was ich sagen will: Es ist schrecklich, dass sich niemand aus der Familie um ihn kümmert. Oder um Felicitas.«

»Als Großmutter kannst du das ändern.«

Und da sprach Rosel es aus: »Ich muss in letzter Zeit wieder oft an Friedrich denken. Er war etwa so alt wie unser kleiner Felix, als sein Herz zu schlagen aufhörte.«

Unser kleiner Felix. Ricarda horchte verwundert auf. Der Anblick, wie Rosel Friedas Mund zugehalten hatte, hatte sich ihr eingebrannt.

Sie wickelte den Jungen fertig.

»Wenn Friedrich nicht so früh gestorben wäre und Ferdinand nicht gefallen …«

Rosel ließ den Satz unbeendet, aber Ricarda wusste, wie er weitergegangen wäre: Dann wäre einer der beiden Vater eines Kindes wie Felix.

Ricarda spürte, dass der Zeitpunkt gekommen war, an dem Rosel ihre starre Haltung aufgeben konnte. Überdies: Weihnachten war nah, da wurde manches verhärtete Herz empfindsam.

»Rica, was soll ich tun?«

In Rosels Stimme lag ein Vibrieren, das Ricarda nur selten zu hören bekam. Es kündete von dem Kampf, der in ihr tobte. Stolz und Vorurteil rangen mit jener menschlichen Wärme, zu der Rosel sehr wohl fähig sein konnte.

Vorsichtig nahm Ricarda das hilflose Bündel Mensch vom Wickeltisch. Es wog knappe drei Kilo.

»Gib Felix all die Liebe, zu der du fähig bist, Rosel. Wir wissen beide nicht, ob Zuwendung reicht, um ihn bei uns zu halten. Ich fürchte, er ist schon ein Stück auf dem Weg fort von dieser Welt. Lass ihn spüren, dass er bleiben soll.«

Ihre Schwester nahm den kleinen Felix auf den Arm, hielt ihn noch ein wenig wie einen Fremdkörper und bestätigte so Ricardas Verdacht, dass sie bislang keinen ihrer erst drei Monate alten Enkel gehalten hatte.

»Ich habe Angst, Rica.«

»Ja, ich weiß. Ich kann dir auch keine Garantie geben, dass du ihn behalten kannst. Aber wenn du es nicht versucht hast, dann ärgerst du dich später vielleicht über eine große verpasste Chance.«

»Ja, du hast recht.«

»Wenn du kannst, ersetze seine Mutter, so gut du es vermagst. Und lass zu, dass Emma dich dabei unterstützt.«

Rosel begann, den kleinen Jungen zärtlich in ihren Armen zu wiegen. Zaghaft stimmte sie ein Lied an, während Ricarda sich um Felicitas kümmerte. Welch ein aufgewecktes Kind! Die Wangen rosig und rund, die Augen wach, die Ärmchen ruderten fröhlich in der Luft.

Aber Ricarda stellte nicht die Frage, die ihr auf der Seele brannte: Ob es ein Lebenszeichen von Frieda gäbe. Vielleicht war es jetzt besser so, dass niemand im Schloss sie vermisste. Damit ihre Kinder eine Chance hatten, die sie im Schatten ihrer exaltierten Mutter nicht bekämen.

»Endlich wieder ein Weihnachten mit Kindern!« Großmutter Karla blickte glücklich in die um den Tannenbaum versammelte Runde.

»Ich war letztes Jahr auch schon da, Großmutter«, widersprach Vicky.

»Das weiß ich doch! Doch du musst zugeben, dass in diesem Jahr gleich drei neue kleine Menschen zu unserem Kreis hinzugekommen sind.« Die alte Dame blickte nun jenes Paar an, das es im Vorjahr ebenfalls noch nicht gegeben hatte: »Franz, ich danke dir, dass du es ermöglichen konntest, bei uns zu sein. Dasselbe gilt auch für Sie, Grit.«

Das klang schon etwas kühler.

Im Grunde tat Ricarda die neue Gräfin ein wenig leid. Sie saß mit steifem Rücken und perfekt geschminkt neben ihrem Ehemann. Franz, den Kopf wie immer rasiert und blitzblank poliert, das Gesicht zur Maske erstarrt, trug die Uniform eines Oberst mit ein paar Orden an der Brust. Es war der erste gemeinsame Auftritt seit ihrer Hochzeit im Roten Rathaus, bei dem Ricarda das Paar erlebte.

Rosel hatte ihrer Schwester gegenüber freimütig eingeräumt, dass sie ihn gedrängt hatte: »Ich habe ihm gesagt, dass er seiner Familie zumindest diese paar Stunden schuldig ist.«

Auch das war eine Neuerung, denn bislang hatte Rosel ihrem Ältesten jede Freiheit erlaubt, die er verlangt hatte. Es mochte mit ihrer Sorge um Felix zusammenhängen, die ihr bewusst machte, wie wenig Liebenswürdigkeit es in ihrer Familie gab. Jetzt saß Großmutter Rosel in einem Sessel neben Franz, hielt Felix im Arm und schaukelte mit der anderen Hand die Wiege, in der Felicitas lag. Es wirkte ein wenig, als wollte sie Franz und Grit demonstrieren, wie Familienleben zu inszenieren war.

»Heute erleben wir eine Premiere«, ergriff nun der Hausherr das Wort. »Vicky wird uns ein Stück auf dem Cello spielen, und ihr Vater wird sie begleiten.«

»Darf ich etwas sagen, Onkel Friedemann?«, meldete sich Vicky gesittet zu Wort. »Mein Vater erlaubt, dass ich zuvor ein Stück von Chopin spiele. Denn sonst bekommen die neuen Familienmitglieder den Eindruck, ich wäre eine Stümperin.«

»Das würde doch niemand annehmen«, sagte Grit überaus höflich. »Dein Talent ist allgemein bekannt, Vicky.«

»Danke, Durchlaucht.«

Sie stellte den Klavierschemel mit der Gründlichkeit ein, von der Ricarda wusste, dass sie vor allem Hennys Geduld strapazierte. Und Ricardas Gedanken schweiften ab zu einem Gespräch mit Henny.

»Du musst es zwar nicht wissen, aber ich halte es für richtig, dass du es weißt.« Mit dieser Einleitung hatte sich ihre Tochter kurz nach ihrem Eintreffen in Freystetten an ihre Mutter gewandt. »Ich möchte Celia Fahrland an der Praxis beteiligen. Das heißt, sie wird als Miteigentümerin ins Grundbuch eingetragen.«

»Weshalb?«, hatte Ricarda gefragt und erstaunt erfahren, wie es um die Geldangelegenheiten ihrer Tochter stand. Sie hatte zwar erwidert: »Danke, dass du mich darüber unterrichtest«, und empfand es als Vertrauensbeweis. Ein wenig unwohl war ihr dennoch dabei. Sie mochte Celia, aber die Verbindungen zu ihr wurden allmählich etwas zu eng. Schließlich war Antonias Freundin seit Langem Ricardas Vermieterin der Praxis am Savignyplatz und hatte sich an Tonis Rückholung beteiligt. Begab man sich nicht allmählich in zu große Abhängigkeit von ihr? Hieß es nicht: Bei Geld hört die Freundschaft auf? Und war da nicht auch etwas Wahres dran? Was, wenn Henny und Celia eines Tages anderer Meinung sein würden, was die Führung der Praxis betraf? Ricarda seufzte. Wenn man doch nur in die Zukunft sehen konnte!

Und Toni war auch nicht da, obwohl dies ihr erstes Weihnachten seit ihrer Rückkehr war. Dabei wusste sie doch, wie sehr Großmutter Karla an ihr hing. Nun ja, Antonia, die Junggesellin, hatte ihren Namen an jedem Tag der Weihnachtswoche auf dem Dienstplan vorgefunden. So war sie eben, die Hierarchie der Charité – den Jüngsten wurde keine Pause gegönnt. Aber in dem kurzen Telefonat am Morgen hatte Toni nicht geklagt. Im Gegenteil, richtig vergnügt war sie. Sie habe Sam wiedergefunden, hatte sie gesagt, und gefragt: »Du erinnerst dich doch noch an Sam?« Ricarda hatte verblüfft verneint. »Frag mal Vater!«, hatte Antonia gemeint.

Das holte Ricarda leise nach, während Vicky Chopin spielte.

»Sam? Das war der Affe, ein Schimpanse im Zoo, Toni half, ihn aufzuziehen! Das kannst du doch nicht vergessen haben!«, sagte Siegfried fast ein wenig zu laut.

Aber Ricarda hatte es vergessen, gestand sie sich ein.

Nun machte sich Felicitas bemerkbar. Rosel erhob sich sofort und schob den Kinderwagen hinaus zu der vor der Tür wartenden Amme. Als Bedienstete hatte Emma keinen Zutritt zur Familienfeier. Kurz darauf musste Henny hinaus, um ihren unruhigen Leo zu stillen. Dann gelang es Rosel nicht mehr, Felix zu beruhigen.

Sichtlich entnervt stand Franz von Freystetten auf und zischte: »Für einen solchen Kindergarten opfere ich meine Zeit!«

Grit versuchte, ihn aufzuhalten. »Sie sollen unsere Kinder sein, mein Guter. Wenigstens zu Weihnachten sollten wir die Form wahren.«

Franz blickte verächtlich auf sie herunter und machte sich frei. Nun waren alle in Aufruhr. Vicky, die mittlerweile zum Cello gewechselt hatte, ließ den Bogen sinken.

»Ich habe doch gesagt, ich kann's noch nicht«, sagte sie und grinste.

»Dann lass die Leute musizieren, die es können«, knurrte Franz und verließ den Salon.

Ricarda wusste, es war seine Art, sich an Vicky zu rächen, die im Vorjahr seinem hier Klavier spielenden Adjutanten bescheinigt hatte, das Instrument nicht hinreichend zu beherrschen.

»Ich musste heute Abend an Franz' Adjutanten denken«, sagte Ricarda, als sie und Siegfried an diesem Abend zu Bett gingen. »Frieda meinte doch, die beiden waren so etwas wie ein Paar. Weißt du, was aus ihm geworden ist?«

Ihr Mann war für gewöhnlich über die Neuigkeiten innerhalb der Berliner Reichswehr informiert.

»Habe ich dir das nicht erzählt?«, fragte Siegfried zurück. »Schmidtkotte ist tot.«

»So ein hübscher junger Mann!«

»Jetzt weiß ich wieder, weshalb ich es dir nicht erzählt habe: Es war in dieser turbulenten Zeit, kurz bevor Henny geheiratet hat.«

»Das war fast zur selben Zeit, als Franz Grit geheiratet hat«, ergänzte Ricarda. »Wie starb er denn?«

»Man hat ihn aus dem Landwehrkanal gezogen«, sagte Siegfried.

»Wie entsetzlich! Ob er Franz geliebt hat?«, fragte Ricarda.

Siegfried stutzte. »Kann ein Mann einen anderen Mann lieben?« Aber er wusste natürlich, wie sie ihre Frage verstanden wissen wollte: »Du meinst … Nein, Rica, das war kein Suizid aus verschmähter Liebe. Ein Unfall, sagte sein Kommandeur.«

Was sollte ein Kommandeur auch sonst sagen?, dachte Ricarda.

So schön es auch war, welche Auswirkungen die Geburt der Zwillinge auf Rosel hatten. Aber niemand, erinnerte sie sich kurz vor dem Einschlafen, hatte an diesem Weihnachtsabend von Frieda gesprochen.

Heute war Silvester, Antonia hatte endlich frei und die gesamte eiskalte elterliche Wohnung für sich. Es ging auf Mittag zu, sie heizte ein und blickte mit der Frage in ihren Kleiderschrank, was sie an diesem Abend anziehen sollte. Sie verdiente jetzt zwar hundert Mark im Monat, von denen sie die Hälfte als Kostgeld bei den Eltern abgab, aber ein modernes Kleid hatte sie noch nicht gekauft. Mit anderen Worten: Sie hatte nichts Passendes zum Anziehen. Und das, obwohl es doch ein Künstlerfest war, zu dem sie eingeladen war. Denn das gelbe Kleid war jetzt, mitten im Winter, zu dünn.

Sie nahm die Stadtbahn zu jenem Kaufhaus nahe dem Alexanderplatz, von dem es hieß, es wäre das einzige, bei dem man auf Kredit kaufen konnte. In dem riesigen *Kaufhaus Jonaß* an der Lothringer Straße, Ecke Prenzlauer Allee, drängte sich das Publikum, als wäre alles umsonst. Es war eröffnet worden, als sie in Afrika gewesen war, und war genauso wie die Stadt, die ihr seit ihrer Rückkehr oft fremd vorkam. Es herrschte das Gesetz der spitz austeilenden Ellenbogen. Um dem Gedränge zu entkommen, entschied sie sich viel zu schnell für ein Kleid mit Pailletten und Fransensaum, folgte dem Versprechen, in vier Teilraten zahlen zu dürfen, und stürmte hinaus in den eiskalten Winter. Weder besaß sie Schuhe, die dazu passten, noch ein wärmendes Oberteil, aber das fiel ihr erst draußen ein.

Unsinn, sie würde zu keinem Künstlerfest gehen und das Kleid wieder zurückgeben, beschloss sie. Was sollte sie dort? Stattdessen würde sie Sam einen Besuch abstatten. Sie machte sich auf den Weg zum Alexanderplatz, um die Stadtbahn zum Zoologischen Garten zu nehmen. So oft es ging, verbrachte sie Zeit bei dem Schimpansen. Tatsächlich war es ihr gelungen, Sam von seiner Schwermut zu befreien: Er hatte Sehnsucht nach seinem Kind gehabt, was schließlich auch dem Tierpfleger einleuchtete. Unter Aufsicht durfte Sam nun mit dem Äffchen und seiner Mutter für kurze Zeit zusammen sein. Dennoch hielt Antonia es für sinnvoll, diesen Annäherungsprozess weiterhin zu begleiten.

Am Alex geriet Antonia in eine Menschenmenge, aus deren Mitte heraus eine volltönende Männerstimme eine Rede hielt. Es war unschwer zu erkennen, dass es sich um kommunistische Parolen handelte. Sie erhaschte einen Blick auf den Redner, einen Schwarzen in Hut und Mantel, und blieb stehen, um ihm zuzuhören. Seine Körpersprache war faszinierend, weil er unter einer inneren Spannung zu stehen schien, wobei er gleichzeitig den Arm ausstreckte und mit der Hand in die Luft griff, als holte er seine Argumente aus seinem direkten Umfeld – der grauen Stadt und ihren griesgrämig dreinblickenden Bewohnern.

Antonia hatte keinen Zweifel, dass es ein und derselbe Mann war, dem sie im nahen Scheunenviertel aufgeholfen hatte. Ob es allerdings jener aus dem Zug war – da war sie sich nicht mehr so sicher.

Plötzlich kam der Redner auf sie zu. »Sie, junge Frau! Möchten nicht auch Sie im nächsten Jahr einen Lohn bekommen, der Ihrer Arbeit entspricht?«

Es war eine rhetorische Frage, auf die er keine Antwort erwartete, und sie hatte auch nicht den Eindruck, als erkannte er sie wieder.

Im nächsten Augenblick fragte er den neben ihr Stehenden, einen Mann mit auffällig großkarierter Schiebermütze: »Wollen Sie weiter ausgebeutet werden?«

Durch die direkte Ansprache zog er die Leute in seinen Bann. Als er sich weiter in die Menge vorarbeitete, kam Unruhe auf.

Jemand schrie: »Stopft dem Neger das Maul! Nur Deutsche dürfen hier reden!«

»Darf ich das Unrecht der Herrschenden nicht beim Namen nennen, weil meine Haut schwarz ist?«, schleuderte der Redner dem Zwischenrufer entgegen. »Die Faschisten dulden nur Herrenmenschen. Aber sie benehmen sich nicht wie Herren!«

Dem Redner wurde der Hut vom Kopf geschlagen und kullerte vor Antonias Füße. Bevor jemand darauf treten konnte, hob sie ihn auf und reichte ihn ihm. Ihre Blicke kreuzten sich, sie bemerkte die Andeutung eines Lächelns. Erkannte er sie doch wieder?

Vier Männer in langen dunklen Mänteln drängten heran, die das Zeichen der Schutzstaffel der NSDAP trugen, die wie zwei plumpe Blitze geformten S. Brutal packten sie den Schwarzen.

»Sind Sie von der Polizei?«, fragte Antonia.

»Der ist ein Unruhestifter!«

»Und Sie gehören zur NSDAP! Lassen Sie ihn los!«, rief sie.

»Das Fräulein hat recht«, sagte der Mann mit der karierten Schiebermütze, der zuvor neben Antonia gestanden hatte. »Sie sollten auf sich achtgeben, Fräulein. Diese Kerle haben keinen Respekt vor mutigen Frauen«, riet er ihr im gleichen Atemzug.

»Sich nicht einzumischen, ist auch gefährlich«, erwiderte sie.

Die SS-Leute zerrten den lautstark protestierenden Amerikaner fort, quer durch die gaffende Menge. Niemand griff ein. Antonia folgte den Leuten ebenso wie der Herr, der sich als Einziger eingemischt hatte. Sie machte einen Schupo aus, der dem Treiben tatenlos zusah, und lief zu ihm.

»Unternehmen Sie doch etwas! Die vier Männer sind von der SS.«

Der Schupo blickte weg.

»Hilfe!«, schrie Antonia mehrmals, so laut sie konnte.

Die Passanten drehten sich zu ihr, die direkt neben dem tatenlosen Polizisten um Hilfe rief.

»Tun Se doch wat!«, rief ein anderer Mann.

»Is ja schon jut«, knurrte der Schupo und setzte den SS-Männern nach. »Lassen Se den Mann los!«

Bevor die vier den Befehl befolgten, drosch einer dem Schwarzen vor den Augen des Beamten in den Bauch, während die drei anderen ihn festhielten. Dann ließen sie ihn abrupt los, sodass er in den Schneematsch fiel.

Der schwarze Redner rappelte sich mühsam auf. Der Mann mit der Schiebermütze half ihm.

»Bist du verletzt, Adam?«, fragte er.

»Sie beide kennen sich?«, hakte Antonia verblüfft nach.

»Ich bin immer ein Teil des Publikums, wenn Adam redet«, erklärte der mit der Schiebermütze.

»Und weshalb greifen Sie nicht ein, wenn Ihr Freund angegriffen wird!«, rief sie aufgebracht.

»Wir prügeln uns nie. Unsere Waffe ist das Wort«, erwiderte jener, der Adam genannt worden war.

»Na, also wissen Sie! Das ehrt Sie ja, aber bei diesen Burschen wird das wohl nicht reichen!«

»Es muss reichen«, erwiderte Adam. »Die Gewalt darf nicht siegen.«

Sie gab ihm zwar im Grunde recht und sagte dennoch: »Verzeihen Sie, meine Herren, aber so, wie Sie vorgehen, das erscheint mir ziemlich naiv. Sie machen sich in einer gaffenden Menge selbst zum Opfer von Schlägern.«

»Nur dem Wort gehört die Macht«, erwiderte Adam ungerührt.

»Na dann: Guten Rutsch!« Sie wandte sich zum Gehen.

So ein hübscher Kerl, dachte sie. Hohe Wangenknochen, sinnliche Lippen, schöne weiße Zähne. Und Charme. All das könnte er verlieren, wenn er so weitermachte. Aber es war sein Leben.

»Warten Sie!« Er holte sie ein. »Darf ich Sie auf einen Kaffee einladen, Fräulein?«

»Nein, danke.«

»Weil ich schwarz bin?«

»Nein. Weil Sie ein törichter Idealist sind.« Um den man sich Sorgen machen sollte, setzte sie in Gedanken hinzu. Und ließ ihn stehen.

Wieder holte er sie ein. »Sie haben mir geholfen. Geben Sie mir die Chance, mich zu bedanken.«

Nun blieb sie stehen und sah ihm direkt in die Augen, obwohl sie wusste, wie feindselig das wirken mochte. »Ich bin jemand, der nicht darauf baut, dass ihm geholfen wird. Das sollten Sie auch. Passen Sie besser auf sich auf.« Sie zögerte nur ganz kurz, bevor sie hinzusetzte: »Es wäre schade um Sie.«

Zwischen den bunten Papiergirlanden, die sich von der Decke bis zum Parkettboden schlängelten und Kurt Vollmers geräumige Wohnung in einen albernen Dschungel verwandelten, hing das Motto des Abends: *Willkommen 1930!*

Irgendwie war Antonia bislang nicht in den Sinn gekommen, dass die Zwanziger in wenigen Stunden zu Ende gingen. Obendrein fühlte sie sich in ihrer Aufmachung unwohl. Dieser dumme, dünne Fummel! Sie ärgerte sich über sich selbst, dass sie doch das Pailletten-Kleid aus dem Billig-Kaufhaus angezogen hatte, dessen Fransen ihr kaum bis zu den Knien reichten. Wie lächerlich es war, sich als *Flapper-Girl* zu verkleiden, nur weil Silvester war. Noch dazu, wo sich in der riesigen Wohnung in der Prager Straße alle Frauen den Anschein geben wollten, *It-Girls* zu sein.

Der aus New York und Hollywood importierte Trend verschaffte vor allem Schauspielerinnen ein zusätzliches

Einkommen: Sie posierten für Modezeitschriften als Fotomodelle, wurden von Kaufhäusern teuer eingekleidet und mit Schmuck und Parfüms beschenkt, um dafür zu werben. Kurzum alles Dinge, von denen Antonia keine Ahnung hatte; sie fühlte sich wie das Mädchen vom Land, das sie im Herzen auch war. In Erinnerung an die Kargheit und Entsagungen, die sie in Afrika erlebt hatte, erschien ihr dieses Treiben geradezu zynisch. Gleichzeitig wollte sie nicht, dass man ihr anmerkte, nicht zu wissen, was gerade Mode war. Hier, wo es alle zu wissen schienen. Denn die Wilmersdorfer Wohnung von Victors Trauzeugen und Freund Kurt Vollmer war ein Treffpunkt des schicken Berlins.

Antonia war ohnehin nicht nach Leichtsinn zumute. Erst dieser Verrückte am Alex, der sich in Gefahr brachte, anschließend ein kurzer Besuch bei Sam, der trübsinnig in einer Ecke seines Käfigs gehockt hatte. Sie musste seinem Zustand bei nächster Gelegenheit noch gründlicher auf den Grund gehen.

»Sie langweilen sich!« Kurt Vollmer hatte sie entdeckt. »Wie kann ich Sie aufmuntern, Antonia?« Er reichte ihr schon mal ein Glas Champagner.

»Nein, ich langweile mich nicht, Kurt, keineswegs. Ich bin wohl nur ein langweiliger Mensch.«

»Sie scherzen! Erzählen Sie: Wie leben Sie sich in Berlin ein?« Er zwinkerte ihr zu. »Haben Sie schon in freier Wildbahn etwas erlegt?«

Sie nahm einen Schluck Champagner, missverstand absichtlich seine Anspielung darauf, dass hier zahlreiche Männer auf ein Abenteuer aus waren, und berichtete von Sam.

»So ist das also«, sagte Kurt, der Drehbuchschreiber. »Das, was wir hier machen, erscheint Ihnen wie das reinste Affentheater.«

»Ja«, sagte sie freimütig. »Alle spielen etwas. Es ist so unecht.«

Kurt Vollmer packte einen wohlbeleibten Mann im Smoking am Ärmel, um ihn aufzuhalten. »Darf ich vorstellen: Das ist Kurt. Er heißt zwar wie ich, ist aber Schauspieler. Kurt, sind wir etwa nicht echt?«

Kurt der Zweite riss seinen Mund auf. »Und der Haifisch, der hat Zähne!«, sang er und grinste.

Sie hatte das Gefühl, er war entweder betrunken oder machte sich über sie lustig.

»Das ist der *Mackie-Messer-Song*, Kurts Durchbruch«, erklärte Kurt der Erste. »Den singt er seit der Uraufführung im letzten Jahr.« Er bemerkte Antonias Unverständnis. »*Dreigroschenoper* am Schiffbauerdamm. Kennen Sie doch, davon spricht die ganze Stadt.«

Das Theater nahe der Spree, nur ein paar hundert Meter von ihrem Zuhause entfernt, war ihr sehr wohl ein Begriff. Dennoch hatte sie keine Ahnung, was die Herren Künstler bewegte, denn im Vorjahr war sie in Afrika gewesen.

Der vielgefragte Gastgeber wurde von jemand anderem mit Beschlag belegt und kam so um eine Erklärung herum. Der andere, weniger umschwärmte Kurt mochte höchstens dreißig sein, seine Korpulenz ließ ihn älter wirken, aber er strahlte eine Ruhe aus, die angesichts dieser Quirligkeit guttat.

»Was haben Sie erwartet, wenn Kurt zu einem Fest einlädt?«, fragte er.

»Das weiß ich auch nicht. Vermutlich wollte ich nur nicht allein zuhause sein.«

»Nanu? Wissen Sie, wenn ich das sagen würde, machte das Sinn. Ich bin der Typ Mann, den kein Mädchen auf seiner Bettkante sitzen haben will. Aber Sie? Sie sind zum Anbeißen!«

»Ist das ein Kompliment? Oder haben Sie Hunger?«

»Na, Sie haben ja 'ne freche Klappe!« Er streckte ihr lachend die Hand entgegen. »Ich bin Kurt Gerron. Eigentlich mache ich Kabarett, das ist der Zufluchtsort für Witzereißer, die sonst kein Mädchen kriegen.«

»Und das funktioniert?«

»Wie man sieht, nicht.«

»Das Leben ist ungerecht. Was tun Sie sonst noch dagegen, unbeweibt zu sein?«

»Ich drehe Filme.«

»Und das hilft?«

»Gerade spiele ich einen Zauberkünstler. Möglicherweise lerne ich etwas dabei.«

»Ich drücke Ihnen die Daumen.«

»Ich hab's geahnt: Es hilft nicht.«

»Sie und Kurt Vollmer arbeiten zusammen bei diesem Film?«

»Ja, *Der blaue Engel*. So heißt er. Der Regisseur war in seinem vorherigen Leben Massenmörder. In dieser Inkarnation ist er gnädiger: Er treibt nur noch alle in den Wahnsinn.« Er seufzte und leerte sein Glas. »Ich habe schon Verträge für drei weitere Filme im kommenden Jahr. Es kann nur besser werden. Die Zeiten sind dünn, jetzt braucht man Dicke. Die Leute wollen ja nicht die Hoffnung verlieren, dass alles besser wird.«

Kurt Gerron fischte zwei Gläser vom Tablett, das ein leicht bekleidetes Mädchen durch die Gäste trug.

»Prost!« Und fragte dann: »Was machen Sie, wenn Sie sich nicht auf Partys langweilen?«

»Ich bin Ärztin. Noch nicht so ganz, erst mal nur Assistenz.«

»Tatsächlich? Arzt war ich auch mal. Im Krieg. Auch nur fast. Ich hatte ein paar Semester studiert, konnte gerade mal

Ferse von Augapfel unterscheiden, da machte man mich zum Lazarettarzt. Damals war ich noch nicht so dick. Trotzdem haben mich die Kugeln immer wieder getroffen.«

»Sie waren wirklich Arzt?«

»Über so etwas Ernstes mache ich keine Scherze! Ich finde Sie wundervoll. Und kenne nicht mal Ihren Namen.«

»Antonia Thomasius.« Sie reichte ihm die Hand. »Toni.«

»Der Mann, der Sie bekommt, wird ein Glückspilz sein.«

»Und die Frau, die Sie bekommt, kann sich glücklich schätzen. Sie wird viel zu lachen haben.«

»Sie wollen das nicht sein?«

»Ich weiß noch nicht, was ich will. So eine Frau brauchen Sie ganz gewiss nicht, Kurt.«

Gerade entdeckte sie im Gewühl ihre Freundin Celia, die von einem Herren mit Beschlag belegt wurde, der seinen Arm anzüglich um ihre Taille legte.

Toni und Celia waren gemeinsam angekommen – ein Umstand, dem Antonia die zum Paillettenkleid passenden Schuhe verdankte –, hatten sich dann aber kurzzeitig aus den Augen verloren.

Celias Verehrer hatte ihre Größe, war also für einen Mann recht klein. Rein optisch machte er nicht viel her, aber aus seinen Augen sprach der Schalk. Da Antonia wusste, dass Celias Typ Mann groß und dunkelhaarig war, hatte dieser Herr trotz seiner forschen Vorgehensweise keine Chance bei ihr.

Das hatte er wohl selbst bereits erkannt, denn als er Antonia vorgestellt wurde, ging ein Strahlen über sein Gesicht: Sie gefiel ihm.

»Rühmann mein Name, Heinz Rühmann. Ich bin Schauspieler, leider ohne die großen Erfolge, die man hier erwartet. Aber ich verspreche Ihnen, ich werde berühmt.« Seine Stimme klang knarrend, ein wenig nasal.

»Dann heiraten wir, wenn Sie Ihren großen Erfolg haben«, scherzte sie.

»Eine ganz formidable Idee!«, schnarrte er. »Unsere Hochzeit wird schon sehr bald sein.«

Aus einem der anderen Räume erklang nun ein Klavier und kurz darauf die Stimme einer Sängerin, die die Melodie begleitete.

»Ich bin von Kopf bis Fuß auf Liebe eingestellt«, sang die helle Frauenstimme, unterbrach sich selbst. »Also, Fritz, was ist das denn für ein frivoler Text!«, rief sie.

»Bitte, Frieda, sing!«

»Sing, Frieda, sing!«, riefen nun mehrere Gäste.

Antonia stutzte und folgte den übermütigen Stimmen.

Zuletzt hatte Antonia ihre Kusine in den Tagen nach der Geburt erlebt – abgekämpft und apathisch. Nichts erinnerte bei diesem Wiedersehen daran. Das lange rotgoldene Haar umfloss ihr schönes, leicht sonnengebräuntes Gesicht und fiel auf ihre nackten Schultern. Sie trug ein schlichtes nachtblaues Kleid und stand gerade in einem der Salons der riesigen Wohnung neben dem Piano, an dem ein junger Mann in die Tasten griff. Gleich daneben befand sich ein fast raumhoher, noch verhüllter Gegenstand, der ein wenig bedrohlich wirkte.

Kurt Vollmer flüsterte Frieda etwas ins Ohr, sie warf den Kopf lachend in den Nacken und ließ sich von Kurt auf den Flügel heben. Da das Kleid etwas zu eng war, schob sie es einfach hoch, sodass sogar der Strumpfhalter auf ihrem nackten Oberschenkel zu sehen war. Der Pianist spielte, und Frieda sang erneut.

»Genau so muss es Marlene singen!«, rief Kurt dem Klavierspieler zu.

Antonia begriff zwar nicht, wie er das meinte, aber da die

Herren gerade kaum etwas anderes als ihren Film im Kopf hatten, lag die Vermutung nah, dass Frieda als Modell für eine Szene gedient hatte.

Frieda sprang elegant vom Flügel, und eilte auf Antonia und Celia zu.

»Da sind ja meine Leibärztinnen!«, rief sie ein wenig überdreht in die Runde. »Frau Doktor Fahrland und Frau Doktor in spe Thomasius, die obendrein meine liebste Kusine ist! Ihr hättet Toni vor ein paar Monaten sehen sollen. Sie kam direkt aus Afrika und war fast so braun wie die Eingeborenen. Und nun bist du so blass, Toni. Das müssen wir sofort ändern!«

Friedas knallrot geschminkte Lippen drückten Antonia einen Kuss auf die Wange, dessen Spuren sie sogleich verrieb. Da nun wohl ein farbliches Ungleichgewicht entstanden war, küsste Frieda Antonias andere Wange ebenfalls und wiederholte die Prozedur. Die Umstehenden lachten.

Toni nutzte die plötzliche Nähe geschickt, um Frieda aus ihrem Freundeskreis herauszuführen. »Wir haben uns Sorgen gemacht. Niemand wusste, wo du warst.«

»Ich war bei Freunden auf Capri. Wie schon während der Schwangerschaft. Sie wissen, wie sie mir helfen können.« Frieda, die nun nicht mehr im Mittelpunkt stand, machte ein ernstes Gesicht. »Es ging mir nicht so gut.«

Ein eleganter Herr legte spielerisch seine Hand um Friedas Hüfte. »Guck nicht so ernst! In einer Viertelstunde ist Mitternacht. Hast du noch Schampus?«

»Hab ich. Bis gleich!« Frieda warf ihm eine Kusshand zu.

»Seit wann bist du zurück?«, fragte Antonia. »Hättest dich doch mal melden können.«

Frieda hakte sich bei ihr ein, gemeinsam suchten die drei Frauen eine ruhigere Ecke auf.

»Ich hatte Probeaufnahmen. Kurt hatte versucht, mir zu helfen …« Ihre Augen füllten sich mit Tränen, die sie hastig wegtupfte. »Ich habe kein Talent.« Sie zwang sich zu einem Lächeln. »Hat der Regisseur gesagt und mich fortgeschickt.«

»Frieda, du hast mir noch einen Tanz versprochen!«, rief jemand.

»Versprochen ist versprochen!«, rief sie lächelnd zurück.

»Aber dein Auftritt hier beweist doch dein Talent«, sagte Antonia.

Frieda schüttelte den Kopf. »Das ist es ja. Ich spiele mein Leben. Sobald ich weiß, da ist eine Kamera … werde ich wie aus Eis. Ich kann nicht denken, nicht lachen, nichts sagen.« Sie betupfte ihre Augen. Ihr Make-up war nun restlos verschmiert. »Dumme Gefühle. Die braucht niemand.«

Der junge Mann, der zuvor Schampus angeboten hatte, gesellte sich zu den drei Frauen. Offenbar stand er Frieda näher, strich tröstend ihre Schultern. »War ein schweres Jahr, Frieda. Aber gleich beginnt ein neues.«

Der Fremde, ein Mann mit vollem dunklem Haar von Mitte dreißig, der nach viel Geld aussah, zupfte sein weißes Einstecktuch heraus, um ihre Tränen zu trocknen. Sanft lächelnd wehrte sie ihn ab.

»Erst mal muss ich mir das alte Jahr aus der Seele heulen. Sei ein lieber Junge und lass mich mit meinen Ärztinnen weinen, ja?«

Er zog sich wortlos zurück, aber sie behielt sein Tuch.

»Das ist Jonathan«, sagte Frieda. »Eines meiner Kinder hat er wahrscheinlich gezeugt.«

Das platzte so unvermittelt aus ihr heraus, dass Antonia und Celia einen erschrockenen Blick wechselten. Antonia ahnte, dass ihre Freundin dasselbe dachte wie sie: Frieda steht vor einem inneren Abgrund; sie braucht dringend Hilfe.

»Der Mann mag dich«, stellte Celia fest.

»Er schläft gern mit mir«, erwiderte Frieda knapp. »Ich bin gut darin, Männern den Kopf zu verdrehen. In irgendetwas ist schließlich jedes Lebewesen gut, nicht wahr?« Sie seufzte, nahm das auf einem Tischchen bereitstehende Glas Champagner und leerte es in einem Zug. »Und jetzt geh ich auf die Toilette, mach mich wieder hübsch und zeig dem neuen Jahr ein fröhliches Gesicht.«

Sie lächelte tatsächlich, aber mit ihrem verschmierten Make-up wirkte das so traurig, dass Antonia sie am liebsten in den Arm genommen hätte.

Aber da lief sie schon weg. »Danke, dass ihr beiden mir beim Weinen geholfen habt.«

Antonia fiel auf, dass Frieda sich mit keinem Wort nach Freystetten oder dem Wohlergehen ihrer Kinder erkundigt hatte. Durfte sie einfach ignorieren, dass ihre Kusine nach wie vor versuchte, so zu tun, als wäre das Leben ein Spiel?

»Freunde, herhören und hersehen!«, rief nun Gastgeber Vollmer.

Der Pianospieler verlieh Kurts Worten mit ein paar energisch ins Klavier gehämmerten Oktaven Nachdruck. Und nun riss der Drehbuchautor das dunkle Tuch fort von dem bislang verhüllt neben dem Piano stehenden Gegenstand. Es war eine grün gewandete Frau mit Strahlenkranz um den Kopf und einer Fackel in der Hand, die sie gen Wohnungsdecke reckte. Lautes Lachen und Beifall brandeten auf.

»Das soll wohl die Freiheitsstatue sein«, stellte Celia fest.

»Die Dreißiger werden unser Jahrzehnt, Freunde!«, rief Victors übermütiger Trauzeuge und Freund. »Jetzt geht es erst richtig los!«

Vor den Fenstern begann das Feuerwerk, es knallte unaufhörlich, bunte Lichter fluteten den Raum, alle stießen miteinander an, lagen sich in den Armen, und Kurt Vollmer drückte Antonia einen herzhaften Kuss auf die Wange.

Antonia ahnte, dass die Dinge im kommenden Jahr nicht so laufen würden, wie ihre Schwester Henny es sich wünschte. Es würde anders kommen. Das würde aber auch bedeuten, dass ihr eigenes Leben sich rascher verändern würde, als sie es sich vorgestellt hatte. Wollte sie das? Das gerade endende Jahr war schon anders als erwartet verlaufen, würde sich das im kommenden wiederholen?

Und dann wurde es ihr bewusst: Nicht nur im Kalender aller anderen Menschen, sondern ganz speziell in ihrem eigenen ging es um die Dreißiger: Sie würde die magische Marke erreichen!

Musste sie eine andere Antonia werden? Eine ernsthaftere, weniger vorlaute und eine vielleicht weniger allein durchs Leben gehende Toni? Heirat? Kinder? Weil sie dreißig würde?

Henny legte den Säugling Felix vorsichtig in sein Bett. Gerade hatte sie ihn gewogen; er hatte in einer Woche fast achtzig Gramm zugenommen – so viel wie in keiner der Wochen zuvor. Diese Erkenntnis rührte sie so sehr, dass sie sich vom Anblick des winzigen Menschen kaum lösen konnte. Denn es bedeutete, dass es richtig war, immer weiter zu hoffen. Selbst dann, wenn es danach aussah, als wäre es sinnlos.

Tante Rosel, die in manchen Nächten im Zimmer ihrer Enkel schlief, hatte gerade die kleine Felicitas zu Bett gebracht.

»Ich bleibe bei den Kindern«, sagte sie nun. »Geh du nur hinunter und feiere. Ich werde über den Schlaf der Kinder wachen. Sie sind das Geschenk dieses Jahres. Ach, der letzten Jahre. Gott hat mir gezeigt, dass er seine Hände über uns hält. Eine größere Gnade können wir nicht erfahren.«

Während Henny nachdenklich ins Erdgeschoss hinunterging, von wo fröhliche Stimmen zu hören waren, dachte sie: Vielleicht hatten ihre zwei Enkel Tante Rosels durch den Verlust der eigenen Söhne gebrochenes Herz geheilt. Und sie wünschte sich vom neuen Jahr, dass das Zerwürfnis zwischen Frieda und Rosel ebenfalls zu einem friedlichen Ende kommen würde. Oder war es dafür doch schon zu spät?

Im Korridor beendete Victor gerade ein Telefonat. Er wirkte aufgekratzt.

»Stell dir vor, unsere Frieda ist bei Kurts Party!«, sagte er. »Sie hat das Lied gesungen, das für die Dietrich komponiert wurde. Und zwar hat sie es so gesungen, dass Kurt jetzt weiß, wie es inszeniert werden muss. Ist das nicht unglaublich?«

Victor und sein Film, dieser oder der nächste! Henny erschien es oftmals so, als wäre das ein Paralleluniversum, das ihn immer wieder verschlang.

Sie beide waren erst an diesem letzten Tag des Jahres, der auf einen Dienstag fiel, wieder nach Freystetten gefahren. Henny hatte noch bis eins in der Praxis gearbeitet, und er war kurz darauf aus Neubabelsberg gekommen, wo er die beiden drehfreien Tage genutzt hatte, um das Rohmaterial des gerade entstehenden Films anzusehen. Obwohl sie beide als Paar ebenfalls von Kurt zu dessen Party eingeladen waren, wo auch Toni und Celia zu Gast waren, hatten sie sich für die Stille auf dem Land entschieden. Wegen der eigenen Kinder, wegen Friedas Kindern.

»Ich habe heute mit Sternberg gesprochen«, sagte Victor,

womit er den Regisseur des Films meinte. »Er hat mir ein Angebot gemacht, das ich eigentlich nicht ablehnen kann.«

»Magst du mir davon später erzählen, Schatz? Sieh, es ist kurz vor zwölf!«

Seite an Seite betraten sie den Salon. Vicky saß wieder mal am Klavier, ein Papierhütchen im Haar, und genoss es, unter lauter Erwachsenen der Mittelpunkt zu sein. Graf Freystetten tanzte sogar mit Hennys Mutter, was sehr ungewöhnlich war.

Was für ein bemerkenswertes Jahr doch zu Ende ging, bilanzierte Henny. Sie hatte geheiratet, ein Kind bekommen, geholfen, Frieda zur Mutter und Rosel zur Großmutter zu machen, und trotzdem war es ihr gelungen, in die Praxis zurückzukehren. Und Toni war zurück. Fast hätte sie es vergessen: die Praxis war gerettet. Und sie hatte nicht nach Amerika umziehen müssen.

»Lass uns tanzen!«

Sie flog mit ihrem Mann über das Parkett.

Um Mitternacht knallten die Korken aus den Champagnerflaschen.

Graf Freystetten rief übermütig: »Die Dreißiger werden gute Jahre! Das spüre ich! Auf die Gesundheit, auf das Leben, auf die Familie!«

Vicky stellte ihre Englischkenntnisse unter Beweis: »*Happy New Year!*«, rief sie.

Später, als Ruhe eingekehrt war, suchte Victor Hennys Nähe, indem er den Arm um ihre Hüfte legte. »Sternberg bittet mich, ihn und Marlene Dietrich nach Amerika zu begleiten.«

»Wann?«

»Im April. Kurt hat schon zugesagt.«

»Was wollt ihr dort?«, fragte Henny ratlos.

Hier war doch alles, was sie brauchten! Sie drehten einen

der ersten deutschen Tonfilme, waren davon wie berauscht. Warum damit nicht fortfahren? Hier, wo die Familie war, die Praxis, der Mittelpunkt ihres gesamten Lebens!

Und dann erinnerte sie sich an eine andere Begegnung des gerade vergangenen Jahres. Die zarte Schriftstellerin Baum, unten im Keller des Boxstudios, wie sie Seil sprang. Unermüdlich, immer weiter, wie eines der kleinen, bunt bemalten Blechspielzeuge, die über eine Kurbel an der Seite angetrieben wurden. War das Leben ebenso? Immer drehte jemand an der Kurbel, damit wir wie aufgezogen weiterzappelten?

Victor hatte sie etwas gefragt, sie war geistig abwesend gewesen.

»Und? Was sagst du dazu, Henny?«, wiederholte er. »Kalifornien im Frühling! Wie wäre das?«

DU HAST MIR MEIN LEBEN LANG GEFEHLT

— ◆ —

März 1930

Der Sarg aus dunkler Eiche wurde bei leichtem Schneefall in die Erde hinabgelassen. Es herrschte gespenstische Stille. Alle Blicke richteten sich auf das opulente Blumengebinde aus weißen Blumen, Nelken vor allem, und Ricarda spürte eine große Leere in sich.

Der Mann, von dem an diesem grauen Januar-Morgen so viele Menschen Abschied nehmen wollten, dass sie unmöglich alle auf den kleinen Friedhof in München-Bogenhausen passten, hatte einmal alles versucht, um Ricardas Leben zu zerstören. Indem er ihr ihren kleinen Sohn Georg weggenommen hatte, war ihm das fast gelungen. Er hatte es von Rechts wegen gedurft und mithilfe der Polizei durchgesetzt, und noch heute hätte er dabei das Recht auf seiner Seite gehabt, bilanzierte Ricarda bitter. Denn nach wie vor wurde alleinstehenden Müttern die Erziehungsaufgabe für ein Kind nicht zugetraut.

Das alles war so lange her, dass Ricarda keinen Groll mehr gegen ihren einstigen Schwager empfinden konnte. Dennoch war sie traurig. Nicht, weil sie Rupert Kögler vermissen würde, sondern einzig, weil sie die letzte Aussprache mit ihm nicht mehr gesucht hatte. So, wie ihr Sohn es sich bei Hennys Hochzeit gewünscht hatte: *Er möchte, dass du uns in München besuchst.*

Als Einzige aus dem Berliner Teil der Familie begleitete Henny ihre Mutter. Sie war damals dabei gewesen, als man Georg aus der Berliner Wohnung abgeholt hatte, um ihn nach München zu bringen. Weil Onkel Rupert aus ihm einen Brauerei-Erben formen wollte. Ricarda spürte den festen Griff ihrer Tochter, die inzwischen älter war als Ricarda an jenem schrecklichen Tag. Denn eines hatte Rupert bewirkt: Das Band zwischen Henny und Georg war deshalb umso enger, auch wenn die beiden sich selten sahen.

Hennys fünf Jahre jüngerer Bruder hielt sich ein wenig krumm, als er hinter seinen Söhnen und neben seiner Frau stand, das Gesicht zur Maske erstarrt. Der Älteste seiner Jungen, Berthold, war mit seinen vierzehn Jahren bereits größer als Sophie, seine Mutter. Ein verschlossener Junge, dem Großmutter Ricarda kaum ein Wort hatte entlocken können. Richard, der Zweitgeborene, hielt während der ganzen Zeremonie einen Schneeball in der Hand, den der Achtjährige in das offene Grab fallen ließ, während er mit der anderen Sand hineinwarf. Prompt bekam er von seinem großen Bruder eine rügende Kopfnuss. Es schien, als hätten die Eltern davon nichts bemerkt.

Im Trauerdefilee näherte sich nun ein Mann, der im Leben des Toten eine der wichtigsten Rollen gespielt hatte. Bernhard Althuber war einmal der engste Freund ihres ersten Mannes gewesen. Sie erkannte ihn zwar in diesem Umfeld sogleich wieder, auf der Straße wäre sie wohl an dem alten Mann vorbeigelaufen, der er geworden war.

»Schön, dich nach der langen Zeit wiederzusehen, Ricarda.« Althuber hatte die brüchig gewordene Stimme eines Mannes von Anfang achtzig. »Der Tod trennt, aber er vereint auch.«

Sie war überwältigt von dem Wiedersehen, da es mit so vielen schmerzhaften Erinnerungen verbunden war.

Bevor sie etwas erwidern konnte, sagte Althuber: »Wir müssen reden. Morgen in meiner Kanzlei.«

So viele Jahrzehnte waren vergangen, sie hatte nichts mehr mit diesen Menschen gemein. Außer der Erinnerung an schmerzhafte Zeiten. Doch für den einstigen Freund und damaligen Sozius ihres ersten Mannes schien sich auch mehr als dreißig Jahre nach dessen Tod nichts verändert zu haben.

Das große Haus an der Münchener Prinzregentenstraße hatte Henny ebenso wie ihre Mutter nie leiden können. Zwar war sie nur ein paarmal hier gewesen, wo Georg aufgewachsen war, aber sie hatte stets das Gefühl, große Schwermut laste auf der Villa, die der erste Mann ihrer Mutter zu Georgs Geburt hatte erbauen lassen. Es hieß, dass es ein Zuhause sein sollte für das junge Eheglück. Schon der behäbige Eingangsbereich mit der geschwungenen Treppe ins Obergeschoss, das viele dunkle Holz und die übrige Einrichtung hatten wohl schon von Anfang an eher das Erreichte als die Zukunft betont. Als Henny nun hier ihren Bruder sah, drängte sich ihr der Wunsch auf, ihn von diesem Ort fortzuholen und an einen glücklicheren zu entführen.

»Lass uns spaziergehen«, sagte Henny, sobald der Leichenschmaus überstanden war.

Der Verstorbene war der Großvater von Georgs Ehefrau, deshalb traf man sich hier.

»Ich kann nicht fort, Henny. Ich muss …«

»Doch, Georg, du kannst. Ich sehe dir an, wie unglücklich du bist. Sprich mit mir.«

»Was soll ich dir denn sagen, Henny?«

»Das weißt nur du, Georg.«

Er war ohnehin sehr blass, aber nun wurden seine Gesichtszüge aschfahl, während er sichtlich um seine Fassung rang. »Oh, Henny, du hast mir mein Leben lang gefehlt.«

»Du mir auch.«

Die Geschwister hatten nur wenige gemeinsame Jahre verbracht, und die gewaltsame Trennung nie verwunden.

Gerade ging Ricarda vorbei, und Henny gab ihr zu verstehen, dass sie Georg für eine Weile entführen wollte. Kurz darauf verließen sie das Haus durch einen Nebeneingang und gingen zielstrebig in Richtung Isar.

Georg, die Hände in den Manteltaschen vergraben, den Hut tief ins Gesicht gedrückt, blieb lange schweigsam. Erst, als er vermutlich meinte, weit genug von seinem Haus entfernt zu sein, blieb er stehen, holte ein Zigarettenetui aus der Brusttasche, klappte es auf, entnahm eine Zigarette, steckte sie sich an und reichte Henny das flache goldene Etui.

Für Georg, stand vorn drauf.

»Klapp es auf. Sieh, was er in den oberen Deckel eingravieren ließ.«

Von Anselm. Für immer der Deine.

Georg nahm einen Zug aus der Zigarette und blies den Rauch geräuschvoll aus. »Ich habe Anselm nicht erschossen«, sagte er mit fester Stimme.

»Was sagst du da?«

Hatte sie sich etwa verhört? Aber er, der auf sie bislang den Eindruck eines gebrochenen Mannes gemacht hatte, sah sie mit einem derart offenen Blick an, dass sie wusste: Er sagte gerade die Wahrheit. Die unglaubliche, unbegreifliche Wahrheit.

»Du warst im Gefängnis, Georg. Du wurdest verurteilt.«

Er nickte. »Das zumindest stimmt.«

Sie konnte nicht anders, als ihn impulsiv an sich zu drücken, ganz fest zu halten. Um Himmels willen, was hatte er getan! Einen Totschlag zu gestehen, Jahre im Gefängnis abzusitzen, seinen Ruf zu verlieren, von den eigenen Söhnen für einen Totschläger gehalten zu werden!

»Wer weiß davon?«, fragte sie, immer noch um ihre Fassung ringend.

»Nun, was meinst du? Wie gut kennst du diese Familie?«

Sie spürte, wie nach der ersten Fassungslosigkeit eine Welle der Empörung in ihr hochkam. »Du willst doch nicht etwa sagen: Alle wissen es? Rupert hat es gewusst? Bernhard Althuber auch? Und Sophie?«

»Die sowieso.«

Er sah an Henny vorbei. Jetzt im Winter waren die dicht stehenden Bäume des Hochufers der Isar kahl und gaben den Blick frei auf die weiter unten liegende Stadt.

»Weshalb sagst du: *sowieso?*«, fragte sie atemlos. »Wer hat deinen Freund umgebracht?«

Er warf die halb gerauchte Zigarette fort.

»Wir waren im Arbeitszimmer, Anselm und ich. Ich selbst war bis zum Morgen auf der Jagd gewesen. Und er war am Vortag aus Berlin zurückgekommen. Mein Vater hatte dort vor Jahrzehnten eine Brauerei gekauft, um die es schlecht gestanden hatte. Anselm war überzeugt gewesen, sie wieder nach vorn bringen zu können. An diesem Mittag saß er auf der Kante meines Schreibtischs und erzählte. Der Umsatz wäre gestiegen, neue Wirtschaften verkauften unser Bier. Er war so glücklich über diesen Erfolg – der seiner war. Wir lachten und freuten uns. Da kam Sophie herein. Und sie sah, wo meine Hand lag. Auf seinem Oberschenkel. Ich weiß nicht, was sie gesagt hat oder ob sie etwas gesagt hat. Es ging so schnell. Plötzlich hielt sie mein Jagdgewehr in der Hand, das ich auf den Schreibtisch gelegt hatte, um es später zu reinigen.«

Georg machte eine Pause.

»Wenn du ein Jagdgewehr in einem geschlossenen Raum abfeuerst … Der Schall hallt so laut an den Wänden wider … Das werde ich noch hören, bis ich selbst gestorben bin.«

»Mein Gott«, flüsterte Henny.

Die Tat allein war furchtbar, wie anschließend damit umgegangen worden war, wohl noch entsetzlicher. Und da musste sie wieder an jenen schrecklichen Morgen denken, an dem die Polizisten in ihre Berliner Wohnung eingedrungen waren, um Georg von ihr und Ricarda fortzuzerren. *Wie gut kennst du diese Familie?*, hatte Georg gerade gefragt, und ihre Antwort war falsch gewesen. Sie traute den Köglers alles zu.

Sie riss sich zusammen, versuchte, sachlich zu bleiben: »Weiß Mutter davon?« Und als er den Kopf schüttelte, fragte sie: »Wirst du es ihr sagen?«

»Nein, Henny. Und es tut mir leid, dass ich dir dieses Wissen aufbürde, weil nichts mehr zu ändern ist. Ich musste es dir trotzdem sagen. Es ist ein Teil meiner Geschichte und damit auch deiner, als meiner Schwester, die ich nicht belügen will. Ja, ich habe getötet, aber das war als Soldat im Krieg. Ich bin daran fast verrückt geworden. Damals half mir unsere Mutter dabei, aus meiner inneren Lähmung herauszufinden. Aber vor allem half mir Anselm. Wir liebten uns, wir waren Seelenfreunde.«

Sein Blick ging ins Leere.

»Seltsam. Nach dem Schuss fiel er in meine Richtung. Ich fing ihn auf, und wir stürzten gemeinsam zu Boden.«

Wieder machte er eine Pause.

»Wahrscheinlich wollte Sophie Anselm nicht erschießen. Ich habe sie nie gefragt. Sie wollte vielleicht nur einen Schuss abgeben, ihrem Ärger Luft machen. Sie traf genau Anselms Schlagader. Er verblutete in Minutenschnelle. All sein Blut auf mir. Sophie stand reglos da, aber ich wusste genau, was zu tun war. Ich bin kein Opfer ihrer Tat. Es ist wichtig, dass du das weißt.«

»Wie meinst du das?«

»Ich bin Jurist. Ich wurde darin geschult, die pure Logik als Maxime jeder Argumentation zu benutzen. Das heißt: Auch das Gegenteil einer Tatsache ist so lange wahr, bis das Gegenteil bewiesen ist. Mir war sofort klar: Für ihre Tat würde Sophie extrem hart bestraft werden. Mord aus Leidenschaft, darauf steht die Höchststrafe. Gut, Frauen werden selten hingerichtet. Aber für jeden der Buben wäre eine lebenslänglich einsitzende Mutter genau das gewesen. Auch sie wären in gewisser Weise zu lebenslanger Haft verurteilt gewesen: Söhne einer Mörderin. Das musste ich verhindern. Und das tat ich.«

Henny hatte Zweifel. Drehte er die Dinge zurecht, um in ihren Augen als Herr der Lage zu erscheinen? »Du warst fähig, als Anselm gerade verblutet war, alles zu arrangieren? Es so aussehen zu lassen, als wäre es ein Unfall gewesen?«

»Ja.« Er hob die Schultern. Als wäre ihm seine Kaltblütigkeit noch im Nachhinein unerklärlich. »Ich hatte schließlich vorgehabt, das Gewehr zu reinigen, darum lag es griffbereit. Das machte ich immer so. Anschließend verschloss ich es in dem Wandschrank schräg hinter meinem Schreibtisch. Es war somit keine besondere intellektuelle Leistung, im Nachhinein einen Unfall so zu fingieren, wie er hätte geschehen können.«

Wie fremd er ihr in diesem Moment war!

»Dazu wäre ich nicht fähig gewesen«, sagte sie.

»Natürlich nicht.« Er lächelte müde. »Meinst du, ich hätte das von mir erwartet?«

»Und Sophie? Was war mit ihr? Sie muss sich doch zu Tode erschrocken haben.«

»Nein, keineswegs, sie war ebenso ruhig wie ich. Der Schock, vermute ich. Ich nahm ihr das Gewehr aus der Hand und sagte: ›Wir müssen jetzt vor allem an die Buben denken. Geh hinauf in dein Zimmer, komm herunter, wenn du die Angestellten kreischen hörst. Und merke dir: Du hast nicht geschossen.‹«

Georg machte eine Pause, in der sie spürte, wie gut es ihm tat, sich das Erlebte von der Seele zu reden. Aber sie wühlte der Bericht auf.

»Warst du nicht voller Zorn? Sie tötete einen Menschen, an dem du hingst! Wie konntest du so beherrscht vorgehen?«

»Das habe ich mich später auch gefragt, Henny. Oft habe ich mich das gefragt. Ich denke, es hing mit meiner Kindheit zusammen. Als man mich von dir und Henny trennte. Wohl eher instinktiv war mir klar: Wenn ich jetzt einen Fehler mache, verliere ich sie beide – Anselm und Sophie. Den einen an den Tod, sie ans Gefängnis. Und dann die Buben …«

»Dein Plan ging auf.«

»Ja. Ich schob Sophie durch den Hinterausgang meines Arbeitszimmers hinaus. Und dann kam eines der Mädchen herein. Vor Gericht war sie zum Glück eine miserable Zeugin der Anklage. Sie konnte sich nicht einmal daran erinnern, dass ich es zum Zeitpunkt ihres Eintretens noch nicht geschafft hatte, irgendwelche Vorbereitungen zum Reinigen des Gewehrs getroffen zu haben.«

Schweigend gingen sie, eingesponnen in ihre unterschiedlichen Empfindungen, den Hochuferweg entlang.

»Du siehst deine Frau jeden Tag. Den Menschen, der dir einen anderen nahm. Für den du alles aufgegeben hast. Wie hältst du das aus, Georg?«

»Anselm, Sophie und ich, das war eine *Ménage-à-trois*,

eine Gemeinschaft dreier Menschen. Ich dachte, sie hätte sich damit abgefunden. Im Gegensatz übrigens zu Anselm, der darunter litt, aber einsah, dass es nicht anders ging.«

Henny umfasste seine Schultern, als wollte sie ihn schütteln. »Die Tat zeigte, dass eure Ehe zu dritt nicht möglich war. Und da nahmst du die Schuld auf dich. Wie ein reuiger Sünder das tut.«

»Ich würde es anders formulieren: Ich stand für meine Verantwortung an dem Unglück ein.«

»Um das Seelenwohl deiner Jungen zu retten. Aber niemand hat dich vor dir selbst beschützt. Vor allem nicht deine Familie hier.«

»Liebe Henny, große Schwester, versteh doch, weshalb ich dir das alles erzähle: Ich musste nicht beschützt werden. Ich war derjenige, der beschützte. Onkel Rupert und unser Anwalt Bernhard waren dabei meine Werkzeuge. Sie haben gute Arbeit geleistet.«

»Hast du denn nie in Erwägung gezogen, dich von Sophie scheiden zu lassen?«

Er schüttelte energisch den Kopf. »Das kam für mich nie infrage. Ich habe meine Mutter verloren, als ich ein kleiner Junge war. Das weiß niemand besser als du, Henny! Ich musste verhindern, dass meinen Söhnen dasselbe widerfährt. In ihrem Fall wäre es ja noch schlimmer gekommen: Ihr Vater hätte sich von ihrer Mutter getrennt, weil sie gemordet hat.«

Stattdessen lebt ihr gemeinsam weiter mit der Lüge. Das sagte Henny jedoch nicht, denn das wusste er selbst am besten. Aber war ihm auch bewusst, dass es so aussah, als erstickte er daran?

Stattdessen fragte sie: »Wie geht Sophie mit der jetzigen Situation um?« Die Schuldgefühle, die sie plagten, mussten doch wie ein täglicher Albtraum sein.

»Einer der Gründe, weshalb ich dir die Wahrheit gesagt habe, ist: Versuche, mit Sophie zu sprechen. Bitte, Henny. Ich weiß niemanden sonst, den sowohl ich als auch sie ins Vertrauen ziehen können. Sophie braucht Hilfe, aber sie lässt niemanden an sich heran.« Georg atmete schwer. »Wir müssen die Vergangenheit hinter uns lassen.«

»Ich fände es richtig, wenn du unsere Mutter ebenfalls in das Geschehene einweihst, Georg. Sie verdient es, die Wahrheit zu wissen.«

»Wird sie verstehen, was ich getan habe?«

»Du musst ihr die Chance dazu geben.«

Er entzündete eine weitere Zigarette und klappte das goldene Etui zu. Für einem flüchtigen Kuss führte er es kurz an seine Lippen, und Henny erwartete, dass er es in die Brusttasche seines Anzugs zurückstecken würde. Doch er warf es mit derselben Bewegung, ohne das kleinste Zögern, in hohem Bogen den Hang hinunter. Henny erschrak darüber derart, dass sie zusammenzuckte.

»Warum tust du das?«

»Ich habe gerade das letzte Geheimnis, das mich mit Anselm verband, preisgegeben. Nun kann ich anfangen, loszulassen. Es geht nicht anders. Verstehst du das?«

Den Weg zu Althubers Kanzlei fand Ricarda auch nach Jahren im Schlaf, war es doch dieselbe Adresse, wo ihr erster Mann seine Büroräume gehabt hatte. Es war zwar nicht mehr dieselbe Sekretärin, die öffnete, aber sie wirkte wie die Angestellte von damals, die jede persönliche Eigenständigkeit beim Betreten ihres Arbeitsplatzes abgelegt hatte. Ihr Gastgeber saß hinter einem schweren Schreibtisch, der in Bernhard Althubers jungen Jahren dazu hatte beitragen sollen, seine Autorität größer wirken zu lassen, und der den

Greis, der nun dahinter saß, gebrechlich erscheinen ließ. Den Vergleich zwischen gestern und heute wird auch er wohl gerade auf mich anwenden, vermutete Ricarda.

»Hier hat sich nicht viel verändert in all den Jahren«, begann sie versöhnlich, obwohl sie in diesem Raum viele unangenehme Gespräche hatte führen müssen. Oft war sie von Althuber wie eine Bittstellerin behandelt worden.

»Darf ich dir Tee bringen lassen?«

Erst jetzt bemerkte Ricarda, dass die Sekretärin noch wartete. Sie wandte sich ihr zu, um dankend abzulehnen.

»Worüber möchtest du mit mir sprechen?«

»Ruperts letztem Willen zufolge erbt Georg die Aktienmehrheit aller Unternehmungen der Familie Kögler. Das wird er dir bereits gesagt haben?«

»Nein, das hat er nicht. Aber es freut mich sehr, dass Rupert in Georg einen würdigen Nachfolger sieht.«

Sie war tatsächlich erstaunt. Da Georg im Gefängnis gewesen war, hatte sie nicht erwartet, dass Rupert ihn so großzügig bedenken würde. Sie freute sich über die Maßen für ihn, weil Georg sein bereits begonnenes Medizinstudium abgebrochen und sich für Jura entschieden hatte, um seinem Vater als Firmenchef zu folgen.

Der alte Anwalt knetete seine Hände, als fiele es ihm schwer, das Folgende zu sagen: »Rupert quälte dir gegenüber ein schlechtes Gewissen.«

Er räusperte sich, führte aber nicht aus, worauf er sich bezog. Sie wussten es alle beide: Althuber hatte damals Rupert beigestanden, als der darauf bestanden hatte, dass Georg seiner Mutter weggenommen wurde.

»Kurzum: Rupert hat dir ein stattliches Aktienpaket der Brauerei vererbt. Er macht dich damit zu einer reichen Frau, Ricarda.«

Sie sah die Gönnermiene des alten Advokaten. Als hätte

sie ihm zu danken. Aber dieser Mann hatte ihr ebenso wie der Verblichene nur Steine in den Weg gelegt. Sie konnte sich nicht freuen. Ein Aktienpaket – wie abstrakt das war als Wiedergutmachung für das erlittene Unrecht!

Vermutlich war sie nun reich. Was bedeutete das schon? Sie war vor wenigen Tagen siebenundsechzig geworden. Ihre Miete betrug fünfundsiebzig Mark, sie und Siegfried hatten netto siebenhundert Mark Einkommen, das war viel Geld. Doch selbst das relativierte sich, wenn sie an ihr Leben dachte. So oft war ihr der Tod begegnet, und kein Geld der Welt hätte dessen Sieg aufhalten können. Welchen Unterschied machte der Besitz von Brauerei-Aktien so spät in ihrem Leben aus? Sie dachte kurz nach: Hatte sie je eine Aktie in Händen gehalten? Ihr fiel keine Situation ein.

Sie kehrte zurück zu dem Haus, das ihr erster Mann Georg einst für sie gebaut, sie nie gemocht und von dem sie dennoch irgendwann verstanden hatte, warum es überdimensioniert sein musste. Weil Georgs Welt so war, wie ihre es eben nicht war. Sie hatte immer nur Ärztin sein wollen. Geld machte vieles leichter, gewiss, aber sie wollte ihm einen Sinn geben.

Das Haus ihres Bruders war zwar unübersichtlich groß, hatte jedoch einen großen Vorteil, wie Henny fand. Um sich mit Leonhard zum Stillen in einen ruhigen Winkel zurückzuziehen, bot es zahlreiche Möglichkeiten. Gerade hatte sie den kleinen Innenhof entdeckt, dessen Brunnen zwar stillstand, der aber ein wahrer Zufluchtsort war. Der Blick auf das trinkende Kind ließ sie, egal, wie aufgewühlt sie gerade war, stets zu innerer Ruhe finden.

»Oh, verzeih! Ich wollte nicht stören.«

Es war Sophie, die offenbar dasselbe Bedürfnis nach

Ruhe an diesen vor der spätwinterlichen Kälte geschützten Ort geführt hatte. Ihre Schwägerin war zwei Jahre jünger als Henny, wirkte jedoch höchstens wie Ende zwanzig. Eine zierliche Person mit einem hübschen Gesicht, das blonde Haar zu einem sorgfältigen Knoten gebunden.

»Bitte, komm. Es ist schön, wenn wir endlich mal in Ruhe miteinander sprechen können. Wir kennen uns leider kaum.«

Unvorbereitet in diese Aussprache zu geraten, nachdem Georg ihr gerade die Wahrheit gestanden hatte, erforderte Hennys Fingerspitzengefühl. Denn es war wohl nicht ratsam, von dem Gespräch zu berichten.

»Nimm doch bitte Platz«, bat Henny.

»Ich weiß alles über dich. Du bist eine respektierte Ärztin, hast in New York gelebt. Ich bin ein Niemand. Nur die Enkelin eines reichen Brauers. Nichts habe ich vorzuweisen. Und du wirst wieder ins strahlende Berlin fahren. Uns alle vergessen. Außer jemand stirbt, wird beerdigt. Oder so etwas.«

Sophie sprach schnell, mit gedämpfter Stimme. Gesetzt hatte sie sich auch noch nicht, sondern ging herum, den Blick fast immer zu Boden gerichtet, nur gelegentlich guckte sie auf, scheu, wie auf der Flucht. Sie hielt sich nicht gerade, fiel Henny dabei auf, eine Schulter zog sie hoch, als lasteten Gewichte auf der anderen.

»Ja, wahrscheinlich wird es so sein«, räumte Henny ein. »Wir sind dennoch miteinander verbunden durch einen Menschen, der uns beiden angehört. Wir vergessen einander nicht.«

»Dir mag Georg angehören, mir nicht.«

»Ihr seid eine Familie, habt zwei Jungs. Oh, verzeih, hier sagt man: Buben.«

»Ich weiß schon, was du meinst.« Ein leichtes Lächeln

huschte über Sophies Züge und zeigte die Andeutung zweier Wangengrübchen.

»Du kannst sehr stolz auf deine Buben sein. Sie sind wohlgeraten.«

»Danke, Henny. Ja, sie sind wunderbar. Du hast auch einen kleinen Jungen. Leonhard. So ein schöner Name. Voller Kraft.«

Das Stillen war beendet, Henny legte sich das Kind auf die Schulter, klopfte zart seinen Rücken.

»Berthold und Richard – das gefällt mir auch sehr gut.«

»Ich hätte gern ein Mädchen gehabt. Eine Annemarie.« Sophie lächelte leicht verklärt und wurde sofort wieder ernst.

»Dafür ist es nicht zu spät, Sophie.«

»Doch, schon lange.«

»Das muss nicht so sein. Georg wäre nicht hier, wenn er dich nicht lieben würde.«

Sophie kaute an ihren Fingern, legte die Hand abrupt in den Schoß, als wäre sie dafür gerügt worden. »Hat Georg es dir gesagt?«

Henny ahnte, was gemeint war, aber sie blieb auf der Hut. Durch das Thema Kinder war eine zerbrechliche Gemeinsamkeit aufgebaut worden. »Sollte ich es wissen?«

»Georg ist an meiner Stelle ins Gefängnis gegangen.«

»Und jetzt klagst du dich jeden Tag selbst an. Hast du jemals mit jemandem über das gesprochen, was geschehen ist?«

Sophie schüttelte den Kopf. »Georg hat alles geregelt. Von Anfang an. Es war, als ob ich gar nicht in dem Zimmer gewesen wäre, als der Schuss fiel.«

»Du hast auch nie mit deinem Großvater oder Bernhard Althuber darüber gesprochen?«

»Wenn ich es versucht habe, haben sie das Thema gewechselt.«

Obwohl Henny der Ansicht war, dass Sophie die Konsequenzen ihres Handelns nicht erspart bleiben durften, überflutete sie eine Welle des Mitgefühls. Wie viel Einsamkeit war in der zarten Person! So eine schreckliche Tat, und niemand war da, der den Schmerz mit ihr teilte, ihre Verzweiflung. Das mutete wie eine viel schlimmere Strafe an als ein Prozess, bei dem ihr die Möglichkeit gewährt worden wäre, Stellung zu beziehen.

»Sie wollten dich behüten«, sagte Henny. »Ich nehme an, sie meinten es gut.«

»Ich weiß, so wird es wohl gewesen sein. Aber ich habe den Blick meines Großvaters gesehen. Am Tag danach. So kalt war er. Dennoch …« Sie brach ab. »Ich sollte das nicht sagen.«

»Was denn, Sophie? Sprich mit mir.«

»Ich hatte gelauscht. Georg und Großvater. ›Alle deine Fehler sind dir vergeben für das, was du für meine Enkelin tust.‹ Das hat Großvater gesagt.«

Das klang, als wäre es ein Geschäft gewesen. Sophie sah es wohl auch so, weil man sich in ihrer Familie stets berechnend verhalten hatte.

Aber Georgs Version war eine andere, eine, die von Verantwortung erzählte. Gleichzeitig erinnerte sich Henny daran, dass Georgs Beziehung zu seinem Sekretär von der Familie missbilligt worden war. Als seine Schwester hatte sie immer nur sein Wohl im Auge gehabt und sich nie gefragt, wie Sophie damit umgehen mochte. Zwischenzeitlich hatte Georg einen Ausweg gefunden: Er hatte sich von seiner Familie befreit, indem er die von seinem Vater geerbten Firmenanteile an Rupert verkauft hatte. Als der Unfall geschah, war er ein normaler Angestellter. Jetzt, nach dem

Tod von Rupert, war ihm alles zugefallen. Vorausgesehen konnte er das nicht haben.

Und er warf sein goldenes Etui fort, als wäre es aus Blech, und nicht von seinem verstorbenen Geliebten. Sie sah Sophies trauriges Gesicht.

»Ich möchte dir etwas von mir erzählen«, sagte Henny. »Mein Mann und ich hatten uns scheiden lassen, weil wir meinten, unsere Liebe verloren zu haben. Er kam zu mir zurück, und ich nahm ihn wieder auf. Es war die beste Entscheidung, die ich treffen konnte. Leo ist der Beweis. Victor wurde ein anderer Mann«, sagte Henny und dachte kurz daran, dass er in wenigen Wochen nach Amerika aufbrechen würde. »Zumindest weitgehend. Ganz neu bekommt man einen Menschen nicht zurück, wenn er einmal fort war. Aber ich weiß, dass Georg dich liebt und braucht.«

Sophie nickte schweigend, aber sie sagte kein Wort.

Vielleicht, dachte Henny, war es für sie kein Beweis seiner Liebe gewesen, dass Georg für sie ins Gefängnis gegangen war. Für sie wäre es wohl eher einer gewesen, wenn er auf Anselm verzichtet hätte. Möglicherweise spürte Sophie nichts davon, was Henny in der Geste mit dem Etui sah – Georgs Willen zu einem Neubeginn.

Kurz darauf kam eines der Mädchen und bat Sophie um etwas, woraufhin sie ging. Jetzt bemerkte Henny bewusst, dass sie sich schief hielt. Das war ihr zwar schon früher aufgefallen, aber sie hatte es für Zufall gehalten. Es sah aus, als hätte sie Rückenschmerzen, die sie durch die Fehlhaltung vermeiden wollte.

Am Abend saß Sophie im sogenannten Nähzimmer, einem kleinen Raum neben ihrem Schlafzimmer; die Eheleute Kögler schliefen getrennt. Die Tür war angelehnt, Henny klopfte.

»Darf ich dich stören?«

»Du störst nicht, Henny. Komm nur rein.«

Ihre Schwägerin war umgeben von Nähkästchen, Wolle, Kleidungsstücken. Es sah aus wie in einer Werkstatt, und Henny konnte sich des Gedankens nicht erwehren, wie seltsam ihr das erschien. Sophie war in Reichtum aufgewachsen, ihr Haus das einer Millionärin, sie hätte sich Näherinnen leisten können. Aber sie sparte sogar am Licht. Nur zwei kleine Stehlampen spendeten Helligkeit. Ihre Schwägerin hatte sich zwar eine Aufgabe gesucht und auch gefunden, aber sie wollte dabei keine Kosten verursachen.

»Ärzten sagt man allgemein nach, dass sie überall Krankheiten sehen, nicht wahr?«, begann Henny. »Ich möchte dir nicht zu nahetreten. Aber ich glaube, du hast sehr starke Schmerzen. Irre ich mich?«

Sophies Gesicht wirkte leicht verhärmt, und nun entglitt ihre Miene.

»Ich habe Schuld auf mich geladen«, antwortete sie schluchzend. »Dafür muss ich diese Schmerzen ertragen. Es ist meine Art, Buße zu tun.«

»Nein«, widersprach Henny impulsiv, »das musst du nicht. Selbst Georg geht nicht davon aus, dass du jemandem schaden wolltest. Es war Pech, Sophie, dass das geschah, und es hat nichts damit zu tun, dass du Schmerzen hast.«

»Das weißt du nicht, Henny.«

»Dann gib mir die Möglichkeit, dich zu untersuchen.«

Langsam legte Sophie ihre Nadeln zur Seite, räumte die Stoffe von ihrem Schoß. Henny schloss die Tür, schaltete die Deckenbeleuchtung ein, zog die Vorhänge zu. Dann klopfte sie den Rücken ihrer Schwägerin gründlich ab, fragte, wo der Schmerz am stärksten wäre. Sie hatte keine Arzttasche und auch sonst nichts dabei, das jetzt nützlich gewesen wäre. Nur ihre Hände, die dem Spiel der Muskeln folgten, die Unebenheit der Haut ertasteten, studierte die Bewegung des Körpers mit den Augen. Sie legte ein Ohr auf ihren Rücken, bat sie zu husten und war sich beinahe sicher, dass es nicht die Lunge war, die Probleme machte. Der Grund war ein anderer.

Sie setzte ein gelöstes Lächeln auf. »Ich werde dich zu einem Arzt hier in München begleiten«, sagte sie. »Wir werden dich richtig untersuchen.«

»Hast du eine Vermutung, woher die Schmerzen rühren?«

»Gute Ärzte sollten nicht sagen, was sie vermuten. Sie finden heraus, ob sie richtig liegen.« Henny sah die Angst in den Augen ihres Gegenübers. »Mach dich nicht verrückt«, sagte sie. »Ich kümmere mich um dich.«

Sophie umarmte sie. Und Henny spürte, dass der menschliche Beistand, den sie anbot, mindestens so wichtig war wie ihre ärztliche Expertise. Zumindest für den Augenblick. Jetzt kam es darauf an, die ohnehin verunsicherte Familie ihres Bruders nicht noch weiter zu beunruhigen.

Am liebsten hätte Henny ihre Schwägerin mit nach Berlin genommen, um Sophie in ihrer eigenen Praxis untersuchen und mit ihren Mitteln helfen zu können. Sie aus ihrem Zuhause mitzunehmen, kam jedoch nicht infrage, die Familie war ohnehin leidgeprüft. So saß sie zwei Tage später mit ihr im Wartezimmer von Professor Lange, der in München einen guten Ruf als Orthopäde genoss. Als Ehefrau des Brauereibesitzers Kögler hatte Sophie rasch diesen Termin im Klinikum rechts der Isar bekommen, das sich in der Nähe der Villa Kögler befand. Der Stadtteil Haidhausen erinnerte Henny ein wenig an Friedrichshain, die Gegend war ärmlich, dem Krankenhaus schienen die Mittel zu fehlen.

Während der Kollege, der auf die Sechzig zuging, Sophie untersuchte, blieb Henny stumm im Hintergrund. Sie stellte sich nicht als Ärztin mit eigener Praxis aus einer der wohlhabendsten Gegenden von Berlin vor. Der renommierte Kollege sollte nicht das Gefühl haben, sich in einer Konkurrenzsituation zu befinden. Wie viel Geld zur Verfügung stand, war schon immer entscheidend über den Ausgang einer Therapie gewesen.

»Eine Muskelverspannung, gnädige Frau. Ich empfehle Massagen und viel Bewegung«, lautete sein Fazit.

Eine Röntgenuntersuchung, die Henny für ratsam hielt, schlug er nicht vor. Also fragte sie, ob das nicht angebracht wäre.

»Nein, keineswegs«, wehrte der Kollege ab.

»Meine Schwägerin klagt auch über gelegentliche Taubheit im Arm«, sagte Henny.

»Das wird vergehen.«

»Wir bestehen auf einer radiologischen Untersuchung«, beharrte Henny.

»Sie können bestehen, auf was Sie wollen, gnädige Frau. Die Entscheidung liegt bei mir.«

»Der Herr Professor wird recht haben.« Sophie packte Henny am Ärmel. »Ich werde mich massieren lassen.«

»Warte bitte kurz draußen, Sophie. Ich brauche noch ein paar Minuten mit dem Professor.«

Es war ihr zwar unangenehm, Sophie fortzuschicken. Andererseits wollte sie ihr mit einer nicht überprüften Diagnose keine Angst machen. Sobald sie mit dem Kollegen allein war, gab sie sich zu erkennen, indem sie von ihrer Praxis in Berlin erzählte und von ihren beruflichen Stationen in New York und an der Charité.

»Verstehen Sie mich nicht falsch, Herr Kollege. Nur, weil ich mich auf Krebsgeschwulste spezialisiert habe, möchte ich Ihnen nicht sagen, was Sie tun sollten. Und Sie sollen auch nicht denken, dass ich stets das Schlimmste vermute. Aber wenn Sie über ein entsprechendes Gerät verfügen, dann sollten Sie alle Zweifel ausräumen und den Thorax der Patientin röntgen.«

»Ich bedaure«, sagte der Kollege. »Unserem Krankenhaus fehlen die Mittel, um einen Apparat anzuschaffen, wie Sie ihn wohl bei sich stehen haben.«

Henny war schockiert. Ihren Berliner Patienten standen mehr Möglichkeiten offen als den Patienten dieses Krankenhauses!

Es war lange her, dass Ricarda die Muße gehabt hatte, einfach so durch die Stadt zu schlendern, ohne ein wirkliches Ziel, das für sie der Besuch eines Patienten, einer Behörde oder gar der Einkauf war. Womit das Beschaffen von Lebensmitteln gemeint gewesen wäre und nicht der Schaufensterbummel, um mit einer Bluse, einem Rock, einem Mantel heimzukehren. Solche Vergnügungen bedeuteten ihr nichts. Wenn sie etwas Neues zum Anziehen brauchte, dann, weil das Alte verschlissen war. Das beurteilte sie zumeist nicht selbst, sondern überließ es der Näherin gleich um die Ecke ihres Zuhauses. Wenn die sagte: »Da is nix mehr zu flicken, Frau Doktor«, dann kaufte Ricarda etwas Neues. Entsprechend kam es auch nie vor, dass sie mit Henny zum Bummeln ging, von einem schönen Geschäft zum nächsten zog.

Insofern war heute ein besonderer Tag. Was auch daran lag, dass es in München keine Patienten und Behörden gab, zu denen sie eilen konnte. Ursprünglich hatten Mutter und Tochter nur einen kurzen Besuch in München eingeplant und dafür schwarze Winterkleidung eingepackt, aber gerade wurde es frühlingshaft warm. Nun fehlte es ihnen an

Wechselgarderobe. Erst für den Folgetag hatte Sophie einen Termin bei einer Schwabinger Privatklinik bekommen.

»Nun sei mal nicht so vorsichtig mit deinem Geld, Mutter. Ein Übergangsmantel wird schon drin sein«, sagte Henny. »Wir beide wissen zwar nicht, was deine Aktien wert sind …«

»Ach, was können die schon wert sein, Henny. Man liest es doch überall in der Zeitung. Alle Aktien haben stark an Wert verloren. Habe ich dir eigentlich von Josefines Eltern erzählt? Der Vater war doch so vermögend, alles steckte in Aktien. Millionen sind futsch.«

Die Eltern von Ricardas Sprechstundenhilfe waren so reich, dass sie ein mehrstöckiges Haus am Kurfürstendamm besaßen, auf dessen Fassade der Familienname prangte.

»Das ist etwas anderes, Mutter«, widersprach Henny. »Bier wird immer getrunken. Das ist wie Wasser. Ohne können die Menschen nicht leben. Was ich dir sagen will: Deine zehn Prozent Anteil machen dich zu einer reichen Frau. Kauf dir etwas Schönes zum Anziehen.«

»Ach, Henny, wozu denn? Ich bin eine alte Frau.«

»Wenn ich eine alte Frau sein werde, werde ich immer noch gut aussehen wollen.«

Ricarda schob den Kinderwagen, während Henny gerade vor einem Schaufester stehen blieb. Ihr Blick fiel auf die alte Frau, die neben dem Abbild ihrer hübschen Tochter stand und wie das Kindermädchen wirkte. Sie ruckelte an ihrem Hut, straffte die Schultern, richtete sich auf.

»Lasse ich mich gehen?«, fragte sie.

Ihre Tochter blickte sie lächelnd an. »Ich habe dich zu lieb, um dir darauf eine ehrliche Antwort zu geben.«

»So schlimm?«, fragte Ricarda und setzte hinzu: »Das hättest du mir vielleicht mal früher sagen können. Ich muss doch vernünftig aussehen.«

Noch aus der Ferne, aber allmählich näherkommend, war das Geräusch von marschierenden Männern zu hören. Sie hielten direkt auf Ricarda, Henny und den Kinderwagen zu. Man sah diese Männer auch gelegentlich in Berlin, aber in München kam es Ricarda so vor, als gehörten die Marschierer zum Straßenbild. In der einen Stunde, in der sie durch München flanierten, war dies die dritte Gruppe der sogenannten *Sturmabteilung*, die ihnen begegnete. Ricarda hatte nichts gegen Soldaten, war sie doch selbst mit einem Sanitätsoffizier verheiratet. Aber diese Männer mit den braunen Hemden taten nur so, als wären sie Soldaten. Sie beanspruchten eine Macht, die sie durch ihr martialisches Auftreten erzwangen; die Leute wichen unweigerlich vor ihnen zurück.

Eilig schob Ricarda den Kinderwagen in den Eingang des Kaufhauses, vor dessen Fenstern sie gerade standen. Ihre Tochter manövrierte sie zur Abteilung für Damenkonfektion.

»Sie haben sogar schon Frühlingshaftes.«

Henny bewunderte ein bunt geblümtes Kleid.

»Es kann sein, dass ich im Sommer Victor nach Kalifornien folgen werde«, sagte sie wie nebenbei.

Ricardas geringes Interesse an ihrem eigenen Einkauf drohte zu versiegen. Demnächst wären Henny und ihre Familie fort? Hatte es nicht geheißen, dieser Hotel-Film wäre ins Jahr 1931 verschoben?

»Henny, muss das sein? Leo ist so klein. Ich weiß doch, wie es ist, mit Kindern zu reisen. Das tut ihnen nicht gut.« Es war das erste Argument von vielen, das ihr in den Sinn kam.

»Ist ja noch eine Weile hin, Mutter«, schwächte Henny ab. »Ich muss das alles noch mit Celia und Toni absprechen.« Henny reichte der sie bedienenden Verkäuferin das

Frühlingskleid zurück. »Und mit dir. Ich wollte dich fragen, ob du … also falls ich …«

Ricarda sah ihr eigenes Gesicht in einem der vielen Ankleidespiegel. So deutlich merkte man ihr die Ablehnung an! Sie bemühte sich, den negativen Eindruck fortzulächeln, den sie gerade machte.

»Wir kaufen jetzt Garderobe«, verkündete sie entschlossen. »Und wälzen keine Probleme. Anschließend will ich in ein Kaffeehaus gehen.«

Aber sie wusste natürlich, was Henny hatte wissen wollen: Ob sie an Celias Seite wieder in der luxuriösen Praxis in der Behrenstraße arbeiten würde. Zumindest so lange, bis Antonias Zeit als Assistenzärztin in der Charité zu Ende wäre. Jedoch war ihr während des Gesprächs über die Aktien ein Gedanke gekommen. Keine große, hochfliegende Idee, nur eine ganz kleine, eher so etwas wie ein Stück blauer Himmel, während ringsum alles voller Regenwolken war.

Sie verließen das Kaufhaus, dessen Namen *Oberpollinger* Ricarda erst jetzt wahrnahm, und der Himmel war tatsächlich blau. Die Menschen eilten, Pferdefuhrwerke und Autos lärmten, die Straßenbahn bimmelte. Hier, so nahe am Karlsplatz, war es längst nicht so turbulent wie daheim am Alexanderplatz, doch im Gegensatz zur übrigen Stadt war sie beinahe großstädtisch. In manchen Gegenden verströmte München etwas Ländliches, Gemütliches, und das mochte Ricarda, weil sie auf dem Dorf aufgewachsen war. Und da spürte sie erstmals, dass ihre flüchtige Idee etwas sehr Großes in sich barg. Es gehörte ihr, aber sie hatte es sich nie genommen. Ihr ganzes Leben lang nicht.

Die kleine Klinik lag nahe dem Englischen Garten in einer schmalen, idyllisch wirkenden Seitenstraße des Stadtteils Schwabing. Henny hatte beim Anblick des Krankenhauses

Zweifel, ob man ausgerechnet hier über die Apparate verfügte, die notwendig waren, um Sophie angemessen zu untersuchen. Aber der Kollege Dehmer, dessen Familie die Privatklinik in dritter Generation gehörte, hatte wie Henny das moderne Röntgengerät der Firma *General Electric* erst kürzlich angeschafft. Da Ricarda in der Zwischenzeit mit Leo im nahen Park spazieren ging, wollte auch Sophie nicht auf die Entwicklung der Bilder warten.

Henny nutzte die Gelegenheit zur Fachsimpelei mit dem Kollegen, um Vertrauen aufzubauen. Schließlich würde sie zurück nach Berlin müssen und wollte Sophie in kompetenten Händen wissen. Kurz darauf betrachteten die zwei Ärzte die Röntgenaufnahmen. Henny hatte Derartiges bereits einige Male gesehen, und es hatte nie etwas Gutes zu bedeuten gehabt. Die Schatten, die große und kleine Tumore waren, saßen an mehreren Stellen. Sophie war jung, der Krebs entsprechend aggressiv.

»Ich hatte wie Sie einen ähnlichen Fall in der Verwandtschaft«, sagte der Kollege. »Das ist immer am schlimmsten. Wir können uns nicht auf die fachliche Ebene allein zurückziehen.«

»Wie viel Erfolg verspricht eine Operation?«, fragte Henny.

»Hier an der Wirbelsäule können wir der Patientin eine gewisse Linderung verschaffen. Aber Sie sehen selbst, dass die Wucherungen weitergehen.«

»Sie müssen bestrahlen, Herr Kollege. Vielleicht ist es nicht zu spät.«

»Gewiss, ja. Das werden wir.«

Gerade, weil Henny mit Leo und ihrer Mutter nun schon seit einigen Tagen mit Georgs Familie unter einem Dach lebte, und sogar Georgs Söhne sich zu öffnen begannen, war es ein Albtraum, der Gestalt annahm: Durfte Henny die Hiobsbotschaft überbringen? Sie spürte bereits, wie ihr die Vorstellung, dies zu tun, die Kehle zuschnürte.

Doktor Dehmer erkannte ihre Nöte: »Selbstverständlich werde ich es übernehmen, mit der Patientin und ihrem Gatten zu sprechen.«

Kurz darauf verließ Henny die Klinik. Sie fand ihre Mutter allein mit Leo im Kinderwagen im Englischen Garten spazierend vor. Sophie hatte sich unter dem Vorwand entfernt, zu Hause gebraucht zu werden.

»Sie ahnt, dass es etwas Ernstes ist«, sagte Ricarda. »Sie tut mir sehr leid.« Nachdem Henny berichtet hatte, fragte ihre Mutter: »Traust du dem Kollegen zu, das Richtige zu tun?«

»Ja. Aber letztlich kommt es auf Sophie an. Ich hoffe, sie sieht die Erkrankung nicht weiterhin als Strafe für ihr Verhalten an.«

»Georg muss ihr beweisen, dass er ihr vergibt. Er muss um seine Frau kämpfen«, sagte Ricarda.

Henny hatte Zweifel, dass die Liebe zwischen den beiden tief genug war, um dieser Herausforderung gewachsen zu sein.

»Du bist die Einzige, die sein Herz erreichen kann, Mutter«, sagte Henny. »Rede ihm ins Gewissen.«

Sie gingen Seite an Seite durch den Park.

»Ich habe noch einen anderen Entschluss gefasst, Henny«, sagte Ricarda.

»Das hört sich dramatisch an, Mutter.«

»Wie man es nimmt. Ich habe befürchtet, dass das Ergebnis der Röntgenuntersuchung so aussehen würde. Vor vielen Jahren habe ich schließlich den Krebs mit deiner Hilfe selbst besiegt.« Ricarda blieb stehen, damit ein wärmender Strahl der Frühlingssonne auf ihrem Gesicht verweilen konnte. »Ich werde mein Leben ab jetzt genießen«, sagte sie schlicht.

Henny erinnerte sich an das Gespräch über die Aktien und den Kaufhausbummel. Hatte sie da etwas bei ihrer Mutter angestoßen, ohne sich darüber klar gewesen zu sein? Oder war es die überraschend aufgetauchte Bedrohung durch den Tod, die sie an ihre eigene Endlichkeit erinnerte?

»Ich schließe meine Praxis«, sagte Ricarda und lächelte. »Wie sagtest du: Bier und Wasser brauchen die Menschen immer. Du hast recht, Henny. Rupert, der mir so oft mein Leben vergällt hat … Ausgerechnet von ihm erhalte ich das kostbarste Geschenk: die Freiheit von meinen beruflichen Pflichten.«

»Waren genau diese Pflichten dir nicht immer das Wichtigste gewesen?«

»Das waren sie, und ich weiß, dass meine Familie stets darunter gelitten hat. Gerade deshalb will ich es ab jetzt anders machen«, erwiderte Ricarda.

Leo erinnerte mit leichten Lauten des Unwohlseins an seine Anwesenheit. Ricarda nahm ihn hoch.

»Meine Freiheit ist kein purer Eigennutzen. Davon sollen alle meine Enkelkinder einen Vorteil haben, und auch die von Frieda«, sagte Großmutter Ricarda.

Die Bibliothek war schon zu den Zeiten, als dies ihr Haus gewesen war, Ricardas liebster Raum gewesen. An der Wand hing ein Porträt von Georg, dessen Platz früher im Salon gewesen war, wie sie sich erinnerte. Es war, als würde Georg Senior seinem Sohn dabei zusehen, wie er unruhig auf und ab ging. Als seine Mutter dachte sie wieder einmal, wie sehr sich die beiden Männer inzwischen ähnelten.

»Es tut mir leid«, sagte Ricarda, »aber ich fürchte, Sophies Erkrankung wird für deine ganze Familie Veränderungen bringen.«

»Gerade jetzt, wo ich in der Firma beginne, Fuß zu fassen, Mutter! Ich werde dort gebraucht, wichtige Entscheidungen stehen an.«

Als Mutter konnte sie ihm förmlich ansehen, wie die letzten Tage ihn zum Positiven verändert hatten. Die neue Verantwortung gab ihm sein verlorenes Selbstvertrauen zurück. Er war Mitte dreißig und dies der Zeitpunkt, neu zu beginnen. Aber so einfach machte das Schicksal es ihm offensichtlich nicht.

»Die Jahre, die hinter dir liegen, waren deshalb so hart, weil du das alles für Sophie getan hast, Georg.«

»Nein, Mutter, ich war auch meinetwegen im Gefängnis. Ich habe für Sophie mitgebüßt.« Er sah sie offen an. »Sag mir die Wahrheit: Welche Chancen hat Sophie? Wird sie so wie du überleben können?«

»Ja, das kann sie«, sagte Ricarda mit fester Stimme.

Obwohl sie es bezweifelte, weil Sophie so viel jünger war als sie selbst damals. Eine Lüge war es dennoch nicht, denn seit jener Zeit war sie überzeugt, dass Vertrauen in die Zukunft das beste Hilfsmittel ist.

»Ich möchte dir einen Vorschlag machen, mein Sohn: Bis auf Weiteres bleibe ich bei euch und kümmere mich um deine Jungen und Sophie.«

»Das würdest du tun?« Georg sah sie überrascht an, gleichzeitig ratlos und erfreut. »Du hast ein Leben in Berlin, deine Praxis. Das kannst du nicht alles beiseiteschieben!«

»Das ist keine spontane Entscheidung. Ich habe es mir genau überlegt, Georg.«

»Du magst doch nicht einmal dieses Haus!«, protestierte er halb scherzend.

Sie sah ihm an, wie sehr ihn ihr Vorschlag freute. »Sobald Sophie wieder auf dem Weg der Besserung ist, kannst du dich ja daran machen, dir ein anderes Haus zu kaufen. Das wollte ich dir ohnehin raten. Es passt nicht zu dir, und die ganze Familie bräuchte gewiss eine freundlichere Atmosphäre. Aber eines nach dem anderen, mein Sohn. Also: Nimmst du mein Angebot an?«

»Wie könnte ich es ausschlagen!« Seine Augen füllten sich mit Tränen. Er ergriff ihre Hände und zog sie an sich, um sie sanft in die Arme zu schließen.

Als das Haus an der Prinzregentenstraße erbaut worden war, war ein Telefon etwas ausgesprochen Exklusives gewesen. Wohl deshalb war der Anschluss in die Mitte der Haupthalle gelegt worden. Sobald die Klingel schellte, war es von überall zu hören. Ricarda, die eine ähnliche Anordnung inzwischen von Freystetten kannte, hatte damals sehr darunter gelitten, dass Telefonate deshalb mitverfolgt werden konnten. An dieser Konstellation hatte sich nichts geändert; daran dachte sie, als sie jetzt zuhause in Berlin anrief.

Doch an diesem Abend musste sie ihre Stimme nicht senken: Sie hatte keine Geheimnisse.

EINE ENTSCHEIDUNG MIT FOLGEN

— ♦ —

April 1930

Schon nach vier! Antonia hastete die Treppen vom Bahnhof Zoologischer Garten hinab. Ihr blieben nur etwas mehr als drei Stunden bis zu dem großen Ereignis am Abend. Und bis dahin war noch so viel zu erledigen!

Wieder einmal war sie seit sechsunddreißig Stunden auf den Beinen. Ein Kollege, der im Kreißsaal Dienst gehabt hätte, war mit Grippe ausgefallen, und sie hatte ihre Schicht verlängert. »Sie sind unser fleißiges Bienchen«, hatte der Chefarzt gelobt. Er war ein alter Mann, kurz vor der Rente. Ob sie sein Lob weiterbrachte, bezweifelte sie. Letztlich ging es auch gar nicht darum. Sie liebte die Arbeit im Kreißsaal so sehr, dass sie schon ihr neues Promotionsthema im Kopf hatte.

Aber jetzt war erst mal Sam dran! Wie gut, dass der Zoo, die Praxis ihrer Mutter und das Premierenkino so nah beieinander lagen. Auch direkt vor dem Eingang hing an der Litfaßsäule das Plakat für *Der blaue Engel*, was sie daran erinnerte, dass die Frage nach der Garderobe auch für diesen Abend bisher ungeklärt war. Gerade trug sie eine ausgebeulte Männerhose und Jackett, eine Mütze auf dem Kopf, grobe Schuhe an den Füßen. Genau das Richtige, um es in den Spind der Krankenhausumkleide zu stopfen. Oder eben Klamotten, um damit im Affenhaus aufzukreuzen.

»Wieder in Eile, Toni?«, rief der Kontrolleur am Löwentor, als sie vorbeihuschte.

Alle nannten sie inzwischen bei ihrem Kosenamen, und kaum jemand wusste, dass sie dabei war, eine Frau Doktor zu werden.

»Warte mal, Toni! Ich soll Dr. Heinroth Bescheid sagen, wenn du da bist.«

»Ja, wir müssen über Sam reden. Ruf ihn an! Danke!«

Sie hatte nämlich eine Vermutung, weshalb der Schimpanse oftmals regelrecht aggressiv war. Und Heinroth, der Verhaltensforscher, hatte ihr versprochen, dem nachzugehen.

Vom Eingang kommend, begrüßte Antonia zunächst Sams vier Monate alte Tochter, die mittlerweile einer der Lieblinge der Zoobesucher war. Stets standen vor dem Käfig Menschen. Bei dem in der Zeitung ausgelobten Preisausschreiben hatte der Name Fritzi gewonnen. Die Operettendiva Massary, die denselben Vornamen trug und in Berlin seit Jahrzehnten Triumphe feierte, war deshalb sogar zur feierlichen Namensverleihung erschienen.

Sobald er sie wahrnahm, vollführte Sam wieder sein lautstarkes Begrüßungsritual. Inzwischen hatte sie einen eigenen Schlüssel, um in seinen Käfig zu dürfen. Auch dieses Mal brachte sie Leckereien mit. Wieder nahm er ihr die Mütze weg und schmiegte seinen Kopf hinein.

»Setz dich zu mir.«

Sie kauerte sich auf den Boden. Er versuchte, ihren Rucksack zu öffnen. Da er schon den vorherigen zerstört hatte, hielt sie ihn zurück.

»Sei nicht so gierig, Sam.«

Sie sah die aufgekratzten Stellen unter seinen Armen. Währenddessen hörte sie aus dem Nachbarkäfig die helle Stimme von Fritzi. Während ihr Schützling Äpfel aß, betupfte sie vorsichtig seine offenen Wunden mit Schwefelpuder. Das dämpfte nur den Juckreiz, nicht die Ursache.

Vor dem Nachbarkäfig bestaunten Kinder nun Fritzi. Sam sprang auf, rannte aufgeregt hin und her. Antonia sprach beruhigend auf ihn ein, nahm ihn schließlich in den Arm, wie sie es getan hatte, als er selbst ein Säugling gewesen war. Nun entdeckten die Kinder Antonia und Sam, machten sich gegenseitig auf die beiden aufmerksam und darauf, dass ein ausgewachsener Schimpanse sich an seine – wie sie meinten – Pflegerin kuschelte.

Kurz darauf kam Dr. Heinroth. »Ich habe unseren Sam ausgiebig beobachtet«, erzählte er. »Sobald Fritzi Aufmerksamkeit bekommt, spielt er verrückt. Mir erscheint Ihre Vermutung richtig, Fräulein Thomasius. Unser Sam leidet unter etwas, das wir wohl Eifersucht nennen müssen. Das ist hochinteressant, weil wir damit einem Primaten zugestehen würden, eine Psyche zu haben.«

»Etwas, das angeblich nur uns Menschen eigen ist«, pflichtete Antonia ihm bei. »Bringt das unser Weltbild ins Wanken?«, fragte sie scherzend.

»Ich denke, es sollte es ergänzen!« Heinroth lachte und wurde ernst: »Ich sehe, Sie kümmern sich um seine Wunden. Ich schlage vor, dass wir Sam so weit entfernt von Fritzi unterbringen, dass ihm verborgen bleibt, wenn sie Aufmerksamkeit bekommt. Irgendwann wird sich das ja auch wieder legen; Fritzi wird größer.«

»Eifersucht erscheint mir auch als These einleuchtend«, sagte Antonia. »Aber wenn wir unterstellen, dass er eine Psyche hat, dann könnte es auch Sehnsucht nach Fritzi sein, die ihn quält.«

»Sie meinen: Wir sollten Sam zusammen mit Fritzi und ihrer Mutter in einem Käfig unterbringen? Das geht nicht gut, Fräulein Thomasius. Das wurde noch nie gemacht.«

»Alles geschieht irgendwann zum ersten Mal, Doktor.«

Er seufzte. »Und Sie möchten dieses Experiment persönlich betreuen, vermute ich.«

Sie hob lächelnd die Schultern, selbstverständlich wollte sie das.

»Wir wissen nicht, wie Sam auf Fritzi reagiert, wenn er direkten Zugang zu ihr hat«, gab Dr. Heinroth zu bedenken. Wir könnten ein großes Risiko eingehen.«

Hier endete also alles, in dieser gemütlichen Praxis, die Ricarda einst nach langem Zögern übernommen hatte. Sie hatte sich schließlich schon damals, als sie bereits wenige Jahre vor der Rente stand, gefragt: Weshalb noch einmal einen Neuanfang wagen? Lange gezögert hatte sie dennoch nicht, denn für den Rückzug ins Privatleben hatte sie sich damals zu jung gefühlt. Stattdessen war es an der Zeit gewesen, sich auf eine weniger große Herausforderung einzulassen. Geklappt hatte das nicht, denn mit der Praxis am gutbürgerlichen Savignyplatz ging die Aufgabe einher, die bisherige Polizeiärztin abzulösen. Reihenweise hatte Ricarda die Frauen, die auf dem Strich am nahen Kurfürstendamm ihr Geld verdienten, untersucht. Die meisten hatten es ihr leicht gemacht, aber manche waren uneinsichtig gewesen. Am Ende war es weit mehr Arbeit als erwartet gewesen.

»Ich werde Sie vermissen, Frau Doktor. Aber ich sehe auch Ihnen an, wie sehr Ihnen unsere Praxis fehlen wird«, sagte Sprechstundenhilfe Josefine.

»Natürlich wird sie das.« Celia Fahrland stimmte ihrer Freundin zu. »Aber Sie wissen ja, wo Sie uns finden. Wir werden immer glücklich sein, wenn Sie bei uns sind.«

Ricarda nickte lächelnd. »Ja, das weiß ich nur zu gut. Dennoch denke ich, dass ich Ihr freundliches Angebot lieber ausschlage. Ich habe so viele Menschen behandelt, geheilt, ja, vielleicht auch manche Krankheit falsch eingeschätzt. Nun ist es genug.«

Sie blickte in die Gesichter der beiden Frauen, die noch so viele Berufsjahre vor sich hatten.

»Sie fragen sich, weshalb mit einem Beruf aufhören, den man beherrscht und der Erfüllung bringt? Ich sage es Ihnen gern: Weil es mehr als das gibt. Mein Leben lang hatte ich zu wenig Zeit für meine Kinder. Das wiedergutzumachen ist unmöglich, aber ich kann für meine Enkel da sein. Und das werde ich. Damit bleibe ich auch den kleinen und großen Krankheiten treu!«

Die beiden jungen Frauen, selbst Mütter, wussten nicht um den ernsten Hintergrund des kleinen Scherzes und lachten.

Denn von der Erkrankung ihrer Schwiegertochter hatte Ricarda kein Wort erwähnt und wollte es auch künftig nicht tun. Bevor sie aus München abgereist war, um hier in aller Eile ihre Praxis aufzulösen, hatte sie eine niederschmetternde Nachricht aus der Privatklinik Dehmer erhalten: In Sophies Körper wohnte jener Feind, dessen tödliches Treiben zwar eine Weile aufzuhalten, aber nicht mehr zu beenden war. Georgs Familie brauchte sie. Noch zwei weitere Tage in Berlin, dann würde sie zurück nach München fahren. Bleiben, um zu helfen, das Unausweichliche zu ertragen, und gleichzeitig bereits versuchen, die Weichen für die Zeit danach zu stellen.

»Sprechen wir über Sie beide«, sagte Ricarda. »Sie kennen sich ein Leben lang, nicht wahr?«

Celia und Josefine wechselten einen langen einvernehmlichen Blick.

»Wir wollten immer nur Ärztinnen werden«, sagte Josefine.

»Aber meine Mutter verhinderte es. Ich wurde verheiratet, als ich nicht einmal volljährig war«, erinnerte sich Celia. »Und Fini hat mich bekniet: Gib deinen Traum nicht auf.«

»Ich hatte leicht reden! Mir wurden nie Steine in den Weg gelegt; ich durfte Medizin studieren. Die Steine habe ich mir dann selbst gesucht, indem ich heiratete und Kinder bekam. Aber ich habe die feste Absicht, Psychologie zu studieren. Ich glaube, da werde ich die erste Frau im Hörsaal sein.«

Josefine hatte mehrere Semester studiert, bevor sie hatte abbrechen müssen. In der Behrenstraße würde künftig ein Kindermädchen den Nachwuchs von Henny, Celia und Josefine betreuen.

»Zunächst werde ich in Lias und Hennys Praxis mitmachen«, fuhr Josefine fort.

»Die beiden können sich glücklich schätzen«, sagte Ricarda.

»Und irgendwann vielleicht auch mal ich!«, rief eine fröhliche Stimme.

Antonia war klammheimlich zu den dreien gestoßen. Aber wie sie aussah! Ricarda war entsetzt. Weshalb fehlte dem Mädchen – das sie schon lange nicht mehr war, korrigierte sie sich in Gedanken – jegliche Eitelkeit?

»Willst du etwa in diesem Räuberzivil in den Gloria-Palast zur Premiere des Jahres gehen, wie deine Schwester meint?«, fragte Ricarda.

Antonia nahm mit frechem Grinsen ihre Mütze ab und steckte die halbe Hand hindurch. »Ich komme gerade von Sam. Er hat meinen Hut zum Fressen gern!«

Celia rümpfte die Nase. »Toni, du stinkst nach Affenhaus. Gestattest du, dass ich dir ein paar Sachen borge?«

»Ich glaube, ich gestatte dir alles, Lia. Ich muss heute Abend glänzen. Vielleicht begegnet mir Emil Jannings.«

Die drei Frauen lachten vergnügt über den Scherz, mit dem sich Antonia über den beleibten, aber sehr populären Darsteller des *Professor Unrat* lustig machte.

Ricarda ließ sie gehen, setzte sich an ihren Schreibtisch. Es war noch immer jener, den einst Celias Vater angeschafft hatte, denn diese Praxis hatte er eingerichtet; Celia war Ricardas Vermieterin.

In den Regalen standen Fachbücher, die teilweise verfasst worden waren, als sie selbst sich für diesen Beruf entschieden hatte. Damals hatte Deutschland noch einen Kaiser gehabt, und trotzdem hatten Menschen mit Visionen das Land vorwärtsgebracht. Beamte oder auch Minister, die Forscher wie Virchow, Koch, Behring und Röntgen gefördert hatten. Von manchen ihrer Entdeckungen hatte sie als eine der ersten Ärztinnen Kenntnis gehabt und ihre Patientinnen davon profitieren lassen können.

Ricarda ließ die Gedanken schweifen.

Ein halbes Jahrhundert lang hatte die Medizin ihr alles bedeutet. Als sie als Backfisch mit von Henriette von Freystetten den ersten weiblichen Arzt kennengelernt hatte, hatte alles begonnen. Die Komtess hatte sie mit nach Berlin genommen – und sie zwar von Anfang an gefördert, aber auch manches Mal überfordert. Wie eine Erwachsene war sie behandelt worden. Und bestraft, wenn sie Grenzen überschritt. Es war eine harte Schule gewesen, die mit einem schmerzhaften Zerwürfnis geendet hatte. Dennoch hatte Ricarda das Studium in Zürich aufgenommen. Ohne die Hilfe der Komtess. Nachts gearbeitet und tagsüber gelernt. Die Versöhnung mit der Komtess war erst gekommen, als Ricarda nach einer Vergewaltigung mit Henny schwanger wurde.

Nicht in Berlin, sondern in München hatte sie ihre Laufbahn als Ärztin begonnen. Berlin kam erst später, nach Georgs Tod. Und in Berlin fand sie zu ihrer zwischenzeitlich verlorenen Liebe Siegfried zurück, der sich nach der weiten Welt sehnte. Afrika, wo sie, wie später Antonia, Pionierarbeit leistete. Und anschließend die Behandlung der deutschen Soldaten in China. Dann der Aufbau der Praxis in der Behrenstraße mitten im Krieg, und der Wechsel an die Charité als Leiterin der gynäkologischen Abteilung. Und nun diese kleine Praxis, die noch keinen Anschluss an die Moderne gefunden hatte.

Es war an der Zeit, auch hier dem Fortschritt die Tür zu öffnen, dachte sie, stand ohne jede Wehmut auf, löschte ein letztes Mal das Licht und ging hinaus, ohne sich umzublicken. Für sie war dieser Teil ihres Lebens abgeschlossen.

»Es tut mir so leid, Frau Doktor. Der Röntgen-Apparat ist kaputt.«

Der junge Mechaniker der Firma *General Electric* blickte Henny traurig an. Sie erschrak in der Tat, rechnete schon mit einer hohen Summe für die Reparatur. »Können Sie denn nicht ein Ersatzteil finden? Wissen Sie, nicht nur, dass ich das Gerät brauche. Es war auch sehr teuer. Das ist ja nicht einmal abbezahlt.«

»Ja, Frau Doktor, ich weiß. Das ist der Fortschritt. Der hat seinen Preis.«

Sie dachte an das identische Gerät in der Praxis des Schwabinger Kollegen. Wie verbreitet mochte der Apparat wohl sein? »Ich nehme das nicht so einfach hin. Ich verlange, dass ich ein identisches neues Gerät bekomme.«

»Darum habe ich mich bereits gekümmert. Es wird gerade angeliefert«, sagte der junge Mann.

Er lächelte, was Henny stutzig werden ließ. Dennoch öffnete sie das Fenster, um auf die Behrenstraße hinauszusehen. Empört drehte sie sich anschließend wieder um: »Da ist nichts!«

Der junge Mann grinste übers ganze Gesicht. »April, April!«

1. April, tatsächlich. Der Kalender besagte dasselbe.

»Ich bringe Sie um! Und ich werde Sie nicht wiederbeleben!«, rief sie und lachte.

Wie hatte sie nur vergessen können, welcher Tag heute war. Seit Wochen sprach Victor von nichts anderem! Am Abend sollte doch die Premiere sein von diesem *Nuttenfilm*, wie Victor neulich gesagt hatte. »Seit Monaten arbeitest du daran. Und jetzt nennst du ihn so?«, hatte Henny gefragt.

»Ich? Nee. Unser weiblicher Star selbst tut das. Im Grunde ihres Herzens mag Marlene die Rolle nicht. Sie ist ihr zu ordinär.«

Henny entließ den frechen Mechaniker und dachte, dass es ganz schön mutig war, solch einen Film am 1. April uraufzuführen. Die Berliner Kritiker schrieben ohnehin gern beißende Kritiken, und die Schlagzeile, der *Blaue Engel* wäre ein schlechter Aprilscherz, war das Letzte, was Victor gebrauchen konnte.

Gerade kam er in ihr Sprechzimmer, Leo auf dem Arm, eine Serviette über die Schulter gelegt, damit der edle Anzug keinen Schaden nahm, wenn der Kleine aufstieß.

»Liebling, ich habe gerade keine Zeit«, sagte sie. »Draußen warten Patientinnen.«

»Ich weiß, es gibt nur ein Problem. Kurt rief gerade an. Wir fahren noch heute mit dem Nachtzug nach Bremerhaven, um uns morgen auf der *Bremen* nach New York einzuschiffen.«

Der brandneue Passagierdampfer hatte gerade das *Blaue Band* für die schnellste Atlantik-Überquerung gewonnen.

Das stand überall in den Zeitungen. Knapp fünf Tage – so weit entfernt war Amerika gar nicht mehr.

»Victor, gerade hat mich schon der Mechaniker in den April geschickt.«

»Das ist kein Scherz. Marlene will sofort nach der Vorstellung weg aus Berlin. Sie hat Schiss vor den Verrissen. Sagt sie natürlich nicht und braucht sie auch nicht zu haben. Sie ist fantastisch. Aber sie hält sich auf den Aufnahmen für zu dick. Ist mal was Neues. Früher war's ihre Nase, mit der sie nicht zufrieden war.« Er seufzte. »Sie will nachher nicht mal im Gloria-Palast sein, wenn der Film gezeigt wird.«

Henny sank auf einen Stuhl. »Und was heißt das jetzt, Victor? Du fährst heute Abend fort? Für Monate? Jahre?« Sie fühlte Panik in sich aufsteigen.

Leo spürte die Spannung zwischen seinen Eltern und begann zu weinen. Obwohl sie es hasste, das hier im Sprechzimmer zu tun, weil sie nicht gleichzeitig die Mutterrolle übernehmen und Ärztin sein wollte, gab sie ihrem Kind die Brust. Das war jedoch nicht, was Leo wollte. Er schrie. Victor nahm ihn wieder zu sich, begann, auf und ab zu gehen in einem Tempo, bei dem Henny schon beim Zusehen schwindlig wurde. Sie nahm ihm Leo wieder ab, wiegte ihn sanft, er beruhigte sich.

»Welche Auswirkung hat es, wenn du bei dieser übereilten Schiffsreise fehlst?«, fragte sie sachlich.

Victor angelte sich eine Zigarette aus der Schachtel, registrierte Hennys missbilligenden Blick, steckte sie zurück. Sie sah ihrem Mann an, wie zerrissen er innerlich war. Der Familienmensch liebte es, seine Kinder um sich zu haben – und musste fort. Ob die Karriere, die er anstrebte, notwendig war, mochte sie nicht beurteilen. Sie fürchtete nur, dass es ihn nicht glücklich machte.

»Ich wollte dir das zu einem anderen Zeitpunkt sagen«, setzte er an. »Du weißt doch, dass Josef, also unser Regisseur, früher in Hollywood gearbeitet hat. Er will Marlene in Amerika zum Star machen. Deshalb haben wir den *Engel* ja gleichzeitig auf Englisch gedreht. Er hat für uns alle etwas arrangiert: Die Dreharbeiten zu einem neuen Film sollen nun schon im Frühsommer in Hollywood beginnen. Marlene spielt eine ähnliche Rolle wie im *Engel*, bisschen prüder, natürlich – ist ja Amerika –, aber auch ein Tingeltangel-Mädchen. Und ich …«

»Du bist die Aufnahmeleitung.« Womit sie meinte: Das hättest du auch in Berlin haben können.

»Beim nächsten Film werde ich Co-Produzent.«

»Ach, das ist ja alles ganz wunderbar«, sagte sie leise voller Ironie, denn Leo hatte sich gerade beruhigt. Im Gegensatz zu ihr. »Meine Mutter fährt übermorgen zu Georg und seiner Familie. Ich brauche dich, Victor, unsere Kinder brauchen dich. Vicky trifft das völlig unvorbereitet.«

Er nickte wie ein Schuljunge, der beim Stehlen erwischt worden war. »Ich wusste, dass du so reagierst.«

»Was hieltest du denn für angemessen?«

»Dass du dich für mich freust. Es bedeutet nämlich, dass Josef mit meiner Arbeit zufrieden ist. Ich bin außer Kurt der Einzige aus dem Stab, den er mitnimmt.«

»Ich freue mich für dich, natürlich tue ich das.« Sie beugte sich zu ihm, aber sein Kuss schmeckte nach Abschied. »Hast du schon gepackt?«

»Du weißt ja, ich brauche nicht viel.« Er nahm ihr Leo ab. »Ihr drei kommt im Sommer nach. Das ist schon bald, in einem Vierteljahr.«

Er ging mit dem Jungen auf dem Arm hinaus, und sie machte weiter. Sie hatte weder Ja noch Nein zu seinem Vorhaben gesagt. Denn es war ohnehin alles entschieden.

Bei ihrer Hochzeit hatte sie geahnt, dass es so kommen würde. Daran jetzt zu denken, war kein Trost.

Antonia konnte sich nicht erinnern, ihre Schwester zuvor in einem solchen Zustand erlebt zu haben. Es ging auf Mitternacht zu, und Henny saß in Abendgarderobe in ihrer Küche, ihr Make-up war verlaufen, und sie gab sich keine Mühe, ihre Traurigkeit zu verbergen.

Kurz zuvor war Antonia mit ihrer Schwester und ihrer Mutter in Hennys Wohnung eingetroffen, nachdem sie Victor und Kurt sowie den Regisseur Sternberg und die Schauspielerin Dietrich am Bahnhof verabschiedet hatten. Marlene Dietrich hatte der Presse eine kleine Sensation geliefert. Anstatt sich nach ihrer umjubelten Premiere feiern zu lassen, war die gebürtige Schönebergerin zum Bahnhof gefahren, wo sie schnoddrig verkündet hatte: »Tschüss, Berlin!«

Für Hennys Abschiedsschmerz war in alldem Trubel kein Platz gewesen.

»Filme«, sagte sie nun, »mein Gott: Es sind doch nur Filme. Was wird darum für ein Theater gemacht.«

Antonia verkniff sich Widerworte, um nicht Salz in die Wunde zu streuen, aber sie dachte: Was heißt *nur*. Wir können davon halten, was wir wollen, aber es ist Victors Lebensinhalt.

Ricarda nahm die Hand ihrer Ältesten. »Im Sommer ist deine Familie wieder vereint.«

»Auch du, Mutter, bist bald nicht mehr in der Stadt«, gab Antonia zu bedenken. »Nur ich bleibe. Solange Henny und Vicky hier sind, kümmere ich mich um meine Nichte.« Bis auch sie nach Amerika aufbricht, setzte Antonia in Gedanken hinzu.

»Du verbringst doch schon jede freie Minute bei Sam«, sagte Henny.

»Ich wollte Vicky ohnehin mal zu ihm mitnehmen.«

»Hattest du nicht vorgehabt, ab und zu auch bei uns in der Praxis mitzumachen, Toni?«, erinnerte Henny sie. »Sofern es deine Zeit zulässt, versteht sich.«

Antonia gab sich folgsam: »Natürlich.«

Aber sie ärgerte sich. Nicht so sehr über Hennys Aufforderung, sich einzuarbeiten, die angesichts ihrer baldigen Abreise nachvollziehbar war. Vielmehr wurmte es sie, in Afrika zu viel Zeit verloren zu haben. Sie hätte sich längst mit ihrer Promotion beschäftigen können, während sie an Hennys Seite Erfahrungen als niedergelassene Ärztin sammelte.

Da fragte ihre Mutter auch schon: »Sag mal, Toni, hast du eigentlich schon über dein neues Dissertationsthema nachgedacht? Du weißt doch, dass du an der Charité promovieren kannst, oder? Man ist dort sehr stolz darauf, endlich eine Universitätsklinik zu sein.«

»Natürlich weiß ich das, Mutter. Und ja: Ich habe mein Thema. Aber über ungelegte Eier rede ich nicht.«

»Niemand setzt dich deshalb unter Druck, Toni.« Henny gab sich versöhnlich. »Wir haben erlebt, dass du eine gute Ärztin bist. Das bist du aber auch ohne Titel.«

Es war das erste Mal, dass sie das so offen aussprach. Antonia ließ das unwidersprochen. Schließlich hatte sie schon einmal Anlauf genommen, um eine Dissertation zu schreiben. Die Forschung an sich hatte Freude gemacht, nicht jedoch der große theoretische Teil, der unverzichtbar war. Hennys beiläufige Bemerkung war wie eine Möglichkeit, die sie bislang nie erwogen hatte. Schließlich waren in dieser Familie alle Doktoren.

Noch an etwas erinnerte sie das Thema Dissertation: Ihre eigentümlichen Fieberattacken waren seit Hamburg nicht zurückgekommen, was ihr nicht die Möglichkeit gab, ihr Blut auf Plasmodien untersuchen zu lassen. Sie hatte sich jedoch belesen über die Malaria Quartana. Über Jahrzehnte hinweg konnte es immer wieder zu einem kurzfristigen Aufflammen kommen. Es war, als hätte sie Afrika für immer in ihrem Blut.

Felicitas, das inzwischen sieben Monate alte *Glückskind*, saß im Schloss auf dem Teppich des Kinderzimmers und lachte über das ganze Gesicht. Sie hatte die rotblonden Haare ihrer leiblichen Mutter, die sich zu kleinen Locken kringelten.

»Ja, Grit war letzte Woche hier«, beantwortete Rosel Ricardas Frage, ob die neue Gräfin sich hin und wieder auf dem Anwesen blicken ließ. »Nicht direkt hier«, korrigierte sich Rosel, »sondern vielmehr in den Kühlkammern. Sie hat sich Wild ausgesucht. Es war Zufall, dass ich ihr mit den Kindern begegnet bin, weil ich gerade zusammen mit Emma spazieren ging.«

Die Amme verbrachte noch immer viele Stunden mit dem gräflichen Nachwuchs.

Rosel fütterte ihren Enkel Felix mit der Flasche, während sie sprach. Das einstige Sorgenkind hatte weiterhin zugelegt, war aber noch immer deutlich kleiner als seine Zwillingsschwester Felicitas. Anstalten, sich aufzusetzen, machte er noch keine.

»Grit hatte es eilig«, fuhr Rosel fort. »Sie müsse ein Fest vorbereiten. Ich sagte ein wenig süffisant: ›Wird wohl ein großes Fest‹, denn sie ließ sich zwei Hirsch- und einen Rehrücken in den Wagen packen. Ich musste mich so zusammenreißen, Rica, um nicht aus der Haut zu fahren. Meinst du, die hätte sich bei irgendwem bedankt? Die guckt auf mich herab, Rica. Für Frau Hochwohlgeboren bin ich nur die Tochter eines Gärtners.«

Ricarda hielt es für klüger, keine Stellung zu beziehen. Es hatte Zeiten gegeben, in denen ihre Schwester selbst die Nase ein wenig zu hochgetragen hatte, wie sie fand. Durch die neue Gräfin an die eigenen Wurzeln erinnert zu werden, tat ihr ganz gut. Wie die gesamte Situation, durch die sie eine Aufgabe bekommen hatte.

»Wie geht es denn Franz?«, fragte Ricarda.

»Er rief gestern an, was an und für sich erstaunlich ist. Er meldet sich ja sonst über Wochen nicht. Ich habe ihm gesagt, dass du heute kommst«, erzählte ihre Schwester. »Er meinte, er wolle dann zu uns rauskommen. Es klang nach einem spontanen Entschluss.«

Rosel zog die Mundwinkel ein Stück nach unten, womit sie ihre Enttäuschung zum Ausdruck brachte. Wenn Franz genau am selben Tag wie Ricarda nach Freystetten kommen wollte, lag etwas in der Luft. Und seine Tante, das wusste jeder in der Familie, hatte er stets als Autorität anerkannt.

Zuerst hatte sich Ricarda gefragt, weshalb Franz von Freystetten sich entschieden hatte, in der Uniform eines Obersts der deutschen Wehrmacht bei seinen Eltern aufzukreuzen. Doch während sie ihm nun zuhörte, wurde der Grund immer deutlicher. Es erschien ihm wichtig zu betonen, dass er ein bedeutender Mann war.

»Deshalb war es mir ein Anliegen, dass auch du dabei ist, Tante Ricarda«, sagte ihr Neffe. »Was sich zusammenbraut, hat das Potenzial eines Skandals, der unsere beiden Familien betrifft.«

»Ich gebe zu, es war nachlässig, sich nicht über den Hintergrund der Dame zu informieren.« Familienoberhaupt Friedemann von Freystetten saß kerzengerade im Lehnstuhl der Bibliothek. »Du bist ein angesehener Offizier, dem eine weitere große Laufbahn bevorsteht. Deswegen waren wir alle überzeugt, dass die Abstammung deiner Ehefrau von Vorteil ist.«

»Ich muss an dieser Stelle eine Lanze für Frieda brechen. Sie hat ganz gewiss nicht gewusst, was Grits Mutter tut, um sich ihren Lebensunterhalt zu verdienen«, sagte Ricarda. »Ihr Plan war unorthodox, aber er war gut. Felicitas und Felix wachsen mit einem unbeschadeten Leumund auf. Darum war es schließlich gegangen, wenn ich das noch einmal wiederholen darf.«

»Um genau diesen Leumund geht es, Tante«, sagte Franz. »In den nächsten Tagen werden die Zeitungen darüber berichten, dass Grits Mutter ein Bordell betreibt. Und zwar seit Jahren. Stimmt es, dass Grit kürzlich hier war, um Wildbret abzuholen und Champagner?«

»Bitte, sag nicht, dass …«, setzte Rosel an.

»Doch, Mutter, genau so ist es: Hirsch- und Rehfleisch von unseren Wiesen wurden bei einem Fest im Bordell von Grits Mutter gereicht. Du wirst es in der Zeitung nachlesen können.«

Friedemann entzündete seine Pfeife. »Das war eine Menge sehr guten Fleischs. Und der Champagner war auch teuer. Welche Art von Bordell betreibt die Dame denn da? Das muss doch etwas sehr Teures sein, wo Derartiges gefragt ist.«

Franz hatte sich bislang um die straffe Haltung eines hochrangigen Militärs bemüht. Er ließ die Schultern hängen, als er erwiderte: »Deshalb wurde ich vorgewarnt. Einige Kameraden frequentieren dieses Etablissement ebenfalls.«

Ricarda hatte Mühe, ein Lächeln zu unterdrücken. Welch eine Doppelmoral trat hier ans Tageslicht! Für Franz war es normal, dass seine Kameraden ein Bordell aufsuchten. Solange es nicht jenes war, mit dem er privat in Zusammenhang gebracht werden konnte.

»Verzeih, aber ich muss das jetzt fragen«, sagte Ricarda. »Was haben dir deine Kameraden über Grits Rolle in diesem Etablissement erzählt?«

»Du willst doch nicht unterstellen, dass sie dort …!«, rief Franz mit plötzlich hochrotem Kopf.

»Rica, wie kannst du so etwas sagen?«, empörte sich Rosel.

»Eure Reaktion zeigt, dass Ricarda gerade den Finger in die Wunde legt«, sagte Hausherr Friedemann. »Also, mein Sohn, was erzählen deine Kameraden über …«, er räusperte sich, »… den Betrieb dort?«

»Soweit mir bekannt, ist Grit dort nicht anzutreffen«, sagte Franz deutlich leiser.

»Bist du dir in dem Punkt sicher?«, fragte Friedemann unerbittlich. »Das müssen wir genau wissen.«

»Ich habe nicht danach gefragt«, gestand Franz noch leiser ein. »Ich war zu schockiert. Aber das werde ich in Erfahrung bringen.«

»Das solltest du besser nicht selbst tun, Franz«, mischte sich Ricarda wieder ins Gespräch. »Es müssen andere Wege gefunden werden, um der Sache auf den Grund zu gehen.«

»Und Konsequenzen zu ziehen«, ergänzte Friedemann.

»Warum ist nur alles so kompliziert im Leben?« Rosel seufzte.

Und Ricarda bedauerte, dass ihr kaum mehr Zeit blieb, um zu helfen.

Der Dienst in der Notaufnahme traf alle Assistenzärzte. Jeden Monat eine Woche lang. Die Nächte mochte Antonia gar nicht. Aus unerfindlichen Gründen gab es solche, in denen es kaum etwas zu tun gab, und andere, bei denen das

Gegenteil der Fall war. Diese Nacht war eine solche. Am Alexanderplatz hatte es eine Massenschlägerei gegeben, und aus den kurzen Gesprächen, die Antonia mit den ausschließlich männlichen Patienten führte, wurde deutlich, dass die Roten die Braunen verdroschen hatten. Oder umgekehrt. Gleich, welche Farbe sie hatten, Knochen waren auf beiden Seiten zu Bruch gegangen.

Jetzt lag vor ihr ein junger Mann, der angab, achtzehn Jahre alt zu sein und gerade sein Abitur bestanden zu haben. Er rang nach Luft, sodass sie entschied, seinen Thorax durchleuchten zu lassen, und fuhr ihn im Bett in den Röntgenraum.

Vier Rippen waren gebrochen. Eine war so unglücklich getroffen, dass die Lunge ernsthaft bedroht war. Sie zeigte ihm, in welcher Gefahr er sich befand.

»Sie haben ein Gehirn zum Denken und einen Mund zum Reden«, sagte sie in ihrer üblichen burschikosen Art. »Weshalb kloppen Sie sich auf der Straße?«

Der liegende Junge blickte zu ihr auf. Es war unfair, ihn zu beschimpfen, er war genug gestraft.

»Tut mir leid«, sagte sie. »Ist schließlich Ihr Leben.« Sie schob ihn durch die Gänge. »Sie kommen um eine OP nicht herum. Es besteht sonst die Gefahr, dass der Lungenflügel kollabiert.«

»Muss ich dann sterben?«

»Man kommt ins Krankenhaus, um zu leben«, wich sie aus.

»Operieren Sie mich, Frau Doktor? Ihnen würde ich mein Leben gern anvertrauen.«

Sie war gerührt, wusste aber sehr wohl, dass der junge Mann, der vermutlich gerade am Tiefpunkt seines bisherigen Lebens angelangt war, sich eher nach einer Mutter – oder einer großen Schwester – sehnte, die ihn beschützte.

»Ich habe keinen Titel und bin keine Chirurgin.« Dennoch wollte sie ihm mit Verständnis entgegenkommen. »Also: Für wen haben Sie sich geprügelt?«

»Die SA-Männer haben wieder auf Adam eingedroschen. Der lag doch schon am Boden. Er hatte recht gehabt, mit dem, was er gesagt hatte. Ich musste ihm helfen.« Der junge Mann berichtete wegen seiner Schmerzen stockend. »Plötzlich war da dieser Stiefel, der mich traf. Ich fühlte, wie meine Knochen brachen. Dann war ich weg. Und wachte hier wieder auf. Wo bin ich eigentlich?«

»Charité, Notaufnahme«, murmelte Antonia mechanisch. Allmählich begann sie, die Informationen, die sie nebenbei aufgeschnappt hatte, zusammenzusetzen. »Ist dieser Adam Amerikaner?«

»Den kennt jeder. Der fällt ja auch auf, weil er ein Neger ist.«

In Afrika fiel ich als Weiße auf, dachte sie, sagte es aber nicht. Eine andere Erinnerung schob sich stattdessen in den Vordergrund. Dort, wo sie so oft die Treppen vom Bahnhof Zoologischer Garten zum Zoo hinunterhastete, war einst der Affenpfleger Bata verblutet. Zu Tode geprügelt, weil seine Haut schwarz war.

Ihr kam der Gedanke, dass Dr. Heinroth Bata mit dieser Aufgabe betreut haben könnte, weil er aus dem Kongo stammte. Denn als Bata die Arbeit übernommen hatte, hatte er keine Ahnung von Primaten gehabt. War es nur darum gegangen, dass die aus Afrika eingeführten Tiere von jemandem versorgt wurden, der ebenfalls von dort stammte? Völkerschauen waren damals noch gang und gäbe gewesen: Menschen aus Afrika oder Asien waren in einer Umgebung ausgestellt worden, die den Besuchern das angeblich wahre Leben der »Wilden« zeigen sollte. Deshalb hatte Toni sich nichts dabei gedacht. Nun sah sie ihre damalige Naivität mit anderen Augen. Zuletzt im Vorjahr, als sie in Tanganjika und Kenia gewesen war, hatte es im Zoo wieder eine Völkerschau gegeben. Und zwar ausgerechnet mit Menschen aus Ostafrika.

Was mochte Adam davon halten, dass man Menschen hierzulande ausstellte, weil sie anders aussahen?

Sie schob den jungen Mann zum Operationssaal. Eine Handvoll Patienten wartete bereits in ihren Betten darauf, an die Reihe zu kommen. Adam war zwar nicht darunter, das sah sie sofort. Aber hieß das auch, dass ihm nichts zugestoßen war?

Der Gedanke hatte Antonia keine Ruhe gelassen. Möglicherweise hatte sich niemand um den zusammengeschlagenen, verletzten Adam gekümmert. Um den Mann, der zu ihr gesagt hatte: *Wir prügeln uns nie. Unsere Waffe ist das Wort*. Und sie hatte ihm zum Abschied an den Kopf geworfen: *Es wäre schade um Sie*. Wie überheblich sie gewesen war, aber das wurde ihr erst nach diesem langen Nachtdienst bewusst. Weil sie übermüdet war, waren ihre Sinne gereizt.

Die Sonne stand schon recht hoch am Himmel. Sie konnte nicht heimfahren, ein paar Stunden schlafen, bis sie ihre Mutter zum Bahnhof begleitete. Sie war zu aufgewühlt. So oft warf man ihr ihre Impulsivität vor. Doch gerade ihre Lust an einem improvisierten Leben, das sich nicht an Regeln hielt, verlieh den Tagen Reiz.

Sie überlegte, ob sie noch rasch zu Vicky fahren sollte. Aber dafür war es zu spät, ihre Nichte war schon auf dem Weg in die Schule. Sie konnte Sam besuchen, hatte sie doch Dr. Heinroth versprochen, herauszufinden, ob der Schimpanse eifersüchtig oder sehnsüchtig war. Doch als sie die Stufen zur Ringbahn hinaufging, wählte sie die andere

Seite. Nicht die zum Zoologischen Garten, sondern jene zum Alexanderplatz. Es waren nur zwei Stationen.

Sie schalt sich einen Dummkopf. Schließlich lag die Prügelei viele Stunden zurück, niemand wäre mehr dort, vor allem nicht Adam. Was ja auch besser wäre. Verhielte es sich anders, wäre er wohl in einem extrem schlechten Zustand. Oder schlimmer. Die Zeitungen schrieben, dass es mittlerweile auch Tote gab bei den Straßenschlachten.

Es wäre schade um Sie.

Batas Blut auf den Stufen. Sie war damals daran vorbeigelaufen, weil sie nicht hatte wissen können, dass er dort einige Stunden zuvor gestorben war. Die Gegenwart konnte nicht die Wunden der Vergangenheit heilen, das war ihr klar, aber sie konnte helfen, dem Ich von gestern zurufen zu können: Ich wusste es nicht besser. Also musste sie versuchen, daraus Lehren zu ziehen.

Am Alex war der Lärm zu dieser frühen Stunde lauter, als sie es ertragen wollte. Die Gleise der Straßenbahn wurden mit Dampframmen aus dem Boden gerissen, um einen veränderten Straßenverlauf zu ermöglichen. Die morgendlich verschlafenen Fahrgäste suchten nach der verlegten Haltestelle. Und sie irrte herum, um einen Menschen zu finden, der längst nicht mehr hier sein sollte. Plötzlicher Hunger überfiel sie, und sie kaufte sich ein mit Dauerwurst belegtes Brot, schlang es hinunter und warf das Butterbrotpapier in den blechernen Mülleimer neben einem Männerpissoir.

In dieser Stadt lag überall Dreck herum. Manchmal mehrere ausgemusterte Kleidungsstücke auf einem Haufen und auch Menschen, die kein Obdach hatten. Der Unterschied war oft erst auf den zweiten Blick zu erkennen. In diesem Fall war es der Hut neben dem wie vergessen daliegenden Bündel Mensch.

Antonia beugte sich hinunter. Sie sah die kurzen schwarzen Locken, die dunkle Haut, und ihr Herz schien auszusetzen. Sanft fasste sie den Mann an der Schulter, dessen Mantel verdreckt war.

»Adam?«

Der Lärm der Dampframme übertönte sie.

Sie stieß ihn an. »Adam!«

Keine Reaktion.

Behutsam drehte sie ihn so um, wie es eine Ärztin tun musste. Wenn schon der andere Junge gebrochene Rippen hatte, wie mochte es diesem Mann hier ergangen sein? Sie fühlte nach seinem Puls an Hals und Handgelenk, schob das Augenlid hoch.

Schade um Sie. Aber er lebte, auch wenn seine Vitalzeichen schwach waren.

Sie blickte sich um. Ein paar Schritte entfernt stand ein Schupo. Er musste ihre Bemühungen längst bemerkt haben. Oder zuvor den Bewusstlosen. Sich bloß keinen unnötigen Ärger machen – das Prinzip der Großstadt.

Sie ging zu dem Polizisten, legte sofort in dem Ton los, der in einem obrigkeitshörigen Staat als einziger verfing, weil er keinen Widerspruch zuließ: »Ich bin Ärztin. Rufen Sie den Krankenwagen. Bei dem Mann besteht akute Lebensgefahr!«

»Selbstverständlich, Frau Doktor!« Er rannte los.

Antonia kehrte zu dem bewusstlosen Amerikaner zurück. Sie klopfte sanft gegen seine Wangen.

»Adam! Hören Sie mich! Ich bin Toni. Wir kennen uns. Kommen Sie zu sich.«

Er reagierte nicht.

Die Schwester schob das Bett in den Operationssaal, Antonia blieb davor zurück. Sie hatte getan, was sie tun konnte, an dieser Stelle endeten ihre Möglichkeiten. Ihr Dienst war ohnehin um, der nächste begänne in ein paar Stunden.

Zahllose Knochenbrüche, Riss der Milz, innere Blutungen, Hämatome am ganzen Körper. Der Mann, der seine Ziele nur mit Worten hatte erreichen wollen, war einer Explosion von Gewalt ausgesetzt gewesen. Hätte Antonia ihn nicht gefunden, wäre er gestorben, das hatte der Oberarzt der Chirurgie ihr bereits gesagt.

Aber auch: »Dass wir den durchkriegen, kann ich nicht versprechen, Fräulein Thomasius.«

»Ich weiß, dass Sie Ihr Bestes geben.«

Er hatte die Schultern gehoben, als müsste er sich in eine Aufgabe fügen, die er lieber nicht angegangen wäre: »Auch ein Neger ist ein Mensch.«

Die Erwiderung konnte sie ihm nicht schuldig bleiben: »Ich wäre in Afrika umgekommen, wenn Einheimische mich nicht gerettet hätten.«

Bislang hatte sie nicht einmal Celia davon berichtet, was geschehen war, nachdem sie die Bruchlandung überlebt, sich tagelang in der Savanne behauptet und es nicht ohne fremde Hilfe geschafft hatte, am Leben zu bleiben. Menschen, die sie wahrscheinlich nie wiedersehen würde.

Die beiden Koffer von Antonias Mutter standen fertig gepackt im Flur, als sie zuhause eintraf. Ihr Vater kam ihr entgegen und sah ihr offenbar sofort an, wie bedrückt sie war.

»Was ist geschehen, Toni?«

Sie legte die Arme um ihn, der so viele Menschen zurück ins Leben geholt hatte. Auch zu dieser Mittagsstunde würde er sich um traumatisierte Soldaten kümmern, würde seine Frau nicht in Kürze zum Bahnhof aufbrechen. Begleiten konnte er sie nicht; der Weg zum Anhalter Bahnhof war für den Gehandicapten zu weit.

»Ich wollte jemandem helfen, aber ich fürchte, ich kam zu spät.« Mit kurzen Worten skizzierte sie, was geschehen war.

»Der Amerikaner, den du das erste Mal im Zug trafst?« Er strich ihr die Locken liebevoll aus dem Gesicht. »Wenn einem jemand unter solchen Umständen begegnet und wieder über den Weg läuft, fällt es schwer, an einen Zufall zu glauben«, schloss er aus ihrer Erzählung und ergänzte: »Dieser Mann führt ein Leben, bei dem er auch auf sich selbst keine Rücksicht nimmt. Seine Ideale sind ihm wichtiger.«

»Warum sagst du das, Vater?«

»Weil ich glaube, dass ich dich kenne, Toni. Darum möchte ich dich warnen. Verliebe dich nicht in einen Mann, der dir in einem Wesenszug so sehr ähnelt.«

»Tue ich das? Nehme ich auf mich selbst keine Rücksicht?«

»Das weißt du besser als ich, nicht wahr?«

»Ich versuche durchaus, Mutter und dir keine Sorgen zu machen.«

Er lächelte nachsichtig. »Noch besser ist es, wenn dir dein eigenes Verhalten keine Sorgen bereitet.«

»Das klingt, als würdet ihr beiden gut aufeinander aufpassen, wenn ich weg bin«, rief ihre Mutter aus dem Schlafzimmer herüber.

Antonia ging zu ihr. Sie trug ein Reisekostüm, das sie bei ihrem letzten München-Besuch gemeinsam mit Henny gekauft hatte, und vor allem eine neue Frisur. Das lange Haar, das bislang zu einem strengen Knoten gebunden war, war nun schulterlang und offen, sodass es in weißen weichen Wellen ihren Kopf umfloss. Die neue Frisur ließ sie zugänglicher wirken.

»Du siehst umwerfend aus, Mutter«, sagte Antonia.

»Danke!« Ricarda spürte der ungewohnten Haarfülle mit beiden Händen nach. »Nach Jahrzehnten ein neuer Schnitt. Das ist ungewohnt.«

»Es steht dir sehr gut. Woher hattest du die Idee dazu?«

Ricarda blickte zu dem schmunzelnden Siegfried. »Dein Vater hat mir den Vorschlag gemacht. Er meinte, als Großmutter müsste ich doch nicht so ernst wirken. Damit hat er den Nagel auf den Kopf getroffen. Ich arbeite nicht mehr als Ärztin. Mein Auftreten muss weder Seriosität noch Autorität verströmen. Ich kann es mir leisten, dass man mich für eine freundliche alte Frau hält.«

Antonia sah sich neben ihrer Mutter in deren großen Ankleidespiegel. Sie wirkte wieder einmal leicht verwahrlost. Das Haar umspielte ihr Gesicht in wilden Locken, die Kleidung war wegen ihres Nothilfeeinsatzes am Alexanderplatz verschmutzt. Nein, wie eine angehende Ärztin mochte sie wohl nicht erscheinen. Ein Wunder, dass der Schupo ihrer Aufforderung nachgekommen war. Und ein weiteres Wunder, ein noch viel größeres, wäre es wohl, wenn sich ein Mann in sie verliebte. Den Gedanken wischte sie eilig fort; wo sollte sie denn die Zeit hernehmen für die Liebe?

»Sollte ich deine Gedanken lesen können, Toni«, sagte ihre Mutter, »so überlegst du gerade, ob du deinen Stil nicht ebenfalls verändern kannst.«

Antonia gab ihr einen Kuss auf die Wange. »Du hast gerade zugegeben, Jahrzehnte gebraucht zu haben, um deinen Stil zu ändern!«

Wenig später half sie Ricarda, die Koffer ins Abteil zu heben. Kurz bevor sie aus dem Zug stieg, nahm ihre Mutter zum Abschied ihre Hände in ihre.

»Hast du dich verliebt, Toni?«

Sie schüttelte energisch den Kopf. So weit war sie noch lange nicht mit Adam.

Ricarda schmunzelte wissend. »Ich habe gehört, was Vater zu dir gesagt hat. Er hat recht.«

Während der Zug, eingehüllt in eine Wolke aus weißem Dampf, aus dem Anhalter Bahnhof fuhr, verschloss ein Kloß aus Traurigkeit Antonias Hals. Noch ein Vierteljahr, und sie wurde dreißig. Im Gegensatz zu dem Zug, der davonfuhr, hatte sie kein klar definiertes Ziel. Sie schlängelte sich durch die Tage, und das war zu wenig.

Vielleicht sollte ich mein Leben ändern, überlegte sie.

Wenn sie nur gewusst hätte, wie.

»Der hat aber große Zähne!«

Vicky schmiegte sich eng an Antonia, hielt ihre Hand ganz fest. Denn Sam führte sich gerade auf wie ein Wilder. Er kreischte mit weit aufgerissenem Maul, gestikulierte mit beiden Armen.

»Warum macht Sam das?«, fragte Vicky. »Und macht er das immer?«

»Manchmal«, gab Antonia zu.

»Der soll mich nicht beißen.«

»Wird er nicht. Er kann nicht sprechen. Könnte er es, würde er sagen: Toni, ich will dich ganz für mich allein.«

Die Zwölfjährige blickte zu ihr auf. »Er ist eifersüchtig?«

»Seine Reaktion auf deine Anwesenheit ist so etwas wie der Beweis für das, was ich schon lange vermute«, sagte Antonia.

»Dann gehe ich besser.«

»Nein. Wir zeigen ihm, dass er keinen Grund hat.«

Seit ein paar Minuten standen die beiden in dem schmalen Versorgungsgang im Affenhaus. Antonia hielt einen Korb mit Früchten in der Hand. Den gab sie nun Vicky. Sie handelte aus ihrem Bauchgefühl heraus. Langsam drehte sie den Schlüssel zur Käfigtür herum.

»Wenn ich öffne, streckst du ihm eine Banane entgegen«, sagte Antonia. »Und rede mit ihm. Gib deiner Stimme einen ruhigen Klang. Er darf nicht spüren, dass du Angst hast.«

Dieselben Lektionen hatte Bata sie gelehrt, als sie ein paar Jahre älter als ihre Nichte gewesen war.

Sobald die Tür geöffnet war, näherte sich Sam, blieb jedoch abrupt sitzen. Vicky hielt ihm die Frucht entgegen, während Antonia dicht bei ihr blieb.

»Ich bin Vicky. Es wäre nett, wenn du mich nicht beißt. Ich bin Musikerin, weißt du. Ich brauche meine Finger. Und zwar alle. Statt meiner Finger darfst du diese Banane essen. Nimmst du sie, bitte?«

Antonia grinste in sich hinein. Sam sah sie an, verwundert, unsicher. Schließlich schlurfte er mit hängenden Armen heran, nahm die Banane scheinbar eher unwillig entgegen und begann zu fressen. Als Sam nach mehr Futter verlangte, reichte Antonia den Korb mit den Früchten ihrer Nichte, die ihm daraus einen Apfel gab. Dies wiederholten die beiden einige Male, dann trug Vicky den Korb hinaus und kehrte mit einer Decke zurück, auf der sie in den letzten Nächten geschlafen hatte, und gesellte sich zu Antonia. Sam roch an der Decke, die Vicky zwischen sich und Antonia ausbreitete. Er legte sich darauf und ließ sich von beiden kraulen. Vor dem Nachbarkäfig fand sich eine Familie mit Kindern ein, die die kleine Fritzi lautstark bewunderten. Sam war kurzzeitig abgelenkt, dann genoss er die Aufmerksamkeit, die ihm gerade zuteilwurde.

Als die beiden das Affenhaus verließen, hatte sich Sam mit seiner Decke auf einen Baum zurückgezogen.

»Fritzi ist wirklich süß. Ich würde gern auch mal zu ihr«, stellte Vicky fest, als sie an ihr vorbeigingen.

»Lass das bitte nicht Sam hören.«

Antonia seufzte, denn sie sah gerade ein, wie es sich verhielt: Menschen liebten alles, was niedlich und klein war. Dagegen kam ein ausgewachsener Schimpanse nicht an. Auch das war eine Erkenntnis – Sam musste in einen anderen Käfig.

Auf dem Tisch in Hennys Salon lagen einige der aktuellen Tageszeitungen und verkündeten die Neuigkeiten: In den zwölf Jahren, die seit dem Ende des Kriegs vergangen waren, hatte der zwölfte Reichskanzler sein Amt angetreten, und die schwedische Königin, die deutsche Prinzessin Viktoria von Baden, war gestorben. Doch nicht deshalb hatte Henny an diesem Nachmittag zu einer Gesprächsrunde eingeladen, sondern wegen jener unerfreulichen Geschichte, die ebenfalls in allen Blättern zu finden war.

Polizei hebt illegales Bordell in Charlottenburg aus, lautete eine Überschrift, eine etwas fantasievollere titelte *Blaues Blut im Bordell*, und die unangenehmste von allen brachte die Sache mit den anwesenden Damen in Verbindung: *Adelsgeschlecht Freystetten in Skandal um Prostitution verwickelt*. Hier waren Fotos des Schlosses abgebildet, sowie des Grafen als Abgeordneter des Reichstags.

»Ich habe nichts davon gewusst!« Frieda warf ihr rotgoldenes Haar in den Nacken, reckte das Kinn. »Ihr beiden nehmt doch nicht im Ernst an, dass ich Grit sonst in die Familie eingeführt hätte!«

»Ich glaube nicht, dass dir das jemand unterstellt«, sagte Celia Fahrland. »Damit würdest du dir am Ende selbst schaden.«

»Danke, dass du das sagst.« Frieda nahm einen Schluck vom Weißwein.

Henny hatte Celia hinzugebeten, weil sie jene Anwältin vermittelt hatte, die den Ehevertrag zwischen Franz und Grit formuliert hatte.

Es läutete.

»Ich habe Grit herbestellt«, verkündete Henny.

»Gute Idee. Sie soll sich selbst rechtfertigen«, bekräftigte Celia.

»Warte!« Frieda hielt ihre Kusine auf, die gerade zur Tür gehen wollte. »Ich muss euch etwas sagen, bevor Grit kommt.«

Da ihre Mutter ihr von deren letztem Besuch in Freystetten erzählt hatte, ahnte Henny nichts Gutes: »Du wusstest, womit Grits Mutter ihr Geld verdient?«

Ihre Kusine schlug die Augen nieder. »Aber erst seit Kurzem.«

»Das hättest du zumindest deinem Vater sagen müssen«, meinte Henny. »Die Geschichte kann seine Karriere als Abgeordneter ruinieren.« Sie wusste zwar, dass der Graf lediglich die Interessen der Großgrundbesitzer im Parlament vertrat. Menschlich fand sie ungerecht, was ihm unter Umständen bevorstand.

»Es könnte komplizierter werden, als es aussieht«, sagte Frieda kleinlaut.

»Noch komplizierter?« Henny seufzte. »Ich bitte jetzt Grit herein.«

Auf was hatte sie sich eingelassen, als sie eingewilligt hatte, Frieda zu helfen, eine Familie für ihre Zwillinge zu finden! Wie hatte sie nur so dumm sein können, Frieda zu glauben? Einem Menschen, auf den man sich nicht verlassen konnte!

Mit strahlendem Lächeln betrat Grit den Salon. Wie immer war sie extravagant gekleidet. Dieses Mal war es ein Anzug aus nachtblauem Samt mit Weste und weißer Bluse, dazu Schuhe mit halbhohem Absatz. Ihre Aufmachung strotzte vor Selbstbewusstsein, und Henny überkam der

Gedanke, einen solchen Hosenanzug gern selbst gehabt zu haben.

Grit ließ sich damenhaft auf einem Sessel nieder. »Was kann ein Mensch für seine Mutter?«, fragte sie ohne weitere Einleitung. »Nicht wahr, Celia, Sie hatten doch auch größte Schwierigkeiten mit der ihrigen? Henny, du warst auch nicht immer ein Herz und eine Seele mit deiner. Und Frieda, Schätzchen, in deinem Fall erübrigt sich jede Bemerkung dazu. Also, meine Lieben, wir alle sitzen im Glashaus. Wer will denn nun den ersten Stein werfen?«

Henny sah Celia an, dass ihr dieser Auftritt den Wind aus den Segeln nahm. Jede der Damen wusste, dass Celia einst gegen ihren Willen von ihrer Mutter verheiratet worden war. Frieda schwieg ohnehin betreten.

»Du drehst die Ausgangslage um«, widersprach Henny resolut. »Es geht nicht um unsere Mütter, sondern darum, dass du deine Mutter nach wie vor unterstützt.«

»Das hat sie nicht nötig. Sie steht sehr gut auf eigenen Beinen.«

»Zwei Hirsch-, einen Rehrücken und etliche Flaschen Champagner bringst du dennoch aus Freystetten zu ihr, wenn sie im Bordell ein Fest veranstaltet.«

»Sei nicht kindisch, Henny. Das ist Kleinkram.«

»Es geht ums Prinzip: Wenn du sie derart unterstützt, heißt du ihr Bordell gut.«

»Und was willst du dagegen tun?« Grit lächelte abfällig.

»Sie selbst müssen etwas dagegen unternehmen.« Celia hatte sich wieder gefangen. »Distanzieren Sie sich öffentlich von Ihrer Mutter. Behaupten Sie, dass Sie sie mehrfach aufgefordert hätten, ihre unsittlichen Geschäfte zu beenden.«

Grit schüttelte den Kopf. »Nein, das werde ich nicht, weil es nicht stimmt. Ich verleugne meine Mutter nicht.«

»Sagtest du nicht eingangs: Wer kann sich seine Mutter aussuchen? Jetzt klingst du, als unterstütztest du ihr Bordell!«, empörte sich Henny.

»Das mit dem Aussuchen bleibt weiterhin wahr. Meine Familie stammt aus dem Burgenland. Durch den Krieg verloren wir alles. Darum haben wir niemanden gebeten und auch nicht, dass wir in Berlin völlig neu anfangen mussten. Wir hatten nicht viel mehr als einen alten Namen und gute Freunde, die uns in dieser Stadt auf die Beine halfen.« Grit goss sich vom Weißwein ein, befeuchtete sich damit nur kurz die Lippen. »Damit es keine Missverständnisse gibt: An diesem Ort, den ihr ein Bordell nennt, habe ich selbst viele Jahre lang gewohnt.«

Die drei schwiegen betroffen. Und Henny erinnerte sich daran, was Ricarda zu bedenken gegeben hatte: Hatte Grit eventuell selbst ihr Geld mit käuflicher Liebe verdient? Henny hatte diese Vermutung zurückgewiesen: »Mutter, deine Fantasie geht mit dir durch.«

Als Erste fand Frieda ihre Sprache wieder: »Du bist als Zwanzigjährige nach Berlin gekommen. Du siehst gut aus, und Moral ist nichts für Frauen wie uns.«

»Danke, Frieda, mein Schatz! Weil wir zwei das so sehen, haben wir uns von Anfang an verstanden. Das Leben in der Fremde ist schließlich teuer für zwei alleinstehende Frauen.« Grit lächelte süffisant. »Um das klar zu sagen, meine Damen: Weder meine Mutter noch ich haben je unsere Körper verkauft. Übrigens auch nicht unsere Seelen. Meine Mutter betrieb stets ein Etablissement für gehobenes gesellschaftliches Beisammensein. Keine Frage, meine Damen – ihr und mir wäre es lieber gewesen, wir hätten mit derselben Dekadenz wie unsere Vorfahren auf dem Schloss leben und unsere Knechte und Dienerinnen schikanieren dürfen.« Wieder ein abfälliges Lächeln.

Eine Frau wie sie war Henny selten begegnet. Sie schwankte zwischen Bewunderung dafür, wie strikt Grit verteidigte, wie ihr Leben verlaufen war.

Gleichzeitig empfand sie starke Empörung: »Bei unserem ersten Treffen im *Romanischen Café* hast du etwas gesagt, das mir auffiel. Ich ging darüber leider hinweg, ohne nachzufragen. Du sagtest: Deine Mutter wäre ein *praktisch veranlagter Mensch*, und du wärst es auch«, erinnerte sich Henny und musste lachen. »Für wie einfältig musst du uns gehalten haben, die wir Friedas guten Ruf und den ihrer damals ungeborenen Kinder schützen wollten!«

»Du klingst wie eine enttäuschte Liebhaberin, Henny!« Grit nahm einen weiteren winzigen Schluck Wein. »Was hast du erwartet, wen du bekommst, wenn du eine Scheinehe arrangierst? Eine Nonne?« Sie lachte.

»Sie lehnen es also ab, sich von Ihrer Mutter zu distanzieren?«, fragte Celia.

»Ich bin eine erfolgreiche Couturière mit eigenem Salon in bester Lage. Warum sollte ich die Aufmerksamkeit der Presse gerade jetzt auf mich ziehen?«

»Um von Freystetten Schaden abzuwehren«, sagte Henny.

Grit nahm einen letzten winzigen Schluck Wein und erhob sich. »Schaden? Der würde entstehen, wenn ich jemandem davon berichte, weshalb Franz von Freystetten und ich geheiratet haben. Was natürlich ein schreckliches Missverständnis ergeben würde. Denn in Wahrheit bin ich eine Wohltäterin. Ich habe selbstlos einer brandenburgischen Landadelsfamilie geholfen, ihren Nachwuchs in angemessenem Rahmen aufwachsen zu lassen.« Sie blickte Frieda an. »Selbstverständlich würde ich nie und nimmer erzählen, dass die Kinder deines Bruders deine sind, Frieda, mein

Schatz. Eine Wohltäterin tut so etwas nicht.« Sie sah triumphierend in die Runde. »So, ich muss los. Meine Damen, ich bedanke mich für das anregende Gespräch. Auf bald!« Sie ging festen Schrittes zur Tür. »Du musst dich nicht bemühen, Henny. Ich finde allein hinaus.«

»Ich fühle mich, als wäre ein Pferdefuhrwerk über mich hinweggefahren!«, rief Celia, sobald die Wohnungstür ins Schloss gefallen war.

Henny fiel auf, wie niedergeschlagen Frieda wirkte. Und sie erinnerte sich an das, was ihre Kusine zu Beginn gesagt hatte: Es wäre komplizierter, als es aussieht. »Was weiß Grit denn sonst noch, Frieda?«, fragte sie.

Ihre Kusine lächelte süßlich. »Ich habe mich fotografieren lassen. Bei Luises Fest.« Sie schlug die Augen nieder, als würde sie die verfolgte Unschuld spielen. »Ich hatte nur meine Haut am Leibe.«

»Du machst Scherze!«, rief Celia ungläubig.

»Wer ist Luise?«, fragte Henny mit wachsender Sorge.

»Grits Mutter. Ich dachte, du hättest ihren Namen in der Zeitung gelesen. Sie ist ein netter Mensch. Ich mag sie tatsächlich. Ich dachte, da ich Grit so gut kenne, dass wir unter Freunden wären. Es war ja auch nicht das erste Mal, dass ich nackig herumgesprungen bin.«

»Ja, ich weiß«, brummte Henny, die sie bei einem von Kurt Vollmers Festen im Eva-Kostüm erlebt hatte. »Dabei wurdest du sonst aber nicht fotografiert.«

»Ich dachte, Luise gehört im weitesten Sinn zur Familie. Freunde eben. Meine Güte, Henny, wir haben 1930! Die Leute wollen Spaß haben.«

»Was ist daran Spaß, wenn du in einem Bordell deinen entblößten Körper ausstellst?«, fragte Celia Fahrland. »Wir Frauen sind doch keine Anschauungsobjekte.«

Henny wollte sich gerade erkundigen, wie ein Fest bei

Luise ablief, als die Wohnungstür aufging. Ihre Tochter Vicky stürmte aufgedreht herein.

»Ich wurde vom wilden Affen gebissen!« Vicky alberte im Zimmer herum. »Meine schönen Musikerfinger, alle weg!« Sie tat, als würden sie fehlen.

»Euren langen Gesichtern nach zu urteilen, kommen wir wohl gerade richtig, um euch aufzuheitern«, sagte Antonia.

Celia Fahrland startete den Motor ihres Wagens. Sie wirkte auf Antonia fahrig, nicht ganz bei der Sache.

Dann brachen die Worte aus ihr hervor: »Toni, bei aller Sympathie für Frieda: Aber ein wenig verrückt ist sie schon!«

Celia lenkte den Wagen in Richtung Charité, wo in Kürze Antonias Nachtdienst begann.

»Als wir bei Kurt Vollmer Silvester gefeiert haben, hast du gemeint, sie wäre talentiert, aber überdreht«, erwiderte Antonia.

Die Vorgänge rund um Freystetten und die Vergangenheit der neuen Gräfin beschäftigten die Freundinnen weitaus weniger als Friedas Verhalten.

»Die Frage ist doch: Weshalb macht sie immer wieder Dinge, mit denen sie entweder sich selbst oder anderen Schaden zufügt?«, gab Celia zu bedenken.

»So sieht sie das nicht, Lia. Und ich glaube, es ist auch nicht so.«

»Tatsächlich?«

»Frieda will niemandem Schaden zufügen. Sie sprüht vor Lebenslust. Ihr sind die Konsequenzen egal.«

»So benehmen sich Kinder, Toni.«

»Mein Vater behandelt doch Soldaten, die im Krieg schwer verwundet wurden. Nicht nur körperlich. Das heilt, sagt er. Aber er sagt auch, dass die seelischen Wunden nicht heilen. Frieda war nicht im Krieg, aber sie hat unsichtbare Verletzungen, die der Krieg ihr beigebracht hat. Ich bin keine Psychologin. Wäre ich eine, würde ich sie behandeln.«

Celia stoppte den Wagen vor der Charité, um Antonia dort abzusetzen.

»Weshalb liebt sie es, von fremden Männern angestarrt zu werden, Lia? Ich verstehe so etwas nicht.«

»Weil sie als Kind in der Zeit, in der sie von ihrer Familie hätte beachtet werden müssen, um später ein normales Leben führen zu können, weder von ihrer Mutter noch ihrem Vater wahrgenommen wurde. Die waren damit beschäftigt, um Friedas im Krieg gefallene Brüder zu trauern. Das holt sie jetzt nach. Entsprechend geht es ihr bei ihren exaltierten Auftritten nicht so sehr um Erotik. Sondern meiner Überzeugung nach darum, Aufmerksamkeit auf sich zu lenken.«

»Meine Güte! Wie du das sagst, Toni. Mir läuft eine Gänsehaut über den Rücken. Wie kommst du zu solchen Einsichten?«

Antonia starrte auf das Portal der Charité, in das noch zu dieser späten Stunde viele Menschen gingen. Nicht eine Minute hatte sie an diesem Tag geschlafen, aber sie fühlte sich erfrischt wie nach einem Bad.

»Zum einen hat meine Mutter wegen Friedas Vergangenheit immer viel Verständnis für deren Ticks gehabt. Zum anderen war ich zuvor mit Vicky bei Sam. Ich hatte gehofft, ihm zeigen zu können, dass Zuneigung teilbar ist. Aber das stellte sich als falsche Annahme heraus; sie ist es nicht. Jede Kreatur braucht unendlich viel davon. Und wer sie nicht bekommt, leidet darunter. Sam und Frieda – so weit sind die nicht voneinander entfernt.« Sie lachte. »Ja, sag nur, dass ich auch einen Knall habe. Stimmt ganz gewiss.«

»Du hast keinen Knall, Toni! Du bist genau richtig, wie du bist!«

Celia gab ihr zum Abschied einen Kuss auf die Wange, und Antonia dachte, dass – bei allem Verständnis für Frieda – die Freystettener Hilfe brauchten. Darüber hätte sie noch mit Celia sprechen sollen, aber wieder einmal hatte die Zeit nicht gereicht.

Unter den dicken Verbänden war das Gesicht des Mannes im Krankenbett kaum zu erkennen. Die Nasen- und Mundpartie sowie ein Auge waren frei geblieben, der übrige Kopf bandagiert. Sein freies Auge hielt es kaum eine Sekunde aus, still zu stehen. Es wirkte auf Antonia, als suchte Adam nach einer Möglichkeit, dem Krankenbett zu entkommen, in dem er lag.

Es war später Abend, sie hatte ihn auf der Intensivstation ausfindig gemacht.

»Haben Sie Schmerzen?«, fragte Antonia.

»Ich halte es aus.«

»Ich darf Ihnen Medikamente gegen die Schmerzen geben.«

»Nein, danke. Mein Kopf muss klar bleiben.«

»Schmerzen vernebeln den Kopf, Adam.«

»Sie kennen meinen Namen?«

Er stand auch auf der Krankenakte: Adam Jacob Mills. »Wir sind uns schon einige Male begegnet.«

»Wirklich?«

»Silvester habe ich Ihre Einladung zu einem Kaffee ausgeschlagen.«

»Tut mir leid. Ich treffe so viele Menschen.«

»Schon gut. Meine Eitelkeit ist unterentwickelt«, sagte sie lächelnd.

»Und ich sehe aus wie Frankensteins Monster.«

»Ich hatte Ihnen auch gesagt, dass es schade um Sie wäre.«

»Ach, Sie waren das! Daran erinnere ich mich.« Sein offenes Lachen machte vergessen, in welcher Situation er sich befand. »Meinen Sie, ich werde wieder gesund?«

Sie blickte in die Krankenakte an seinem Bett. »Ja, werden Sie, aber es wird eine Weile dauern. Ihre Milz musste entfernt werden.«

»Was ist eine Milz?«

»Im Englischen heißt das Organ *spleen*. Sie werden in Zukunft gut auf Ihre Gesundheit achtgeben müssen. Denn ohne Milz hat Ihr Körper weniger Abwehrkräfte. Sie können schnell und sehr schwer krank werden.«

Sein Auge fixierte sie. »Wer sind Sie? Krankenschwester?«

»Ärztin. Ich habe Nachtdienst und muss gleich weiter.«

»Weshalb kennen Sie das englische Wort für Milz?«

Obwohl er Schmerzen hatte, folgte er dem Gespräch offenbar sehr konzentriert. Sie gestand sich ein, dass sie das nicht in gleichem Maße tat. Sie sah auf seine weichen, schön geschwungenen Lippen. Und riss sich zusammen.

»Ich habe in Daressalam an einem Krankenhaus gearbeitet.«

»Wo ist Daressalam?«

Sie bemerkte ihren Fehler: Nur, weil Adam schwarz war, hieß das nicht, dass er die afrikanische Landkarte kannte. »Tanganjika ist ein britisches Protektorat in Ostafrika. Aber das habe ich Ihnen schon einmal gesagt. Wir haben uns nämlich bereits früher getroffen. In einem Zug.«

»Tatsächlich? Ich erinnere mich nicht. Habe ich Sie da auch gefragt, wie Sie zum Kolonialismus stehen?«, fragte Adam.

»Ja, das haben Sie!« Sie lachte. »Sie sind mir der Richtige! Liegen kaputt darnieder und wollen über Politik sprechen.«

»Ich muss wissen, was Menschen denken.«

»Sonst?«, fragte sie.

»Sie sind mir sympathisch, aber ich bin gegen Unterdrückung.«

Das Gespräch machte ihr Spaß. Was für ein eigenwilliger Mann! »Ich kann Sie beruhigen: Ich unterdrücke niemanden. Aber auch das habe ich Ihnen damals gesagt.«

»Tut mir leid. Wie heißen Sie?«

Sie deutete auf ihren in den Kittel eingestickten Namen. »Thomasius.«

»Ihren Vornamen.«

Sie zögerte, die Warnung ihres Vaters im Ohr, sah den nun lächelnden Mund und sagte: »Antonia.«

»Antonia Thomasius ist ein langer Name.«

»Adam und Jacob, das klingt sehr christlich.«

»Meine Eltern sind Baptisten. Der Glaube gibt ihnen Halt in einer Welt der Unterdrückung.«

»Ihr Deutsch ist sehr gut. Sind Sie schon lange hier?«

»Im Sommer werden es drei Jahre. Ich studiere Germanistik an der Humboldt-Universität, weil ich Karl Marx im Original lesen wollte.«

»Die meisten Studenten hätten wohl gesagt: Weil sie Goethe im Original lesen wollen.«

»Nicht Goethe, Frau Thomasius – Heine. Auch seinetwegen musste ich Deutsch lernen.«

Er schloss das verbliebene Auge, wohl um sich zu konzentrieren. Und sie nutzte die Gelegenheit, ihn ungeniert anzustarren. Schon bei ihren früheren Begegnungen war ihr aufgefallen, wie attraktiv er war. Nun erfuhr sie außerdem, dass sich in seinem hübschen Kopf obendrein kluge

Gedanken verbargen. Am liebsten hätte sie ihm erneut gesagt, was sie ihm bereits Silvester gesagt hatte.

Da begann der sinnliche Mund, Worte zu formulieren, die sie zuerst erschreckten und dann verblüfften: »Warum schleppt sich blutend, elend, unter Kreuzlast der Gerechte, während glücklich als ein Sieger trabt auf hohem Ross der Schlechte?« Adam sah sie wieder an. »Kennen Sie das?«

»Nein«, gab sie zu. »Es gefällt mir. Das passt zu Ihrem Kampf gegen Unterdrückung.« Das plötzliche Ende seiner Rezitation hatte sie derart aus dem Konzept gebracht, dass ihr keine sinnvollere Erwiderung einfiel.

»Das ist aus Heinrich Heines Gedicht *Lazarus*«, belehrte der Amerikaner sie, die sich zu Schulzeiten vor allem für die naturwissenschaftlichen Fächer hatte begeistern können.

»Ich bin beeindruckt, aber ich muss gehen.«

Er verwirrte sie. Ein gutaussehender Mann, der ihr auf einem intellektuellen Gebiet überlegen war – damit musste sie erst umzugehen lernen.

»Ich sehe bald wieder nach Ihnen.«

»Wie nennt man Sie eigentlich? Antonia ist sehr lang.«

»Wollen Sie etwa mit mir flirten?«

»Sind Sie verheiratet?«

»Für einen kranken Mann klingen Sie sehr unternehmungslustig.«

Sie ging hinaus, und erst, als sie in der Notaufnahme gefragt wurde: »Weshalb lächeln Sie die ganze Zeit?«, wurde ihr bewusst, dass sie es tat.

WAS UNS HALT GIBT

— ◆ —

Mai 1930

Bei Henny hatte der Name Vicki Baum eine Zeit lang keine guten Gefühle hervorgerufen. Gewiss, sie hatte bewundert, wie diese zarte blonde Frau in einem nach Schweiß und Franzbranntwein stinkenden Boxkeller auf einen Punchingball eingedroschen hatte. Und ihr Roman *Menschen im Hotel* las sich in der Tat gut. Zumindest auf jenen wenigen Seiten, die Henny tatsächlich gelesen, bevor sie es abgebrochen hatte. Denn in diesem Buch hatte Henny auch immer eine Bedrohung ihrer Ehe gesehen, wollte Victor es doch im fernen Kalifornien verfilmen. Dort war er inzwischen längst eingetroffen und mit dem Entstehen eines ganz anderen Werks vollauf beschäftigt. Die Reise nach Amerika stand für sie und ihre Kinder nach wie vor an, sie würde aber nicht mehr wegen der Schriftstellerin erfolgen. Deshalb konnte Henny an diesem Abend ohne schlechte Hintergedanken Vicki Baum die Hand entgegenstrecken.

»Du hast dir Zeit gelassen«, stellte die Autorin mit hintergründigem Lächeln fest.

Henny war stets um korrektes Benehmen bemüht. »Bin ich unpünktlich?«

»Nur um ein paar Monate zu spät«, scherzte Vicki Baum.

Die beiden trafen sich an diesem Mai-Abend im Foyer des Theaters am Nollendorfplatz, einem Prachtbau, geschaffen für die großen gesellschaftlichen Anlässe. *Menschen im Hotel* lief hier seit vier Monaten als Theateraufführung. Es war die Sensation dieser Saison.

»Es war so viel zu tun«, versuchte Henny eine Rechtfertigung.

Und wurde durchschaut: »Dinge zu tun, die wir lieben, ist angenehmer als das Unumgängliche erleiden zu müssen.«

»Touché«, gab Henny zu.

Sie war fast einen Kopf größer als ihr Gegenüber. Sie beide gaben ein höchst unterschiedliches Paar ab.

Die Einladung zu diesem Abend hatte sie überrascht, denn zur Uraufführung war auch Victor nicht gebeten worden. Mit ihm hatte sie kaum noch über die Entwicklung gesprochen, die Roman und Autorin genommen hatten: Baum hatte selbst das Theaterstück geschrieben, was ungewöhnlich war. Die Regie hatte der aufstrebende Star am Theaterhimmel übernommen, ein Schauspieler namens Gustaf Gründgens, und das Publikum war ebenso hingerissen wie die Feuilletons. Was also hatte Frau Baum im Sinn, wenn sie Henny nun einlud? So war sie denn auch aus Neugier gekommen, schließlich hatte Victor die Filmrechte behalten.

Der Vorhang ging hoch, auf der Bühne saß eine Vielzahl Telefonistinnen und nahm Anrufe entgegen, ein Geschnatter von Stimmen, wobei sich die Anliegen verschiedener Menschen herauskristallisierten. Offenbar war dies die Telefonzentrale eines Hotels. Applaus brandete bereits nach dieser ersten kurzen Szene auf und nahm kein Ende.

Oben in der Loge schräg oberhalb der Bühne sagte die Schriftstellerin zu Henny: »Was habe ich um dieses Bild gekämpft! Genau so will ich es auch im Film haben.«

Henny verstand. Das Theaterstück sollte sie einstimmen auf den Film. Aber hatte es nicht geheißen, das Geld dafür wäre nicht mehr da? Hatte Victors Mutter Florentine ihre hochfliegenden Pläne nicht wegen der Wirtschaftskrise aufgegeben? Henny gestand sich in diesem Augenblick ein, dass sie die Angelegenheit zu sehr auf die leichte Schulter genommen hatte. Es ging alles weiter, nur sie hatte sich nicht darum gekümmert. Henny hatte schlichtweg zu verdrängen versucht, dass sie ihre Praxis deswegen verlassen müsste.

»Es gibt inzwischen eine Version meines Stücks, die in New York läuft«, berichtete Frau Baum in der Pause.

Die Damen verbrachten sie in der Loge, denn die berühmte Frau mied jedes Aufsehen um ihre Person, womit sich der Gang an die Bar im Foyer von selbst verbot.

»Ich habe einen Agenten in den USA, einen Ungar, ein rühriger Mensch«, berichtete die Schriftstellerin in dem Wiener Zungenschlag ihrer wahren Heimat, der selbst bedeutende Ereignisse in Alltäglichkeiten verwandelte. »Er sagt, das Stück läuft am Broadway. Ich habe gehört, das wäre eine Gegend, wo die Gangster aufeinander schießen. Ist vielleicht ganz passend, hier in Berlin ist es auch nicht viel anders.«

Da für Henny die Zeiten, zu denen sie in der größten Stadt der Welt gelebt hatte, ebenfalls lange zurücklagen, konnte sie nur vorschlagen, dies bei nächster Gelegenheit vor Ort zu überprüfen.

»Victor hat mir leider nichts davon berichtet«, sagte sie.

»Ich verstehe nicht so ganz, weshalb er jetzt schon gefahren ist«, gab Vicki Baum zu bedenken. »Es gab doch bereits einen Aufnahmeleiter für den Film von Frau Dietrich.«

Das war eine neue Sicht der Dinge! Victor hätte sich demnach aufgedrängt, um mit nach Amerika reisen zu können?

»Er ist eben der Beste in seinem Fach«, nahm sie ihn

rasch in Schutz, um sich nicht die Blöße der Uninformiertheit zu geben. Anrufen konnte sie ihn schließlich nicht im fernen Los Angeles.

Aber die Zweifel blieben. Gewiss, die Schriftstellerin mochte ein haltloses Gerücht wiedergeben. Wie vertraut war sie denn im Umgang mit den Filmschaffenden? Allerdings ließ Victors viel zu überstürzter Aufbruch in der Nacht und seine Äußerung *Ich brauche nicht viel* auch den Schluss zu, dass es stimmte. Dann hätte Victor die erstbeste Möglichkeit genutzt, um fortzukommen. Fort – von wo? Aus der Ehe? Ein hässlicher Gedanke, den sie versuchte fortzuschieben, weil er klein machte, was so groß und schön war. Aber es war kompliziert, Vater zu sein und gleichzeitig Erfolg im Beruf zu haben, an der Seite einer Frau, die selbst einer fordernden Tätigkeit nachging. Hatte sie zu viel von ihm verlangt?

Die Theatervorstellung ging vorüber, und Henny war in ihren Gedanken woanders. Erst, als sie sich später verabschiedeten, stellte sie die Frage, die sie wohl gleich hätte loswerden sollen: »Woher weißt du eigentlich, dass es bereits einen Aufnahmeleiter gab?«

»Von Kurt Vollmer. Er beriet mich ein wenig dramaturgisch beim Verfassen des Theaterstücks. Seitdem trafen wir uns gelegentlich. Er wollte auf keinen Fall ohne Victor nach Amerika und bestand darauf, dass Victor mitkäme.«

Die nächste Frage brannte Henny auf dem Herzen, obwohl sie die Antwort fürchtete: »Weißt du, wann es feststand, dass sie am 1. April fahren?«

»Das war wohl Mitte Februar. Ich traf Frau Dietrich im Boxstudio. Sie fand die Aufnahmen von sich so schrecklich. Sie sagte, dass sie keinen Tag nach der Premiere ihres *Nuttenfilms* in Berlin bleiben könne. Die Leute würden sich das Maul über sie zerreißen.« Frau Baum lachte. »Sie ist viel prüder, als man denkt. Eine Preußin eben.«

Henny fragte nicht mehr weiter, ging nachdenklich durch die Berliner Nacht, in der die Neonreklamen leuchteten, die Autos lärmten und die Menschen feierten.

Sechs Wochen – und Victor hatte kein Sterbenswörtchen gesagt! Erst ganz zum Schluss, als es nicht anders ging, war er mit der Wahrheit herausgerückt. Feigling! War er so schwach, sich nicht zu trauen, ihr zu sagen: Henny, das ist wichtig für mich. Oder das Gegenteil: Kurt, meine Familie ist mir wichtiger, das habe ich Henny versprochen.

Henny wusste nicht, ob sie vor Wut heulen sollte oder aus Enttäuschung. Sie versuchte, es ganz zu lassen, biss sich auf die Lippen, und erinnerte sich an das, was sie sich am Tag ihrer Hochzeit vorgenommen hatte: um ihre Ehe zu kämpfen. Es war nur schwer, dies zu tun, wenn viele tausend Kilometer zwischen ihr und Victor lagen.

»So eine Freude, deine Stimme zu hören!«

Hennys Schwiegermutter klang am Telefon jünger, als sie war. Mit ihren achtundsechzig Jahren war Florentine Vandenberg offenbar der von Blüte zu Blüte taumelnde Schmetterling geblieben, als den Henny sie stets vor sich sah.

»Ich wollte mein Kommen für den Herbst ankündigen«, sagte Henny.

Im Umgang mit ihrer Schwiegermutter hatte sie gelernt, dass es sich empfahl, das eigene Ziel direkt anzusprechen, denn Florentine neigte dazu, rasch das Interesse zu verlieren.

»Mein Haus steht dir offen, *darling*.«

Henny hatte die Lage am Central Park auch deshalb genossen, weil es dort schon vor zehn Jahren ganz in der Nähe eine U-Bahn-Haltestelle gegeben hatte.

»Diese Wirtschaftskrise, diese schreckliche Krise! Ich musste einige meiner Apartments verkaufen.«

»Somit wirst du auch nicht Victors Film finanzieren?«, fragte Henny und unterdrückte jeden Anschein, Hoffnung mitklingen zu lassen.

»Natürlich werde ich das! Geld geht, Geld kommt. Optimismus, *darling*. Leider weiß man in Deutschland nicht, was das ist. Ich werde immer ganz trübsinnig, wenn ich in Berlin bin. Ihr hattet eine schöne Hochzeit, nehme ich an. Vermisst hat mich wohl niemand, nicht wahr?«

Henny war zu höflich, um ehrlich zu antworten. »Aber Victor hat dich besucht, als er in New York war?«

»Wir trafen uns zum Tee im Waldorf Astoria, um über seinen Film zu reden. Er und diese Leute vom Film mussten gleich zum Zug. Was hatten die es eilig! Ich nehme es ihm nicht übel, so bin ich ja auch. Ich weiß allerdings noch nicht, ob ich *in town* sein werde, wenn du kommst. Ein befreundetes Ehepaar hat ein Haus in den Hamptons. Sie waren schon lange nicht mehr da und flehen mich an, mit ihnen Zeit in ihrem Haus am Strand zu verbringen. Ich glaube, sie langweilen sich sonst. Hahaha.«

»Ich bringe deine Enkel mit, Florentine. Du kennst Leo noch nicht.«

»Du grausame Person! Du setzt mich richtig unter Druck. Gut, ich werde da sein! Und wenn das so ist, dann mache ich mein Versprechen natürlich auch wahr.«

»Dein Versprechen?«

»Dass ich nach Los Angeles mitkomme, wenn unser Film gedreht wird. Ich muss dich und Victor doch unterstützen.«

Unser Film. Henny ließ das ohne weitere Bemerkung stehen. Victor würde seine Freude haben: Seine Mutter würde ihm stets in alles hineinreden. Wie sich das auf ihre eigene Familie auswirken würde, blieb abzuwarten. Aber wie hatte Florentine gesagt: Optimismus! Schließlich ging es weniger um einen Film als vielmehr um ihre Ehe.

Die Tage flogen dahin und auch die Nächte. Antonia dachte oft an den Patienten auf der Intensivstation der Chirurgischen, aber sie kam nicht dazu, Adam zu besuchen. Dann schaffte sie es doch, aber da war er verlegt worden. Sich nach ihm zu erkundigen, wäre aufgefallen, und diese Art von Auffälligkeit tat dem Ruf einer jungen Assistenzärztin nicht gut. Schließlich fand sie ihn nur deshalb in einem Mehrbettzimmer, weil einer der Patienten mitten in der Nacht über starke Leibschmerzen klagte. Ein entzündeter Blinddarm war nicht erkannt worden und durchgebrochen. Sie assistierte im OP, und erst als der Morgen graute, fiel ihr ein, dass sie Adam besuchen wollte.

»Wie geht es Ihnen?«, fragte sie mit dem schlechten Gewissen eines Menschen, der sich vorgenommen hatte, auf einen anderen aufzupassen. Zumindest ein wenig. Und auch nicht ganz uneigennützig. Denn so, wie er nun vor ihr in einem Bett saß, von dessen Metallgestell die Farbe abgestoßen war, meldete sich in ihrem Herz jenes Gefühl zurück, das sie stets in seiner Nähe empfunden hatte.

Adam beantwortete ihre Frage nicht. Er stellte eine eigene. Das kannte sie schon von ihm.

»Was denken Sie, wenn Sie mich so ansehen?«, fragte er.

Sein Gesicht war wieder verheilt, bis auf eine Narbe auf der Stirn, die genäht hatte werden müssen. Die rosafarbene Naht prangte auf der dunklen Haut wie ein Abzeichen, das er für seine Tapferkeit erhalten hatte. So empfand sie es, wusste jedoch gleichzeitig, dass die Leute das anders beurteilen würden: Schläger trugen Narben.

»Ich denke, Sie sollten Ihr Leben ändern«, sagte sie.

»Kennen Sie mein Leben?«

»Wenn ich Sie treffe, rennen Sie vor der Polizei fort, werden von SA-Männer weggeschleppt oder liegen schwer verletzt hinter einem Pissoir. Jedes Mal verlieren Sie dabei Ihren Hut, und ich gebe ihn Ihnen zurück.«

»Das ist sehr freundlich von Ihnen. Aber das ist nicht mein ganzes Leben.«

»Jetzt bin ich richtig erleichtert.« Sie grinste. »Halten Sie mich eigentlich noch immer für eine Unterdrückerin?«

»Sie haben eine schlechte Meinung von mir. Das verstehe ich, Antonia.«

Sie hatten sich bislang nicht darauf geeinigt, wie er sie anreden durfte. Aber ihr gefiel die Art, wie er es tat, das dunkel betonte O fiel gewissermaßen nach unten. Es wirkte so ernst.

»Darf ich Sie noch einmal zu einem Kaffee einladen?«, fragte er. »Natürlich nach meiner Entlassung morgen«, schob er nach. »Feiern Sie mit mir meine Freiheit. Bitte.«

Sie hatte tatsächlich am nächsten Tag keinen Dienst, aber der Nachmittag gehörte Vicky und Sam. Blieb nur der Abend.

Antonia hatte es für eine gute Idee gehalten, sich mit Adam im *Haus Vaterland* zu verabreden, einem Vergnügungspalast mit zahlreichen Restaurants am Potsdamer Platz. Denn dort gab es die *Arizona-Bar*. Schließlich war er Amerikaner, hatte vielleicht Heimweh, und sie beide gleich ein schönes Gesprächsthema an einem unverfänglichen Ort. Denn nach einem Rendezvous sollte dieses Treffen nicht aussehen. Sie wollte ihn erst mal nur etwas besser kennenlernen und anschließend herausfinden, ob oder wie es weitergehen würde. Ein Mann wie er lief ihr nicht alle Tage über den Weg. Da war es schon sinnvoll, die übliche sprunghafte

Vorgehensweise beiseitezulassen und planvoll zu agieren. Sie hatte dafür den Besuch mit Vicky bei Sam verkürzt, sich die Haare beim Friseur machen lassen und ein hübsches Kleid angezogen.

Nun ja, vielleicht war es doch so etwas wie ein Rendezvous …

Jetzt blickte Adam, der Gentleman im Anzug und mit Hut, auf die *Arizona-Bar*, zog die Mundwinkel nach unten und schüttelte den Kopf. »Im echten Arizona dürfte ein weißer Mann seinen Colt nehmen und mich totschießen, wenn ich so eine Bar betrete.«

Ihr fiel sekundenlang nichts mehr ein. Von solchen Zuständen hatte sie nichts gewusst. »Wirklich?«, fragte sie verdutzt zurück, und setzte unwillkürlich hinzu: »Das tut mir leid.«

»Mir auch«, sagte er.

Wie meinte er das? Den Umstand, dass in Arizona ein weißer Mann einen schwarzen erschießen konnte? Oder so, wie sie ihre Bemerkung verstanden wissen wollte: dass es die falsche Wahl für ihr Treffen war. Plötzlich mutete kompliziert an, was einfach gedacht gewesen war.

»Ich weiß nicht einmal, wo in den USA Arizona liegt«, gestand sie und fühlte sich sehr unwohl. All ihre Spontanität – wie weggeblasen!

»Weit im Westen, dürres Land, viel Sonne, kaum Regen«, beantwortete er ihre Frage.

»So etwas kenne ich aus Afrika«, sagte sie.

»Und? Mochten Sie es?«

»Ja. Es hat mich Demut gelehrt, weil ich dort fast verdurstet wäre. Es aber nicht bin.«

Adam sah sie mit anderen Augen an, neugierig, interessierter. »Verdurstet? Wie konnte es dazu kommen? Sie sind weiß.«

»Auch Weiße brauchen Wasser.«

»Sorry. So meinte ich das nicht. Ich wollte sagen …«

»… dass weiße Unterdrücker nicht in die Lage kommen können zu verdursten. Das habe ich schon verstanden. Können Sie durchaus, wenn Sie ein Flugzeug besteigen, weil sie Afrikaner impfen wollen und ihnen dann in der Luft der Treibstoff ausgeht.« Sie standen nach wie vor an der *Arizona-Bar*, und Antonia blickte sich um. »Was machen wir nun mit dem angebrochenen Abend?«

Adam schob sich den Hut ein Stück in den Nacken, wobei er unabsichtlich seine Stirnnarbe freilegte. »Wir gehen in diese Bar, weil ich das nur hier in Berlin darf. Im echten Arizona würde man auch keinen Jazz spielen, weil es *Neger-Musik* ist.« Er blickte auf die Bierhumpen auf den Tischen. »Und das gäbe es auch nicht, weil wegen der Prohibition Alkohol verboten ist. Und vor noch etwas warne ich Sie: Amerikanischer Kaffee ist sehr dünn.«

Sie konnte sich ein Grinsen nicht verkneifen: »Gibt es auch etwas, das Sie an Ihrem Land mögen?«

Die Bar war sehr voll. Antonia mochte die entspannte Stimmung, die auch auf ihren Begleiter abfärbte. Adam war wie ausgewechselt und zeigte ein offenes, wie befreit wirkendes Lachen.

Und er sprach aus, was ihr nicht aufgefallen war: »Sehen Sie, ich bin der einzige schwarze Mann.«

Die Jazz-Musik wurde von einer weißen Combo gespielt.

Sie setzten sich an einen Tisch, und Antonia meinte, ihren Augen nicht zu trauen: Ein Schwarzer, klein und mit freundlichem Lächeln, brachte die Speisekarte. Da sie in Afrika gelernt hatte, Gesichtsformen zu unterscheiden, war sie fast sicher, dass der Ober von der Küste Tanganjikas stammte.

»Meine Dame, mein Herr, was darf ich Ihnen bringen?«, fragte er in einwandfreiem Deutsch.

Auch Adam stutzte, war seine Behauptung, der einzige Schwarze zu sein, doch gerade widerlegt. »Arbeiten Sie freiwillig hier?«, fragte er in recht barschem Ton.

»Ja, mein Herr.« Der Ober seinerseits schien über Adams Anwesenheit keinesfalls verwundert. »Ich habe vor ein paar Wochen angefangen, mein Herr.«

»Woher kommen Sie?«

»Aus Daressalam, mein Herr.«

»Waren Sie ein Sklave?«

Antonia war sein bohrender Ton unangenehm. »Dort gibt es schon lange keine Sklaven mehr«, sagte sie rasch.

Das Gesicht des Obers leuchtete in glücklichem Lächeln. »Darf ich mich vorstellen? Bayume Husen ist mein Name. Ich war Effendi in der Schutztruppe Seiner Majestät des Kaisers.« Aus seinen Worten sprach der Stolz.

Antonia rechnete rasch nach: Die Schutztruppe hatte es bis 1918 gegeben, und ein Effendi war dort für Afrikaner der höchste Rang gewesen. Das alles war zwölf Jahre her. Aber der Mann schien keine dreißig zu sein, eventuell also jünger als sie. Wie konnte er das geschafft haben?

Sie sah in Adams Gesicht, dass das Treffen eine andere Wendung zu nehmen begann, als er es sich erhofft hatte. Und sie auch. Darum fragte sie nicht nach, was es mit dem Leben des Ostafrikaners auf sich hatte.

»Wissen Sie, was das ist: *French Fries*, *Hamburger*, *Ketchup?*«, fragte Adam.

Sie wollte nicht, dass er nachhakte. Denn der Anlass für ihren New-York-Aufenthalt, die Krebsoperation ihrer Mutter, gehörte zu ihren schlimmsten Erinnerungen. Und so nickte sie nur schweigend.

Bayume Husen servierte nun, was Adam bestellt hatte.

»Das ist Coca-Cola«, erklärte er. »Das kommt aus derselben Stadt wie ich. Es heißt, die weißen Intellektuellen trinken es, weil es den Geist anregt. Wie schmeckt es Ihnen?«

»Ungewohnt.«

»Deutsches Bier ist besser.« Er grinste. »Und das deutsche Essen. Ich mag Königsberger Klopse.«

»Amerikanisches Essen ist unkompliziert«, sagte sie. Als junges Mädchen, mit der Fremde hadernd, hatte sie es nicht gemocht.

»Amerikanisches Essen geht schnell, weil niemand Zeit hat. *Time is money*, sagt man bei uns.«

»Ist die deutsche Lebensweise einer der Gründe, hier zu sein?«

Er sah auf ihren Mund, als er sagte: »Deutsche Frauen sind ganz anders als die in den USA.«

»Sie sind Experte darin?«, neckte sie ihn.

Er blickte sie forsch an. »Nein, kein Experte. Aber vielleicht helfen Sie mir, ein Experte zu werden.«

»In was denn?«

»Darin, die Liebe zu finden.«

»Adam, Sie sind sehr direkt. Fällt das unter *time is money?*«

»Nein, das fällt unter *life is too short to be unhappy*.«

»Liebe macht nicht nur glücklich.«

»Oh, spricht jetzt eine Expertin?«

Er griff nach ihrer Hand. Sie ließ es zu.

»Darauf möchte ich nicht eingehen«, wich sie aus.

Ihr war klar, dass sie irgendwann auch über Ben würde sprechen müssen. Aber nicht an diesem Abend. Stattdessen brachte sie ihn dazu, von seiner Heimat zu erzählen. Voller Liebe berichtete er von seiner großen Familie.

»Sie vermissen *Mom* und *Dad*, das höre ich. Und die beiden werden Sie vermissen.«

Adam schüttelte den Kopf. »Ich habe acht Geschwister. Es fällt nicht auf, dass ich fort bin. Vermissen werde ich Sie, Antonia. Wann darf ich Sie wiedersehen?«

»Sie kennen mich zu wenig, um mich zu vermissen.«

»Doch, ich glaube schon, dass ich das tue. Sie sind hübsch, klug und ein guter Mensch.«

Das scheinen Sie auch zu sein, hätte sie gern erwidert, aber das wäre wohl doch zu übereilt gewesen. »Sie machen viele Komplimente«, sagte sie stattdessen.

»Aber Sie mögen nicht, dass ich Kommunist bin.«

»Als junges Mädchen war ich es auch. Ich bin mit der roten Fahne zu den Soldaten gegangen und habe ihnen gesagt: ›Werft eure Waffen weg!‹« Sie lachte.

»Haben sie es getan?«

»Ja, das haben sie. Weil man ihnen gesagt hatte, dass alle anderen es auch getan hatten. Es war ein gutes Gefühl, dass sie mich ernst nahmen. Es war mir auch ernst. Ich bin in Kriegszeiten erwachsen geworden, und dies geschah am letzten Tag dieses Kriegs.«

Sie piekte eine letzte *french fry* mit der Gabel auf. Sie war weich und sah nicht mehr nach einem Gaumenschmaus aus.

»Kartoffeln. Im Winter, als ich siebzehn war, haben die Menschen sich darum geschlagen, weil sie so hungrig waren. Heute weiß ich, dass sie das zur gleichen Zeit auch in Moskau taten. Der Kommunismus hat es nicht besser gemacht.«

»Das liegt nicht am Kommunismus, Antonia. Karl Marx hat es in etwa so gesagt: Es sind die gesellschaftlichen Umstände, die das Bewusstsein der Menschen bestimmen. Darum all die Gewalt«, sagte Adam.

»Der Mensch als Ergebnis seiner Umgebung?«, fragte Antonia. »Ich weiß nicht, ob ich da mitgehe. Sind es nicht die Werte, nach denen wir erzogen wurden, die uns formen?«

»Fangen Sie bitte nicht mit der Religion an!«

»Ich weiß, ich weiß!« Sie lachte. »Opium für das Volk, werden Sie gleich sagen. Ich bin nicht sehr gläubig, aber meiner Großmutter hat der Glaube immer Halt gegeben. Jeder Mensch braucht einen Halt.«

»Ein großes Ziel wie die Umwandlung der Gesellschaft gibt Halt«, stellte er fest.

»Wir sitzen hier, weil Sie dieses Ziel fast umgebracht hätte.«

»Stand es so schlimm um mich?«

»Sie hatten innere Blutungen, an denen Sie fast gestorben wären.«

»Dann kamen Sie und retteten mein Leben.«

»Das hat der Chirurg im OP gemacht. Ich habe Sie nur gefunden.«

»Waren Sie zufällig dort?«

Sie stockte. Sollte sie gestehen, dass sie sich um ihn, die Zufallsbekanntschaft, Sorgen gemacht hatte?

Er bemerkte ihr Zögern. »Was taten Sie am Morgen auf dem Alexanderplatz?«

»Herrgott noch mal! Ich habe Sie gesucht!«

Er nahm ihren Kopf in beide Hände, zog ihn sanft zu sich heran und kam ihr dabei entgegen. Seine Lippen legten sich weich auf ihre. Es fühlte sich an, als dauerte dieser unwirkliche Moment eine Ewigkeit.

»Warum haben Sie das getan? Sie hätten fragen müssen, ob Sie das dürfen«, sagte sie etwas außer Atem.

»Weil nur dieser Kuss die Antwort sein kann.«

»Auf welche Frage?«

»Darauf, was uns Halt gibt, Antonia. Ich wünsche mir, dass wir uns gegenseitig Halt geben.«

Es ging auf Mitternacht zu. Antonia reichte Adam die Hand, um Auf Wiedersehen zu sagen. Die folgenden Tage waren voll – wieder Nachtdienste –, und Adam stellte die erwartbare Frage, auf die sie keine Antwort wusste.

»Ich muss Sie wiedersehen, Antonia. Wann?«

Gerade fuhr ein Bus vorbei, dessen an der Front ausgewiesenes Ziel eine Antwort vorschlug. Aber sie war sich nicht sicher, ob es eine gute Idee war, die ihr damit eingeflüstert wurde.

Sie sagte es dennoch: »Ich gehe in zwei Tagen in den Zoologischen Garten. So gegen acht Uhr am Morgen, wenn mein Dienst zu Ende ist.«

»Im Zoo? So früh? Helfen Sie dort?«

Er schätzte sie offenbar richtig ein.

»Wenn Sie um acht am Elefantentor sind, werden Sie es erfahren!«

In diesem Augenblick kam Adams Bus. Blitzschnell hauchte er ihr einen Kuss auf die Wange. »Ich werde dort sein!« Er sprang auf die offene Plattform, hielt sich mit einer Hand an der Stange fest und winkte.

»Passen Sie auf sich auf!«, rief sie, aber das konnte er wegen des lauten Busmotors wohl kaum gehört haben.

Als sie sich umdrehte, blickte sie in das fröhliche Gesicht des Mannes aus Daressalam, der ebenfalls auf einen Bus wartete. Sie gab sich Mühe, ihre Verliebtheit zu verbergen. In Tanganjika zeigte man seine Gefühle nicht offen.

»Wie schön, dass wir kurz plaudern können«, sagte sie. »Was führt Sie nach Berlin? Das habe ich nicht gefragt.«

»Wie freundlich von Ihnen, meine Dame. Ich kam, um den Sold meines Vaters und den meinen abzuholen. Er wurde uns vorenthalten.«

»In der Schutztruppe? Da müssen Sie sehr jung gewesen sein.«

»Nicht sehr jung, meine Dame. Ich war schon dreizehn, als ich Soldat wurde. Ich lernte sehr viel bei der Schutztruppe. Es war eine gute Zeit. Und nun sagt man, es wäre zu lange her, um mir den Lohn meines Vaters und meinen zu geben. Darum arbeite ich als Ober. Das ist eine ehrenvolle Tätigkeit. Leider verdient man wenig.«

Herr Husen lächelte, und Antonia dachte an das, worüber Adam und sie gesprochen hatten – den Halt im Leben. Dieser Mann war mehr als zehn Jahre nach Kriegsende den Weg, um dessen Länge sie selbst wusste, nach Berlin gekommen, um Sold einzufordern, den er nicht mehr bekam. Und er erzählte davon mit einem Lachen.

Als sie sich verabschiedet hatte und den Bus nach Hause nahm, dachte sie, dass Adam und Herr Husen womöglich den gleichen Halt im Leben hatten. Es war der Optimismus, ein eigentlich unmögliches Ziel erreichen zu können.

Wenn sie sich tatsächlich in Adam verliebt hatte, was sie noch nicht so genau wusste, würde diese Liebe etwas ebenso Unmögliches darstellen. Ein Mann, der sein Leben in den Dienst einer nicht mit Händen zu greifenden Idee stellte. Und sie, die pragmatisch handelnde Frau. Das Verrückte daran war, dass sie nur deshalb zusammengefunden hatten.

KANN GELD LACHEN?

— ♦ —

Mai 1930

Die Tulpen-Magnolien im Vorgarten der Villa Kögler blühten in verschwenderischer Pracht, und die Vögel in den Bäumen der Prinzregentenstraße zwitscherten. Es war Anfang Mai, die Natur entfaltete neue Kraft. Und in diesem Zimmer, in dem nur ein schweres Atmen zu hören war, dachte die Ärztin Ricarda über den Tod nach.

Auf welch vielfältige Art er in das Leben trat, um ihm ein Ende zu bereiten! Bei ihrer ersten Begegnung in Freystetten, als sie ein Kind gewesen war, hatte er sie überrascht. Fassungslos hatte sie erleben müssen, wie der Tod ihre Schwester geraubt hatte. Als Medizinerin hatte sie mit seinem Kommen gerechnet und gegen ihn gekämpft – oft vergeblich. Manches Mal war es ihr gelungen, ihm Monate, gar Jahre, abzuringen. Nun halfen Schwiegermutter Ricarda ihre Kenntnisse nicht weiter, als sie an Sophies Bett saß und nur ihre Hand halten konnte.

Kollege Dehmer hatte sie vor zwei Wochen in seiner eleganten Klinik am Englischen Garten empfangen, um sich mit ihr zu besprechen. Er hatte kein Blatt vor den Mund genommen. Wie man eben so spricht unter Kollegen, wenn die Patientin nicht dabei ist: »Mehr als Morphium gegen die Schmerzen zu geben, können wir nicht. Zu spät. Metastasen überall.« Er hatte ihr die Röntgenbilder gezeigt. Und dann die Floskel, die durchaus richtig und gleichzeitig von schmerzhafter Hilflosigkeit war: »So ein junger Mensch. Das ist jedes Mal erschütternd.«

Ricarda hatte nicht geantwortet, dass sie dasselbe am eigenen Leib durchgemacht hatte. Sie hatte sich nur – wie jede Angehörige auch – das Rezept für das Morphium geben lassen.

Die neue Medikamentenverordnung war streng, selbst das früher frei verkäufliche Kokain fiel nun darunter, was Ricarda richtig fand. Zumindest durfte sie Sophie die Spritzen verabreichen. Ausnahmsweise. Ricarda war Rentnerin, eine Erkenntnis, mit der sie sich noch nicht ganz zurechtgefunden hatte.

Die keinen Ausweg duldende Diagnose hatte sie ihrer Schwiegertochter vorenthalten. Mochte Hoffnung objektiv auch nicht mehr vorhanden sein, so half sie, schwere Tage zu überstehen. Es gab dafür eine Formulierung, die Ärzte gern benutzten: »Die Aufnahmen sind nicht eindeutig.«

Sophie war bleich, die Wangen eingefallen. Sie schlug die Augen auf, aber sie blickte durch Ricarda hindurch. »Gott straft mich«, sagte sie matt.

Eine Ärztin bekam diese Worte oft zu hören. »Niemand kennt Gottes Willen«, erwiderte Ricarda.

»Es steht in der Bibel, weil es Gottes Wort ist«, sagte die Kranke. »Du sollst nicht töten. Ich habe getötet.«

»Es war ein Unfall, Sophie.«

Georg hatte – wie Henny es von ihm erbeten hatte – seine Mutter in die wahren Abläufe eingeweiht.

»Nein, das war es nicht.« Sophie blickte zur Decke.

»Möchtest du, dass ich einen Geistlichen rufe?«, fragte Ricarda.

Sie hielt es für falsch, wenn jenes Geständnis, das Sophie ablegen wollte, an sie gerichtet wäre. Als Georgs Mutter war sie parteiisch, während sie zu Sophie kaum eine tiefere

Beziehung aufgebaut hatte. Sie war auch nicht vorrangig wegen ihr hier, sondern wegen ihrer Enkel und ihres Sohnes, die in dieser Notlage ebenfalls Beistand brauchten. Georg war an diesem Vormittag in seinem Büro in der Brauerei, die Jungen hatten noch Schule.

»Du bist Georgs Mutter, Ricarda. Dir muss ich alles sagen, damit du verstehst, was ich getan habe.«

»Ich höre dir zu.«

»Du sollst nicht ehebrechen. Das ist Gottes Wort«, sagte Sophie. »Georg brach unsere Ehe. Als er heimkam nach dem Krieg, war er ein anderer Mensch geworden.«

Er war traumatisiert gewesen. Dank Siegfrieds Erfahrung mit Soldaten, die in ähnlichem Maße psychisch erkrankt waren, war es Ricarda letztlich gelungen, ihm zu helfen. Dabei hatte sie auch Georgs großes Geheimnis erfahren.

Sophie sprach es nun direkt an: »Georg sah mich nicht mehr. Er hatte nur Augen für Anselm. Wie sollte ich gegen einen Menschen bestehen, der ihm im Krieg ein Seelenfreund geworden war? Und mehr als das.« Tränen liefen aus ihren Augenwinkeln. »›Wir können zu dritt glücklich sein.‹ Das sagte Georg immer wieder. Ich habe es versucht, aber ich konnte es nicht.«

»Ich weiß, dass Georg dich liebt. Ihr habt zwei Jungen.«

Wie hilflos sie klang! Sie wusste es, und trotzdem fiel ihr kein anderer Trost ein. Denn die Anzahl der Kinder, die aus dieser Ehe hervorgingen, besagte nichts über die Liebe zwischen Georg und Sophie.

»Ihr kennt euch seit Kindertagen, Sophie«, fuhr sie fort. »Auch eure Seelen sind ineinander verschlungen.«

»Das machte es ja so schwer, alles auszuhalten!«, rief Sophie. »Ich konnte es nicht mehr ertragen. An jenem Tag kam er von der Jagd, aber nicht mich umarmte er zuerst, sondern Anselm. Ich ging zu ihm, um ihn zu fragen: ›Wie war die Jagd? Was hast du uns mitgebracht?‹ Und seine Hand lag …« Sie verstummte, setzte neu an. »Ich weiß nicht, was ich tat. Ich weiß nur, dass ich dachte: Es muss sofort aufhören. Und das denke ich bis heute. Auch wenn Anselm tot ist, lebt er zwischen Georg und mir weiter. Ich werde niemals seinen Platz einnehmen können. Was ich tat, hätte ich nie tun dürfen. Nicht nur, weil ich gegen Gottes Gebot verstoßen habe. Es war unsinnig, denn in gewisser Weise konnte ich Anselm nicht töten. Die Erinnerung an ihn lebt ja weiter in Georg.«

Während sie sprach, liefen die Tränen unaufhörlich.

»Hast du Georg das, was du mir gerade gesagt hast, ebenfalls gesagt?«

»Nein. Er hat zu mir gehalten. Er hat alles stumm ertragen. Die langen Jahre im Gefängnis. Er hat gebüßt. Ich werde ihm keinen Vorwurf machen für das, was war.«

Mit welchen Qualen Sophie sich herumschlug! Gab es denn gar keinen Trost für sie? Ricarda fiel nur eine Lösung ein, aber darüber musste sie zuerst mit Georg sprechen.

»Gib mir mehr Morphium, Ricarda, bitte«, sagte die Kranke. »Ich weiß, es lähmt die Atmung, sodass ich sterben kann. Denn etwas anderes als der Tod erwartet mich nicht mehr.«

»Es tut mir leid, Sophie, das kann ich nicht tun. Ich darf dir jedoch helfen, deine Schmerzen leichter zu ertragen.«

Sophies Wunsch nachzukommen, war eine Straftat. Nicht nur das: Ricarda war der Überzeugung, dass es für ihre Schwiegertochter zu früh war, sich aus dem Leben zurückzuziehen.

Schon während der Fahrt mit dem Zug von Berlin nach München hatte sich Ricarda mit einem Gedanken herumgeschlagen, zu dem ihr die Lösung erst kurz vor dem Ziel in den Sinn gekommen war. Sie hatte ihre Idee Georg vorgeschlagen, der sie abgelehnt hatte: »Mutter, dazu fehlt mir die Zeit.« Sie hatte geantwortet: »Deine Söhne brauchen eine Aufgabe, die sie fordert. Und eine Ablenkung.« Nicht gesagt hatte sie, was den Jungen bevorstand, denn Berthold und Richard sollten nicht an dem Leid zerbrechen, das ihnen bevorstand. Sie hatte nur gemeint: »Lass mich nur machen.«

Nun saßen ihre Enkel auf dem Fußboden eines Bauernhauses im Dorf Trudering in der Nähe von München und lachten so ausgelassen, wie Ricarda sie bislang nicht erlebt hatte. Währenddessen sprangen vier wenige Wochen alte Welpen um sie herum, schleckten mal ihre Gesichter ab oder knabberten spielerisch an ihren Fingern.

Und Georg lächelte entrückt.

»Welcher soll's denn sein?«, fragte die Bäuerin.

»Alle viere!«, riefen die Jungen wie aus einem Mund.

»Ein kleiner Hund macht viel Arbeit. Ihr müsst ihn gut erziehen«, sagte Georg.

»Da können wir auch zwei erziehen, Vater. Das ist dieselbe Arbeit«, stellte Berthold fest.

Gerade für den fast Fünfzehnjährigen, der einen erwachsenen Eindruck machte, schien Ricarda die Therapie, die sie sich überlegt hatte, wie maßgeschneidert zu sein. Ihn umgab die gleiche Schwermut wie seinen Vater. Auch Georg war als Kind stets wie ausgewechselt gewesen, wenn er mit Hunden spielen konnte.

»Was sagst du, Richard?«, fragte Georg seinen neun Jahre alten Zweitgeborenen.

»Zwei Hunde, Vater? Erlaubst du das?«

Ricarda sah ihm an, wie er mit sich rang. Vor ihm lag eine gewaltige Aufgabe, von der er bislang nicht ahnen konnte, ob seine kleine Familie sie bestehen konnte.

»Wir schlafen drüber«, sagte Georg. »Morgen werden wir entscheiden, was wir machen.«

»Ich weiß schon, was wir machen«, sagte Richard mit fester Stimme, und sein Bruder nickte.

Alle im Raum wussten, dass er recht hatte. Jeder der Jungen hatte schon einen der schokoladenbraunen Welpen auf dem Schoß und liebkoste seinen persönlichen Liebling.

Bereits wenige Tage später kletterten die Welpen auf den am Boden liegenden Jungen herum. Die beiden Kinder schienen nicht genug davon zu bekommen, sich mit ihnen zu beschäftigen. Währenddessen saßen Ricarda und Georg im Garten des Hauses an einem Tisch und tranken Kaffee.

»Ich bin nicht auf die Idee gekommen, dass die beiden sich über Haustiere freuen könnten«, sagte Georg, als wunderte er sich über sich selbst. »Weshalb kann ich mich kaum an Dinge aus meiner Kindheit erinnern?«

Weil sie nicht schön war, hätte die Antwort lauten müssen.

Ricarda formulierte es zurückhaltender: »Du warst ein kleiner Junge, der sich nach Liebe gesehnt hat. Wie alle Kinder. Aber es gab diese Liebe nicht für dich.« Ricarda ließ den Blick durch den Garten schweifen. »Ich kann mich nicht erinnern, dass wir hier früher saßen und es einfach nur genossen, dass dieser Garten vorhanden ist. Er schien mir nur für die Gärtner angelegt worden zu sein.« Sie lachte.

Nach dem Tod von Georgs Vater war sie aus der Villa ausgezogen, aber ihr Sohn hatte hier den Großteil seines Lebens verbracht.

Georg sah seinen Söhnen zu. »Ich möchte nicht, dass sie weiterhin mit derselben Traurigkeit aufwachsen wie ich«, sagte er, als spräche er zu sich selbst.

»Das würde ich mir auch für die beiden wünschen«, pflichtete Ricarda ihm bei. »Dann tu etwas dafür, Georg.«

»Wie soll ich das anstellen? Berthold und Richard werden ihre Mutter verlieren.«

Sie nahm seine Hand. »Ja, das können wir nicht verhindern. Aber wir wissen nicht, wann das geschieht. Die Zeit, bis es so weit ist, kann jedoch euch gehören. Rede mit Sophie. Lass sie nicht allein mit den Vorwürfen, die sie sich macht. Und hole sie zurück in euer Leben.«

»Ist das nicht leichter gesagt als getan?«

»Sophie muss nicht nur in ihrem Zimmer liegen. Obwohl sie geschwächt ist, kann sie hinaus in die Natur. Georg, hast du deine Frau je mitgenommen in das Bauernhaus in den Bergen, von wo aus du zur Jagd gehst?«

Er blickte sie erstaunt an. »Nein. Sie geht nicht jagen.«

»Nicht der Jagd wegen. Sondern wegen der guten Luft, der Weite, der Natur.«

Er schwieg.

Ricarda sah ihm an, wie der Vorschlag in ihm arbeitete, und holte zu ihrer viel größeren Überlegung aus: »Ihr alle, die ganze Familie könnte dort in den Bergen sein. Raus aus der Stadt. Fort von der Enge einer Vergangenheit, die euch alle belastet.«

Sie musste nicht betonen, dass die Kinder immer noch mit der Erinnerung an einen Vater kämpften, der lange fort gewesen war, weil er im Gefängnis gesessen hatte.

»Ich habe eine Firma zu leiten, Mutter, die Leute brauchen mich.«

»Du bist nicht der Einzige, der eine Brauerei leiten kann, Georg. Du hast fähige Angestellte. Vertrau ihnen die Firma an.«

»Das hätte Onkel Rupert missbilligt«, sagte Georg in einem Ton, als täte er es selbst.

»Rupert ist gestorben, Georg. Die Verantwortung für das, was du tust oder sein lässt, trägst nur du allein. Wenn du andere Schwerpunkte setzt, so ist das nur deine Entscheidung.«

Er lächelte matt. »Ich soll deinem Beispiel folgen und in Rente gehen?«

»Das vielleicht nicht, aber so etwas in der Art. Wir können hier nur sitzen, weil heute Sonntag ist. Es könnte viel öfter Sonntag sein.«

»Das geht doch nicht. Ich muss Geld verdienen.«

»Du bist in einer luxuriösen Lage, in der sich kaum jemand befindet: Du musst es nicht. Aber du profitierst nicht davon. Was macht Geld mit dir? Es macht dich reich«, gab sie sich selbst die Antwort. »Aber kann Geld deine Hand halten? Kann Geld lachen? Kann Geld Liebe schenken?«

Er rang mit den Tränen, denn das alles wusste er selbst gut genug. Er hatte immer darunter gelitten, dass Geld über sein Leben geherrscht hatte. In der glücklichsten Zeit mit Anselm hatte er versucht, dem zu entkommen. Und hatte sich von seinem Onkel erneut in die Pflicht nehmen lassen. Bis das Unglück eine Unterbrechung geschaffen hatte.

»Ich weiß nicht, ob ich den Mut zu solch einem Schritt habe, Mutter.«

»Du weißt es so gut wie ich, Georg. Warte nicht damit.«

Georg lenkte den schweren Wagen mit ruhiger Hand über die Landstraße, Ricarda saß neben ihm, seine Söhne hatten ihre Mutter in die Mitte genommen und hielten die Welpen auf dem Schoß. Es war ein Bild ungewohnter Harmonie.

»Gefällt euch unser Ausflug?«, fragte er.

Von hinten erscholl ein fast schon andächtiges »Ja, sehr.«

Die Bergkette der Voralpen zeichnete sich bereits deutlich in der Ferne ab.

Für Ricarda war die Fahrt auch eine Wiederbegegnung mit der Vergangenheit. Nie würde sie jenes Treffen am Königssee vergessen, das arrangiert worden war, als die Familien bis aufs Blut zerstritten gewesen waren. Die Geschwister Henny und Georg durften einander nur heimlich wiedersehen. Anschließend war Georg wieder zu dem Bauernhaus zurückgewandert, zu dem die fünf Menschen gerade unterwegs waren. Für Ricarda hatten die Berge seitdem etwas fast Feindliches an sich, ihre majestätische Schönheit war ihrem Sohn hingegen schon immer eine zweite Heimat gewesen. Jetzt sollte herausgefunden werden, ob richtig war, was Ricarda sich ausgedacht hatte: Konnte die kleine Familie hier zu Geborgenheit und innerem Zusammenhalt finden?

Schließlich steuerte Georg den Wagen über Serpentinen aufwärts und stoppte vor einem Bauernhof, die Türen wurden geöffnet, die Welpen sprangen heraus, und die Jungen rannten ihnen nach. Der Geruch des verbrannten Benzins stand in der klaren Luft wie ein Fremdkörper, der in die Abgeschiedenheit eingedrungen war. Von irgendwoher war das Läuten von Kuhglocken zu hören, die auf den Almen grasten. In der Höhe war die Natur etwas weiter zurück als im Tal. Noch blühte der Löwenzahn und verwandelte die Wiesen in ein gelb gesprenkeltes, sanft gewelltes Meer aus Gras, aus dem hier und da der graue Fels hervorspitzte.

Es war ein großes Glück, das wusste Ricarda von früher, einen derart weiten Blick genießen zu können. Die noch mit Schnee bedeckten Berge auf der einen Seite und die Weite der Niederungen des Voralpenlandes mit dem Chiemsee auf der anderen. München war nicht einmal zu erahnen. Alltagssorgen schienen nicht bis an diesen Ort gelangen zu können. Für sie als Großstädterin war es nur malerisch, doch für Georgs Familie konnte die Abgeschiedenheit dieses Ortes ein Heilmittel werden.

Georg half seiner Frau aus dem Auto. Auch sie nahm wahr, wo sie sich befand. »Schön«, sagte sie mit einem Lächeln, das Ricarda an ihr zuletzt wohl vor einer Ewigkeit gesehen hatte.

»Gefällt es dir?«, fragte Georg noch ein wenig unsicher.

»Aber ja. Es ist wundervoll. Danke.«

»Du musst mir nicht danken, Sophie. Ich hätte schon längst ...«

Sophie ließ ihn nicht ausreden. »Sag es nicht, Georg. Es ist der Augenblick, der zählt.«

Georg hatte den Arm um seine von der vielen Bettruhe geschwächte Frau gelegt, um sie zu stützen.

»Ich war noch ein Bub, jünger als unser Richard, als ich das erste Mal hier war«, sagte Georg. »Wenn ich es recht bedenke, war ich nur an diesem Ort rundum glücklich.«

Sophie blickte zu ihm auf, und in ihrer Frage verbarg sich die ganze Tragödie dieser Ehe: »Dann war es an der Zeit, uns hierher mitzunehmen, meinst du nicht?«

»Mutter, Vater, wir haben Hunger!«, rief Richard, der mit seinem Bruder herbeirannte, die Welpen im Gefolge.

Aus dem mit Malerei verzierten Bauernhaus trat eine gemütlich wirkende Endvierzigerin in alpenländischer Tracht heraus. »Da seid's ja! Herzlich willkommen! Das Mittagessen steht schon bereit.«

»Theres, das ist meine Mutter, Doktor Thomasius«, stellte Georg die Haushälterin vor. »Und das ist die Sophie, meine Frau. Haben S' wieder Ihre kräftige Hühnersuppe gemacht?«

»Na, freilich. Immer nur hereinspaziert in die gute Stube!«

»Dürfen die Hunde auch etwas essen?«, fragte Richard.

»Bei mir muss keiner hungern!«, rief Theres.

Ricarda machte sich nichts vor: Was sie gerade erlebte, war nur ein Anfang. Doch daraus konnte etwas Großes werden.

»Komm auch rein, Mutter!« Georg streckte ihr die Hand einladend entgegen.

Wie glücklich er aussah, dachte sie. Wie ein Mensch, der die Hoffnung wiedergefunden hatte.

MIT DEM RÜCKEN ZUR WAND

— ◆ —

Mai 1930

Henny schien es so, als wären es in den letzten Jahren viel mehr Neonreklamen geworden, die den Auguste-Viktoria-Platz mit seinem Zentrum, der Kaiser-Wilhelm-Gedächtniskirche, nach Einbruch der Dunkelheit taghell ausleuchteten. Obwohl die Arbeitslosigkeit stieg und die Berliner weniger Geld hatten, war hier nichts davon zu merken. Wo der Berliner Westen seinen Reichtum zur Schau stellte, besaß Grit von Freystetten ihren Modesalon. Ein paarmal war Henny hier zur Anprobe gewesen. Es steckte offensichtlich viel Geld in der Ausstattung: Um mit den großen Modehäusern – vor allem dem nahen KaDeWe, in dem Grit gearbeitet hatte – mithalten zu können, gab es einen kurzen Laufsteg, auf dem hauseigene Mannequins die Kreationen vorführten, während die potenziellen Käuferinnen und ihre Begleiter mit Kaffee, Tee, Sekt oder Kanapees verwöhnt wurden.

Diesmal betrat Henny den eleganten Laden mit gemischten Gefühlen. Die Geschäftszeit war bereits vorüber, und somit wirkten die zahlreichen, teuer eingekleideten Puppen, die von grellem Scheinwerferlicht angestrahlt wurden, wie Statisten in einer Inszenierung ohne Akteure und Zuschauer. Es war gespenstisch.

Aus den durch einen schweren Vorhang vom Showroom abgetrennten Privaträumen hörte Henny, dass Grit gerade telefonierte. Sie hatte die Stimme erhoben, befand sich möglicherweise in einer Auseinandersetzung. Henny nutzte die Zeit, um sich die ausgestellten Sommer-Kreationen anzusehen, luftig und lässig wie für die Fahrt mit einer Segeljacht. Es war ein Jammer, dass jemand mit so offensichtlichem Talent drauf und dran war, durch seinen schlechten gesellschaftlichen Ruf seine geschäftliche Position zu ruinieren. Leider unternahm Franz' frisch angetraute Gattin nichts dagegen, das sich anbahnende Unheil aufzuhalten. Henny hatte sich schließlich deshalb mit ihr verabredet, um nach einem Ausweg zu suchen.

Als Grit nun im engen schwarzen Hosenanzug durch den Vorhang in ihren Salon trat, war ihre Frisur in leichter Unordnung, das Make-up verdiente eine Auffrischung; es war wohl ein langer Tag gewesen.

»Wie machst du das, Henny?«, begann sie. »Zwei Kinder, kein Mann, eine Praxis. Trotzdem siehst du immer kühl und beherrscht aus.«

Ich habe ein neues, zuverlässiges Kindermädchen und eine wunderbare Sprechstundenhilfe, hätte Henny antworten können, bedankte sich aber nur für das Kompliment. »Eine hübsche Kollektion«, lobte sie.

»… die keiner kauft«, ergänzte Grit den Satz.

»Das tut mir leid.«

»Ich hatte nicht damit gerechnet, wie preußisch spießig die Berliner Presse ist.« Grit schenkte Cognac in zwei Schwenker. »Von wegen: Warum soll eine Frau kein Verhältnis haben! Das gilt nur im Schlager. Wehe, sie nimmt's nicht so genau mit der Moral.«

Sie reichte Henny ein Glas.

»Danke, ich stille noch«, sagte sie. »Die Zeitungen schreiben, du hättest dich verkauft.«

»Zu dem Zeitpunkt, als Frieda und du mich mit Franz

bekannt machten, war ich nur noch sehr selten zu Gast im Etablissement meiner Mutter. Und das auch nie als Gesellschafterin. Ich sagte euch bereits: Mutter und ich waren immer nur Gastgeberinnen.«

Was eine freundliche Umschreibung für Zuhälterei war.

Franz von Freystetten vermutete, dass Grit von jemandem aus seiner eigenen Partei angeschwärzt worden war, der selbst in Luise von Pollheims Etablissement zu Gast gewesen war. Das Ziel des Unbekannten konnte nur sein, den aufstrebenden Politiker Franz von Freystetten zu stoppen, um selbst in der Hierarchie aufzusteigen.

»Niemand kann seiner Vergangenheit so ganz entkommen«, meinte Henny.

Grit lächelte abfällig. »Hatten wir das Thema nicht schon einmal so ähnlich? Ich widerspreche nach wie vor. Du wirst sehen: Ich werde meiner Vergangenheit entkommen. Das muss ich, meine Liebe. Ich habe keine andere Wahl. Was meinst du, was es kostet, eine solche Kollektion vorzubereiten? Wenn man mit dem Rücken zur Wand steht, gibt es nur ein Entkommen: nach vorn.«

Das konnte als Drohung verstanden werden, fand Henny. Sie wusste nicht so genau, gegen wen Grit sie richtete. Etwa auch gegen sie, weil sie geholfen hatte, dass die Verbindung Grit/Franz zustande kam? Aber hätte Grit das Angebot, Ehefrau zu werden, nicht auch ausschlagen können? Sie sprach diese Gedanken nicht aus, um die Lage nicht eskalieren zu lassen. Einen Ausgleich zu suchen, erschien ihr sinnvoller.

Die beiden Frauen nahmen neben dem Laufsteg Platz in Sesseln im Stil des Art déco, die Henny als eher unbequem empfand.

»Grit, ich möchte mit dir nach einem Ausweg suchen.«

»Warum du? Soll Franz doch selbst danach suchen.«

Womit Grit im Prinzip recht hatte, aber dazu war weder er, noch jemand anders aus der Familie bereit. Da sie diese Ehe vorbereitet hatte, wollte sie zumindest versuchen, alles auf eine Weise zu beenden, die nicht nur Verlierer zurückließ.

»Die Familie bittet dich, in eine Scheidung einzuwilligen«, sagte Henny.

»Du weißt, dass sie verlangen werden, dass ich die Schuld auf mich nehme. Ich werde weder das, noch lasse ich mich scheiden.«

Henny wusste, dass sie schwere Geschütze auffahren konnte. Denn es gab einen Ehevertrag, der für diesen Fall wie maßgeschneidert war. Sie hatte Friedemann und auch Franz jedoch davon überzeugen können, mit diesem Schritt zu warten.

»Die Familie ist bereit, dich großzügig abzufinden«, sagte Henny.

Dieses Zugeständnis hatte sie Friedemann abgerungen. Mit einem einleuchtenden Argument: Die Freystettener hatten, was sie brauchten – die Zwillinge waren ehelich. Eine Auseinandersetzung mit Grit war unnötig.

»Preußen neigen nicht zur Großzügigkeit«, erwiderte Grit nun auf das Angebot, abgefunden zu werden. »Dennoch: einverstanden. Ich werde Franz meine Forderung übermitteln.«

Das ging ja schnell, dachte Henny, als sie wenig später den Salon verließ. Weil sie mit wesentlich größerem Widerstand gerechnet hatte, war sie nahezu überzeugt, dass die wahren Streitereien noch bevorstanden.

Es war Antonia schon einmal passiert, und sie hatte lange an dieser Erfahrung geknabbert. Mit Ben hatte sie sich während einer Schiffsreise in einen Zufallsbekannten verliebt.

So hatte diese Liebe auch geendet – während einer Reise. Auch Adam war ihr das erste Mal auf einer Reise begegnet. Zwar war sie nicht nach Afrika unterwegs gewesen, sondern nur nach Hamburg. Aber seitdem ihr die Parallele klar geworden war, dachte Antonia darüber nach, ob diese Umstände eventuell ein schlechtes Vorzeichen in sich bargen. Liebe und Veränderung, was schließlich das Wesen einer Reise war, passten nicht zusammen. Überdies trafen sich Reisende deshalb, weil sie in der Regel aus anderen Teilen der Welt stammten. Folglich mussten sie Gemeinsamkeiten finden, die groß genug waren, um ihre Unterschiede zu überbrücken.

Zurzeit rang Antonia mit der Einsicht, dass jene zarten Gefühle, die sie für Adam entwickelt hatte, daran zu zerbrechen drohten.

Einen Kuss hatte er ihr geraubt, wie betrunken war sie danach gewesen, hatte sich mit ihm am Elefantentor des Zoos verabredet. Kostbare zwanzig Minuten hatte sie auf ihn gewartet, aber er war nicht erschienen. Schließlich hatte sie dem Angestellten im Kassenhäuschen aufgetragen, wenn ein Amerikaner nach ihr fragte, solle er den Mann zum Affenhaus schicken. Danach hatte sie nichts mehr von Adam gehört.

Einige Tage später war er ihr vor der Charité über den Weg gelaufen. Er hatte kurz den Hut gehoben und sich abgewandt.

»Adam! Warum gehen Sie mir aus dem Weg?«

»Schönen Tag!« Er hatte seinen Weg fortgesetzt. Ohne ein Wort der Begründung.

»Was tun Sie hier?« Sie hatte gehofft, er würde sagen: Ich habe Sie gesucht.

Er antwortete: »Fäden ziehen.«

»Warum sind Sie nicht zum Zoo gekommen?«

Er lachte gallig. »Sie erwarten mich am Affenhaus, ließen Sie mir ausrichten. Sehr nett von Ihnen, Frau Thomasius. Ich bin aber kein Affe.«

Sie verstand kein Wort. »*Ich* war im Affenhaus! Ich betreue Sam, den Schimpansen. Den wollte ich Ihnen zeigen.«

Adam sah sie entgeistert an. »Ist das wahr?«

»Natürlich!« Schlagartig erfasste sie das Missverständnis in seiner ganzen Tragweite. Er hatte gemeint, sie würde ihn mit einem Affen vergleichen! »Wie können Sie so von mir denken?«, fragte sie.

»Ich bin ein Idiot. Ich hätte mich nicht verspäten dürfen, aber ich war aufgehalten worden«, hatte er gesagt und in seine Anzugtasche gegriffen, um ihr ein zusammengefaltetes Stück Papier in die Hand zu drücken. »Bitte, kommen Sie.«

Und nun kaufte sie an der Kasse des kleinen Schöneberger Clubs eine Eintrittskarte. Dort hing ein Plakat in einem Schaukasten, das Adam mit einer Gitarre in der Hand zeigte, hinter ihm zwei ebenfalls farbige Musiker. *Big Little Adam und Band* lautete die Ankündigung. *Heute Abend: Original Blues Musik aus Texas.*

Drinnen verloren sich ein paar Zuschauer, auf der Bühne standen drei Hocker und sonst nichts, die Luft von Zigarettenrauch verhangen, laute Gespräche, viele Anwesende sprachen Englisch, manche mit schwer verständlichem Akzent.

Aus einer Gruppe löste sich Adam, kam direkt auf sie zu. »Ich bitte Sie um Verzeihung«, begann er sofort.

»Ich hätte Ihnen sagen sollen, wo ich zu finden bin. Es war mein Fehler.«

»Nein, war es nicht, Antonia. Wenn Sie in meiner Haut stecken würden, könnten Sie verstehen, warum es zu solchen Missverständnissen kommt. Dass mich jemand einen Affen nennt, ist noch harmlos. Affen und Menschen sind verwandt, nicht wahr?« Er lachte kurz und wurde ernst. »So ist mein Leben.« Er breitete die Arme aus. »*Welcome to the show!*«

Wenig später betrat er die Bühne, zwei Musiker gesellten sich zu ihm. Adam schlug auf der Gitarre ein paar Akkorde, verlor sich dann in leichtem, rhythmischem Spiel. Und er begann zu singen. Er hatte eine Stimme, wie Antonia sie noch nicht gehört hatte. Gebrochen, rauchig, schwermütig. Einer der Musiker bearbeitete ein Waschbrett, was ebenso wie die Begleitung durch die Mundharmonika des dritten Musikers die wehmütige Stimmung des Songs verstärkte. Die Worte verstand Antonia nur zum Teil, denn Adam sang mit einem zwar sehr melodischen, aber die Silben stark verzerrenden Akzent.

Zunächst versuchte sie, die Musik zu verstehen, doch nach dem zweiten Lied ließ sie sich von der Stimmung forttragen. Manche Stücke waren erstaunlich heiter, doch insgesamt wurde sie von einer unerwarteten Traurigkeit erfasst. Sie merkte erst, dass ihr Tränen über das Gesicht liefen, als eine unbekannte Frau ihr tröstend die Hand auf die Schulter legte.

Adams Songs hatten eine Tür in ihrer Erinnerung geöffnet, von der sie gemeint hatte, sie hätte sie fest verschlossen.

Einige Zuschauer waren nach Adams Auftritt noch geblieben, tranken Bier und waren fröhlicher, als die zuvor gehörte Musik erwarten ließ.

»Ich habe gesehen, dass Sie geweint haben. Ich wollte Sie nicht traurig machen«, sagte Adam.

»Sie können nichts dafür. Es musste so sein.«

»Weshalb?«

»Ach, das ist eine lange Geschichte. Die wollen Sie nicht wissen.«

»Ich schreibe Song-Texte. Was meinen Sie, von was ich mich ernähre: von langen Geschichten.«

Auch vor Antonia stand ein Bier, aber sie hatte kaum davon getrunken. Adam bemerkte ihren Blick, hob sein Glas.

»In Deutschland trinkt man erst nach einem Trinkspruch, richtig? Trinken wir auf lange Geschichten.«

Antonia schüttelte den Kopf. »Ich möchte auf die Zukunft trinken, weil lange Geschichten Vergangenheit bedeuten.«

»Womit habe ich Sie zum Weinen gebracht?«, beharrte Adam und lächelte. »Ich bin ein guter Zuhörer.«

Sie rang mit sich. Sollte sie ihm von Ben erzählen? Sie spürte, dass sie es ohnehin irgendwann tun würde. Und dafür gab es keinen idealen Zeitpunkt.

»Ich dachte an jemanden, der in Afrika in meinen Armen starb. Ben, das war sein Name.« Sie kämpfte mit ihren auflodernden Gefühlen.

»Sie liebten ihn?«

Antonia hob die Schultern, als wäre sie ratlos, was sie antworten sollte. »Ich hatte mich in ihn verliebt. Oder in die Vorstellung davon, ihn zu lieben. Ich weiß nicht. Er war vergeben an eine andere. Das hat er mir aber nicht gesagt.«

»In der Liebe ist Ehrlichkeit eines der wichtigsten Dinge«, sagte Adam. »Wie sonst soll man sich auf einen anderen Menschen einlassen?«

Plötzlich sah sie vor sich einen Bahnsteig und die schwarzen Buchstaben auf einer vom Rauch der Lokomotiven eingeschwärzten weißen Stationstafel: Stendal.

»Kennen Sie jemanden, der in Stendal lebt? Sie sind damals dort ausgestiegen«, fragte sie.

»Oh, Sie meinen, ob ich …?« Er schüttelte lächelnd den

Kopf. »Ich bin ein freier Mann. Es ist mein Professor, der dort in der Nähe einen Bauernhof hat. Er ist Kommunist. Gelegentlich trifft sich unsere Zelle dort.«

»Zelle?«

»Freunde, die dasselbe Ziel haben«, präzisierte er.

»Ich erinnere mich: einen Halt finden.«

»Mehr als das, Antonia: der Welt einen Halt *geben*. Sehen Sie nicht, dass die Welt aus der Umlaufbahn geworfen wird? Wir werden der Sonne zu nahe kommen. Wir werden verglühen.«

»Sie sind Künstler, Adam. Sie brauchen Drama, denn ohne Drama gibt es keine Kunst.«

»Sie brauchen Kranke, denn ohne Krankheit gibt es keine Heilung.«

Ihr Blick fiel auf das Plakat, das auch neben der Bühne hing. »*Big Little Adam*«, las sie vor. »Warum nennen Sie sich so?«

»Als Jüngster in der Familie hat mich niemand ernst genommen. Ich war immer *little Adam*. Dann begann ich mit der Musik und dachte mir: Als kleiner Adam will ich nicht auftreten, da mich aber jeder so kannte, stellte ich das auf den Kopf. Ich bin der große kleine Adam. Aber nun sagen Sie: Mögen Sie den Blues?«

»Ich weiß nicht«, antwortete sie ehrlich. »Ich bin nicht gern traurig.«

»Melancholie sollte man nicht von sich schieben. Sie gehört zum Leben dazu. Ebenso wie das Lachen.« Sein Blick tastete ihr Gesicht ab. »Erzählen Sie von Ihrer Zeit in Afrika. Und weshalb Sie sich um einen Affen kümmern.«

»Das wollen Sie alles wissen? Da müsste ich Ihnen mein halbes Leben erzählen. Leider reicht die Zeit dafür nicht.«

»Darf ich Sie nach Hause begleiten?«, fragte er. »Währenddessen erzählen Sie.«

Antonia lachte. »Wir sind hier in Schöneberg, ich wohne bei der Charité. Das ist eine weite Strecke.«

Draußen bot er ihr seinen Arm, als er sagte: »Mit Ihnen würde ich sogar bis ans Ende der Welt laufen.«

Sie hakte sich nicht bei ihm ein, ging neben ihm her. Was würde das mit ihm und ihr werden? Was erhoffte er sich? Würde er in Berlin bleiben wollen oder irgendwann in die USA heimkehren? Liebe, das war ihr durch Ben bewusst geworden, konnte sie nur empfinden, wenn es eine gemeinsame Zukunft gab. Ihr törichtes, aufgeregt klopfendes Herz musste schweigen, bis ihr Kopf wusste, wie es weitergehen würde.

Wenn das nur so einfach wäre, gestand sie sich ein. Und so plauderte sie über die Vergangenheit, damit die Gedanken an die Zukunft ruhten.

Plötzlich blieb Adam stehen und zog sie sanft zu sich heran. Und obwohl Antonias Kopf ihr gerade noch zum Gegenteil geraten hatte, erwiderte sie seinen Kuss leidenschaftlich.

Vicky hielt immer ganz still, wenn Antonia sich daranmachte, ihre wilden dunklen Locken zu pflegen. Denn im Gegensatz zu ihrer Mutter Henny bewies ihre Tante viel mehr Geduld. Bei diesem kleinen Ritual aus Nähe und Zärtlichkeit, zu dem das Ausbürsten, das Spitzenschneiden, das Waschen und leichte Einölen der trockenen Haare gehörten, erzählten sich die beiden stets die Neuigkeiten aus ihrer beider Leben.

Vicky berichtete von ihren Fortschritten mit dem Cello. Seit Kurzem unterrichtete sie ein sehr alter Orchestermusiker, der ihre Spielfreude an dem Streichinstrument geweckt hatte.

Etwas anderes bedrückte sie: »Was soll ich in Amerika,

Toni? Ich mag kein Englisch, damit fängt es doch an! Warum können wir nicht nach Frankreich ziehen? So eine schöne Sprache! Englisch – das klingt so doof.«

»Es kommt immer darauf an, wer spricht«, sagte Antonia.

»I am in love with you«, hörte sie Adams warme Stimme zärtlich sagen, als sie sich zwei Abende zuvor voneinander verabschiedet hatten. Erst später war ihr aufgefallen, dass er eben nicht *I love you* gesagt hatte. Ich liebe dich – das war knapp und präzise wie die Verkündung einer Tatsache. Ich bin in dich verliebt – das war ein zärtliches Bekenntnis zu den eigenen Gefühlen. Diesem Versprechen würde noch Raum gegeben werden müssen, damit es sich entwickeln konnte. Es glich der warmen Vorfreude auf etwas Größeres, als es der Augenblick bereithielt.

»Toni? Du kämmst gar nicht mehr meine Haare.« Vicky machte sie darauf aufmerksam, dass sie ganz woanders war.

»Entschuldige. Geht schon weiter.«

»Du guckst so ganz anders als sonst. Bist du nicht gesund?«

»Mach dir keine Sorgen. Alles ist bestens.« Sie wechselte rasch das Thema: »Ich war bei Sam. Ich habe dafür gesorgt, dass er in einem anderen Käfig lebt. Nun bekommt er nicht mehr mit, wenn die Besucher für Fritzi schwärmen. Die Pfleger wollen ihm ein neues Weibchen zuführen. Es stammt von einer Afrika-Expedition.«

»Vielleicht verliebt sie sich in Sam.«

»Und in wen bist du verliebt, Toni?«

Antonia fühlte sich ertappt. Ihre Nichte hatte schon immer ein ausgeprägtes Gespür für die Gefühle der Menschen in ihrer Umgebung gehabt. Und sie hatte die Musik im Blut. Wie Adam. Müsste interessant sein, diese beiden Menschen beim gemeinsamen Musizieren zu erleben, dachte sie. Was natürlich unsinnig war, schalt sie sich im selben Augenblick.

»Vicky, quäl Toni nicht mit solchen Fragen. Sie hat ihre Geheimnisse.«

In ihre Träumerei versunken, hatte Antonia nicht mitbekommen, dass ihre Schwester ins Zimmer gekommen war.

»Deine Haare sind auch ganz verfilzt, Toni. Während du Vicky verarztest, kümmere ich mich um dich«, verkündete Henny resolut und machte sich sofort an die Arbeit.

»Ist er auch Arzt?« Vicky ließ nicht locker.

So viel Glück war in Antonia, dass sie preisgab, was sie eigentlich für sich behalten wollte. »Adam studiert deutsche Literatur, und er ist Musiker. Und zwar ein sehr guter.«

»Noch ein Künstler«, stellte Henny mit jener trockenen Deutlichkeit fest, die Antonia an ihr nicht immer mochte. Gemeint hatte sie natürlich den Musiker Victor mit seiner Sprunghaftigkeit, unter der sie litt.

Entsprechend heftig reagierte Vicky: »Sag das nicht so, Mutter!«

Antonia atmete auf: Damit war das verfängliche Thema Adam vom Tisch. Nicht jedoch für sie. Überrascht, wie sie war, hatte sie auf sein *in love with you* nichts geantwortet. Weshalb hatte er, der alles auf Deutsch sagte, dafür seine Muttersprache benutzt? War es deshalb ein ehrlicheres Bekenntnis oder das Gegenteil? Sie spürte, wie gut es tat, über etwas nachzudenken, von dem sie gemeint hatte, es würde ihr nicht fehlen – die Liebe.

Antonia hatte sich nicht beklagt, aber an der Art, wie ihre Schwester ihre Haare behandelt hatte, hatte sie erkannt, wie es um deren Gemütszustand bestellt war.

»Du bist angespannt, Henny. Dir fehlt Victor sehr, nicht wahr?«, fragte sie, als Vicky ins Bett gegangen war. Die beiden saßen im Wohnzimmer und tranken Tee.

»Hin und wieder ein nichtssagendes Telegramm, dass alles gut läuft mit dem Film, das war's. Und ich kabele zurück: Bei uns auch alles gut. Das ist scheußlich. Es wird Zeit, dass wir zu ihm fahren. Victor war immer ein Schlingel. Vielleicht hat er sich gedacht, dass ich erst mal so richtig Sehnsucht nach ihm bekommen muss, dann gebe ich klein bei.«

»Das passt gar nicht zu dir.«

»Es ist aber so. Die Liebe zu ihm hat mich immer weich werden lassen.« Henny seufzte schwer. »Weshalb musstest du unbedingt in Afrika dein Praktisches Jahr machen?«, fragte die Ältere.

Antonia sah keinen direkten Zusammenhang. Außerdem schnitt Henny damit ein Thema an, von dem Antonia gemeint hätte, es wäre erledigt. Sie lehnte sich zurück, um abzuwarten, was jetzt käme.

»Ich bräuchte dich in der Praxis, um dich einzuarbeiten. Es wäre mir so viel lieber, wenn ich alles in deine Hände legen könnte, bevor wir abreisen.«

Früher – und das war vor Adams Liebesversprechen – hätte sie ein solcher Vorwurf in die Luft gehen lassen. Soll ich etwa mein Leben auf deine Bedürfnisse abstimmen? So etwas in der Art hätte sie wohl gesagt. Nun meinte sie nur: »Das soll wohl ein Kompliment sein.«

»Natürlich. Ich weiß, was du kannst«, stellte Henny fest und fragte aus dem Nichts heraus: »Was hältst du eigentlich von Guntram Harrich?«

Antonia, die Lippen an der Teetasse, hätte fast losgeprustet. Was sollte das denn werden? Sie, in Gedanken bei einer sich anbahnenden Liebe, wurde von ihrer großen Schwester an eine Liebe erinnert, bei der sie böse auf die Nase gefallen war?

»Hat deine Frage einen speziellen Hintergrund?«

»Celia sagte, sie hätte sich mit Doktor Harrich getroffen. Sie erwägt wohl, ihn einzustellen. Ist er ein guter Arzt? Kannst du ihn empfehlen?«

Das ist nicht Lias Ernst, hätte Antonia am liebsten gerufen. Was Guntram angeht, weiß ich, dass er gut tanzen kann. Auch mit ihm zu schlafen, war ganz schön gewesen. All das sagte sie nicht.

Stattdessen beschloss sie, sich querzustellen: »Ich spreche mit Lia.«

Es war ohnehin an der Zeit, Celia in der Praxis zu besuchen, die schließlich nur ein Stockwerk tiefer gelegen war. An diesem Abend war sie längst geschlossen, Antonia fand ihre Freundin im Labor.

»Du bist ja noch so fleißig!«, lobte sie.

Celia blickte auf. »Und du hast mich erschreckt, du seltener Gast.«

»Was machst du gerade?«

»Ich versuche, etwas zu verstehen: Ab wann können wir erkennen, dass sich eine Zelle in einer Weise verändert, sodass Krebs entsteht?«

Sie schob ihr eine Zeitschrift hin, die aus grauen, zusammengehefteten Blättern bestand: *Die experimentelle Zellforschung*. Einige Stellen waren rot angestrichen.

»Der Kampf gegen den Krebs, das wird die Zukunft, Toni.«

»Davon bin ich auch überzeugt. Aber wie kannst du als niedergelassene Ärztin eine solche Forschungsarbeit leisten, Lia? Schon allein zeitlich?«

Von ihrer ebenso zeitintensiven Leidenschaft, dem Fliegen, hatte die Freundin schon lange nicht mehr berichtet.

»Ja, ich weiß. Ich neige dazu, zu viele Dinge gleichzeitig zu machen.« Celia setzte sich mit einem schweren Seufzen auf einen Laborstuhl. »Ich fürchte, so ganz habe ich mich noch nicht damit abgefunden, jeden Tag im Sprechzimmer zu sitzen.«

Das war eine unerwartete Aussage! Wider Willen befand sich Antonia in der Situation, für ihre Schwester sprechen zu müssen: »Henny baut darauf, dass du die Leitung der Praxis übernimmst.«

»Das tue ich, Toni, keine Sorge. Ich dachte heute jedoch an meinen Vater. Wie er stunden- und tagelang an seinem Schreibtisch saß. Als Kind fand ich das schön, weil das so etwas Zuverlässiges an sich hatte. Heute dann überkam mich fast ein hysterischer Anfall. Reicht mir das, habe ich mich gefragt.«

Die Freundin stimmte sie nachdenklich, konfrontierte sie sie doch mit Grundsätzlichem: Was gibt dem Leben Sinn? Was füllt es aus? Ihre Mutter hatte Toni attestiert, eine Praktikerin zu sein, als sie von der Forschung geschwärmt hatte.

Da sagte Celia auch schon: »Du hast mir aus Afrika geschrieben, dass du nächtelang mikroskopiert hast, um in Brackwasser Wurmeier zu finden. Was wird aus deinen wissenschaftlichen Zielen? Hast du eine Entscheidung getroffen? Willst du promovieren oder dieses Jahr hier einsteigen?«

War dies der Zeitpunkt, sich endgültig festzulegen? Die Freundin rechnete mit ihr, das brauchte sie ihr nicht zu sagen.

»Ja, Lia«, bekräftigte Antonia mit fester Stimme, »ich mache es. Weil wir dann gemeinsam arbeiten und uns ergänzen.« Ein wenig leiser setzte sie hinzu, als könnte es Zuhörer geben: »Ehrlich: Mit Henny wäre ich dazu nicht bereit. Die große Schwester als Chefin … Das würde nicht funktionieren.«

Celia umarmte sie. »Das ist schön. Ich freue mich, Toni!« Sie grinste. »An meinen Krebszellen werde ich weiterforschen. Das fasziniert mich. Vertiefen werde ich es wohl erst, wenn ich mehr Zeit dazu habe.«

»Henny sagt, du willst Guntram einstellen. Ist das eine gute Idee? Vermengst du nicht Privates mit Beruflichem?«

»Er hat mir seine Zeugnisse gezeigt: Er ist gut.«

»Das allein ist kein Argument, Lia. Es gibt viele gute Ärzte.«

»Da habe ich Zweifel«, widersprach Celia schelmisch lächelnd.

»Weshalb überhaupt Guntram Harrich?«, fragte Antonia. »Sagtest du nicht, er lebt in Kiel, ist verheiratet und Vater geworden?«

»Das war wohl nichts mit seiner Ehe«, sagte Celia salopp.

»Und du willst ihm nun bei einem Neustart helfen? Lia, Guntram war einmal in dich bis über beide Ohren verliebt! Das geht nicht gut, wenn ihr beiden zusammen in einer Praxis arbeitet.«

»Er sagt, dass er nicht mehr in mich verliebt ist«, widersprach die Freundin, der Guntram lange vor Antonia den Hof gemacht hatte.

Antonia glaubte, nicht recht zu hören: »Was ein Mann sagt, ist nicht zwangsläufig dasselbe, was er fühlt.«

»Er hat sich nicht mehr bei dir gemeldet.« Womit Celia darauf anspielte, Antonia könnte deshalb ihm gegenüber voreingenommen sein.

»Ich bitte dich nur, die Uhr nicht um ein paar Jahre zurückzudrehen. Guntram ist unsere Vergangenheit. Lebt er schon in Berlin?«

»Wie in seinen Studentenzeiten bei seinem Onkel. Er tat mir leid.«

Dieselbe Formulierung hatte Celia verwendet, als sie davon gesprochen hatte, Guntram würde bei Kiel auf dem Land leben. Mit der Wohnung des Onkels verband Antonia eigene Erinnerungen: Dort hatte sie mit Guntram eine Liebesnacht verbracht.

»Wenn Guntram vor einer Scheidung steht, braucht er Geld«, sagte Antonia. »Gewiss nicht wenig und vermutlich sehr schnell. Er wird sich gedacht haben, frage ich doch mal dort nach, wo ich mich auskenne: bei Lia.«

»Ist doch verständlich, dass er sich an Freunde wendet, wenn es ihm schlecht geht.«

»Auf jeden Fall. Aber Gefühle und Arbeit sollte niemand miteinander verbinden.« Antonia lächelte. »Ich weiß, wovon ich spreche.«

Celia erkannte sofort, worauf Antonia abhob: »Du stufst es heute als Fehler ein, Ben auf seine Farm gefolgt zu sein?«

»Selbstverständlich. Nie im Leben wäre ich ansonsten so verrückt gewesen, zu meinen, ich könnte auf einer Teeplantage in Kenia Ärztin für die Einheimischen sein! Das war der vollständige Realitätsverlust«, gestand sie. »Blind vor Liebe, so heißt es, und ich habe es gelebt.«

Frag jetzt bitte nicht, ob ich mich gebessert habe, dachte sie, denn ich weiß es nicht.

Als Antonia später von der Behrenstraße aus nach Hause ging, war sie sich nicht sicher, ob ihre eindringliche Mahnung fruchten würde. Doch auf keinen Fall wollte sie Gunt-ram über den Weg laufen. Gerade jetzt, wo sie Gefühle für Adam zu entwickeln begann, war das Letzte, was sie gebrauchen konnte, sich mit einer unbewältigten Liebe auseinanderzusetzen. Denn sie hatte nie die Gelegenheit gehabt, sich mit Guntram auszusprechen, um die Gefühle für ihn zu sortieren.

Seitdem Ricarda in München war, fuhr Henny fast an jedem Wochenende hinaus nach Freystetten. Während sie Friedas Zwillinge untersuchte, nahm Vicky bei Graf Friedemann Reitstunden, übte auf dem alten Flügel im Salon und genoss das Landleben, wo es Hühner, Hirsche und Schafe gab.

»Nirgendwo werde ich so glücklich sein wie in Freystetten«, sagte Vicky, als Henny mit ihr und Leo an diesem Samstag mit dem Zug dorthin unterwegs war.

Henny durchschaute diese Theatralik, mit der sie unter Druck gesetzt werden sollte. Aber sie hatte keine Wahl: Die Passage auf der *Bremen* war gebucht und bezahlt. In einigen Wochen würde es losgehen.

Wie immer führte der erste Weg von Henny und ihren beiden Kindern zu deren Urgroßmutter. Diesmal hatte Karla einen Streuselkuchen gebacken.

»Rosel und Friedemann glauben, dass ich zu senil bin, um mitzubekommen, was im Schloss vor sich geht«, sagte die Seniorin zu ihrer Enkelin Henny, als Urenkelin Vicky es nicht mitbekam. »Die angebliche Ehe von Franz ist ein Frevel. Das bekommen sie jetzt zu spüren. Was sind das nur für Zeiten, in denen man sich eine Frau kaufen kann?«

Henny widersprach nicht, dachte sich aber, dass der Adel früherer Tage mit seiner Heiratspolitik auch nicht gerade zimperlich vorgegangen war.

»Das wird sich schon wieder einrenken, Großmutter.«

»Was falsch beginnt, kann nicht richtig enden, Henny.«

Henny untersuchte Felicitas und Felix eingehend. Das

Mädchen entwickelte sich prächtig, der Junge erschien ihr jedoch nach wie vor zu schwach. Sie vertraute allerdings darauf, dass er bald aufholen würde. Später bat Graf Friedemann sie in die Bibliothek. Henny machte sich auf ein unangenehmes Gespräch gefasst. Denn es würde um Grit gehen, die in Ungnade gefallene Gräfin. Sie war darauf vorbereitet, dass ihr die Hilfe für Freystetten, von der sie keinen Vorteil hatte, nun vorgeworfen werden würde.

»Wir befinden uns in einer unerfreulichen Lage«, begann Friedemann. »Grit verlangt fünfzigtausend Mark, um überhaupt in eine Scheidung einzuwilligen. Das hat Franz natürlich abgelehnt. Er fühlt sich hinters Licht geführt.«

Henny war verblüfft. Das war in der Tat eine überaus stattliche Summe!

»Ihre Forderung beweist, dass sie nach wie vor die Person ist, die sie schon immer war: Sie war in einem Bordell tätig!«, ereiferte sich der Graf.

»Das war sie nicht«, widersprach Henny. »Sie hat versichert, dort nicht gearbeitet zu haben. Ich glaube ihr.«

»Sie hätte uns von dem Bordell ihrer Mutter berichten müssen.«

»Ich halte ihr zugute, dass sie nicht geahnt hat, dass das eine Rolle spielen könnte.«

»Du verteidigst sie, Henny?«

Danach stand ihr nicht der Sinn. Sie hielt Grit für eine berechnende Frau, die ihren Vorteil erkannte, sobald er sich bot. Was nicht bedeutete, dass sie keine Rechte hatte. Wie alle anderen auch musste sie sich durchschlagen.

»Durch die Presseberichte ist sie ruiniert.«

»Viel schwerer wiegt, dass der gute Ruf des Hauses in den Schmutz gezogen wird«, sagte der Graf. »Ausgerechnet jetzt, wo Franz große Pläne hat! Das wird er dir gleich selbst erzählen. Er müsste jeden Augenblick hier sein.«

Kurz darauf betrat Hennys Cousin die Bibliothek. Er trug wieder einmal Uniform. Der gertenschlanke Offizier verbeugte sich korrekt, als er Henny die Hand reichte.

Er stieg sofort ins Gespräch ein: »Ich habe mit der Anwältin gesprochen, die den Ehevertrag aufgesetzt hat.«

Henny kannte den Inhalt, hatte aber bewusst darauf verzichtet, Grit gegenüber den entscheidenden Absatz zu erwähnen. Nicht nur, um eine Eskalation zu vermeiden. Sie fand jenen Passus entsetzlich.

»Darin heißt es in etwa: ›Wird der moralische Leumund nicht gewahrt, gilt dies als Scheidungsgrund‹«, sagte Franz. »Damit hat diese Person keinerlei Handlungsspielraum. Sie muss einwilligen.«

So viele Gerüchte gab es über die Vergangenheit der Familie! Manch eines hielt der gängigen Moral nicht stand, wusste Henny. Franz' Empörung war heuchlerisch. Vor allem machte er sich angreifbar.

Henny fand, dass sie das aussprechen musste: »Deine Ehe ist unter moralisch zweifelhaften Bedingungen zustande gekommen. Ich halte es für keine gute Idee, das eine mit dem anderen zu verknüpfen.«

Der Chef des Hauses lehnte sich in seinem Sessel zurück. »Wenn sie fünfzigtausend Mark als Abfindung verlangt, ist das Erpressung.«

»Verzeih, aber ich widerspreche vehement. Du unterstellst Grit eine Straftat. Aus ihrer Sicht ist es ein Dienst, den sie erbracht hat. Unversehens ist sie nun in der Öffentlichkeit blamiert und möchte entschädigt werden. Es geht eben nicht nur um euren guten Ruf.«

»Hast du Kusine Henny von meinen politischen Absichten erzählt, Vater?«, fragte Franz.

»Das konnte warten, bis du es selbst tust.«

»Gut.« Franz erhob sich, obwohl er sich gerade erst gesetzt hatte. »Was ich dir jetzt sage, bleibt unter uns, Kusine Henny. Darauf gib mir zuerst dein Wort.«

Es war lächerlich, wie er sich benahm, fand sie. »Das kann ich nicht, Franz, wenn ich nicht weiß, um was es geht. Zumindest das Thema solltest du benennen.«

»Es geht um die politische Zukunft unseres Vaterlandes.«

»Dabei habe ich wenig mitzureden. Dazu kannst du mein Wort haben.«

»Im Herbst wird es Wahlen zum Reichstag geben.«

»Irre ich mich? Das neue Kabinett ist erst seit ein paar Wochen im Amt«, sagte Henny verwundert.

»Aber ohne parlamentarische Mehrheit. Meine Partei wird diese untaugliche Regierung zum Rücktritt zwingen. Ich werde ab Herbst einer Regierung angehören, die unserem Vaterland den Stolz zurückgibt, den diese Dilettanten verspielt haben.«

Offenbar war er von sich und seinen politischen Freunden sehr überzeugt.

»Hast du eine Kristallkugel, in der du das lesen kannst?«, fragte Henny leicht amüsiert.

»Du solltest dich nicht lustig machen, Kusine.« Franz schob sich ein Monokel vor das Auge, um sie zu mustern. »Eine ehemalige Nutte wird meinen Ruf nicht beschädigen.«

»Ich glaube nicht, dass das ihr Ziel ist. Sie braucht Geld, weil ihr Geschäft Schaden genommen hat. Verhandle mit ihr über eine Abfindung und zieh einen Schlussstrich«, sagte Henny.

Sie sah Friedemann an, dass er ihr insgeheim zustimmte, aber der Chef des Hauses Freystetten schwieg.

Stattdessen sagte Franz: »Ich bezahle keine Nutten.«

»Bei allem Respekt, Cousin: Du vergreifst dich im Ton.«

Franz würde nicht nachgeben. Die Gräfin aus dem Burgenland hatte keine Ahnung, wie stur der ihr fremde Gatte war.

Als Henny am nächsten Nachmittag mit ihren Kindern in Berlin ankam und am Bahnhof Friedrichstraße ausstieg, machte Vicky sie auf die an den Kiosken aushängenden Zeitungen aufmerksam.

»Sieh mal, Mutter, da schreibt eine Zeitung auf der ersten Seite über Freystetten.«

»Das ist nur *Die Rote Fahne*, Vicky. Die gehört den Kommunisten. Die sind traditionell gegen den Grafen. Das hat nichts zu bedeuten.« Henny wischte die Entdeckung ihrer Tochter fort. Wer las schon dieses unbedeutende Parteiblatt?

»Du hast hier bei den Affen geschlafen, um Sam nachts nicht allein zu lassen?« Adam wunderte sich.

Sie befanden sich vor seinem neuen Käfig, denn Antonia wollte im Besucherbereich bleiben. Ihr einstiger Schützling lebte in einem anderen Gehege zusammen mit zwei Weibchen, die erst kürzlich eingetroffen waren. Die Tiere hielten noch Abstand zueinander. Sam wirkte nicht so, als wollte er ihnen Avancen machen, sondern knabberte an Karotten, die Antonia mitgebracht hatte.

»Als ich Sam aufzog, war ich ein junges Mädchen«, erzählte sie ihm. »Findest du das seltsam?«

»Ich bin gerührt, Antonia. Du wirst eine gute Mutter.« Adam sah sie mit verklärtem Blick an.

Diese Schlussfolgerung hatte sie nicht erwartet! In einem Vierteljahr stand ihr dreißigster Geburtstag an, das Thema Kinder wurde aktuell. Gleichzeitig fühlte sie sich nicht so alt, wie der Kalender behauptete.

Adam bemerkte ihr Schweigen: »Habe ich etwas Falsches gesagt?«

»Wenn es falsch gewesen wäre, dann müsste ich das mit

mir selbst ausmachen«, erwiderte sie. »Und jetzt zeige ich dir die Löwen.« Es war der ungelenke Versuch, zu einem unverfänglichen Thema zu wechseln.

»Ich verstehe: Mit einem schwarzen Mann würdest du keine Kinder haben wollen.«

»Müssen wir das besprechen, Adam?«

»Ja, ich denke schon. Ich habe Gefühle für dich. Darum möchte ich wissen, ob ich mir Hoffnung auf eine Zukunft mit dir machen kann.«

»Für mich kommt diese Frage generell zu früh«, sagte Antonia. »Das hat nichts mit der Farbe deiner Haut zu tun. Ich mag dich. Ich würde dich auch mögen, wenn du grün oder lila wärst.«

»Würdest du nicht. Warum kommt diese Frage zu früh?«

Sie lachte. »Ich habe einen Beruf, der mir sehr wichtig ist und in dem ich arbeiten möchte. Ich habe meiner Freundin versprochen, gemeinsam mit ihr in der Praxis meiner Schwester zu arbeiten. Ich habe auch noch nicht entschieden, ob ich promoviere. Darum ist es zu früh für eine Familienplanung.«

Er lächelte. »Im Englischen nennt man ein Mädchen wie dich einen *Tomboy.*«

»Was meint man damit?«

»Du bist zwar eine sehr schöne Frau, aber ein bisschen auch wie ein Junge.«

»Das gefällt mir«, sagte sie.

Sie sah ihm an, dass er sie küssen wollte, doch hier im Zoo gab es zu viele Zuschauer.

Adam bot ihr seinen Arm, was er zuvor schon einmal getan hatte. Dennoch war es ein ungewohntes Gefühl, mit ihm so eng durch das Terrain zu schlendern, das ihr vertraut war, und wo man sie inzwischen kannte. Mit jemandem ein Paar bilden – das war für sie lange her.

Als sie am Raubtierhaus angekommen waren, wo ihr der scharfe Uringeruch in die Nase stach, und die Löwen hinter den Gittern von einer Seite zur anderen gingen, wäre sie am liebsten umgekehrt.

»So wundervolle Tiere«, sagte Adam. »Hast du in Afrika Löwen gesehen?«

Sie nickte, traute sich aber nicht, zu sagen, dass sie einen erschießen musste. Stattdessen überkam sie eine plötzliche Traurigkeit. »Gehen wir, bitte.«

»Du hast eine Träne im Auge«, sagte Adam und wischte sie zart fort.

Sie wandte sich ab.

Adam zog sie sanft in seine Arme. »Was hast du, Tonja? Was macht dich so traurig?«

Er hielt sie, was sie im Grunde nicht wollte. Denn es war ihre Traurigkeit, die nichts mit ihm zu tun hatte und auch nichts haben sollte.

»Es war in Kenia. Ich begleitete eine Jagdgesellschaft. Das Gras war hoch. Der Löwe tauchte plötzlich daraus auf. Ich schoss. Nur einmal. Ich traf ihn genau ins Herz. Es war der erste Löwe, den ich gesehen habe. Sein Fell war nicht so hell wie jenes der Löwen im Zoo, sondern dunkel. Fast schwarz war seine Mähne. Und ich hatte ihn getötet. Was hatte ich dort zu suchen? Nichts. Es war sein Reich, in das ich eingedrungen war. Er hätte jedes Recht gehabt, mich zu seiner Beute zu machen.«

»Vielleicht hätte er das. Du hattest jedoch auch das Recht, am Leben zu bleiben. Diese Konfrontation hast du für dich entschieden. Das ist das Recht des Stärkeren. Der Löwe kannte dieses Gesetz. Bis zu diesem Tag wird er davon profitiert haben. In dieser Situation hast du nicht in erster Linie getötet, Tonja. Du hast dich verteidigt.«

Adam hielt sie nach wie vor im Arm. Ihre Gesichter waren nah beieinander.

»Darf ich?«, fragte er.

»Ja.«

Sein Kuss begann zart und wurde leidenschaftlich. Sie musste daran denken, wie er gesagt hatte, sie sollten einander Halt geben. Genau das tat er gerade. Und das hatte sie an Ben so vermisst. Als der Löwe sie fast gerissen hätte, war kein Wort des Trostes aus seinem Mund gekommen. Möglicherweise hatte sich dadurch zwischen ihr und Ben ein Riss aufgetan, der sich nie mehr geschlossen hatte.

»Du hast mich Tonja genannt.«

»Magst du den Namen?«

»Normalerweise nennt man mich Toni.«

»Ich hörte, wie dich in der Charité jemand so rief. Tonja gehört nur mir.«

»Ich gehöre niemandem.«

»Ich weiß, du *Tomboy*. Darum möchte ich nur eine Facette deines Ichs – Tonja.«

Antonia spürte, dass dieser Augenblick etwas änderte. Sie durfte die bleiben, die sie war, und für ihn eine andere sein. Der Gedanke, bei ihm angekommen zu sein, drängte sich in das wohlige Gefühl. Sie war drauf und dran, es zu sagen. Aber dann tat sie es nicht, und es war besser so.

Die Gräfin saß in ihrem Schreibtischstuhl, das Kinn gereckt, und wie immer war sie elegant gekleidet. *Die Rote Fahne*, die Zeitung der Kommunistischen Partei Deutschlands, die vor Grit auf dem bereits übervollen Bürotisch lag, gehörte offensichtlich nicht hierher.

»Schmierfinken. Diesem Mist sollte man keine Beachtung schenken«, zischte die Noch-Gräfin.

Stiftete der Abgeordnete Freystetten seinem Sohn eine Scheinehe?

Graf Friedemann hatte Henny bereits am Morgen angerufen: »Mein Anwalt wird dagegen vorgehen. Trotzdem: Henny, ich bitte dich, bring Grit zur Vernunft. Du kennst Franz nicht, wie er sein kann, wenn er wütend wird.«

Nach einem übervollen Arbeitstag in der Praxis hatte Henny sich für den Abend in Grits Atelier verabredet. Wirklich ernst nahm sie die Bedrohung durch den Artikel nicht. In dieser Stadt erschienen über einhundertvierzig Zeitungen, jene der Kommunisten hatte eine Auflage von etwas über zehntausend. Allerdings hatte Celia Fahrland, die in ihrem Leben mehr als einmal schlechte Erfahrungen mit der Presse gesammelt hatte, zu bedenken gegeben: »Das kann die Spitze eines Eisbergs sein. Da kann noch mehr nachkommen.«

»Woher wissen die Journalisten das?«, fragte Henny nun ihr Gegenüber.

»Keine Ahnung. Und dann ausgerechnet die Linken. Was geht die an, was der Landadel treibt?«, fragte Grit.

War die Couturière eine gute Schauspielerin? Oder eine ausgebuffte Taktikerin?

Grit erhob sich. »Ich zeig dir etwas. Komm mal mit.«

Im Showroom, der auch an diesem Abend noch immer grell beleuchtet war, nahm Grit einen schwarzen Hosenanzug vom Bügel. Sie trug ein fast identisches Modell, allerdings in Nachtblau, was wohl ihre Lieblingsfarbe war.

»Ich hatte noch deine Maße. Probiere mal an.«

Henny zögerte. War das ein Beschwichtigungsversuch? »Lieb von dir, aber ich wollte mit dir über die neue Situation sprechen.«

»Wir können doch reden, und du schlüpfst mal kurz rein.

Meine Güte, Henny, ich muss hier dichtmachen! Das Zeug muss raus.«

Henny trat hinter einen Vorhang, blieb ihrem Vorhaben jedoch treu, das Gespräch fortzuführen: »Es weiß kaum jemand, wie deine und Franz' Ehe zustande kam, Grit. Der Graf meint, du erpresst ihn mit deinem Wissen. Er hält es sogar für geschickt, das den Kommunisten zu stecken.«

Grit lachte hell. »Ist doch nicht so tumb, der gute Graf. Er kennt auch die alte Regel: Der Feind deines Feindes kann ein guter Freund werden.«

Das klang ein wenig nach einem Eingeständnis, fand Henny. »Du musst damit aufhören, Grit. Franz geht in die Politik. Er wird für die NSDAP kandidieren.«

»Nein! Woher weißt du das?«

»Hat er mir selbst am letzten Sonntag gesagt.« Dieser Teil, mutmaßte sie, fiel ja wohl nicht unter das Geheimnis, das sie zu bewahren versprochen hatte.

»Mit einem Nationalsozialisten kann ich unmöglich verheiratet sein, Henny. Nicht einmal in Verbindung gebracht werden will ich mit diesen Leuten. Ich verabscheue sie aus tiefstem Herzen. Da hört für mich der Spaß auf.«

Henny zog den Vorhang beiseite und trat vor den Rundumspiegel. Der Anzug saß perfekt, und er sah an ihr wunderbar aus. Sie musste ihn haben!

Grit stand hinter ihr, und wieder wurde ihr bewusst, dass es zwischen ihnen beiden eine leichte Ähnlichkeit gab. Zwar war Grit ein wenig kleiner und schmaler gebaut, ihr Gesicht etwas runder, ihr dunkles Haar glatter, aber sie verkörperten definitiv denselben Frauentyp: die selbstbewusste Großstädterin.

»Du siehst umwerfend aus. Weißt du was: Ich schenke ihn dir!«

»Das ist lieb gemeint, kommt aber nicht infrage. Du hast

selbst gesagt, dass deine Geschäfte schlecht laufen. Ich kann mir den Anzug leisten.«

Grit machte eine wegwerfende Handbewegung. »Es rettet mir meinen gräflichen Hintern zwar nicht, aber meinetwegen. Du hast mich überzeugt: Ich reiche die Scheidung ein. Mit diesem Mann will ich nicht einmal zum Schein verheiratet sein. Nur eine Bedingung habe ich: Er nimmt die Schuld auf sich. Geld will ich keines.«

»Du gibst nach, weil er in der NSDAP mitmacht?«

»Ja«, sagte Grit. »Leute von seinem Schlag haben uns unser Eigentum weggenommen, unser Blut vergossen und gemordet. Mit Faschisten will ich nichts zu tun haben.« Sie zwang sich zu einem Lächeln: »Das musst du ihm ja nicht ins Gesicht sagen. Faschisten sollte man nie an den Kopf werfen, dass man sie hasst. Dann hassen sie um so stärker zurück.«

Henny atmete auf. Ja, das würde sie hinbekommen. »Tut mir leid, dass ich dich in etwas hineingezogen habe, was im Grunde für alle Beteiligten hätte gut ausgehen sollen.«

»Nicht deine Schuld, Henny. Wir bleiben Freundinnen, ja?«

»Ja, gern. Was wirst du machen, wenn du hier schließt?«

Grit hob die Schultern. »Es ist nicht das erste Mal in meinem Leben, dass ich von vorn anfange. Ich sage mir: Denk an deine Möglichkeiten, nicht an deine Unmöglichkeiten.« Sie ging zum Lichtschalter. »Schluss mit der Festbeleuchtung. Sieht ohnehin niemand.«

Es wurde bis auf wenige kleine Lampen dunkel.

»Ich wollte mich noch umziehen«, sagte Henny.

»Behalte es an, Henny. Vicky freut sich, wenn ihre schöne Mutter mit etwas Neuem nach Hause kommt.« Sie reichte ihr eine Papiertüte mit der Aufschrift *Modesalon*

Grit von Freystetten. Der Chic für die elegante Dame von Welt. »Ich habe deine Garderobe schon hineingelegt.«

Kurz darauf verließ Henny den Salon in dem guten Gefühl, zur Klärung der verfahrenen Lage beigetragen zu haben. Grit war stark und talentiert, sie würde wieder auf die Beine kommen. Und Onkel Friedemann würde sie dennoch raten, dass er Grit das Geld geben sollte. Es stand ihr zu. Ja, es würde wieder alles ins Lot kommen.

Ringsum waren die Schaufenster hell erleuchtet, nur Grits Laden lag bereits im Dunkeln. Henny wandte sich zum U-Bahnhof Zoologischer Garten. Hinter sich hörte sie den Rhythmus marschierender Stiefel, trat vor ein Schaufenster, um die Männer vorbeizulassen. Schließlich war es normal, dass die braun uniformierte SA nachts als ungebetene Patrouille unterwegs war. Besonders unangenehm war, dass der eigene Cousin nun auch zu diesen Leuten gehörte. Zumindest erleichterte dieser Umstand die Trennung der Eheleute, dachte Henny gerade.

Da verstummte der Rhythmus der marschierenden Männer direkt in Hennys Rücken. Im Schaufenster, dem sie zugewandt war, sah sie die Umrisse von mehreren Gestalten.

»Dreh dich um, Nutte!«, wurde sie angeherrscht.

»Ich bin keine Dirne«, erwiderte sie.

Sie glaubte an ein Missverständnis. Denn auf dem Kurfürstendamm warteten die Prostituierten tatsächlich auf Freier. Nur ein paar Meter weiter standen zwei der Damen, die sich nun rasch verzogen. Denn die SA war dafür bekannt, Jagd auf nach deren Meinung sich unzüchtig benehmende Frauen zu machen.

»Woher nehmen Sie das Recht …«, setzte sie an.

»Halt die Schnauze, Nutte!«, brüllte einer der Männer.

»Ich verbitte mir Ihre Unverschämtheit!«, zischte sie den

Anführer an, einen schmalen Burschen von Anfang zwanzig. »Gehen Sie weiter!«

»Siehste die Tasche, Ottmar? Det isse«, meinte einer aus der Gruppe.

»Sieht ooch jenau so aus, die Nutte, wie der Graf dit jesacht hat«, sagte der Anführer.

Henny versuchte, sich zu verteidigen: »Was soll das? Mein Name ist …«

Wie aus dem Nichts traf sie ein brutaler Schlag im Gesicht. Sie taumelte zur Seite, fing sich, stützte sich am Schaufenster ab.

»Hilfe! Zu Hilfe!«, schrie sie.

»Wir helfen dir ja, Nutte!«, brüllte der Anführer.

Nun traf Henny der zweite Schlag. Dieses Mal mit einem Lederknüppel. Sie spürte den stechenden Schmerz am Unterarm, konnte jedoch noch zur Seite ausweichen. Sie ließ die Tasche fallen, schützte ihren Kopf mit den Händen.

»Aufhören!«, rief sie. »Ich bin …«

Sie kam nicht mehr dazu, sich zu erklären, denn nun traf sie ein harter Schlag in den Magen, der ihr die Atemluft nahm. Sie musste ihre Deckung aufgeben, sackte in sich zusammen. Fußtritte peinigten sie.

Noch einmal konnte sie »Hilfe!« rufen. Und ahnte, es würde niemand kommen. Acht Männer gegen eine Frau. Wer würde da einschreiten? Sie kringelte sich, so gut es ging, auf dem Asphalt zusammen und versuchte, zu Atem zu kommen.

»Dit reicht. Tot machen sollen wir se nich, hat er jesacht. Abrücken.«

Henny hörte die auf das Asphalt klatschenden Stiefel, die allmählich leiser wurden.

»Hilfe«, flüsterte sie mit schwindender Kraft. »Zu Hilfe.«

Sie spürte, wie eine Ohnmacht sich ihrer zu bemächtigen

begann. Sie durfte hier nicht liegen bleiben. Sie musste aufstehen! Sie tastete nach dem Glas des Schaufensters, das keinen Halt bot, rutschte ab und schlug auf den Asphalt.

Plötzlich ein Schrei: »Henny! Oh, mein Gott, Henny! Was ist denn hier passiert?«

Es war die Stimme von Grit, aber Henny konnte nichts mehr antworten. Ihr schwanden die Sinne.

NIEMAND WOLLTE, DASS ES SO KOMMT

— ♦ —

Mai 1930

Adam ließ es sich nicht nehmen, Antonia bis zu ihrer Haustür zu begleiten.

»Wann sehe ich dich wieder?«, fragte er.

»Übermorgen, wenn mein Dienst zu Ende ist.«

Das hatte sie ihm zwar schon gesagt, aber er hoffte wohl, sie würde ihren Dienst verkürzen.

Nach dem Zoobesuch waren sie in einem kleinen Lokal essen gegangen, und anschließend hatte Adam wieder mit seinen zwei Freunden einen Auftritt als *Big Little Adam* gehabt. Und ihr stand ein Nachtdienst bevor.

»Ich glaube, ich bin mehr als nur in dich verliebt, Tonja.«

Sie küssten sich.

Die Frage, die in ihr brannte, musste gestellt werden. Sie hielt es nicht aus, wenn sie die Antwort nicht kannte. »Wie viele Semester wirst du noch studieren?«

»Ich fange bald mit meiner Magisterarbeit in Germanistik an. Es sind eigentlich noch zwei Semester. Dann … Ach so«, sagte er und wich ein winziges Stück von ihr zurück. Sie sah, wie es in ihm arbeitete. »Du meinst …«

»Ja, natürlich. Du wirst in einem Jahr wieder nach Atlanta zurückgehen. Und dann?«

Hatte er nicht so weit gedacht? Oder es verdrängt? »Wir gehören zusammen«, sagte er.

Im Licht der Straßenlaternen erkannte sie ein Lächeln.

»Du warst doch in New York«, sagte er. »Dort könnten wir wohnen. Ich kann eine Professur für Deutsch an der *New York University* anstreben.«

Der Moment war zu schön, um daran zu denken, wieder in die Ferne aufzubrechen. Womöglich wie Henny in den USA zu leben. Kaum Grün und die vielen Wolkenkratzer dort. Das hatte ihr jedoch schon damals nicht gefallen.

Adams Vorschläge waren Luftschlösser, mehr nicht, alles könnte anders kommen.

Sie küsste ihn. »Ich muss rasch nach oben, meinem Vater sagen, dass ich zum Dienst gehe. Sonst macht er sich Sorgen.«

»Du denkst über meinen Vorschlag nach?«, fragte Adam.

»Nee, keine Sekunde!« Sie grinste.

»Bis in 48 Stunden, *Tomboy!*«

Sie stürmte die Treppe nach oben, fand ihren Vater wie üblich zu später Stunde umgeben von Büchern.

Er blickte lächelnd auf. »Du riechst nach Kneipe. Mach dich frisch, bevor du zum Dienst gehst.«

»Du bist meine Rettung, Vater!«, scherzte sie.

»War's schön? Habt ihr getanzt?«, rief er ihr nach, als sie im Bad verschwand.

Kurz darauf wünschte sie Gute Nacht und fragte: »Hat Mutter sich gemeldet?«

»Nein. Sie ist wohl noch mit Georg und seiner Familie auf dem Berg.«

Dort gab es kein Telefon, man konnte nur telegrafieren.

Im Dienstzimmer der Gynäkologischen Abteilung wurde Antonia vom Oberarzt erwartet, einem Mann von Anfang fünfzig. Sie mochte ihn, weil er freundlich und kompetent war.

»Sie sind spät dran, Fräulein Thomasius.«

»Um fünf Minuten, Herr Oberarzt.«

»In denen jemand Ihre Hilfe hätte gebrauchen können.« Er grinste. »Sie sollen ohnehin in die Notaufnahme. Eine Kollegin fällt aus. Und man hält dort große Stücke auf Sie.«

»Das versöhnt mich mit meinem Los«, gab sie frech zurück.

»Wenn wir hier einen Notfall haben, rufe ich Sie. Ist das ein Angebot zur Güte?«

»Danke!«, rief sie und machte sich auf den Weg.

In der Notaufnahme herrschte der übliche abendliche Hochbetrieb. Gerade brachten zwei Sanitäter eine Trage herein. Antonia übernahm sofort die Erstaufnahme. Ein Autounfall, Brüche, Prellungen. Kurz darauf übergab ihr eine Schwester eine Krankenakte.

»Die Patientin wird gerade operiert. Eine Freundin von ihr sitzt im Warteraum. Ist ziemlich durch den Wind. Braucht wohl 'ne Beruhigungsspritze.«

»Kein Problem, bekommt sie.«

Im Laufen schlug sie wie üblich die zweite Seite der Krankenakte auf. Um Angehörige fachgerecht zu informieren, musste sie die Diagnose kennen: Verdacht auf Schädel-Hirn-Trauma, Bruch der rechten Elle, Einblutungen im Unterbauch, Intensivstation. Sie stieß die Tür zum Warteraum auf, der trotz der späten Stunde übervoll war.

»Antonia!«, rief ihr eine sich überschlagende Frauenstimme entgegen. »Endlich!«

Zunächst erkannte Antonia nicht, dass es die neue Gräfin von Freystetten war, die auf sie zustürzte. Ihr Make-up war verschmiert, die Frisur in Auflösung, der helle Mantel über dem dunklen Hosenanzug voller Blut und Dreck.

»Durchlaucht? Was tun Sie hier?« Oder hatte man sich geduzt? Sie kannte sich gerade überhaupt nicht mehr aus.

»Was ist mit Henny? Weißt du, wie es ihr geht?«

»Was? Wieso Henny?«, fragte Antonia verblüfft.

Nun erst sah sie den Namen Henriette Vandenberg oben auf der Akte in ihrer Hand. Ihr Unterbewusstsein hatte sie offenbar davor bewahren wollen, ihn zuvor zu lesen.

Hennys Gesicht war geschwollen, auf der Wange bildete sich ein dunkles Hämatom um eine lange dünne Wunde, um den Kopf trug sie einen Verband. Und sie ruhte in tiefer Bewusstlosigkeit. *Verdacht auf SHT*, stand auf der Akte, weshalb man ihren Nacken stabilisiert hatte, sodass sie sich nicht bewegen konnte. Der linke Arm war nach einer Operation an der Elle eingegipst.

Der Anblick ihrer großen Schwester zerriss Antonia das Herz. Sie kämpfte dagegen an, in Tränen auszubrechen. Um sie herum waren zahlreiche Kollegen, Spezialisten für das Gehirn, Chirurgen, Kardiologen. Sie musste alles geben, um sich zusammenzureißen.

Ärztinnen weinen nicht. Oberster Grundsatz schon im Studium. Die männlichen Kollegen warteten nur auf die Blöße, die sich die angeblich *hysterische Weiblichkeit* gab. Selbst dann, wenn man längst in unzähligen Dienststunden seinen – jawohl – Mann gestanden hatte.

Keine Gefühle zeigen, während die eigene Schwester vor ihr lag. Dieser Mensch, der sie als Säugling im Arm gehalten hatte, bei jeder Gelegenheit hatte beweisen müssen, die Große zu sein und alles besser zu wissen. Sie war zu einer hilflosen, nicht ansprechbaren Patientin geworden. Wie, um alles in der Welt, war die geliebte, bewunderte, oft beneidete, manchmal sie entsetzlich verärgernde Schwester in eine solche Lage geraten?

Grit hatte es Antonia nicht sagen können, weil sie selbst in einem derartigen Schockzustand war, dass eine zweite

Schwester ihr eine Morphinspritze hatte geben müssen. Denn dazu war Antonia nicht in der Lage gewesen. »Sie ist meine Schwester«, hatte sie gesagt, und man hatte sie von ihren Pflichten entbunden. Wenig später kamen die Fachärzte, die Antonia kannten und schätzten, und die in dieser Nacht Dienst hatten, zusammen.

Antonias Hände zitterten. Sie verschränkte die Arme vor der Brust, in sich selbst Schutz suchend, die Schwäche verbergend.

»Wir müssen abwarten«, sagte der Leiter der Intensivstation, nachdem sie sich beraten hatten. »Die Patientin ist jung. Darauf müssen wir vertrauen.«

Inwiefern das bei einem SHT – dem Schädel-Hirn-Trauma – hilfreich war, erschloss sich Antonia nicht. Jeden Erwachsenenkopf hatte die Evolution mit denselben Voraussetzungen ausgestattet. Vielleicht war es ein leicht dahingesagter Trost. Und in gewisser Weise war es das auch.

»Bleiben Sie bitte bei Ihrer Schwester«, sagte der Chefarzt. »Wahrscheinlich wird sie sich erbrechen.«

Dies einzuatmen, musste unbedingt verhindert werden.

Irgendwann waren die letztlich hilflosen Experten draußen. Antonia setzte sich auf einen Stuhl, nahm Hennys Hand.

»Hörst du mich, Henny?«

Das Wissen um das, was im menschlichen Gehirn vor sich ging, war gering. Nicht einmal der Zeitpunkt, wann jemand tatsächlich tot war, konnte mit Sicherheit bestimmt werden. Hennys Puls war zwar flach, aber regelmäßig. Reichte das, um zu sagen, dass ihr Gehirn keinen Schaden genommen hatte?

Antonia ließ ihren Tränen freien Lauf. Es war ein herrlicher Tag gewesen – ihre Verliebtheit, der Zoo, Adam, die

Musik. Weshalb musste so ein furchtbares Unglück aus einem klaren Himmel herunterbrechen?

Die Tür öffnete sich, aber Antonia achtete nicht darauf. Erst, als sie die schlurfenden Schritte und das Klacken des Gehstocks wahrnahm, wandte sie sich um.

»Vater!« Sie umarmte ihn.

»Jemand schickte einen Boten zu mir in die Wohnung herüber. Sie wollten wohl nicht, dass ich es am Telefon erfahre«, sagte er mit brüchiger Stimme. »Steht es schlimm um Henny?«

»Ich weiß es nicht.«

Sie bot ihm ihren Stuhl, den einzigen, den es gab.

Er lehnte ab. »Halte Hennys Hand, Toni. Du musst mit ihr reden. Viel reden, hörst du. So haben wir es damals gemacht.«

Damals. Im Krieg. Als der Tod reihum ging, focht ihr Vater Kämpfe gegen ihn, von denen er wohl nur wenige gewann. Selten hatte er davon gesprochen. Seit Jahren schon gar nicht mehr. Diesem Kapitel seines Lebens stellte er sich jeden Tag erneut im Invalidenheim. Und jetzt am Bett seiner Stieftochter.

»Willst du Mutter ein Telegramm schicken?«, fragte sie.

»Nein, Toni, wir sollten warten. Die ersten Stunden sind die entscheidenden. Lass uns erst herausfinden, wie es tatsächlich um Henny steht.«

Antonia trieb die nächste Frage um: Wie sollte sie Vicky erklären, was mit ihrer Mutter los war? Wenn sie es doch selbst kaum wusste. Zum Glück waren sie und Leo in dieser Nacht ohnehin in der Obhut des Kindermädchens. Victor allerdings war unerreichbar in den USA. Großmutter Karla hätte jetzt gebetet, dachte sie, aber sie konnte es nicht, hatte es nie gekonnt. Auch damals nicht, als sie in der Wüste fast verdurstet wäre. Wenn Großmutter recht hatte, sah Gott, wann er gebraucht wurde. Nämlich jetzt.

Grit besuchte Henny im Morgengrauen. Antonia war eingenickt, vornübergebeugt, den Kopf auf dem Bett, ihre Hand auf Hennys. Sie war sofort wach, benötigte jedoch einige Sekunden, um Grit zu erkennen. Sie war vollkommen ungeschminkt, wirkte durch das sterile Licht im Krankenzimmer fast wie ein Gespenst. Ungelenk stand sie im Raum, immer noch auf so ungewohnte Weise verdreckt. Als wäre sie jemand anders geworden, dachte Antonia, eine ganz normale Frau.

»Wie geht es ihr?«, fragte die offenbar noch immer unter Schock stehende Grit.

»Unverändert. Was haben Sie mit Hennys Unfall zu tun?«, fragte Antonia.

»Ich bin Grit, du bist Toni. Einverstanden?«

In der Folge wurde Antonia die ganze Geschichte mitsamt ihren Zusammenhängen dargelegt. In so gut wie nichts davon war sie bislang eingeweiht gewesen.

Schließlich trug Grit jene Schlussfolgerung vor, die Antonia sich nach diesem Bericht selbst hatte zusammenreimen können: »Die SA-Leute hatten es auf mich abgesehen, nicht auf Henny. Sie haben uns verwechselt. Wir sahen uns so ähnlich. Und ich drückte ihr noch die Tasche in die Hand, auf der mein Name steht!«

Sie verzog das Gesicht wie unter Schmerzen. Antonia erwartete, Grit würde anfangen zu weinen. Was sie nicht tat. Sie reckte das Kinn.

»Jetzt wird gekämpft. Bluten soll dieser Mann!«

Antonia hielt weiterhin Hennys Hand. In ihr war ein weiches Gefühl von Kummer, Sorge, Verzweiflung und Übermüdung. Grits plötzliche Aggressivität machte sie ratlos.

So einfach, wie Grit die Sache gerade darstellte, war sie nämlich nicht: »Franz ist unser Cousin.«

»Ja, gewiss.« Wieder reckte Grit das Kinn. »Dennoch, Toni: Es ist die Schuld von Franz, dass Henny in diesem Zustand ist.«

»Das spielt im Moment keine Rolle«, widersprach Antonia.

Sie musste sich auch noch um ihre Nichte und ihren Neffen kümmern. Grit übernahm es, bei Henny zu wachen.

Antonia verließ das Zimmer wie eine Schlafwandlerin.

Als Antonia im Morgengrauen die Tür zu Hennys Wohnung aufschloss, stürzte ihr Vicky schon entgegen.

»Toni, wieso kommst du? Wir warten auf Mutter. Sie ist nicht nach Hause gekommen!«

»Ich weiß. Ist das Kindermädchen bei Leo?«

»Sie ist bei ihm eingeschlafen«, antwortete Vicky und musterte ihre Tante argwöhnisch. »Du siehst seltsam aus. Toni … Du hast geweint.« Dem elf Jahre alten Mädchen schossen nun selbst Tränen in die Augen. Offenbar erkannte sie die Bedrohung, die auch über ihrem Leben schwebte. »Was ist mit Mutter?«, flüsterte sie, als fürchte sie sich vor der Antwort.

Während sie auf dem Weg hierher gewesen war, hatte Antonia sich überlegt, wie sie es sagen sollte. Auf keinen Fall durfte sie Schwäche zeigen, Vicky brauchte Schutz. Kurz vor dem Haus war sie noch einmal stehen geblieben und hatte sich die Worte aufgesagt, die sie sich zurechtgelegt hatte.

»Deiner Mutter geht es gerade nicht gut, aber sie ist auf dem Weg der Besserung. Alle Ärzte kümmern sich um sie.«

»Alle?!«, rief Vicky. »Was bedeutet das? Wie schlimm ist das, was sie hat?«

Antonia erkannte zu spät, dass sie ihre Worte sorgsamer hätte wählen müssen.

»Ein Unfall. Sie ist gerade ohnmächtig.«

»Eine Ohnmacht dauert nur Minuten, Toni.«

Sie war Tochter und Enkelin von Ärztinnen. Wie oft hatte Antonia ihre Nichte schon in medizinische Bücher vertieft gesehen!

»Hat sie sich was gebrochen?«

»Das wird heilen, Liebling. Bitte versuch, dich nicht so sehr aufzuregen.«

»Ich will zu ihr! Sofort!«

»Das geht nicht.« Kein Beschwichtigungsversuch, den Antonia vorbereitet hatte, verfing. Eine Notlüge war möglich: »Kinder dürfen nicht auf die Station, das weißt du.«

Vicky brach in sich zusammen, floh schluchzend in die Arme ihrer Tante. Wieder riss Antonia sich zusammen, um ihre eigenen Gefühle der Hilflosigkeit zu verbergen. Schließlich machte sich Vicky frei, ging wortlos zu ihrem Klavier. Sie spielte zunächst etwas Leises, wechselte dann zu wütenden Akkorden.

Das von der aggressiven Musik geweckte Kindermädchen kam mit dem weinenden Leo im Arm dazu und wirkte selbst verstört. Es war ein Glück, dass Henny den Kleinen vor ein paar Wochen abgestillt hatte, sodass Antonia sie bitten konnte, sich weiterhin um Leo zu kümmern.

Ricarda war allein mit Sophie zurück nach München gefahren. »Bleib mit den Jungs auf dem Berg, Georg«, hatte sie gesagt. »Gönn ihnen die Unbeschwertheit, so lange, wie es irgendwie möglich ist.« Ein Fahrer der Brauerei hatte Ricarda und ihre Schwiegertochter abgeholt und direkt in die Klinik von Dr. Dehmer in Schwabing transportiert.

Nun bestätigte das Röntgenbild die Befürchtung der

Ärztin Ricarda: Der Tumor drückte gegen die Nervenbahnen entlang der Wirbelsäule, was zur Lähmung der Beine führte.

Dr. Dehmer sprach aus, was sie dachte: »Wir haben nicht viele Optionen. Operieren und hinterher eine für immer querschnittgelähmte Patientin. Bestrahlen und dabei das Risiko eingehen, dass die Patientin davon nicht geheilt wird.«

Die Bestrahlungsmethode war noch nicht ausgereift, wie die beiden Ärzte wussten. Überdies barg sie ebenfalls das Risiko einer Lähmung, da die Strahlen zu weit streuten.

»Mit der Operation können wir ihr vielleicht wenigstens die Schmerzen nehmen«, hoffte der Kollege.

Niedergeschlagen machte Ricarda sich an diesem Mittag durch den frühlingshaft schönen Englischen Garten auf den Weg zurück nach Bogenhausen in die Villa Kögler. Sie konnte Sophie bei dem, was vor ihr lag, nicht im Stich lassen. Oder machte es mehr Sinn, zu Georg und den Kindern auf den Berg zurückzukehren? War es gar besser, wenn die Jungen ohne ihre Gegenwart herausfanden, was für ein wunderbarer Mensch ihr Vater war? Und er, dass es nichts Bedeutenderes als seine Buben gab?

Wie lange sollte sie angesichts dieser Aufgabe in München bleiben? Andererseits würde Henny bald mit ihren Kindern nach Amerika reisen. Und sie hing doch so an ihnen! Sie musste sich mit Siegfried besprechen.

Aber es war noch zu früh für einen Anruf. Um diese Zeit war ihr Mann längst im Invalidenheim. Bis zum Abend mochte sie nicht warten. Vielleicht wäre ja auch Toni daheim. Sie versuchte es einfach.

Zu ihrer Verblüffung war Siegfried sofort dran. »Ja?«, fragte er atemlos, anstatt sich mit seinem Namen zu melden, wie ein einstiger preußischer Arzt das tat.

»Siegfried? Du bist zuhause?«

Sie spürte, dass etwas Entsetzliches geschehen sein musste. Ihr Mann war ein kriegserprobter Sanitätsoffizier. In China hatte sie erlebt, dass er Nerven aus Stahldraht haben konnte.

»Rica?«, fragte er. »Wie geht es dir?«

Offenbar gab er sich Mühe, sich nicht anmerken zu lassen, wie groß er in Sorge war.

»Ich habe Sophie herbegleitet, es steht schlecht um sie«, sagte sie, um ihm Zeit zu geben, sich zu sammeln. »Jetzt sag mir bitte, weshalb du um diese Zeit zuhause neben dem Telefon sitzt und nur Ja sagst, weil du einen bestimmten Anruf erwartest. Und zwar nicht meinen.«

»Ich weiß: Ich kann dir nichts vormachen.«

»Ist etwas mit Toni?«, fragte sie.

Weshalb sie nach ihrer Jüngsten fragte, war ihr selbst nicht klar. Vielleicht, weil sie so sprunghaft war und leichtsinnig.

»Nicht Toni. Henny … Ich weiß noch nichts Genaues. Sie wurde operiert. Toni ist jetzt wieder bei ihr. Sie kennt in der Charité doch jeden. Du sollst dich nicht aufregen, Rica. Es kommt alles in Ordnung.«

»Ich rege mich nicht auf, Siegfried. Ich bleibe ruhig.« Sie versuchte es mit tiefer Atmung. Es gelang ihr nicht. Ihr Herz raste. »Erzähle, bitte.«

Nachdem das Telefonat beendet war, suchte sie sich einen Stuhl und sank darauf nieder, um nachzudenken. Weshalb trafen so kurz nacheinander zwei Frauen aus der Familie so grausame Schicksalsschläge? Beide waren Mütter. Und sie konnte nicht beiden gleichermaßen beistehen.

In der Praxis warteten bereits Patientinnen. Sprechstundenhilfe Josefine, die sich nie anmerken ließ, wie es ihr wirklich ging, empfing Antonia mit einem Lächeln. Kurz darauf traf Celia ein, die ihrer Freundin Toni ansah, dass etwas Einschneidendes geschehen sein musste. Die drei Frauen zogen sich ins Sprechzimmer zurück, schlossen sorgsam die Tür, und Antonia berichtete.

Nachdem Celia Fahrland sich vom ersten Schock erholt hatte, sagte sie: »Du musst Anzeige erstatten, Toni. Um diese Sache muss viel Wirbel gemacht werden.«

Antonia spürte, dass ihr dazu die Kraft fehlte. Ihre Gedanken kreisten nur um Hennys Gesundheit.

»So, wie Toni es berichtet, wird Henny vermutlich für längere Zeit ausfallen«, stellte Celia fest.

»Möchtest du die Praxis schließen, Lia?«, fragte Josefine.

»Auf keinen Fall, Fini. Wenn die SA eine Ärztin ins Krankenhaus prügelt, müssen wir diesen Unmenschen zeigen, dass wir uns nicht unterkriegen lassen.«

Für Lia war Henny lediglich eine Kollegin, mit der sie die Praxis teilte. Sie musste keine Gefühle investieren und konnte einen kühlen Kopf behalten. Das war in diesem Augenblick eine beruhigende Erkenntnis. Denn Henny hätte es ebenso gemacht, wusste Antonia.

Kurz darauf löste sie in der Charité eine Krankenschwester ab, die Henny überwacht hatte.

»Sie hat geblinzelt«, sagte die Schwester. »Ich glaube, sie kommt zu sich.«

»Henny, hörst du mich?«, fragte Antonia mit klopfendem Herzen.

Henny saß am Hafen auf einem Stuhl und wartete. Das Wasser war endlos weit, glitzerte unwirklich hell im Sonnenlicht. Sie träumte vor sich hin, tat nichts, als zu warten. Sie wusste nicht einmal, auf was sie wartete. Sie hatte die Aufgabe, nur das zu tun: zu sitzen und die Zeit vergehen zu lassen. Schließlich stand sie auf, stellte den Stuhl in das

Häuschen mit der Aufschrift *Postmeister* und sagte artig: »Bis morgen.«

Der Postmeister drehte ihr den Rücken zu, sodass sie sein Gesicht nicht sehen konnte, als er sagte: »Dein Schiff kommt.«

»Ja, ich weiß, aber ich wüsste gern, wann.«

»Der Weg ist weit bis zu dir«, antwortete der Postmeister.

Sie verließ das Büro des Postmeisters. Am Hafen stand jetzt eine Frau, die einen Koffer in der Hand hielt. Obwohl kein Schiff zu sehen war, gab es keinen Zweifel, dass sie gerade eingetroffen war. Henny rannte auf sie zu, und die Frau rief ihren Namen.

»Henny, hörst du mich?«

»Ja«, sagte Henny. »Ich habe so lange auf dich gewartet, hier am …« *Hafen* wollte sie sagen.

»Wo bin ich?«, fragte Henny.

»Du bist in Sicherheit, Henny. Ruhe dich aus.«

»Toni? Was machst du hier? Ich habe am Hafen gewartet.«

»Am Hafen? Henny, du bist an keinem Hafen.« Toni klang seltsam. »Erinnerst du dich an etwas, Henny? Weißt du, was geschehen ist?«

Henny erkannte, dass in ihrer Wahrnehmung nichts stimmte. Sie war offenbar nicht das Kind, das am Hafen wartete. Erneut fragte sie: »Wo bin ich?«

»In der Charité. Du bist Ärztin. Weißt du das?«

Ja, sie war Ärztin. Aber sie arbeitete nicht in der Charité. »Weshalb bin ich hier?«

»Oh, Gott, du redest! Henny!« Toni lachte und weinte gleichzeitig. »Ich bin so froh! Ich war so in Sorge!«

Erst jetzt stellte Henny fest, dass ihr linker Arm im Gipsbett lag und ihr Hals gestützt wurde. Sie fühlte sich unendlich müde. Der Traum vom Hafen war so schön gewesen. Sie wusste auch wieder, wann sie dort gesessen und gewartet hatte. Vor mehr als zwanzig Jahren! Sie hatte ganz dringend fortgewollt aus dem ungeliebten Daressalam, wo die ganze Familie lebte, und war nicht verstanden worden von …

»Wo ist Mutter?«, fragte sie.

»Ich habe ihr noch nichts gesagt, Henny. Ich wollte zunächst wissen, wie es dir geht. Sie ist doch in München, weißt du nicht mehr? Bei Georg. Sophie ist krank, es geht ihr sehr schlecht. Sie sollte sich nicht noch mehr Sorgen machen.«

»Um wen?«

»Um dich, meine liebe Henny. Du bist überfallen worden.«

»Von wem?« Henny durchsuchte ihre Erinnerung. Da gab es keinen Überfall. Aber ihre Praxis. Celia, Josefine. Die Kinder! »Ich muss zu Leo! Er hat Hunger!« Die Erwähnung eines Überfalls war so abstrakt, dass sie nicht mehr darauf achtete.

Sie versuchte, sich aufzurichten, wurde von Toni sanft daran gehindert.

»Das Kindermädchen füttert Leo. Du musst liegen bleiben, Henny. Unbedingt. Du weißt, was ein Schädel-Hirn-Trauma ist? Weißt du es?«, fragte Toni nach.

»Wer hat das? Ich?«

»Ja, du hast es.«

Henny sank zurück. SHT. Das war schlecht. Darum war sie so verwirrt. »Du musst zu Vicky und Leo, Toni. Hörst du? Kümmere dich um die Kinder. Ich weiß, ich muss ruhen. Wer hat die Diagnose gestellt? Du?«

»Nein, Henny. Der Oberarzt. Sie waren alle da. Ich rufe sie, wenn du willst.«

»Lass nur. Bei SHT muss der Patient ruhen. Das geht nicht anders.«

»Du bist wieder ganz klar. Oh, ich bin so erleichtert!«

»Bist du sicher, dass ich überfallen wurde?«, fragte Henny. Weder erinnerte sie sich daran, noch konnte sie sich vorstellen, dass ihr das zugestoßen war.

»Du bist bei Grit gewesen. Grit sagt, sie kam dazu, als du am Boden lagst und SA-Männer gerade von dir abließen.«

Gar nichts fiel ihr dazu ein. Das war so bei SHT. Auch diese schrecklichen Kopfschmerzen gehörten dazu, weil das Gehirn anschwoll. Sie sah die Anatomie des Kopfes vor sich als Querschnitt-Zeichnung im Hörsaal. Die Hirnschale war wie ein Panzer für die weiche Masse darin. Wurde sie stark erschüttert, oder Blut staute sich nach einem Aufprall, drückte es von innen dagegen, konnte jedoch nicht nach außen entweichen. Darum diese Schmerzen. Das musste sich erst zurückbilden.

Aber darum ging es gerade nicht. Sie war überfallen worden.

»Was wollte die SA von mir?«, fragte sie.

»Grit vermutet, du wurdest für sie gehalten, weil ihr euch ähnlich seht. Meint sie. Finde ich aber überhaupt nicht!«

Wer war Grit? Henny fiel kein Gesicht dazu ein. Das war das Krankheitsbild, beruhigte sie sich. Das käme alles wieder.

»Ach, Toni, schön, dass es dich gibt. Geh jetzt zu den Kindern, bitte. Die brauchen dich mehr als ich.«

»Du bist so tapfer, Henny.«

Was soll ich sonst tun, dachte Henny. Früher hatte sie mal zu einer Patientin gesagt, dass es deshalb *Patient* hieße, weil das Wort vom lateinischen Wort für Geduld stamme. Nun musste sie versuchen zu leben, was sie von anderen gefordert hatte. So schlimm war das nicht, fand sie. Die

Welt war da draußen. In der Charité war sie wie in einem Kokon. Sie schloss die Augen und spürte tiefen Frieden in sich, eine ungekannte Ruhe.

»Jeder hier hat volles Verständnis, dass Sie sich in dieser Lage um die Kinder Ihrer Schwestern kümmern«, sagte der Oberarzt der Gynäkologischen Abteilung. »Sie werden angerufen, sobald sich der Zustand Ihrer Schwester verändert.«

Er ließ sich Hennys Telefonnummer geben, denn für Antonia stand fest, dass sie dort wohnen würde, bis Henny nach Hause zurückkonnte. Die Nacht verbrachte sie in Hennys Ehebett, Vicky neben sich. Es war eine Zeit so großer Nähe, wie sie beide sie selten zuvor gehabt hatten. Die Gespräche halfen ihnen beiden, mit der unbarmherzigen Wirklichkeit umzugehen.

Von so vielen Dinge wusste ihre Nichte nichts: »Was ist das, die SA? Was sind Faschisten, Toni? Warum mag Onkel Franz diese Leute? Hast du ihn geschimpft für das, was Mutter geschehen ist?«

Ein Kommissar suchte Antonia sogar in Hennys Wohnung auf, machte sich Notizen über die Lebensumstände von Henny, die er *Opfer* nannte.

Was Antonia zurückwies: »Meine Schwester ist kein Opfer. Sie wurde mit jemandem verwechselt.«

»Um diese Uhrzeit hat eine ehrbare Frau gerade dort nichts zu suchen, Frau Thomasius.«

»Und die SA darf sie deshalb ins Krankenhaus prügeln? Stellen Sie etwa die Dinge auf den Kopf?«

»Keinesfalls. In dieser Stadt muss für Recht und Ordnung gesorgt werden.«

»Überlassen Sie das den Schlägern einer Partei? Ich will, dass Sie, die Polizei, dem nachgeht!«

»Verzeihen Sie, Fräulein Thomasius, aber ich muss Sie darauf hinweisen, dass es keinerlei Beweis dafür gibt, wer Ihrer Schwester Verletzungen zugefügt hat.«

Antonia widersprach: »Es gibt durchaus eine Zeugin. Haben Sie denn noch nicht mit Frau von Freystetten gesprochen?«

Der Polizist blickte in seine Notizen. »Wer soll das sein?«, fragte er, und sie erklärte es ihm.

Sobald der Polizist gegangen war, rief Antonia in Freystetten an. Graf Friedemann war selbst am Apparat, was Antonia aufatmen ließ. Nicht nur, dass er sie schon ernst genommen hatte, als sie noch ein Backfisch gewesen war. Zwischen ihnen beiden bestand ein Einvernehmen, das keine Worte brauchte. Obwohl Tante Rosel in ihr nur den Dickkopf sah, oder gerade deswegen, war nicht ganz klar, aber Antonia vermutete Letzteres.

»Schön, dass du anrufst, Toni! Wie geht es dir? Wann kommst du wieder zu uns raus?«

»Ich würde gern, aber ich bleibe bei Vicky und Leo so lange, bis Henny aus dem Krankenhaus entlassen wird.«

»Das klingt nicht gut. Was fehlt ihr?«, fragte der Graf.

Er wusste von nichts. Antonia war überzeugt, sie hätte gemerkt, wenn er sie angelogen hätte. Sie erklärte ihm, was geschehen war.

Das Schweigen des Grafen dauerte so lange, dass Antonia meinte, er hätte aufgelegt. »Onkel Friedemann? Bist du noch da?«

»Ja, Toni, ich bin da. Ich fahre noch heute nach Berlin. Ich melde mich dann bei dir. Danke, dass du mich angerufen hast.«

Er hatte nicht gesagt: *Das tut mir leid.* Oder: *Ich werde Franz zur Rede stellen.* Oder zumindest: *Die arme Henny.* Er hatte keine Partei bezogen, sondern alles offengelassen.

Antonia begann zu begreifen, dass der Überfall auf Henny eine Sprengkraft hatte, die die verschwägerten Familien Thomasius und Freystetten auseinanderreißen konnte.

Antonia wartete bis zum Mittag damit, sich mit Celia zu besprechen. Als sie die Praxis betrat, lief sie geradewegs Guntram in die Arme. Er trug den weißen Arztkittel mit seinem eingestickten Nachnamen *Dr. Harrich* mit einer Selbstverständlichkeit, als arbeitete er schon immer in Hennys Praxis. In seinem Gesicht ein Lächeln, in dem sie Verwunderung, Freude, Verwirrung und Ratlosigkeit zugleich zu erkennen meinte.

»Das ging ja fix«, sagte sie.

»Was?«, fragte er verblüfft.

»Kaum liegt meine Schwester im Krankenhaus, tanzt du hier an.«

»Du hättest auch einfach nur Guten Tag sagen können, Toni.«

»Habe ich denn unrecht?«

»Es ist schrecklich, was Dr. Vandenberg zugestoßen ist.«

»Du kannst sie ruhig meine Schwester nennen.«

In ihr kochte es gerade, denn sie war ohnehin überreizt. Hatte sie Celia nicht gebeten, Guntrams Anfrage, hier zu arbeiten, abzulehnen? Vielleicht ein wenig zu indirekt.

Gleichzeitig war ihr klar, wie unhöflich sie sich benahm. Und wie ungerecht. Was konnte Guntram schließlich dafür, wie schlecht es Henny ging? Für die Art, wie er sie einst abserviert hatte, konnte er allerdings sehr viel. Nach einer Nacht voller Leidenschaft hatte er sie mehr oder weniger rausgeschmissen. Seine Kälte hatte es ihr erheblich erleichtert, nach Afrika zu reisen.

Sie atmete durch und nahm einen neuen Anlauf: »Guten Tag, Guntram.«

Er sah immer noch gut aus. Die schwarzen Locken, die ihm früher verwegen in die Stirn gefallen waren, zähmte er inzwischen mit Pomade. Das wirkte seriös und machte ihn älter. Er sah aus, wie ein Arzt eben aussehen sollte – vertrauensvoll und freundlich. Und viel zu gut.

»Ich freue mich, dich zu sehen, Toni.«

»Das bezweifle ich.«

»Das ist keine Floskel, Toni. Ich wusste schließlich, auf was ich mich einlasse.«

»Du brauchtest auf die Schnelle Arbeit.«

»Wirst du mir je verzeihen?«, fragte Guntram.

»Habe ich längst«, behauptete sie. »Ist alles lange her. Und du? Geschieden? Kind?« Wie gehässig sie klang! Aber sie war machtlos dagegen.

Guntram lächelte schwach. »Vielleicht reden wir ein anderes Mal weiter. Ich hoffe sehr, dass deine Schwester sich rasch erholt.«

Er ließ sie stehen, und sie hätte sich am liebsten geohrfeigt. Was für ein peinlicher Auftritt! Wie ein beleidigter Backfisch hatte sie sich benommen.

Noch immer über ihr eigenes Fehlverhalten verärgert, betrat sie Celias Sprechzimmer. Die Freundin hatte den großen Schreibtisch aus der Praxis am Savignyplatz herbringen lassen. Dort hatte die jahrzehntealte Anschaffung ihres Vaters überdimensioniert gewirkt. In den hiesigen eleganten Räumen stimmten die Proportionen. Der Anblick zeigte ihr, dass die Freundin an diesem Ort ein zweites Zuhause gefunden hatte.

»Du bist Guntram schon begegnet?«, fragte Celia.

»Ich war davon ausgegangen, dass du ihn nicht einstellst. Entsprechend dämlich habe ich mich gerade benommen.«

»Ihr werdet beide darüber hinwegkommen.«

»Es gibt genügend Ärzte, die hier hätten arbeiten wollen.«

»Wir brauchten jemanden, der von einem Tag auf den anderen zur Verfügung stand, Toni. Es geht hier gerade richtig rund.«

»Und was ist, wenn ich ab Herbst mitarbeite? Soll ich Guntram dann jeden Tag begegnen?«

»Bis dahin fließt noch viel Wasser die Spree hinunter. Aber sei versichert, ich werde alles unternehmen, damit du dich wohlfühlst, sobald du da bist.«

Antonia hörte sehr wohl den leisen Unterton heraus, dass ihre Freundin die Chefin geworden war. Es störte sie nicht. Im Gegenteil: Celia war eine würdige Vertreterin von Henny. Aber sie musste auch an Hennys Formulierung denken: *Es wäre mir so viel lieber, wenn ich alles in deine Hände legen könnte, bevor wir abreisen.*

»Ich brauche deinen Rat«, begann Antonia und kam damit zum Anlass ihres Besuchs. Sie gab die kurzen Gespräche mit dem Polizisten und Friedemann wieder. »Wie kann man gegen die Leute vorgehen, die Henny so schwer verletzt haben?«

Celia sah sie nachdenklich an. »Vermutlich muss man da weiter oben im Präsidium ansetzen. Ich kenne da jemanden von früher.«

Ricarda saß bereits eine Weile am Bett ihrer Tochter, als Henny die Augen aufschlug.

»Mutter?«

»Ja, ich bin da.«

Sie war direkt vom Bahnhof in die Charité gegangen, hatte sich nicht einmal die Zeit genommen, zuhause vorbeizuschauen. Denn gleich nach dem Gespräch mit Siegfried hatte sie Georg ein Telegramm geschickt und dann den Zug genommen.

»Ich hab wieder geträumt, ich sei in Afrika und ein kleines Mädchen«, sagte Henny mit schwacher Stimme.

Solche Zustände der Verwirrung waren der Ärztin Ricarda vertraut. Im Normalfall vergingen sie. Doch was war *normal*, wenn es sich um die eigene Tochter handelte!

»Die Zeit hat dich geprägt«, erwiderte Ricarda und versuchte, so sachlich wie möglich zu bleiben. Es war wichtig, Henny nicht zusätzlich zu verwirren. »Ich habe lange gebraucht, um zu verstehen, wie sehr dich das belastet hat.«

»Der Hund, Mutter. Wie hieß der? Ich sah ihn gerade in meinem Traum. Der Python verschlang ihn. Ich wollte ihn rufen, aber mir fiel sein Name nicht ein.«

»Er hieß Karibu, das Suaheli-Wort für *Willkommen*.«

»Stimmt.« Henny schloss wieder die Augen.

Würde sie jetzt weiterhin im Traum durch die Vergangenheit reisen?, fragte sich ihre Mutter. Der kurze Dialog erschien ihr so unwirklich, als hätte sie selbst geträumt. Sie war übermüdet. Aber ihre Erfahrung sagte Ricarda, dass Henny zwar in einem sehr schlechten, aber keinem lebensbedrohlichen Zustand war.

Als der Oberarzt kam, sagte er dasselbe: »Wir verlegen die Patientin noch heute auf die Krankenstation.«

»Sie haben ihren Kopf geröntgt?«, fragte Ricarda.

»Fräulein Thomasius hätte uns sonst keine Ruhe gelassen, Frau Kollegin. Die Patientin hat eine Gehirnprellung erlitten. Der Bruch der Elle ist glatt. Die Einblutungen im Bauchraum werden noch eine Weile Schmerzen verursachen, sind aber nicht auf größere Rupturen zurückzuführen.«

Der Oberarzt ließ sie mit ihrer Tochter allein. Kurz darauf erbrach sich Henny, was zum Krankheitsbild gehörte. Danach war sie wach.

»Wolltest du nicht in München sein?«

»Du erinnerst dich?«, fragte Ricarda erleichtert.

»Ja, aber es geht alles durcheinander.« Henny strengte das Reden an, und sie verlor ihren ursprünglichen Gedanken: »Wir wollten nach Kalifornien reisen. Meinst du, ich schaffe das?«

Sie sank erschöpft in die Kissen.

Antonia war damit beschäftigt, Hennys Kinder zu Bett zu bringen. Mit Vicky las sie das gerade erschienene Kinderbuch *Emil und die Detektive*. Sie hatte es für ihre Nichte gekauft, weil sie sich davon versprach, dass die spannende Lektüre sie von den Sorgen um ihre Mutter ablenken würde. Das *Nesthäkchen*, das Vicky immer noch liebte, und *Polly Hütchen*, die *Emil* beistand, waren Verwandte im Geist – einfühlsame und dennoch furchtlose Mädchen wie Vicky.

Ein Anruf ihres Vaters unterbrach sie.

»Toni, in unserer Wohnung steht ein junger Mann. Er sagt, er heißt Adam und du kennst ihn gut. Er macht einen leicht verzweifelten Eindruck.«

Siegfried Thomasius' Stimme schwankte zwischen Amüsiertheit, weil er solche Überraschungen nicht gewohnt war, und leichtem Tadel. Antonia vermutete, ihr Vater war vor allem darüber etwas enttäuscht, dass sie ihn nicht über den Fortgang ihrer Liebesangelegenheiten informiert hatte.

Sie hatte Adam wegen des Trubels der letzten Tage nicht vergessen. Eine Möglichkeit, mit ihm in Kontakt zu treten, hatte sie jedoch nicht. Er hatte ihr gesagt, er wohne bei Freunden, die Adresse aber nie erwähnt. Verabredungen trafen sie stets aufs Neue.

»Lässt du mich mit Adam sprechen?«, fragte Antonia.

»Tonja! Ich bin so froh, deine Stimme zu hören«, sagte

ein erleichtert klingender Adam. »Ich wusste mir keinen Rat. Verzeih bitte, dass ich deinen Vater belästige.«

»Er klingt nicht so, als belästigtest du ihn.«

Vater wird dir ein wenig auf den Zahn fühlen, setzte sie in Gedanken hinzu. Und diese Vorstellung behagte ihr sogar, denn sie war sich bereits sicher, dass ihr Adam gefiel. Vielleicht war es nicht schlecht, ihr Geheimnis zu lüften.

Siegfried Thomasius, der sich als Kind kleiner Leute hochgearbeitet hatte zum Militärarzt, hatte von Haus aus Verständnis für Menschen, denen nichts in den Schoß fiel. Bei ihrer Mutter war sie sich in diesem Punkt nicht ganz so sicher. Deren Aufstieg von der Tochter eines Gärtners und einer Köchin zur Ärztin war auch hart erkämpft. Vielleicht war es der Umgang mit ihrer Mentorin, der legendären Komtess von Freystetten, der auf sie abgefärbt und ihr etwas leicht Elitäres mitgegeben hatte. Wie Ricarda auf den Amerikaner Adam reagieren würde, vermochte Antonia deshalb nicht vorauszusagen.

»Ich mache mich gleich auf den Weg zu euch«, sagte sie und ahnte, dass sich in der Zeit, die bis dahin verging, Siegfried Thomasius und Adam Mills manches zu erzählen haben würden.

Kurz darauf rannte sie zur Wohnung in der Luisenstraße und traf atemlos ein. Dort erwarteten sie nicht nur ihr Vater und Adam. Inzwischen war auch ihre Mutter heimgekommen.

Ricarda erkannte auf den ersten Blick, dass der dunkelhäutige junge Mann, der neben Siegfried im Flur ihrer Wohnung stand, nur Augen für Antonia hatte. Aber er hatte einen denkbar schlechten Augenblick gewählt, um seine Aufwartung zu machen. Wenn es sich denn überhaupt so verhielt, aber das würde sich wohl gleich herausstellen.

Sie selbst kam gerade aus der Charité und stand noch unter dem Eindruck großer Sorge um Henny. Sie wusste noch nicht einmal, was Henny tatsächlich zugestoßen war. Nun überschlugen sich die Dinge auch noch zuhause!

»Mutter, das ist Mister Adam Mills. Adam, meine Mutter, Doktor Thomasius«, stellte Antonia sie einander vor. »Vater, Adam hat sich ja gewiss selbst bekannt gemacht. So war das alles nicht geplant. Gerade geht alles durcheinander.«

Ricarda tat ihre Tochter fast leid. Wie verlegen sie war! Eine derart entscheidende Begegnung vor dem Hintergrund eines großen Unglücks. Sie fing Siegfrieds Blick auf. Er lächelte und nickte ganz leicht. Sie verstand, was er ihr signalisierte: Der junge Mann, den unsere Tochter sich ausgesucht hat, ist in Ordnung.

Ricarda streckte Adam die Hand entgegen: »Ich freue mich, Sie kennenzulernen, Mister Mills. Leider haben wir dringende Familienangelegenheiten zu besprechen. Dürfen wir Sie bitten, uns ein andermal, zu ruhigeren Zeiten, zu besuchen?«

»Es wäre mir eine Ehre, gnädige Frau. Ihr Gatte hat mir bereits erzählt, was Antonias Schwester zugestoßen ist. Richten Sie bitte unbekannterweise meine Genesungswünsche aus. Ich darf mich empfehlen.« Er setzte den Hut auf, den er in der Hand hielt.

Antonia öffnete ihm die Tür, sagte zu ihren Eltern: »Entschuldigt mich. Ich bin gleich zurück«, und begleitete Adam hinaus.

Ricarda entdeckte im Gesicht ihres Mannes ein leises Lächeln.

»Du scheinst Mister Mills zu mögen«, stellte sie fest.

»Ja, er spricht sehr liebevoll von unserer Tochter. Außerdem hat er eine zugängliche Art.«

»Hast du die Narbe auf seiner Stirn bemerkt? Die sieht sehr frisch aus. Woher hat er die?«, fragte Ricarda.

Siegfried unterdrückte ein empörtes Stöhnen. »Ich habe ihn nicht gefragt, Rica. Vielleicht ein Unfall? Aber der Mann ist schwarz, und er ist Kommunist.«

»Kommunist? Du meine Güte! Das auch noch? Das ist doch kein Umgang für Toni! Kann sie sich denn nicht in jemanden vergucken, der weniger gefährlich lebt?«

Ihr Mann grinste. »Ich bin sicher, dass unserer fast dreißig Jahre alten Tochter dein Rat willkommen sein wird.« Er wurde ernst. »Wie geht es Henny? Ist sie bei Bewusstsein?«

»Ja, aber sie redet wirr. Sie erinnert sich nicht daran, was sie in diese Lage gebracht hat. Eine Krankenschwester sagte, sie wäre überfallen worden.«

Ihr Mann berichtete von einem Schlägertrupp der SA. »Vermutlich wollte Franz Grit einschüchtern lassen. Aber die haben Henny mit ihr verwechselt.«

»Das darf nicht wahr sein«, flüsterte Ricarda. »Du sagst, Franz schickt Kerle los, die seine Frau verprügeln sollen?«

Das allein war ja schon ungeheuerlich! Sie konnte es kaum glauben. Und Henny war das unschuldige Zufallsopfer!

»Hat schon jemand mit Friedemann gesprochen?«, fragte sie.

»Toni hat ihn angerufen. Er wusste angeblich von nichts.«

»Das glaube ich ihm sogar«, erwiderte Ricarda. »So etwas passt überhaupt nicht zu Friedemann.«

Franz würde ich es allerdings auch nicht zutrauen, dachte sie. Aber wie gut kannte sie schon ihren Neffen? In den letzten Jahren hatte sie ihn ein paarmal getroffen, aber sich nie ausführlich mit ihm unterhalten.

Das Telefon läutete, Ricarda hob ab.

»Friedemann hier. Ich bin im Reichstag und würde gleich bei euch sein können.«

Der Reichstag war nur wenige Gehminuten entfernt.

»Ist es euch recht, wenn ich euch trotz der späten Stunde noch aufsuche?« Ihr Schwager klang gehetzt.

Typischer leichter Mai-Schauer hatte eingesetzt und ließ den Asphalt der Luisenstraße im Licht der Laternen schimmern. Antonia wusste nicht, wohin sie mit Adam auf die Schnelle gehen konnte, um ungestört zu sprechen. Sie musste schließlich noch einmal nach oben in die elterliche Wohnung und anschließend dringend zu Vicky, die nachts unter Albträumen litt. Antonias Verliebtheit drohte gerade zu einem Luxusgut zu verkommen, für das es im wahrsten Sinne keinen Platz gab. Sie drängte sich mit Adam in eine Toreinfahrt, damit sie beide nicht dem Regen ausgeliefert waren.

»Dein Vater ist ein warmherziger Mensch«, sagte Adam.

»Ich sah ihm an, dass du ihm sympathisch bist.«

Adam lachte. »Er fragte mich, ob ich aus Kenia komme, und konnte kaum glauben, dass ich nie in Afrika war. Ich habe den Eindruck, er mag Afrika sehr. Aber Gott hat es auch gut mit den Menschen gemeint, als er Amerika erschaffen hat.«

Irgendwann käme der Tag, an dem die beiden Männer sich besser kennenlernen würden, davon war Antonia überzeugt. Jetzt war nur wichtig, dass Adam seine Feuertaufe vor ihrem Vater bestanden hatte.

In dem Durchgang, in den sie sich zurückgezogen hatten, war es dunkel. Nun, da ihre Augen sich an die Lichtverhältnisse gewöhnten, erkannte Antonia seine vollen Lippen, die zärtlich küssen konnten. Sie schmiegte sich an ihn.

»Ich wusste nicht, wie ich dich erreichen konnte, um dir

für heute abzusagen«, gestand sie. »Ich weiß viel zu wenig von dir. Wo wohnst du gerade? Wie lebst du?«

»Mal hier, mal da. Gerade ist es ein kleines Zimmer in Moabit.«

»Wie bezahlst du dein Leben? Mit deiner Musik?«

»Ich habe gespart. Aber das reicht nicht. Ich habe in der *Arizona-Bar* gefragt, ob ich dort arbeiten kann. Sie nehmen mich. ›Ein Neger wie du, das sieht echt aus‹, hat der Besitzer gesagt.«

»Das klingt ja schrecklich. So ein Rassist.«

»So ist unsere Welt, Tonja. Wie gesagt: Im echten Arizona hätte ich die Bar nicht einmal betreten dürfen. Hier werde ich die Drinks mixen. Ich weiß gar nicht, wie man das macht.«

»Dann finde ich dich also in der Bar?«

»Ja. Um Mitternacht habe ich Schluss.«

»Küsse nach Mitternacht. Wie romantisch«, witzelte sie.

»Ich muss los. Heute ist mein vorletzter Auftritt in Schöneberg als *Big Little Adam*.«

Ich wäre gern dabei, dachte Toni.

Gerade in diesem Moment eilte Graf Freystetten vorbei. Fast wäre er in Adam hineingelaufen.

»Himmel noch mal!«, rief der Graf. »Man erschreckt sich ja noch zu Tode! Euch Schwarze sieht man nachts so schlecht.«

»Dann muss Adam sich wohl nachts weiß anmalen, Onkel.«

»Ach, du kennst den Herrn?«, fragte Friedemann. »Ich wollte zu euch.«

»Warte bitte kurz. Ich komme gleich nach.«

Adam lächelte. »Sich weiß anmalen! Tonja, du bist wunderbar«, sagte er, als der Graf außer Hörweite war, und wurde ernst. »Dieser Mann, ist der mit dir verwandt?«

Was waren sie füreinander? Ein richtiger Onkel war Friedemann nicht. Er hatte sie gelehrt, Pferde zu versorgen, ihm verdankte sie, ihre Liebe zu Tieren ausgelebt haben zu dürfen. Dank ihm wusste sie, sich zu benehmen wie eine echte Dame, was sie allerdings selten tat. Die Rolle als *Tomboy* hatte Antonia schon gefallen, bevor Adam sie so bezeichnet hatte.

»Er hat mich immer unterstützt«, sagte sie. »Graf Freystetten ist der Vater meiner Kusine Frieda«, sagte sie und unterschlug wohlweislich Franz. »Die müsstest du kennenlernen. Sie ist herrlich verrückt.«

Adam zog verwundert die Augenbrauen hoch. »Ein Graf ist dein Onkel?«

Mehr sagte der Kommunist nicht, und Antonia ließ das auch so stehen, weil es zu kompliziert war, es zu erläutern.

Sie sah Adam nach, wie er mit selbstbewusstem Schritt in Richtung Bahnhof Friedrichstraße ging. Gleichzeitig hörte sie das rhythmische Marschieren schwerer Männerstiefel. Die SA war auch in dieser Nacht unterwegs. Das kannte sie schon. Bis vor Kurzem hatte sie das nie mit dem Wohlergehen von Menschen in Verbindung bringen müssen, die sie liebte. Doch jetzt war das anders: Ein leichter Anflug von Angst kam auf, ließ ihren Magen sich zusammenziehen.

Adam wird auf sich aufpassen können, versuchte sie, sich zu beruhigen, und folgte dem Grafen, der vor ihrer Haustür auf sie wartete.

»Wer war denn das?«, fragte Friedemann, als Antonia die Haustür erreichte. »Hast du den Neger aus Afrika mitgebracht?«

»Mister Mills stammt aus den USA, er studiert an der

Humboldt-Universität Germanistik«, stellte Antonia klar. »Du bist spät unterwegs. Erwarten meine Eltern dich, Onkel Friedemann?«

»Ich muss ein Missverständnis ausräumen, Toni.«

»Ein Missverständnis?«, fragte sie verwundert. »Das heißt: Franz ist nicht der Auftraggeber des Angriffs auf Henny?«

Sie war fast schon erleichtert.

»Ich bedaure zutiefst, dass es Henny so schlecht geht«, erwiderte der Graf. »Niemand wollte, dass es so kommt.«

Antonia glaubte, nicht richtig gehört zu haben. Sie hatte Friedemann immer gerngehabt, verband schöne, schmerzliche, aufwühlende Erinnerungen mit ihm. Doch jetzt spürte sie, wie eine heiße Welle der Empörung in ihr aufstieg.

»Wie meinst du das, Onkel?«, fragte sie. »Was hat niemand gewollt? Dass Schläger losgeschickt werden? Dass sie eine wehrlose Frau angreifen? Und wer ist niemand? Franz?«

»Du verstehst mich falsch, Antonia«, versuchte Friedemann, sie zu beschwichtigen.

»Dann erkläre es mir, bitte. Was hat man denn gewollt?«, fragte sie. »Grit statt Henny verletzen? War das der Plan? Aber Franz' Schläger waren zu dämlich? Mehrere Kerle gegen eine Frau. Und dann verbocken sie ihren Auftrag?«

»Du bist aufgebracht und urteilst, bevor du die Tatsachen kennst, Toni. So können wir nicht reden.«

Sie versuchte, sich zu beruhigen. »Die Tatsachen kannst du dir auf der anderen Straßenseite in einem Krankenzimmer ansehen, Onkel Friedemann. Besuch Henny!«

Sie stieß die Tür auf und ließ ihn die Treppe hinaufgehen zu ihren Eltern.

Ricarda spürte sofort die Anspannung zwischen ihrem Schwager und ihrer Tochter. Offenbar hatte es bereits erste scharfe Worte zwischen beiden gegeben. Tonis Wangen waren gerötet, und sie hatte jenen Glanz in den Augen, den sie zeigte, wenn sie zutiefst empört war. In dieser Stimmung war eine vernünftige Aussprache schwerlich möglich.

»Es ist schön, dass du noch heute Abend zu uns kommst«, eröffnete sie das Gespräch in versöhnlich klingendem Ton.

»Ich bin hier, um für die Familie zu sprechen«, sagte Friedemann.

»Somit sprichst du in gewisser Weise für Franz, nicht wahr?«

Ricarda ging voran ins Wohnzimmer. Das Teewasser hatte Siegfried längst aufgesetzt, das fertige Getränk stellte sie nun auf den Wohnzimmertisch, Toni brachte die Tassen.

Noch immer war Ricarda nicht jedes Detail des Überfalls klar. Sie beschloss, sich Klarheit zu verschaffen.

»Es waren Männer der SA, also Schläger der NSDAP. Bitte antworte deutlich, Friedemann: Habt ihr etwas mit dieser Partei zu tun?«

»In meiner Gegenwart hat Franz Henny gesagt, dass er für die NSDAP kandidieren wird. Ich bitte euch jedoch inständig, das für euch zu behalten. Franz ist in der Heeresleitung, wie ihr wisst. Das muss sensibel gehandhabt werden.«

»Mit derselben Sensibilität, mit der Henny behandelt wurde?«, fragte Toni scharf.

»Bitte, Toni, auch wenn ich dich verstehe, aber wir sollten uns zurückhalten«, mahnte Siegfried. »Es steht sehr viel auf dem Spiel. An dieser Sache könnte etwas sehr Großes zerbrechen. Es geht um die seit Generationen bestehende

Freundschaft zweier Familien. Also bitte, Friedemann: Tritt mehr als einen Schritt auf deine Schwägerin Ricarda zu, wenn sie dich nach den Hintergründen fragt.«

»Du hast recht, Siegfried. Mein Gott! Du glaubst gar nicht, wie sehr mich das alles schmerzt! Ich schätze Henny doch ebenso wie euch. Aber Franz ist mein Sohn, mein Erbe. Und er ist ein großes politisches Talent. Ja, gewiss: in der falschen Partei. Aber unser Vaterland braucht jetzt Männer wie Franz.«

»Was willst du damit sagen, Onkel?« Antonia starrte Friedemann entsetzt an. »Dass Henny es in Kauf nehmen muss, wegen Franz' großem politischen Talent verdroschen worden zu sein? Sie soll schweigen, keine Anzeige erstatten? Willst du darauf hinaus?«

»Wie dein Vater gerade sagte, Toni. Es geht um die Freundschaft zweier Familien, die geschützt werden muss«, sagte Friedemann.

»Du drehst mir die Worte im Munde herum, Friedemann«, warf Siegfried ein.

»Du hast auch meine Frage nicht beantwortet, Friedemann«, stellte Ricarda fest. »Gab Franz den Auftrag, Grit einschüchtern zu lassen? Ja oder nein?«

»Du weißt, dass ich darauf nicht antworten darf, Rica.«

»Weshalb nicht?«

»Weil nur Franz darauf antworten kann. Wenn er einen Zwist mit seiner Frau hat, so geht das nur ihn etwas an.«

Ricarda hielt es nicht mehr aus auf ihrem Stuhl, sie stand auf. »Du solltest dich schämen, Schwager«, sagte sie. »Ich mag kaum glauben, was du gerade gesagt hast. Wir beide, du und ich, sind in Freystetten geboren, es ist unser Zuhause, Henny und Franz sind Cousin und Kusine.« Sie dachte kurz nach, dann sprach sie aus, was ihr spontan eingefallen war: »Ich bestehe darauf, dass Franz in Gegenwart meiner Mutter Karla mit Henny spricht und sie um Verzeihung bittet.«

»Das kannst du nicht verlangen!«, rief Friedemann. »Du willst Franz demütigen.«

»Demut ist das, was ich angesichts des Leids, das Henny zugefügt wurde, von deinem Sohn als Wiedergutmachung verlange, Friedemann.«

Ihr Schwager blickte sie konsterniert an. Offenbar verstand er sehr wohl, was sie damit meinte: das Gegenteil von Hochmut, Selbstüberschätzung und Überheblichkeit, also jenen Eigenschaften, die an seinem Sohn Franz herausstachen.

»Ich weiß nicht, ob Franz dazu bereit ist«, sagte der Graf. Womit er vermutlich zum Ausdruck bringen wollte, dass dem nicht so wäre.

»Es ist nicht viel, das Franz erbringen soll. Demut gehört zum Christentum. Frag Rosel, frag deine Schwiegermutter. Sie werden es dir bestätigen«, sagte Ricarda. Es war eine milde Form von Erpressung, die beiden ins Spiel zu bringen. »Du willst mir doch nicht zu verstehen geben, dass Franz die Politik wichtiger ist als sein Glauben?«

Der Graf verzog den Mund zu einem spöttischen Lächeln. »Ich bin Abgeordneter im Reichstag. Du hast keine Vorstellung, was dort vor sich geht, Ricarda. Unser Land braucht eine Führung, die diesen Namen verdient. Einen starken Mann. Aber niemand, der unser Land liebt, will, dass der Anstreicher aus Österreich immer mehr Macht gewinnt. Man braucht jemanden wie Franz. Er hat das Format zu etwas ganz Großem. Jeder weiß das.« Er machte eine Kunstpause. »Es geht nicht um den Glauben, nicht um die Familie. Es geht um unser deutsches Volk.«

Ricarda spürte, dass er in dieser Nacht nicht einlenken würde: »Denk über meinen Vorschlag nach, Friedemann.«

Zugleich war dies die Aufforderung, ihre Wohnung zu verlassen. Friedemann verstand sie entsprechend.

Sobald er die Tür hinter sich geschlossen hatte, sagte Siegfried: »Meint er das ernst? Franz als deutscher Kanzler? Hitler wäre eine Gefahr, Franz ein schlechter Witz.«

Ricarda hatte Zweifel, dass es in erster Linie darum ging. Vielmehr hatte Franz zu einer Straftat angestiftet. Das konnte Friedemann nicht zugeben. Und deshalb würde eine Versöhnung schwer bis unmöglich, befürchtete Ricarda. Sie beschloss, erst mal kein Wort über ihre pessimistische Einschätzung der Lage zu verlieren. Sie bemerkte ohnehin, dass Antonia den Tränen nahe war.

»Eine solche Reaktion hätte ich Onkel Friedemann nie und nimmer zugetraut«, sagte Toni mit erstickter Stimme. »Ich hatte ihn immer gern. Wie konnte ich mich nur derart in ihm täuschen?«

Kriminalrat Wagner, ein übergewichtiger, anscheinend in sich selbst ruhender Mann, saß im Polizeipräsidium hinter einem mit Akten vollgepackten Schreibtisch. In dieser chaotischen Umgebung stach eine Schwarzwälder Kirschtorte hervor, aus der bereits Stücke herausgeschnitten worden waren.

»Es ist nett, dass Sie sich selbst herbemühen, Fräulein Thomasius. Ihre Bekannte, Frau Fahrland, ist mir noch in guter Erinnerung«, sagte er. »Grüßen Sie sie, bitte.«

Sein Zimmer wirkte nicht nur zu klein, weil der Beamte so korpulent war. Antonia hatte erwartet, dass sein Büro großzügiger geschnitten wäre, war er doch eine Berliner Berühmtheit. So hatte Celia es ihrer Freundin erklärt, bevor sie sich in die sogenannte *Rote Burg* am Alexanderplatz aufgemacht hatte. Herrn Wagner war es angeblich gelungen, die Ermittlungsmethoden der Berliner Kriminalpolizei zu revolutionieren. Das Ergebnis war überwältigend, wie es hieß: Neunzig Prozent der Morde in der Hauptstadt konnte er mit seinen neuen Methoden aufklären, was nirgendwo sonst auf der Welt gelang. Aber nicht deswegen war sie hier, sondern weil Celia gemeint hatte, Wagner könnte in Hennys Fall weiterhelfen.

»Sie haben Grit von Freystetten befragt, Herr Kriminalrat?«

Er nickte bedächtig. »Die Dame behauptet in der Tat, Männer gesehen zu haben, die wie Angehörige der SA gekleidet waren.«

Antonia wurde hellhörig. »Was heißt das?«

»Ihnen ist höchstwahrscheinlich bekannt, dass Frau von Freystetten mit Herrn von Freystetten verheiratet ist. Ihr Gatte ist Mitglied der NSDAP. Die SA handelt im Namen dieser Partei.«

»Ja, das weiß ich.« Ihr Blick fiel auf die Torte, was er bemerkte.

»Oh, darf ich Ihnen ein Stück anbieten? Meine Sekretärin verwöhnt mich jeden Tag mit einer neuen Torte. Sie macht sie selbst. Möchten Sie probieren?«

»Danke, sehr nett, aber nein, mir ist nicht nach Torte zumute«, erwiderte Toni. Sie hatte seit Tagen kaum etwas zu sich genommen.

»Frau von Freystetten saß da, wo Sie jetzt sitzen, als sie mir sagte, dass sie die Scheidung eingereicht hat. Sie machte keinen Hehl daraus, dass ihr die politischen Ambitionen ihres Gatten so sehr missfallen, dass sie nicht mehr mit ihm verheiratet sein mag. Und dann gibt es den Artikel in der *Roten Fahne*, in dem es heißt, es handle sich um eine Scheinehe. Offen gesagt, erscheint mir die Dame nicht sehr vertrauenswürdig.«

Antonia ahnte, dass ihr Besuch vergeblich sein würde.

»Haben Sie wenigstens Franz von Freystetten vernommen?«, fragte sie dennoch.

»Nein, ich denke, das erübrigt sich. Verstehen Sie mich nicht falsch, Fräulein: Ich bin kein Freund dieser Partei. Absolut nicht. Ich bin Kriminalist, als solcher ziehe ich meine Schlüsse.«

»Und Sie ziehen den Schluss, dass Sie Grit von Freystettens Zeugenaussage für einen Racheakt halten?«

»Wenn Sie das so nennen möchten. Ich würde sagen, die Glaubwürdigkeit der Zeugin ist fraglich.«

»Das heißt, Sie unternehmen nichts, Herr Kriminalrat? Ich will, dass meiner Schwester Gerechtigkeit widerfährt.«

»Das will ich auch, Fräulein Thomasius. Aber wir brauchen dafür glaubwürdige Zeugen. Ihre Schwester erinnert sich nach wie vor an nichts?«

Als Antonia wenig später die wie endlos wirkenden Gänge im Präsidium entlanglief und nur schwer den Ausgang fand, dachte sie an Grit. In ihrem Ärger auf Franz hatte sie einen verhängnisvollen Fehler gemacht, der wohl nicht mehr wiedergutzumachen war. Sie hatte eine Information zu viel herausgegeben: Niemals hätte sie sagen dürfen, dass sie sich von Franz scheiden lassen wollte! Würde der Überfall auf Henny deshalb nie gesühnt werden?

GESCHENKE FÜR ANTONIA

— ♦ —

Juli 1930

Antonia hatte kurz gezögert, als ihre Mutter ihr den Vorschlag gemacht hatte. War es eine gute Idee, ausgerechnet jetzt ihren dreißigsten Geburtstag in Freystetten zu feiern? Schließlich war das Zerwürfnis zwischen den Familien, das sich nach dem Überfall auf Henny angebahnt hatte, noch größer geworden. Denn Franz hatte nichts unternommen, um das Gespräch mit Henny zu suchen. Das hatte wohl auch niemand aus der Familie Thomasius ernsthaft erwartet. Enttäuscht waren sie jedoch über Friedemanns Verhalten, der seit dem abendlichen Treffen alles unterlassen hatte, was eine Versöhnung angebahnt hätte.

»Wo sonst willst du mit uns feiern? Deine Großmutter reist nicht mehr nach Berlin«, hatte Ricarda gesagt. »Sie ist in Freystetten zuhause. Wenn wir ein Fest begehen, um uns über den Tag deiner Geburt zu freuen, was soll daran falsch sein, es dort zu tun? Und sie wird überglücklich sein, uns alle um sich zu haben.«

Nun hatten sich alle um einen großen, hübsch eingedeckten Tisch in Großmutters Garten versammelt. In den Bäumen ringsum summten die Bienen. Es war Anfang Juli, ein von der Sommersonne überstrahlter Sonntag, die Wärme lag in der Luft, auf dem Gras, auf der Haut. Leichte Kleider konnten ausgeführt werden, ohne Sorge zu haben vor kühlen Abenden.

Großmutter Karla nutzte die Gelegenheit, um zu beweisen, dass ihr betagtes Alter kein Hindernis war, um den Mürbeteig für die Rhabarbertorte mit Streuseln perfekt hinzubekommen, und die Sauerkirschen im Schokoladenkuchen waren selbstverständlich entsteint.

Vicky hielt ihren kleinen Bruder Leo im Arm und ließ ihn an der Sahne auf ihrem Finger lutschen. Henny ruhte entspannt im Liegestuhl, ein leicht entrücktes Lächeln im Gesicht, das wie erstarrt wirkte. Ihr Arm war schon lange wieder ohne Gips, aber sie hatte sich sehr verändert, wie Antonia auch jetzt feststellte. Sie, deren Lebensmittelpunkt oft ihre Praxis gewesen war, hatte seit ihrer Entlassung aus dem Krankenhaus vor vier Wochen noch keine Stunde dort verbracht. Das wusste Antonia nicht nur von Celia. Da Ricarda ihre Tage bei Henny verbrachte, konnte sie sich nicht um Sophie und Georg kümmern. Denn sie versuchte alles, um Henny aus der seltsamen Starre zu befreien, in die sie verfallen war. Aber auch Antonia schaute, sooft sie konnte, bei ihr vorbei. Bislang hatte sich ihr Zustand kaum gebessert.

»Henny, mein Schatz, du hast nichts vom Kuchen gegessen«, stellte Großmutter Karla fest.

Der Teller stand unberührt auf einem Tischchen neben ihr.

»Ich brauche nichts, Großmutter. Danke dir.«

»Aber er schmeckt wirklich gut«, sagte Ricarda.

Großmutter teilte ein Stück ab und bot es Henny an. Erst, als die Gabel dicht vor ihrem Mund war, öffnete sie ihn.

»Das haben wir gelegentlich nach schwerem SHT«, hatte einer der Ärzte in der Charité Antonia erklärt. »Die Schwermut vergeht. Haben Sie Geduld.«

Keine der Frauen in der Familie war für ihre Geduld bekannt. Sie zwangen sich Tag für Tag dazu. Irgendwann würde Henny doch wieder die werden, die sie zuvor gewesen war!

Da auch der nach wie vor im fernen Kalifornien weilende Victor Bescheid wissen musste, hatte Antonia ihm einen langen Brief geschrieben und alles erklärt.

Die Antwort erreichte Antonia als Telegramm: *Komme nach Berlin. Stopp. Hole Henny und die Kinder nach Kalifornien.*

Kurz und knapp. Wann, hatte er nicht mitgeteilt.

Die versammelte Familie gab sich auch bei dieser Feier Mühe, alles normal wirken zu lassen.

»Karla, Ihr Kuchen ist der beste der Welt«, sagte Adam gerade.

Antonia hatte ihn mitgebracht. Da für ihn alles neu war, hatte er bislang kaum etwas gesagt. Er blickte sich jedoch verwundert um. Auf welche Weise das benachbarte Schloss und Karlas bescheidenes Gesindehaus miteinander verbunden waren, hatte Antonia ihm noch nicht verraten. Denn da lauerte sozialer Sprengstoff …

»Danke, Herr Mills. Welchen Kuchen backt Ihre Frau Mutter?«

»*Cheese cake!*« Adam verdrehte lustig die Augen. »Ein Gedicht!«

»Käsekuchen kannst du auch, Mutter«, sagte Ricarda.

Karla Petersen missverstand diese als Übersetzungshilfe gemeinte Bemerkung als Aufforderung zu einem weiteren Kuchen: »Ich habe keinen Schichtkäse. Da müsste jemand rüber in die Schlossküche, um welchen zu holen.«

Womit sich Schweigen über die Runde legte wie ein dicker Teppich.

Ricarda und Antonia besuchten zwar die Zwillinge, vermieden es jedoch, mit Rosel zu sprechen. Die wiederum bemühte sich darum, unsichtbar zu bleiben, wenn die Schwester oder Nichte Antonia im Schloss waren. Sie brauchte die beiden, damit sie die Gesundheit von Felicitas und Felix im Auge behielten.

»Nun bist du dreißig, Toni. Und ich kann nicht mehr sagen: *meine Kleine*«, setzte die Großmutter an. »Werde ich noch erleben, dass du heiratest?«

Gerade begann der kleine Leo, unruhig zu werden. Antonia gab ihm das Fläschchen. Da das Kindermädchen heute nicht dabei war, spielte sie auch für Leo die Ersatzmutter. Denn selbst dazu fehlte Henny noch immer die Kraft.

Antonia fing Adams verliebten Blick auf. Sie errötete und ärgerte sich. Weshalb hörte das nicht auf, wenn man so alt geworden war?

»Du wirst hundert Jahre alt, Großmutter!«, rief sie lachend und hoffte, sich damit aus der Affäre gestohlen zu haben.

»Nein, Toni, hundert ist zu viel. Bitte beeile dich ein wenig mehr.«

»Ich werde mich anstrengen.«

Aber auch dieser Tag änderte nichts an ihrer Haltung zu dem Thema. Sie hatte nicht den Wunsch, Ehefrau zu sein. Und im Grunde wollte sie auch nicht Mutter werden. Sie half jeden Tag Frauen dabei, ihre Kinder auf die Welt zu bringen. Sie sah die Schmerzen, erlebte zwar das Glück, aber auch die Enttäuschung, wenn ein Neugeborenes mit einer Behinderung oder leblos zur Welt kam. Das tägliche Wechselbad der Gefühle, vor dem sie sich bislang nicht zu schützen wusste, wollte sie nicht am eigenen Leib erleben. Gleichzeitig war ihr bewusst, wie sehr Adam Kinder mochte. Adam, der so viele Geschwister hatte.

»Entschuldigt mich«, sagte sie. »Ich möchte Adam den Schlosspark zeigen.«

Die Zeit mit der Familie war kostbar. Aber jetzt wollte sie mit Adam allein sein. Und sie wusste auch, wo und wie sie die ersehnte Ungestörtheit genießen wollte. Schließlich hatte sie heute Geburtstag!

»Nimmst du Leo im Kinderwagen mit, Toni?«, fragte Vicky. »Ich möchte so gern im Gartensalon Klavier spielen.«

Das Zerwürfnis der Familien hatte man von ihr ferngehalten.

Wie konnte Antonia jetzt Nein sagen? »Selbstverständlich!«

Antonia schob den hochbeinigen Wagen, der Leo in den Schlaf schaukelte. Adam legte seine Hand neben ihre. Als wären sie die Eltern und Leo ihr Kind.

Auf Hennys Handrücken saß eine Biene und putzte sich sorgsam die Fühler. Fasziniert beobachtete sie das Insekt und bemerkte zum ersten Mal, wie schön es war. Die Natur hatte einen winzigen Körper voller Harmonie geschaffen.

»Henny, scheuch die Biene fort!«

Sie hörte zwar den Ruf ihrer Mutter, sah aber keinerlei Gefahr. Woher kam die Angst vor Bienen?, fragte sie sich. Es waren so nützliche kleine Wesen. Sie rührte sich nicht, sah weiterhin der Biene zu. Sie hatte das Gefühl, dass der Frieden, der in dem Gast auf ihrem Handrücken wohnte, dadurch auch in ihr wäre.

Plötzlich war Ricarda bei ihr, wedelte mit einer Serviette über Hennys Hand. Die Biene flog davon, und Henny blickte ihr nach.

»Schade«, sagte sie. »Du hast sie gestört.«

Ihre Mutter beugte sich zu ihr. »Henny, was ist mit dir?« Willst du nicht versuchen, in unsere Welt zurückzufinden?«

»Ich mochte die Biene, Mutter. Nun ist sie fort.«

Ein Tropfen fiel auf Hennys Gesicht, aber es regnete nicht, der Himmel war klar und blau. Es waren Tränen, die ihre Mutter vergoss, und die nicht versiegen wollten.

»Nimm die Serviette«, riet Henny.

»Was?«

»Für deine Tränen. Du weinst. Merkst du es nicht?«

»Doch, Henny, das merke ich. Oh, Gott, was ist nur mit dir? Du bist Ärztin, Mutter, hast zwei Kinder.«

Henny erschloss sich nicht, was das mit der Biene und den Tränen zu tun hatte. In ihr war Frieden, wie sie das seit einiger Zeit nannte. Es war ein dumpfes Gefühl, fast eine Leere. An manchen Tagen überlegte sie, wie sie die Leere füllen konnte. Wenn Vicky von der Schule erzählte, das Kindermädchen über Leo berichtete, Celia Erlebnisse aus der Praxis vortrug, Josefine ihre Haare frisierte, dann spürte sie durchaus den Wunsch, das alles mit ihnen zu teilen. Aber das waren nur Gedankenblitze, bevor der tiefe Frieden zurückkehrte, der sie umgab.

Von Ferne war das Geräusch eines Automotors zu hören, dem ein kurzes energisches Hupen folgte. Henny nahm es mit demselben Gleichmut wahr, mit dem sie auch in der Behrenstraße den Straßenlärm hörte; es interessierte sie nicht.

»Erwartet Toni noch jemanden?«, fragte Großmutter Karla.

»Vielleicht hat sie noch Freunde aus Berlin eingeladen«, mutmaßte Ricarda. »Ich sehe mal nach.«

Es dauerte nur Augenblicke, da hörte Henny ihre Mutter mit sich fast überschlagender Stimme rufen: »Henny! Henny! Sieh nur, wer gekommen ist!«

Sie richtete sich leicht auf. Die Sonne stand so, dass sie zwar erkannte, dass sich zwei Menschen näherten, sie sah aber nur deren Silhouetten und die Umrisse der Blumensträuße, die sie trugen. Und dennoch empfand sie etwas Ungewohntes: Ihr Herz schlug jetzt viel schneller.

Antonia spürte, dass auch Adam die Symbolkraft dieses Spaziergangs durchaus bewusst wurde. Zwischen ihnen beiden lag eine ungewohnte Spannung, die sich entladen musste. Wenn da nur nicht der Kinderwagen gewesen wäre, der es ihnen unmöglich machte, sich unterzuhaken, zu umarmen, einander zu fühlen.

Adam sagte kaum ein Wort und sie auch nicht.

Entlang der Wege waren neue Blumenbeete angelegt, die dem Park die Schlichtheit eines englischen Landschaftsgartens nahmen, wo es traditionell nur Rasenflächen gab. Antonia erinnerte sich, dass der Graf vorgehabt hatte, Besucher in seinen Park zu lassen, die sich auf ebenfalls neuen Bänken ausruhen konnten. Einen Teil der Orangerie hatte Graf Friedemann in ein Kaffeehaus verwandelt, wo jetzt unter Palmen Gäste saßen. Antonia hätte ihm gern gesagt, wie sehr sie diese Neuerungen freuten. Doch seit jener regennassen Nacht im Mai war man einander nicht mehr begegnet.

»Das alles gehört deinem Onkel?«, fragte Adam schließlich.

»Angelegt hat den Park mein Großvater Gustav Petersen, er war Gärtner. Auch den Wald dort drüben hat er gepflanzt.« Er sollte wissen, dass ihre Großeltern einfache Leute waren.

Was der Kommunist an ihrer Seite anders auffasste. »Die herrschenden Ideen einer Zeit sind jene, die von der herrschenden Klasse vorgegeben werden. Irgendwann gab es hier einen Grafen, der deinem Großvater befahl, Bäume zu pflanzen. Und er machte seinen Rücken krumm.«

»Nein«, widersprach sie leidenschaftlich. »Die Pläne zu diesem Park stammen von meinem Großvater. Er ging in Potsdam bei einem Gartenbaumeister in die Lehre, der wiederum bei jenem lernte, der den Park von Schloss Sanssouci erschuf. Gartenbau ist eine Kunst.«

»Eine Kunst, die dem Stilempfinden und Bedürfnissen der Herrschenden entspricht. Genau das meine ich«, beharrte Adam. »Der Arbeiter ist nur der Handlanger desjenigen, der über die Macht des Geldes verfügt. Er verkauft seine Rechte für billigen Lohn.«

Sie stimmte ihm insgeheim zu. Doch der zarte Schimmer von Romantik, der sie gerade noch umfangen hatte, war fort. Antonia meinte, sich abgrenzen zu müssen von Adams Ideen, wollte die Tradition ihrer Familie schützen. Denn gerade vor dem Hintergrund des ungelösten Streits zwischen den Familien war es ihr wichtig, die Bedeutung ihrer Vorfahren zu betonen.

»Hat der Arbeiter, der dein Großvater war, dem damaligen Grafen zur Seite gestanden? Mit denselben Rechten wie dieser?«, fragte Adam.

»Nun ja, die gleichen Rechte … wohl eher nicht. Es heißt, der alte Graf sah in ihm so etwas wie einen Sohn. Er wohnte mit Großmutter in dem Haus, wo du sie getroffen hast. Also neben dem Schloss. Ich fand es dort immer viel schöner.«

»Ich war noch nicht in diesem Schloss hier. Ich war noch in gar keinem Schloss.« Er blieb stehen. »Soll ich dir ein Geheimnis verraten? Ich weiß nicht, wovon du sprichst, Tonja.«

»Wie meinst du das?«

»In Georgia, dem Staat in den USA, wo meine Großeltern lebten, ritt ihr Herr auf dem Pferd an ihnen vorbei. Er ließ die Peitsche über ihre Köpfe hinwegknallen oder auf ihrem Rücken nieder. Mein Großvater hätte niemals einen Garten für seinen Sklavenhalter planen dürfen. Er war froh, dass er ein winziges Stück Land bewirtschaften durfte, auf dem er Kürbisse angebaut hat, Mais und Bohnen. Dein Großvater wäre für meinen ein Herr gewesen.«

»Wir können beide nichts für unsere Herkunft«, sagte Antonia. »Lass bitte nicht zu, dass sie uns trennt.«

Der Besuch in Freystetten hatte die Unterschiede zwischen ihr und Adam offensichtlicher gemacht. Seine Ansichten konnten sie dennoch nicht herausfordern. Im Gegenteil. Er machte ihr bewusst, dass sich jeder damit auseinandersetzen sollte, wer die eigenen Vorfahren waren. Die Herren von Freystetten dagegen wollten darüber wohl nicht nachdenken. Sie hielten sich für ausersehen zu herrschen. So erklärte sich Onkel Friedemanns Haltung, wurde ihr gerade klar. Mit wem er sich dafür verbündete – ob mit dem Kaiser oder Hitler –, war ihm einerlei. Es schmerzte sie jedoch, dass der Onkel, den sie so sehr geachtet hatte, das Prinzip Macht über alles stellte.

»Sind wir zwei Fremde, die ein Baby spazieren fahren?«, fragte Adam grinsend in ihre Nachdenklichkeit hinein.

Sie sah auf seinen sinnlich schönen Mund, den sie jetzt küssen wollte. Was hier im Park, wo sie vom Schloss aus gesehen werden konnte und man ihr deshalb irgendwann Vorhaltungen machen würde, nicht angebracht war. Sie tat es trotzdem.

Ganz in der Nähe war der Wald, den ihr Großvater angelegt hatte. Sie hielt darauf zu.

Ihr auf so ungewohnte Weise beschleunigter Herzschlag trieb Henny aus dem Liegestuhl. Jener Teil ihres Bewusstseins, mit dem sie sich daran erinnerte, Ärztin zu sein, sagte ihr, dass sich langes Liegen und plötzliches Aufstehen nicht vertrugen. Um sie herum drehte sich alles. Zwei Arme stützten sie, sodass sie nicht fiel.

»Henny, mein Schatz, ich komme wohl gerade recht!«

Sie hatte hin und wieder Phasen, in denen sie nicht zwischen Realität und Traum unterscheiden konnte. Inzwischen hatte sie jedoch gelernt, mit dieser Schwäche umzugehen.

Diesmal war sie sich sicher: »Victor. Du bist da.« Sie lehnte den Kopf an seine Schulter und atmete durch. »Du hast mir gefehlt.«

Sie hielten sich im Arm, sie roch sein Herrenparfüm, und es erinnerte sie an schöne Zeiten. Plötzlich kehrte zurück, was vergessen war. Die Hochzeit, das erneute Versprechen, das sie sich gegeben hatten.

»Toni schrieb mir, dass du mich brauchst.«

»Ja, ich glaube, das tue ich wirklich. Ich bin nicht in mir selbst zuhause. Manchmal bin ich wie in einem Nebel. Mutter und Toni sagen, das würde vergehen.«

»Ich liebe dich auch, wenn du neben dir stehst, Henny.«

»Du bist nach Amerika gefahren, nicht wahr? Ein Film mit Marlene Dietrich. *Nuttenfilm!*« Sie lachte.

Und da zuckte ein Bild in ihrem Kopf auf. Sie fuhr zusammen, als träfe sie ein Schlag.

»Die haben mich eine Nutte genannt«, sagte sie halblaut.

»Wer?«

Es war Frieda, die gemeinsam mit Victor gekommen war. Aber Henny war so mit dem Fetzen ihrer Erinnerung beschäftigt, dass sie nicht auf ihre Kusine eingehen konnte.

»Das waren Männer der SA. Diese Kerle, die durch die Straßen marschieren. Die kennt ihr doch?«, vergewisserte sie sich.

»Ja, die kennen wir«, sagte Ricarda. »An was erinnerst du dich noch, Henny?«

Sie schüttelte den Kopf. »An nichts.«

»Das ist dennoch ein Fortschritt, Henny! Du wirst wieder gesund«, bekräftigte ihre Mutter.

»Die Sonne Kaliforniens wird das Übrige tun«, sagte Victor.

Großmutter Karla herzte den Heimkehrer, auf den sie schon aufgepasst hatte, als er noch ein kleiner Junge gewesen war.

An all diese lang zurückliegenden Episoden erinnerte sie sich plastisch, stellte Henny beruhigt fest. Ein Duft stieg ihr in die Nase.

Und Victor sagte: »Deutscher Kaffee! Wie ich den vermisst habe.«

»Ich möchte auch eine Tasse«, bat Henny.

»Du willst wieder etwas!«, rief ihre Mutter. »Das hast du monatelang nicht.«

Der Frieden, den sie gerade noch genossen hatte, war noch immer in Henny. Das wunderte sie am meisten. Gerade war auch die Leere fort, in die sie immer wieder abzugleiten drohte. Victor hielt ihre Hand, küsste sie zart. Doch ein anderes Gefühl lauerte, eine leichte Unruhe, die sie nicht benennen konnte. Es mochte so etwas wie Angst sein, obwohl sie nicht wusste, wovor sie sich fürchtete. Dass der Frieden, der in der Leere gewohnt hatte, für immer ginge?

»Wie ist die Situation?«, fragte Victor. »Dürfen Henny und ich im Schloss übernachten? Oder kommt das für diesen Teil der Familie nicht mehr infrage?«

Ricarda und Großmutter blickten sich unschlüssig an, aber die Antwort kam von Frieda.

»Das wäre ja noch schöner! Selbstverständlich bekommt ihr euer Zimmer. Willst du auch, Tante Rica?«

»Danke, Frieda, ich bleibe bei Großmutter.«

»Gut, dann werde ich jetzt das Schloss erobern«, verkündete Frieda gut gelaunt. »Wo ist eigentlich unser Geburtstagskind?«, fragte sie noch.

Mit Adam an ihrer Seite hatte Antonia den kleinen Wald fast erreicht, in dem sie mit ihm ungestört Zärtlichkeiten austauschen wollte. Leo schlief satt, tief und fest.

Da hörte sie plötzlich ganz in der Nähe eine helle Frauenstimme singen: »Alle meine Entchen schwimmen auf dem See.«

Das Gras war hier hoch, die Sängerin nicht auszumachen, aber die Stimme kam Antonia bekannt vor. Ihr stand der Sinn zwar nach romantischer Zweisamkeit, sie wusste jedoch, dass sie diese Gelegenheit nutzen musste. Sie gab Adam ein Zeichen, mit Leo zurückzubleiben, und pirschte sich an.

Am Boden saß Tante Rosel und spielte selbstvergessen mit den auf einer Decke liegenden Zwillingen. Die beiden lagen auf dem Rücken, strampelten mit den Beinen, ruderten mit den Armen in der Luft, und stießen glückliche Laute des Wohlbefindens aus.

Ein Jammer, dass Frieda das nicht sehen kann, dachte Antonia und stimmte in das Kinderlied mit ein.

Rosel blickte überrascht auf. »Toni, du bist es. Ich wäre so gern zu deinem Geburtstag gekommen. Alles Gute!«

»Ich hätte dich auch gern eingeladen, Tante Rosel. Und Onkel Friedemann natürlich auch. Ihr beide habt mir immer sehr viel bedeutet.«

Was nicht so ganz stimmte, denn in Rosels lieblosem Umgang mit Frieda sah sie einen der Gründe für deren Verhalten – und das danach folgende Unglück. Aber durch ihre Enkel schien die Tante ihre freundliche Seite wiederentdeckt zu haben.

»Was Henny zugestoßen ist, ist schrecklich«, sagte Rosel.

»Mehr als das, Tante. Sie ist aus ihrem Leben gerissen worden. Sie kann nicht mehr arbeiten, hat keine Kraft für Vicky und Leo. Von Onkel Friedemann und Franz kommt trotzdem kein Wort der Reue oder die Bitte um Entschuldigung.«

Rosel hielt Antonias Blick nicht stand, sie schlug die Augen nieder.

»Schade«, sagte Toni. »Es wäre schöner, wenn du nicht nur sagen würdest, dass es schrecklich ist. Sondern, dass es dir aufrichtig leidtut, was dein Sohn getan hat. Wäre Franz mein Sohn, ich würde mich schämen.«

Antonias Direktheit zeigte Wirkung. Rosel liefen stumme Tränen über das Gesicht, während neben ihr die Zwillinge mit ihren nackten Füßchen strampelten.

»Doch, Toni, ich empfinde tiefe Scham. Henny, du und Rica, ihr habt Friedas Kindern auf die Welt geholfen. Ihr seid Blut von meinem Blut. Aber ich habe keinen Einfluss auf Franz. Schon lange nicht mehr. Es ist unverzeihlich, was geschehen ist. Friedemann ist im Schloss. Sag ihm, er soll zu Henny gehen und zu deiner Mutter. So darf es nicht zwischen unseren Familien bleiben.«

Adam blickte ein wenig verunsichert drein, als er sich mit dem Kinderwagen den im Garten Versammelten näherte. Irgendwie schien er es schön zu finden, den Kinderwagen schieben zu dürfen, war Ricardas Eindruck. Ein Mann, der sich gern um kleine Kinder kümmerte. War das amerikanisch? Oder hatte sich Antonia ein extrem ungewöhnliches Exemplar ausgesucht?

»Antonia ist beim Grafen, und Leo schläft«, sagte Adam.

»Und wer sind Sie?«, fragte Victor, während er bereits zu

seinem Sohn eilte. Dann stutzte er: »Sie haben einen amerikanischen Akzent. Kommen Sie aus den USA?«

»Atlanta, Georgia. Weshalb fragen Sie?«

»Ich lebe in Los Angeles«, erwiderte Victor.

Während sich die beiden Männer in ein Kennenlerngespräch vertieften, stellte Ricarda fest, dass Henny nun Leo an sich nahm. Sie wiegte ihn, küsste ihn zärtlich, sprach mit ihm, rümpfte die Nase.

»Ich muss seine Windeln wechseln«, stellte sie fest und blickte suchend um sich. »Wo sind Leos Wickeln?«

Es war, als kehrte Henny von einer langen Reise durch die Dunkelheit ins Licht zurück.

»Die sind in Großmutter Karlas Haus«, wusste Adam.

Und Ricarda begann zu verstehen, dass sich die Welt um sie herum wieder einmal zu verändern begann. Sie war sich nur noch nicht ganz im Klaren darüber, wie lange diese Veränderungen Bestand haben würden. Henny würde nun wohl Berlin verlassen. Würde die Verbindung von Toni zu Adam Bestand haben? Ja, er war schwarz. Aber, meine Güte, machte die Hautfarbe einen Menschen besser oder schlechter? Wie stand es eigentlich um die Liebe der beiden? Ungestörte Zweisamkeit herzustellen, war für sie wohl kompliziert. Das Schloss war so groß, man würde Toni an ihrem Geburtstag doch wohl ein Zimmer überlassen. Wer sollte sich daran stören?

Natürlich hatte sie nicht vergessen, dass es unmöglich war, weil die Familien zerstritten waren. Ob sich nicht dennoch ein Weg finden ließe?

Antonias Beziehung zu Graf Friedemann war stets gleichermaßen von Nähe und Distanz geprägt gewesen. Nun, da sie wie heute mit dem Kommunisten Adam über solche Themen stritt, kamen ihr Begegnungen in den Sinn, die sie damals nur verwundert hatten, denen sie aber nicht näher auf den Grund gegangen war: Warum hatte der alte Knecht mit der Gicht in den Gelenken arbeiten müssen und sich nicht aufs Altenteil zurückziehen dürfen? Wo endete Sklavenarbeit, und wo begann die Rechtmäßigkeit eines Arbeitsvertrags? Und dann die Gegensätze, die an den Menschen unmittelbar festzumachen waren: Adam, der auf dem Alexanderplatz seine Knochen hinhielt für die Rechte der Arbeiter. Der Graf, der Anweisung gab, seinen Park für seine Mitmenschen zu öffnen, aber selbst nichts dazu leistete. Henny litt nach dem Überfall seit Wochen. Aber der Graf, von dem sie gemeint hatte, er gehöre zur Familie, bezog keine Stellung.

An diesem Nachmittag, an dem sie sich hätte feiern lassen oder durch Adams Liebkosungen wohlfühlen können, klopfte sie deshalb stattdessen im Arbeitszimmer des Grafen an dessen Tür. Sie hatte sich ein großes Ziel gesetzt: die Familien wieder zusammenzuführen.

»Herein?« Die Stimme von Friedemann von Freystetten klang fragend. »Oh, Antonia, du bist es.«

Er erhob sich, ging zu einem Tischchen, auf dem ein bunt verpacktes Geschenk bereitstand, das er ihr überreichte.

»Herzlichen Glückwunsch.«

Sie fragte sich, wie er ihr dies hätte zukommen lassen wollen, wenn sie es nicht selbst abgeholt hätte. »Danke, Onkel Friedemann. Aber ich bin nicht meinetwegen hier. Tante Rosel ermutigte mich, dich aufzusuchen wegen … Du weißt, was ich meine.«

»Henny ist hier. Ich weiß.«

»Es wäre eine Geste, die uns allen helfen würde, wenn du dich bei Großmutter im Garten zeigen würdest«, sagte Antonia.

»Ich weiß nicht, Antonia, ob das richtig verstanden werden würde. Es gibt keinen Anhaltspunkt dafür, dass Franz etwas mit dem Überfall auf Henny zu tun hat.«

»Dann schadet es auch nicht, wenn du dich zu einem Stück Kuchen und auf eine Tasse Kaffee zu uns gesellst.«

»Ich verstehe deine Absicht und weiß sie zu würdigen. Leider habe ich zu tun. Morgen ist eine wichtige Sitzung.«

»Deine erste Reaktion, als ich dich auf Hennys Unglück ansprach, werde ich nicht vergessen, Onkel. Du sagtest: Niemand hat das gewollt.«

Der Graf weitete den mit einer Fliege umschlossenen Stehkragen seines Hemdes. »Das war so dahingesagt.«

»Verzeih, aber das bezweifle ich. Normal wäre gewesen zu sagen: Wie schrecklich! Wer tut so etwas? Aber du klangst, als hätte etwas anders geendet als geplant. Und dann sagt man: *Das habe ich nicht gewollt.*«

»Das ist Haarspalterei, Antonia. Willst du das Gespräch wirklich auf diese Weise führen?«

»Ja, Onkel, das muss ich. Wenn ich dieses Zimmer verlasse, möchte ich mich später im Spiegel ansehen können und mir sagen: Ich habe zumindest versucht, dem Onkel eine Brücke zu bauen.«

»Das wäre keine Brücke, Antonia. Stattdessen würden sich die Gräben vertiefen.«

»Was du gerade sagst, ist beinahe ein Eingeständnis deiner Mitwisserschaft, Onkel.«

»Bist du diejenige, die ermittelt, anklagt und richtet, Antonia? Die Familie hat dich immer großzügig behandelt.«

»Ja, das stimmt. Aber in den Kriegswintern habe ich den alten Knecht ersetzt, weil er nicht mehr auf den Heuwagen klettern konnte. Monatelang habe ich hier gearbeitet, ohne auch nur daran zu denken, dafür einen Lohn zu verlangen. Weil ich dich, Rosel und Frieda für meine Familie gehalten habe. Und das tue ich immer noch!«, rief sie. »Dass du nun auf meine Dankbarkeit anspielst, ist unehrenhaft.«

Ein leichtes Zittern der Empörung durchlief ihren ganzen Leib, während sie noch immer ihr Geschenk in Händen hielt.

»Es tut mir leid«, sagte der Graf, »dass wir dieses Gespräch ausgerechnet heute führen.«

»Mir auch.«

Sie stellte das bunte Paket auf seinen Schreibtisch. »Was auch immer darin ist, es würde mich daran erinnern, einen Mann verehrt zu haben, der diese Ehre nicht verdient.«

Der Graf starrte sie sprachlos an, als sie sich abwandte und hinausging.

Enttäuscht ließ sich Antonia auf den Steinstufen des Treppenhauses nieder, das einen kleinen, mit einer Brunnenskulptur verzierten Innenhof umgab. Ihr Herz klopfte bis zum Hals. War sie wieder zu emotional geworden? Aber um was, wenn nicht um große Gefühle, ging es, wenn von Familie, Ehre und Ehrlichkeit die Rede war? Und es baute sich in ihr die Erkenntnis auf, über Jahrzehnte hinweg die Augen vor der Wirklichkeit verschlossen zu haben. Wegen ihrer Gefühle, weil sie Freystetten für ihre wahre Heimat hielt. War denn alles falsch daran? Ein Irrtum? Eine Lüge?

Vom unten gelegenen Eingang näherten sich die schnellen leichten Schritte ihrer Kusine Frieda.

»Oh, Toni! Was tust du hier so allein?«

»Mit dreißig versuchen, erwachsen zu werden«, sagte sie in lustig gemeinter Selbsterkenntnis. »Ich wusste nicht, dass du da bist.«

»Gerade angekommen! Ich habe Victor mitgebracht. Er ist bei Henny.«

Die Kusinen umarmten sich. »Herzlichen Glückwunsch!

Fühlst du dich nun alt?« Sie lachte. »Du siehst niedergeschlagen aus.« Sie gab Toni Wangenküsse. »Was ist passiert?«

»Eine Unterredung mit deinem Vater ist mir passiert«, versuchte Antonia zu scherzen. »Er weiß genau, was man Henny angetan hat, und stellt sich unwissend.«

»Du hast doch nicht etwas anderes erwartet, Toni? Blut ist dicker als Wasser.« Sie reichte ihr die Hände. »Steh auf, du trauriges Geburtstagskind.«

Ein wenig befürchtete Antonia, ihre Kusine würde vorschlagen, jetzt erst mal eine Flasche Champagner zu leeren, um alles leichter zu ertragen. Aber darin sah sie keine Lösung.

Stattdessen sagte Frieda: »Ich habe eine Überraschung für meinen Vater und möchte, dass du miterlebst, wie er reagiert.«

»Ich glaube, danach steht mir gerade nicht der Sinn, Frieda.«

»Lass mich mal machen«, beharrte die sieben Jahre Jüngere und klopfte an Friedemanns Tür.

»Komm herein, Antonia! Gut, dass du es dir anders überlegt …« Der Graf brach ab, als die jungen Frauen eintraten. »Ach, du bist es, Frieda. Was führt dich her?«

»Lieb von dir, dass du fragst, wie es mir geht. Danke, gut. Ich hoffe, dir auch. Ich bin hier, um dir von einem Mann namens Hans zu erzählen. Du bist Hans nie begegnet, und er dir ebenfalls nicht. Hans besucht ebenso wie mein Bruder Klubs in Schöneberg, in denen du noch nie warst. Dort wird Männern zum Beispiel der nackte Hintern versohlt, und sie haben Freude daran.«

»Du bist vulgär, Frieda. Unterlass das.«

Frieda überging den Einwurf. »Was du auch nicht über Herrn Hans weißt, ist, dass er Kokain schnupft. Er sagt, die

Schmerzen, wenn er verdroschen wird, machen ihm dann mehr Spaß. Und er wird davon außerdem sehr redselig. Er erzählt zum Beispiel, dass er den Kurfürstendamm von Nutten säubert. Das war schon wieder vulgär. Verzeih, Vater. Das sagt Herr Hans leider wirklich so, und dann lacht er wie irre. Weil er nämlich neulich die Frau seines Gruppenführers Franz verkloppen durfte, die, wie er meint, auch eine Nutte ist. Nur wehtun sollte er ihr, aber nicht totschlagen. Ein Glück für Henny, dass er sich daran gehalten hat.« Frieda lächelte falsch.

Friedemann stützte sich an seinem Schreibtisch ab, als würde ihm schwindlig. »Das saugst du dir aus den Fingern.«

»Ich liebe Henny«, sagte Frieda. »Sie war immer mein Vorbild.« Sie blickte Antonia lächelnd an. »Dich, Toni, liebe ich wie eine große Schwester.«

An ihren Vater gewandt, fuhr Frieda fort: »Ich habe Henny zwei Tage nach dem Überfall im Krankenhaus besucht. Grit war gerade bei ihr. Sie erzählte mir, wie es dazu gekommen war, dass Henny fast totgeprügelt worden war – eine Verwechslung. Das veränderte alles. Ich habe mir gesagt: Ich bekomme heraus, was geschehen ist. Weil ich mich schuldig fühlte. Und immer noch fühle. Ich habe der Familie diesen Schlamassel eingebrockt. Also muss ich aufräumen, was ich angerichtet habe. Zumindest so weit, wie es mir möglich ist.«

Das Unglück, das Henny widerfahren war, als Schlamassel zu bezeichnen, empfand Antonia zwar als unpassend. Diese menschliche Größe hatte sie ihrer Nichte dennoch nicht zugetraut. War der Familie Freystetten der Anstand doch nicht komplett abhandengekommen?

»Vor ein paar Nächten lernte ich dann durch einen Freund jenen Herrn Hans kennen, der so obszöne Dinge mit sich machen lässt. Er wusste nicht, wem er sich offenbarte. Aber du weißt nun, wem er es erzählt hat: der Schwester seines Auftraggebers.«

Der Graf schüttelte den Kopf, lange und nachdenklich. »Das ist doch Unsinn, Kind. Niemand nimmt solche Leute ernst. Nur du tust das.«

Frieda legte den Arm um Antonias Hüfte, als suchte sie bei ihr Halt. Oder wollte ihr welchen geben. Wahrscheinlich beides zugleich.

»Wenn das deine Position bleibt, Vater, werden unsere Familie und vor allem Franz in große Schwierigkeiten geraten. Ich lasse nicht zu, dass Franz Henny verprügeln lässt und du gehst zur Tagesordnung über.«

»Du übernimmst dich, Tochter. Als dein Vater befehle ich dir, deine Anschuldigungen zurückzunehmen.«

Frieda seufzte und wandte sich Antonia zu. »Es tut mir so leid, dass du das ausgerechnet heute erleben musst. Wir gehen besser und sorgen dafür, dass du an deinem Geburtstag gefeiert wirst.«

»So lasse ich nicht mit mir reden! Bleib hier, Frieda!«, rief der Graf.

Seine Tochter zog hinter Antonia die Tür zu seinem Arbeitszimmer ins Schloss.

Sobald die Kusinen Seite an Seite die herrschaftliche Treppe hinuntergingen, sagte Frieda noch etwas Unerwartetes: »Der Zeuge Hans heißt in Wahrheit Ottmar. Da ich davon ausgehe, dass Franz ihn suchen wird, habe ich ihm einen anderen Namen gegeben. Ich habe bereits gegen ihn Anzeige wegen Körperverletzung gestellt. Und gegen einen zweiten Herrn, der auch dabei war. Von dem habe ich Vater nichts gesagt. Das ist mein kleines Ass im Ärmel.«

»Das kann die Karriere deines Bruders beenden, bevor sie begonnen hat, Frieda.«

Ihre Kusine grinste über das ganze Gesicht. »Das hoffe ich doch sehr!«

Ein mulmiges Gefühl behielt Antonia, obwohl sie Friedas Mut bewunderte. In dem Versuch, Grit zu schädigen, hatte Franz keinerlei Skrupel gezeigt. Wie würde er sich nun benehmen, da er tatsächlich in die Ecke gedrängt wurde? Und war Henny damit wirklich geholfen?

Henny war zumute, als würde sie von einer langen Reise nach Hause kommen, obwohl sie sich sehr wohl daran erinnerte, dass Victor der Heimkehrer war. Denn er gab ihr ein Gefühl zurück, das ihr abhandengekommen war. Dessen wurde sie sich bewusst, als sie neben ihm in dem behaglichen Bett im Schloss lag und seine Zärtlichkeit genoss. Sie beide hatten nicht vergessen, was die Sinne des anderen mochten.

Der Geburtstag ihrer Schwester war ungewöhnlich verlaufen, soweit Henny das beurteilen konnte. Bis zu Victors plötzlichem Auftauchen, das für sie wie aus dem Nichts geschehen war, hatte sie sich wie üblich in einem eigenartigen Schwebezustand befunden. Danach hatte sich alles so sehr verändert, dass sie am frühen Abend zu Victor gesagt hatte: »Wollen wir uns zurückziehen?« – »Ich bin gerade erst eingetroffen. Wäre das der Familie gegenüber nicht unhöflich?« – »Sie werden es verstehen.« Was sie auch taten. Selbst Vicky, die sich mit Wiedersehensfreude auf ihren Vater gestürzt hatte, blieb mit Leo bei Groß- und Urgroßmutter.

Victor jetzt nah bei sich zu haben, seine Kraft, seinen Optimismus und seine Lebensfreude zu spüren, gab Henny selbst Auftrieb. Vor dem Fenster wurde es bald Nacht, als sie sich über Victor beugte und ihn küsste.

»Wie war deine Reise?«, fragte sie.

Es war eine ganz normal klingende Frage. Dennoch spürte sie, dass sie ihr noch an diesem Morgen nicht eingefallen wäre, weil sie auf der anderen Seite der Nebelwand gelegen hatte.

»Ich war noch ein paar Stunden bei meiner Mutter«, erzählte Victor. »Sie sagt, sie freut sich, dass du und die Kinder bald kommen. Ich habe sie kaum wiedererkannt. Sie ist voller Pläne, was sie mit uns unternehmen möchte.« Victor hielt inne. »Ich will dich aber auch nicht überfordern.«

»Womit?«

»Ricarda sagt …« Er stockte, suchte nach Worten. »Sie sind alle sehr in Sorge um dich. Deine Mutter fürchtet, dass du nie wieder …« Er ließ den Satz unbeendet.

»Ja, sie sorgen sich alle«, wusste Henny. Sie lächelte. »Seitdem bin ich eine andere, das ist mir bewusst. Ich versuche es ja, aber es ist schwer.«

»Du sagtest, *seitdem*. Versuche mal zu formulieren, was du damit meinst.«

»*Seitdem* – das steht für die Lücke, die in meiner Erinnerung klafft. Vorhin, als du von dem *Nuttenfilm* sprachst, da schien ein Fetzen Erinnerung auf. Ich werde noch mal mit Grit sprechen, vielleicht füllt sich das Vakuum wieder. Am schlimmsten ist jedoch das Versagen meines Gehirns an sich. Ich machte mir nie ernsthafte Gedanken darüber, was innerhalb der Knochenschale zwischen meinen Schultern vor sich geht. Weshalb sollte ich? Ich benutzte mein Gehirn, stellte meine Existenz nicht infrage, fütterte es mit Wissen, Gedanken, Eindrücken. Abrupt schlägt jemand fest dagegen – und dann weißt du erst, dass der Mensch, der du glaubst zu sein, wie eine Sandburg ist. Wusch, eine große Welle, alles fortgeschwemmt. Erschreckend ist das.«

Nun konnte sie den Zustand benennen, den sie gerade abzustreifen begann – Apathie. Zwischen der Welt und ihr war eine graue Wand gewesen, etwas wie ein sehr fester Nebel, durch den sie zwar kurzzeitig hindurchgreifen konnte, der sich aber anschließend verschloss. Sie hatte auch alles sehen können, was sich auf der anderen Seite befand, aber sie hatte gemeint, es ginge sie nichts an. Jemand anders würde regeln, was sie nicht interessierte.

Sie kuschelten sich ineinander, Victor hielt sie fest.

»Wie du das alles sagst, Henny! Dein Kopf ist keine Sandburg. Heißt es nicht *Erschütterung des Gehirns?* Es ist nur erschüttert, was sein gutes Recht ist. Aber du bleibst der Mensch, den du am besten kennst: du selbst.«

»Kenne ich mich so genau?«, fragte sie zurück. »Im Endergebnis bedeutet es, dass bei einem schweren Schädel-Hirn-Trauma nicht nur das Gehirn erschüttert wird, sondern die Persönlichkeit. Ein Beispiel: Ich war neulich in meiner Praxis. Celia Fahrland führt sie. Du kennst sie, oder?«

Natürlich kannte er sie, fiel ihr wieder ein.

»Celia hat einen Freund von früher eingestellt. Toni ist mit ihm vor Jahren ausgegangen. Damit kommt sie nicht klar.«

Es war unglaublich! Alles fügte sich wieder zusammen. Obwohl ihr niemand gesagt hatte, wie Toni mit Guntrams Anwesenheit umgegangen war. Sie hatte gesehen, wie sie mit ihm umgegangen war, während sie selbst hinter ihrer Nebelwand gewesen war.

»Was ich sagen wollte: Ich konnte Celia nicht mitteilen, dass ich es für falsch hielt, Guntram eingestellt zu haben. Ich habe es nur schweigend hingenommen, obwohl ich das Recht gehabt hätte zu sagen: Nein, der junge Mann arbeitet besser nicht hier«, sagte Henny.

»Und jetzt? Willst du eingreifen?«

»Nein, dafür ist es inzwischen zu spät. Celia und Toni

werden die Praxis gemeinsam führen. Das können sie. Ich lasse los. Wir fahren nach Amerika, Victor.« Ihre Finger glitten durch sein dichtes Haar. »Wir beide sind uns Vergangenheit, Gegenwart und Zukunft.« Sie wandte sich ihm zu. »Jetzt du! Erzähl von Kalifornien. Hat sich alles sehr verändert seit damals? Hast du für uns ein Haus gemietet? Ich möchte mich darauf freuen können.«

Antonia hatte nicht einmal gewusst, dass es diesen Eingang ins Schloss gab. Nun folgte sie Frieda die schmale, steinerne Wendeltreppe hinauf, hinter sich Adam, jeder eine Kerze in der Hand.

»Ist schon lange her, dass ich hier raus und rein bin«, sagte Frieda kichernd. »›Das Burgfräulein ist ausgebrochen‹, haben die Jungen aus dem Dorf gelästert, wenn ich mich heimlich mit ihnen bei den Ställen getroffen habe. Oft hatte ich eine Flasche Schampus dabei. Das hatten die gar nicht gekannt. War eine verrückte Zeit.«

Es war in der Tat ungewöhnlich, wie das flackernde Kerzenlicht Schritt für Schritt der Dunkelheit ein Stück entriss. Doch es war unumgänglich, sich heimlich ins Schloss schleichen zu müssen. Der sogenannte *Kuppelparagraf* verbot es auch Privatleuten, einem unverheirateten Paar eine gemeinsame Nacht zu ermöglichen. Frieda war dafür eine Lösung eingefallen – ihre eigenen Räume.

»Wir sind gleich da«, versprach die unkonventionelle Kusine. »Ihr habt doch nichts gegen Spinnweben?« Frieda kicherte. »Leider sind die hier überall. Oben habe ich jede Menge Bürsten zum Säubern der Kleidung. Übrigens haben hier mal Mäuse gewohnt. Die tun aber nichts, quietschen sogar ganz niedlich. Als Kind habe ich sie mal gefüttert. War keine so gute Idee. Aber wozu gibt's Katzen? So, da sind wir schon.«

Frieda schloss eine schmale Holztür auf. Dahinter lag ein kurzer Gang, der zu einer weiteren Tür führte, die sie ebenfalls aufsperrte.

»Ich lass euch zwei jetzt allein«, sagte Frieda. »Macht es euch schön.« Sie küsste Antonia auf die Wange. »Genieß dein Geburtstagsgeschenk«, flüsterte sie anzüglich nah an ihrem Ohr und huschte hinaus.

Antonia sperrte wie vereinbart hinter ihr zu. Nun war sie mit Adam allein und wusste kurzzeitig nicht weiter.

»Gibt es hier ein Schlossgespenst?«, fragte Adam.

»Lass uns nachsehen.«

Sie befanden sich in jenem Zimmer, in dem Antonia Frieda entbunden hatte. Die rotgolden über den Hügeln versinkende Abendsonne fiel durch die hohen Fenster und tauchte den Raum in romantisches Licht.

»Hier stehen Kanapees und Erdbeeren und Champagner«, sagte Adam, während er sich umblickte.

»Du hast gesagt, du warst noch nie in einem Schloss. Nun siehst du, wie man hier lebt.«

»Schade, dass nur reiche Leute Kapitalisten sein können.«

Er führte eine Erdbeere an ihren Mund. Als sie abbeißen wollte, steckte er sie sich selbst zwischen die Lippen, wo sie ihm die Frucht mit einem Kuss abnahm.

»Kapitalistenküsse schmecken nach Erdbeere«, sagte sie und begann, den Knoten seiner Krawatte zu lockern. »Weshalb bist du eigentlich immer so elegant angezogen? Als Kommunist könntest du dich doch wie ein Arbeiter kleiden.«

»Ich gebe nichts vor, das ich nicht bin, Tonja.«

»Jetzt kommt der wahre Adam zum Vorschein.« Sie küsste seine nackte Brust, die sie im Begriff war, vom Hemd zu befreien.

»Hast du das schon mal gemacht?«, fragte Adam.

»Was?«

»Mit einem Mann geschlafen.«

Sie stutzte, zögerte mit der Antwort. »Ja. Stört dich das?« Sie streifte seine Anzugjacke ab.

»Ich habe es noch nie getan«, sagte er.

Sie hielt inne. »Nein? Oh. Na ja, bei mir ist es auch sehr lange her.«

Sie versuchte, in seinem Gesicht zu lesen. Er war ein hübscher Mann. Wieso lebte er ohne körperliche Liebe?

Und da fiel es ihr ein: »Dein Glaube erlaubt es dir nicht?«

»Ich wurde so erzogen.«

»Du bist Kommunist. Religion ist Opium fürs Volk, oder?«

»Nicht die Religion, Tonja. Der Glaube an Gott verlangt von mir die Treue zu der Frau, die ich liebe. Darum muss ich wissen, ob du mich liebst. Tonja, liebst du mich?«

Sie ließ von ihm ab. Liebte sie ihn? Sie wusste keine Antwort. »Ab wann liebt man einen anderen Menschen, Adam? Das kommt doch nicht, wie man das elektrische Licht einschaltet. Jedenfalls nicht bei mir.«

»Spiel nicht mit meiner Liebe, Tonja. Ich weiß, dass ich damit nicht umgehen kann, wenn du es tust.«

Ihr war klar, dass alles, was sie von nun an sagen oder tun würde, nicht mehr rückgängig zu machen wäre. Aber sie verdrängte diesen Gedanken sofort, denn dafür war in diesem Augenblick kein Platz. Dieses Licht, der leichte Schwips, die Möglichkeit, sich endlich wieder als Frau zu fühlen. Sie begann, sich auszuziehen.

»Frag nicht, ob ich dich liebe«, sagte sie. »Finde es heraus.«

GRÖSSER ALS DAS LEBEN

— ◆ —

August 1930

Vicky streckte beide Arme von sich, als wüchsen ihr Flügel, während sie über den weißen Sand des Strandes lief.

»Hier ist es so schön. Nie wieder will ich weg!«

Ihr helles Kleid wehte im Wind, das Wasser spritzte auf, während sie mit nackten Füßen durch die sanft anlandenden Wellen rannte. Über zig Kilometer erstreckte sich die Wasserlinie. Ein Band endloser Schönheit, auf dem sich die wenigen Badegäste verloren.

Henny sah ihrer Tochter schon eine Weile zu, den kleinen Leo neben sich auf einer Decke unter einem Sonnenschirm. Er krabbelte herum, manchmal setzte er sich, lachte und brabbelte lustige Wortlaute. Der Himmel war blau, mit kleinen Bilderbuchwolken, Möwen flogen über die Köpfe der Familie hinweg, und der Wind schuf sanfte Abkühlung. In Hennys Rücken erstreckten sich die Dünen, hinter denen die Villa ihrer Gastgeber verborgen war. Nur ein Holzsteg verriet die Anwesenheit dieses Zufluchtsorts.

»Ich möchte so gern im Meer schwimmen«, drängte Vicky.

»Wenn Daddy kommt, geht ihr gemeinsam ins Meer, okay?«

Die englischen Einsprengsel gingen Henny schon wieder locker über die Lippen. Schließlich hatte sie einige Jahre in New York gelebt und dort an einer Klinik gearbeitet. Vicky hatte sie in Los Angeles zur Welt gebracht, und ihr erstes Kindermädchen war Amerikanerin gewesen. Hatte ihre Tochter in Berlin noch damit kokettiert, Französisch wäre viel schöner, so hatte die Zwölfjährige schon während der Überfahrt nach New York festgestellt, wie gut sie mit der Sprache zurechtkam, wenn sie es mit Engländern und Amerikanern zu tun hatte. Da sie in Los Angeles geboren worden war, besaß sie wie ihr Vater die amerikanische Staatsbürgerschaft.

Ebenso bedeutsam war es für Henny, dass ihre Lethargie fast vollständig verschwunden war. Victor hatte zwar einmal erwähnt, dass sie früher energischer gewesen war, oftmals einen geradezu gehetzten Eindruck gemacht hatte. Doch sie fühlte sich wohl, wie sie gerade war; den Frieden, der *seitdem* in ihr gewesen war, hatte sie sich erhalten. Gelegentlich dachte sie daran, dass sie Ärztin war und die Mutterrolle allein ihr nie genügt hatte. Das waren jedoch eher theoretische Überlegungen. Gerade brauchte sie nur das, was das Leben ihr bot. Oft dachte sie, wie schnell und tiefgreifend sich alles ändern konnte. Und auch dieser Zustand, in dem ihr das kleine Familienglück genügte, würde nicht ewig währen.

»Wie lange dauert Daddys Besprechung noch?«, fragte Vicky.

Sie brachte damit den Umstand ins Spiel, dass der Aufenthalt hier nicht nur Urlaub war. Und erinnerte Henny daran, dass auch jede Harmonie ein geborgtes Gut war.

»Das wissen wir, wenn er bei uns ist«, antwortete sie.

»Na gut, dann sammle ich Muscheln«, verkündete Vicky. »Die schönsten schenke ich Großmutter Flora, um mich dafür zu bedanken, dass wir hier sein dürfen.«

Gerade genoss Familie Vandenberg ein paar kurze Urlaubstage an der amerikanischen Ostküste nahe New York.

Die Villa, in der sie wohnten, gehörte einem Ehepaar, mit dem Victors Mutter befreundet war. Florentine hatte ihren Sohn, Henny, Vicky und Leo gleich nach deren Ankunft in New York hinaus zu dem kleinen Ort Southampton auf der Halbinsel Long Island gebracht. Allerdings nicht ohne Hintergedanken. Hier befanden sich die weit verstreut liegenden Ferienanwesen der reichsten New Yorker, die nach einer zweieinhalb Stunden dauernden Autofahrt die Metropole gegen die Idylle eintauschen konnten. Einer der Ruhe suchenden Millionäre war der Verleger Nelson Doubleday. Der wiederum hatte Vicky Baums Bestseller in den USA herausgebracht. Zwar mit umwerfendem Erfolg, aber die geplante Verfilmung sollte ihn vergrößern.

Aber auch daran wollte Henny lieber nicht denken. Denn das große Abenteuer Amerika hatte gerade erst begonnen. Die weite Zugfahrt quer durch den Kontinent bis an die Westküste stand noch bevor. Die einwöchige Pause zum Eingewöhnen nutzte die vorausschauend planende Florentine nun, um in ruhiger Umgebung alle Beteiligten in ihrem Sinne zu beeinflussen.

Die Atlantiküberquerung auf dem Luxusdampfer *Bremen* gemeinsam mit der Schriftstellerin Vicky Baum hatte bereits zur Anbahnung von Florentines Vorhaben gehört. In den Gesprächen bei ausgedehnten Spaziergängen auf dem Promenadendeck hatten sich die beiden Frauen auch über den Überfall auf Henny ausgetauscht.

Inzwischen war die Erinnerung fast vollständig zurück. Alles war da, vom Treffen mit Grit im Modesalon bis genau zu dem Augenblick, als Henny sich verboten hatte, *Nutte* genannt zu werden, und der Anführer Ottmar gerufen worden war. Noch an Bord der *Bremen* hatte sie ein Gedächtnisprotokoll des verhängnisvollen Abends angefertigt und mit dem Schiff nach Deutschland an Toni zurückgesandt. Was sich daraus entwickeln würde, würde sie erst mit einigem zeitlichen Abstand erfahren. Victor hatte zwar gemeint, dass sie damit einigen Wirbel auslösen würde. Aber das ließ sie seltsam kalt. Mit ihrer Erklärung an Eides statt, die der Kapitän der *Bremen* als Zeuge unterschrieben hatte, war die Angelegenheit für sie abgeschlossen. Wenngleich sie Grits und Tonis Erkenntnis, dass ihr Cousin Franz der Drahtzieher gewesen war, immer noch erschreckte.

Vicky brachte einen Eimer voller Muscheln. »Legst du mit mir daraus ein Mosaik?«

Ein hübsches Muster war bereits entstanden, als Vicky Baum sich zu den dreien gesellte. Sie seufzte schwer. »Dieses Buch, es ist größer, als ich selbst es jemals sein kann!«

»Ein gutes Buch überlebt die Verfasserin ohnehin«, gab Henny zurück.

»Ach, Henny, ich meinte es ernst, als ich dir sagte: Ich habe immer nur geschrieben, um Geld zu verdienen, nicht für die Ewigkeit. Gerade hat mir Mister Doubleday eröffnet, dass er mich offiziell in New York mit einer Parade auf dem Times Square empfangen will. Wer weiß, wen die Leute erwarten, der da gefeiert werden soll! Die Vorstellung, ausgestellt zu werden, macht mir Magenschmerzen. Verzeih, wenn ich dich schon wieder verlasse. Ich muss mit meinen Gedanken allein sein und brauche Bewegung. Von Victor soll ich dir übrigens ausrichten, dass ihm nicht nach Strand zumute ist. Das mit unserem Film gestaltet sich schwieriger, als wir alle erwartet haben.«

»Sind es große Probleme?«

Vicki Baum lachte. »In gewisser Weise: Hollywood ist ganz verrückt nach dem Buch. Das sollte Victor freuen, aber es stellt sich für ihn als riesige Herausforderung dar. Wie sagen sie hier so schön? *This is bigger than life*. Das meinte ich mit: Mein Buch ist größer, als ich es je sein kann.« Sie beugte sich zu ihrer Namensvetterin Vicky hinunter. »Schatz, der Klavierstimmer ist fertig geworden. Die Leute im Haus warten nur darauf, dass du sie mit deiner Musik verzauberst.«

Vicky sprang auf. »Danke, Tante Vicki! Das mache ich!« Sie rannte zu der hinter den Dünen versteckten Villa.

Die Schriftstellerin zog ihre Schuhe aus und ging zum Wasser. Eine kleine Frau, zwar auf den ersten Blick unscheinbar und bodenständig, dabei aber geistreich, kreativ und freundlich – eine Freundin. Henny setzte sich Leo auf die Hüfte, nahm Vickys zurückgelassenen Muscheleimer mit und ließ den Blick über den Strand schweifen.

Schade, hier müsste man bleiben können, dachte sie.

Henny hatte immer gemeint, sie wüsste, was Luxus ist. Ihr Haus in der Mitte von Berlin rechnete sie dazu, und natürlich Schloss Freystetten. Auch im feinen Dahlem war sie Gast gewesen in Häusern von Menschen, die über großen Reichtum verfügten. Oder die Villa ihrer Schwiegermutter Florentine am Zürichsee. All das war nichts, verglichen mit der verschwenderischen Pracht dieser Villa in den Dünen von Long Island. Was wie Gold aussah, war Gold, das Holz war echtes Teak, das weiße Material eines Tischs Elfenbein, das Ölgemälde mit den Seerosen stammte tatsächlich von Monet. Wahren Luxus zeichnete die weite Fläche aus, auf der er dargeboten wurde – Räume ausladend wie Tanzsäle mit Blick zum Meer.

Gerade hatte Henny die Eigentümerin gefragt, wie oft sie an diesem Ort weile. Die Antwort mochte sie kaum glauben.

»Zuletzt war ich vor zwei Jahren hier. Kennst du Florida? Wir haben da Palmen im Garten. Es wird nie kalt«, sagte die Dame, die sich mit Mary ansprechen ließ.

Henny schätzte sie auf weit über siebzig. Wer sie war und woher ihr Vermögen stammte, wusste sie nicht. Florentine erwähnte all das nicht. Sie war eine »Freundin«, und Nelson Doubleday war ein anderer »Freund«, dessen nahe gelegene Villa Henny noch nicht besucht hatte. Vicki Baums Verleger war ein weit über zwei Meter großer Mann, neben dem sich alle anderen wie Zwerge ausnahmen. Wie Henny nun selbst feststellte, bewegte sich sein Denken ebenfalls in solchen Dimensionen.

»Selbstverständlich, Victor. Es muss die Garbo sein«, sagte er gerade im etwas abgehoben klingenden Amerikanisch der Ostküste, das in Hennys Ohren nach all den vergangenen Jahren immer noch vertraut klang.

Victor hielt sich an einem Drink fest, der wie Tomatensaft aussah, von dem er aber kaum getrunken hatte. Sie sah ihrem Mann an, dass er sich von dem einen Kopf größeren Verleger in die Ecke gedrängt fühlte.

»In Hollywood verlangt gerade keine Schauspielerin eine höhere Gage als Misses Garbo«, gab Victor zu bedenken.

»Sie haben selbst gehört, was Vicki gesagt hat: Die Garbo ist wie geschaffen für die Rolle der Grusinskaja«, erwiderte Doubleday und legte eine Hand auf Victors Schulter: »Denken Sie groß, mein Lieber, dann erreichen Sie auch Großes.«

»Werde ich mir merken, Nelson.«

Der Verleger konnte Victors der Hilflosigkeit entsprungene Ironie wohl kaum nachvollziehen. Seitdem Henny ihn kannte, dachte er groß. Auch deshalb waren sie hier.

Im Hintergrund erklang ein von Vicky gespieltes Chopin-Stück. Die Akustik war so hervorragend wie in einem Konzertsaal.

»Wir reden morgen weiter«, verabschiedete sich der Verleger.

»Victor, waren Sie schon mit Vicky am Pool? Wollen Sie sich beim Schwimmen erfrischen?«, schlug Mary vor.

Augenblicke später betrat die Familie eine Schwimmhalle, ausgeschmückt mit Mosaiken, die Badeszenen zeigten. Kitschige Putten und sonstige Figuren täuschten Leben vor, wo keines war. Das Becken war wohl zwanzig Meter lang und das Wasser klar.

»Hier ist ja niemand«, stellte Vicky fest.

»Wie meinst du das, *sweetheart?*«, fragte Gastgeberin Mary.

»Ist das nur für Sie?«, erkundigte sich Vicky.

»Oh, nein, ich mache mir nichts aus Wasser, aber mein Mann schwimmt hier manchmal.«

Alle zwei Jahre, setzte Henny in Gedanken hinzu.

Eine Angestellte trug eine Kristallschale mit Eiscreme herein, und Mary zog sich zurück mit den Worten: »Genießt es.«

Das Eis schmeckte anders als deutsches, bemerkte Henny, sahniger, süßer.

Ihre Tochter löffelte begeistert. »Ich glaube, ich liebe Amerika«, sagte sie grinsend mit Schokoladeneis auf den Lippen.

Sobald sie sich in den Pool gestürzt hatte, fragte Henny ihren Mann: »Die Verhandlungen laufen aus dem Ruder?«

Victor nickte. »Vollkommen. Was die sich vorstellen, kann ich nicht finanzieren. Die wollen nur die größten Stars. Dafür muss ich ganz andere Leute ins Boot holen.«

»Ich habe Florentine nirgendwo gesehen. Wo ist sie?«

»Im Ort. Sie bereitet eine Party für die Nachbarn vor.« Er grinste. »Sie ist überzeugt, dass ich nach diesem Abend genügend Geld für den Film zusammenbekomme.«

»Du siehst nicht so aus, als wärst du davon begeistert.«

»Diese Leute wollen keine Kunst. Die wollen, dass ich ihnen Aktien drucke«, sagte er.

Und dies ist erst der Anfang unseres Amerika-Abenteuers, dachte Henny. Was würde da wohl noch alles auf sie zukommen?

Antonia wartete noch immer vergeblich auf das Läuten der Türglocke. Obwohl die Uhr bereits zehn nach sieben zeigte.

Sie hatte sich beeilt, damit das Abendessen pünktlich um sieben Uhr fertig war. In etwas mehr als nur einer Stunde war es ihr gelungen, nach dem Dienst in der Charité die Zutaten zu besorgen und die Speisen zuzubereiten, sogar einen Nachtisch hatte sie hinbekommen.

Die nun unerwartet verstreichende Zeit nutzte sie, um sich selbst hübsch zu machen. *Tomboy*. Sowohl Adam als auch ihre Mutter hatten wohl recht, eine Dame würde nicht mehr aus ihr werden. Zumindest Adam war das mehr als recht, dachte sie, während sie vor Hennys großem Spiegel in deren Ankleidezimmer stand.

»Ich überlasse die Wohnung dir, Toni«, hatte die große Schwester gesagt. »Tu so, als wäre es deine.«

Kein vermeintlich wohlmeinender Rat wie zum Beispiel: ›Jetzt, wo du dreißig bist, ist es an der Zeit, dass du dein erstes eigenes Reich hast. Aber gib gut *acht* darauf.‹ Stattdessen nur ein liebevoller Wangenkuss.

Antonia steckte ihr Haar hoch, was sie fast nie tat, und suchte sich eine zurückgelassene schlichte Kette aus. An der Bluse öffnete sie noch einen Knopf. Ein Spritzer von einem der vielen exotischen Parfüms, die Henny dagelassen hatte. Keine Verführung. Nur eine Verheißung. Mehr verschreckte Adam, das hatte sie erkannt.

Aber die Türglocke blieb stumm. Hatte er vor einer der vielen Demonstrationen gesprochen und dabei wieder Prügel bezogen? Oder wegen seines Engagements für die Politik sogar vergessen, wo er erwartet wurde? Was war ihm wichtiger: Partei oder Liebe? War beides gleichzeitig möglich?

Jene Liebesnacht im Schloss, die eindeutig Adams erste gewesen war, lag mehr als vier Wochen zurück. Antonia hatte sich gefühlt, als würde sie selbst etwas ihr vermeintlich Bekanntes neu entdecken. Anfängliche Scheu und die schon vertraute Zärtlichkeit hatten sich langsam zu offenem Verlangen gesteigert. Doch dann hatte sie einen Fehler gemacht, von dem sie nicht geahnt hatte, wie sehr Adam sich dadurch verletzt gefühlt hatte.

Noch einmal würde ihr das nicht passieren. Sie hatte alles durchdacht – und es würde dennoch für sie und ihn schön werden. Oder gerade deshalb. Schließlich war sie nicht nur Frau, sondern auch Ärztin. Doch in ihre daraus gewonnenen Geheimnisse würde sie ihn nicht einweihen. Wozu alles noch komplizierter machen? Wo es nur an der Zeit war, endlich zu verwirklichen, wonach sie beide sich sehnten.

War die Türglocke defekt? Sie überprüfte es und erschrak über den lauten Ton in dem stillen Haus. Sie öffnete ein zur Behrenstraße gehendes Fenster, beugte sich hinaus. Die laue Luft des Sommerabends strich über ihr Gesicht.

Vielleicht hätten sie im nahen Tiergarten in eines der Gartenrestaurants nahe der Spree gehen sollen. Das hatten sie schon zweimal getan. Jene beiden Male, als sie sich seit der Freystettener Nacht getroffen hatten. Ansonsten hatte der Dienst sie vom Liebesleben ferngehalten. Denn wenn sie freihatte, mixte er des Nachts in der *Arizona-Bar* Drinks.

Unten, im Licht der Straßenlaterne, stand ein Mann in Anzug und Hut, einen Strauß Blumen in der Hand. Rosen. Ob sie rot waren, war bei den Lichtverhältnissen nur zu vermuten. Sie rannte hinunter.

»Warum stehst du vor dem Haus und klingelst nicht?«

Es war weniger eine Frage als ein verzweifelter Ausruf, mit dem Antonia ihn bestürmte.

Adam blickte sie erstaunt an. »Auf keinem Klingelschild steht der Name Thomasius. Ich dachte, du hast mir die falsche Anschrift genannt.«

Nur Henny hatte sich am Tableau mit ihrem Familiennamen Vandenberg verewigt. Daran hatte Antonia nicht gedacht.

»Und das Haus, diese ganze Gegend ... Das sind die Burgen des Kapitalismus«, sagte Adam.

»Heute Nacht ist es unsere Burg.« Sie versuchte, die Situation mit einem Scherz aufzulösen, nahm seine Hand. »Komm, ich habe für dich gekocht.«

In der Wohnung im ersten Stock angekommen, blickte er sich verwundert um. Noch immer hielt er den Strauß Rosen in der Hand. Sie waren rot, das sah sie im Licht von Hennys Kristallleuchtern deutlich. Und Adam war wie immer elegant gekleidet. Dennoch passte nichts zusammen. Weder seine Garderobe, diese Wohnung, noch sie beide an diesem Ort. Und aus der Küche zog der Duft von Königsberger Klopsen herüber. Die Schwitze, die sie gemacht hatte, musste längst verklumpt sein, fiel ihr obendrein ein.

Der entkorkte Riesling stand auf dem Tisch. Sie trug die Terrine von der Küche ins Esszimmer, entschuldigte sich für die Klumpen in der Sauce, schenkte den Wein ein, weil er es nicht tat, wie es deutsche Tischsitte vorsah. Sie hob das Glas, erwartete seinen Toast, der nicht kam.

»Auf uns«, sagte sie. »Guten Appetit.«

Ein bürgerliches Essen hatte sie bereitet. Und es war ihr erstes, das sie als Paar genossen.

»Königsberger Klopse. Du hattest in der *Arizona-Bar* erwähnt, dass du sie gern magst.«

Aber Adam aß kaum davon. Sie sah ihm an, dass er sich unwohl fühlte, und ahnte, was in ihm vor sich ging. »Du magst hier nicht sein, oder?«

»Hier wohnen Menschen, die meine Gegner sind, Antonia.«

Nicht mehr *Tonja*, sie bemerkte den Unterschied, mit dem er sich von ihr innerlich ein wenig distanzierte.

»Du kennst Henny, Victor, Vicky und Leo. Das ist ihre Wohnung. Sie sind nicht deine Gegner. Wir dürfen ihr Zuhause nutzen. Wir haben kein eigenes, in dem wir ungestört sein können.«

»Trotzdem ist es nicht richtig, den Luxus des Klassenfeindes zu benutzen. Das war im Grunde schon im Schloss falsch gewesen.«

»Es hat dir gefallen«, wandte sie ein.

»*Du* hast mir gefallen. Frieda hatte uns eingeschmuggelt. Aber hier lebst du. Es ist dein Zuhause. Du bewegst dich hier wie selbstverständlich, kochst für mich.«

»Weil ich einen Rückzugsort für unsere Liebe haben will, Adam. Mehr nicht. Ich nutze die Wohnung, weil ich keine eigene habe. Der Beweis ist doch, dass du meinen Namen nicht am Klingeltableau gefunden hast.«

»Bemerkst du nicht, dass du dem Klassenfeind auf den Leim gehst, Antonia? Du erliegst den Verlockungen des Geldes.«

»Meine Schwester soll mein Klassenfeind sein?« Sie schüttelte lächelnd den Kopf. »Du warst in der Wohnung meiner Eltern. So leben keine reichen Leute. Dort bin ich aufgewachsen, Adam, und auch meine Schwester.«

»Das entschuldigt nichts. Henny mag ein guter Mensch sein, aber sie betet den Mammon an.«

»Sie beten das Geld nicht an. Das ist nicht wahr. Geld zu benutzen, um Ziele zu erreichen, ist nichts Ehrenrühriges.«

»Kann der Arbeiter dasselbe sagen, Antonia? Kann der Mann in der Fabrik ebenfalls von sich behaupten: Ich benutze Geld, um meine Ziele zu erreichen?«

»Nein, das kann er nicht«, räumte sie ein. »Du hast recht: Ich wollte die teure Bonzen-Wohnung meiner Schwester benutzen, um mit dir zu schlafen. Ich hatte gemeint, das wäre auch in deinem Sinn.«

So eine dämliche Idee: Klopse zu kochen! Diese Mischung aus gemischtem Hackfleisch, Schrippe, Zwiebel und Sardellen. Sie selbst hatte das nie gemocht, es einzig ihm zuliebe zubereitet. Sie kostete den Schokoladenpudding, der beim Kochen am Topfboden angebrannt war, und reichte ihm einen Löffel voll davon.

»Probiere wenigstens davon.«

»Das schmeckt gut.«

»Es ist angebrannt. Ich bin keine gute Köchin«, sagte sie. »Es dauert lang, und nach wenigen Minuten ist alles aufgegessen. Oder die Gäste sitzen mit schlechter Laune am Tisch und merken nicht, dass man sich Mühe gegeben hat. Wozu also? Nein, eine Hausfrau will ich nicht sein. Meine Arbeit macht mir eindeutig mehr Spaß.«

Sie wusste durchaus, dass sein Frauenbild ein anderes war. Es war ein Rückzug auf Raten, um sich von der Verliebtheit in ihn verabschieden zu können, falls die Unterschiede zwischen ihnen eben doch zu groß wären.

Er streckte die Hand nach ihr aus. »Ich bin in dich verliebt, Tonja.«

Es hörte sich so an, als beschwöre er etwas, das in Gefahr war, sich in Luft aufzulösen.

»Ich weiß nicht, ob ich wirklich eine Tonja bin. Ich bin eher Toni. Toni ist eine Frau, die hier leben kann, ohne sich vom Geld des Klassenfeindes korrumpieren zu lassen. Ich habe ein Bett, ein Bad, eine Küche, mehr brauche ich nicht.

Weniger aber auch nicht. Denn ich arbeite gern und viel. Dafür will ich irgendwann einen Gegenwert. Gegenwärtig kann ich mir den nicht leisten. Also nutze ich, was sonst ungenutzt leer stünde. Das ist alles.« Sie hob lächelnd die Schultern. »Was sollen wir tun? Uns lieben oder über Politik diskutieren? Ich möchte mir dir schlafen. Und was willst du?«

Vicky stand neben Henny auf dem Balkon im achten Stockwerk. Der Blick ging hinaus auf das kraftvolle Grün der Bäume und die Wiesen des New Yorker Central Park.

»Gefällt dir der Ausblick?«, fragte Florentine, die mit einem Becher Eis hinzukam.

»Hier zu stehen, kribbelt ein bisschen im Bauch, Großmutter. Das ist schön«, sagte Vicky. »Oh, noch ein Eis? Ich hatte heute doch schon eins.«

»Es ist ein heißer Tag, *darling*, und du bist so ein liebes Kind. Aber sag doch bitte nicht immer Großmutter zu mir. Da fühle ich mich gleich so alt. Ich bin Flora, okay?«

Henny verbiss sich jeden Kommentar, wusste sie doch von Victor, dass seine Mutter noch immer Männern schöne Augen machte, die ihre Enkel sein konnten. Dass sie achtundsechzig Jahre alt war, war Florentine von Freystetten nicht anzusehen. Was nicht nur geschickt benutztem Make-up zu verdanken war, sondern ihrer jugendlichen Ausstrahlung. Henny kannte ihre Schwiegermutter nur mit stets guter Laune. Das Eis, das sie servierte, aß sie selbst wohl kaum; sie war gertenschlank.

»Bist du eigentlich sehr reich, Großm… Flora?«, fragte Vicky.

»Ja, das bin ich.« Flora sagte es mit einem geradezu jubilierenden Unterton. »Weshalb fragst du?«

»Weil du zu der Party auf Long Island nur reiche Leute

eingeladen hast. Du kennst die alle. Also musst du ebenfalls reich sein.«

Henny dachte ungern an jenen Abend zurück. Victor hatte zwar erzählen dürfen, wovon der Film handeln sollte. Anschließend hatte seine Mutter übernommen und ihn zum Zuschauer degradiert. Vicki Baum hatte sich bald zurückgezogen mit der leisen Bemerkung zu Henny: »Sich solche Menschen auszudenken, ist angenehmer, als sie zu erleben.« Henny hatte sie später am menschenleeren Strand wiedergetroffen, wohin sie ebenso wie sie die Sehnsucht geführt hatte, im Mondschein spazieren zu gehen.

»Möchtest du auch mal reich sein?«, fragte Florentine ihre Enkelin.

Vicky hob ratlos die Schultern. »Ich glaube nicht. Die reichen Leute taten so, als wären sie nett. Aber …«

Henny lauschte gebannt, während ihre Tochter dabei war, das Weltbild in Worte zu fassen, das sich für sie gerade formte.

»Tante Vicki ist auch reich«, sagte Vicky. »Aber sie sagt, sie setzt sich jeden Tag an die Schreibmaschine. Sie schreibt, weil es ihr Freude bereitet. So möchte ich auch leben.« Sie lächelte. »Aber nicht mit einer Schreibmaschine. Und jetzt übe ich mit dem Cello.«

Sie eilte hinein, denn das Instrument hatte die Reise über den Atlantik mitmachen müssen.

»Die Kleine weiß gar nicht, dass ihr ein Vermögen gehört, nicht wahr?«, fragte Florentine.

Hier in New York hatte Henny vor vielen Jahren mit einer Freundin die Scheidung von Victor durchgesetzt. Weil er die Ehe gebrochen hatte, hatte er das Haus in der Behrenstraße an Vicky überschreiben müssen. Henny war nur die Vermögensverwalterin für ihre Tochter.

»Ich möchte auch nicht, dass sie es erfährt«, antwortete Henny.

»Du könntest alles zurückabwickeln«, sagte Victors Mutter, die das Haus ursprünglich ihrem Sohn geschenkt hatte.

»Warum sollte ich das tun?«

»Ihr seid wieder verheiratet.«

»Victor hat nie darum gebeten.«

»Er kann nicht mit Geld umgehen«, stellte seine Mutter fest.

»Es interessiert ihn nicht, Flora. Sein Herz schlägt für die Kunst«, widersprach Henny.

»Du bist nicht so naiv, wie du dich gerade anhörst, *darling*. Victor will seinen Durchbruch als Produzent schaffen. Wer nicht mit Geld umgehen kann, sollte die Finger von dem Beruf lassen.«

Natürlich hatte Florentine recht, die zwar als junge Frau durch ihre erste Scheidung zu einem Vermögen gekommen war. Aber sie hatte das Talent, es zu mehren. Das Haus am Central Park bewies es. Sie hatte es gekauft, bevor es in der Nähe die Untergrundbahn gegeben hatte. Seitdem hatte sich der Wert der Immobilie vervielfacht. Wenn hingegen Victor Geld verdient hatte, dann, weil er dabei gleichzeitig einer künstlerischen Neigung nachkommen konnte. Er hatte nie den Druck verspürt, Geld verdienen zu müssen – durch seine Mutter und zeitweise durch seinen Stiefvater hatte es ihm stets zur Verfügung gestanden.

»Weil du Victor für ungeeignet hältst, bevormundest du ihn? Findest du das richtig, Flora?«

»*Darling*, ich bevormunde ihn doch nicht! Ich bringe ihn mit den richtigen Leuten zusammen. Du wirst sehen: *Grand Hotel* wird ein bombastischer Erfolg.«

»*Grand Hotel?* Es gibt einen neuen Titel?«, fragte Henny verwundert.

»*People in a hotel* – wie klingt das denn! In Amerika denkt man groß, darum *Grand*. Und im Roman heißt das Hotel ohnehin so. Guck nicht so empört, *darling*. Übrigens wird ein Freund von mir Joan Crawford dazu bringen, die Rolle der Flämmchen zu spielen. Das muss ich Victor bei Gelegenheit erzählen.«

»Du hast ja alles im Griff«, stellte Henny fest.

Joan Crawford war ein Vamp, Flämmchen war angelegt als pfiffige Sekretärin ohne moralische Skrupel, ein typisches Berliner Mädchen von heute. Würde sich Victor das alles gefallen lassen? Oder gar Vicki Baum?

Drinnen probierte Vicky, die Saiten des Cellos zu schlagen, anstatt mit dem Bogen zu streichen. Sie wirkte hoch konzentriert. Das Sahneeis neben ihr auf dem Tisch schmolz, und Leo bemühte sich, auf seinen Beinchen zu stehen, um danach zu greifen. Es war ein wunderbarer Anblick: Die Kinder entdeckten die Welt jeden Tag neu. Vicky war offenbar plötzlich vom Jazz inspiriert, der hier im Radio lief, und der kleine Leo fand in die Senkrechte. Die beiden brauchten Stabilität, um sich entwickeln zu können. Doch es zeichnete sich Unsicherheit ab. Das lag nicht zuletzt daran, dass die Großmutter der beiden in das Leben ihres Vaters hineinregieren wollte.

So durfte das nicht weitergehen. War es nicht besser, auf Hollywood zu verzichten und nach Berlin zurückzufahren? Jetzt, wo es noch nicht zu spät war für eine Umkehr.

Antonias Kopf lag auf Adams nackter Brust. Im Licht der einzigen kleinen Lampe, die im Schlafzimmer brannte, schimmerte seine Haut seidig. Seine Hand strich zärtlich über ihren Rücken.

Sie hatte den Fehler aus der Nacht im Schloss ausgebügelt, als sie gewollt hatte, dass er ein Präservativ benutzte.

Womit sie ihn in seiner ersten Liebesnacht überfordert hatte. Aber sie hatte es für sehr wahrscheinlich gehalten, schwanger zu werden. Leider hatte dasselbe für diese Nacht gegolten. Dass sie ein Pessar benutzte, hatte sie ihm nicht gesagt, und er hatte nicht gefragt, ob sie verhüten wollte.

»Wir werden in Atlanta heiraten«, sagte Adam jetzt ohne Vorwarnung.

Sie war so verblüfft, dass ihr die Schlagfertigkeit vollständig abhandenkam. »Wieso?« Mehr fiel ihr nicht ein.

»Meine Eltern und meine Geschwister, die Onkel, die Tanten! Wie soll ich sie alle nach Berlin holen? So viel Geld hat niemand.«

»Natürlich nicht.« Hatte sie überhört, gefragt worden zu sein, ob sie überhaupt heiraten wollte?

»Weihnachten wäre ein guter Zeitpunkt. Dann erlebst du, wie wundervoll der Gottesdienst in unserer Gemeinde ist«, fuhr Adam fort. »Und man sieht deinen Bauch noch nicht. Oder irre ich mich? Bei einer meiner Schwestern war es so. Sie war siebzehn. Vielleicht sieht man den Bauch dann nicht so sehr. Du bist ja schon viel älter. Man sieht deinen Bauch möglicherweise stärker.«

Eine bemerkenswerte Überlegung, dachte sie, denn was hatte Alter mit Bauchumfang zu tun? Aber das war jetzt weniger der Punkt, der sie ratlos machte.

»Mein Bauch?«, fragte sie mit dem aufkommenden Gefühl, dass sich gerade etwas zusammenbraute, das sie nicht erleben wollte.

»Wir werden ein Kind bekommen, Tonja.« Er küsste sie. »Eine Familie werden wir sein.«

Sie suchte nach der passenden Antwort. Viel wusste sie ja noch immer nicht über ihn. Aber eines doch: Geschlechtsverkehr diente nach Ansicht der Bibel nicht dem Erleben von Leidenschaft, sondern der Vermehrung der Menschheit. Genau das hatte sie mit dem Hütchen aus Kautschuk verhindert, das ihren Gebärmuttermund vor der Empfängnis schützte. Was sie Adam nicht hatte sagen können, denn sonst wäre es nie so weit gekommen, wie sie gewollt hatte. Allerdings erkannte sie auch, dass sie zwar nicht denselben Fehler wiederholt hatte. Was jedoch nicht bedeutete, damit vor einem anderen gefeit gewesen zu sein.

Endlich hatte sie sich wieder im Griff: »Wollen wir nicht erst mal abwarten, was mein Bauch zu deinen Plänen sagt?«

»Nein, Tonja. Wir können das, was uns verbindet, nicht rückgängig machen. Es war ohnehin Sünde, nicht zu warten, bis wir den Segen der Gemeinde haben. Aber ich sehe ein, dass das nicht geht.«

»Deshalb hast du nie mit einer Frau geschlafen? Adam, du bist Kommunist. Wozu brauchst du deine Gemeinde, wenn du eine Frau lieben willst?«

Seine streichelnde Hand hielt inne. »Ich habe nicht mit irgendeiner Frau geschlafen. Ich habe Liebe gemacht mit der Mutter meiner Kinder. Für dich habe ich mich aufgehoben.«

Das war im Grunde die niedlichste Liebeserklärung, die sie sich hätte wünschen können. Allerdings hatte er ihr dabei eine Funktion zugeteilt, bei der er die Kinder obendrein sich selbst zuordnete. Was sie an die Entbindung einer Patientin im Krankenhaus von Daressalam erinnerte: Ein weißer Engländer hatte sich darüber geärgert, dass *sein* Kind kein Knabe geworden war.

Antonia machte sich von Adam frei, rollte sich auf die andere Seite des luxuriösen Ehebetts, zog eine Decke über sich und setzte sich auf. Was für ein Glück, dass er ihr keinen Heiratsantrag gemacht hatte! Sie hätte Nein sagen müssen, und alles wäre noch schwieriger geworden. Ihr fiel ein Ausweg ein, dieses Gespräch zu beenden, das jedes romantische Gefühl tötete. Sie stieg aus dem Bett, warf sich einen nicht ganz zufällig bereitliegenden Morgenmantel über.

»Ich habe Hunger«, sagte sie. »Magst du ein Stück Käse und dazu noch ein Glas Wein?«

»Ich breite meine Seele vor dir aus, Tonja. Und du sagst: *Ich habe Hunger?*«

»Weil es so ist. Kommst du mit in die Küche, oder soll ich dir etwas mitbringen?«

Erst rührte er sich nicht, doch im nächsten Moment schlug er sich mit der flachen Hand gegen die Stirn. »Oh, ich Dummkopf!«

Er sprang nackt aus dem Bett, kniete vor ihr nieder, rang die Hände, blickte zu ihr auf.

»Verzeih, bitte verzeih mir! Ich habe das Wichtigste vergessen! Tonja, ich frage dich: Willst du mich heiraten?«

Wie sollte sie mit einem Mann umgehen, der sie anbetete und gleichzeitig Ansprüche an ihre Gebärmutter stellte?

»Können wir deine Frage bitte in Ruhe bei einem kleinen Nachtimbiss besprechen?«

Sie entschloss sich trotz all der in ihr brodelnden Zweifel, ihm wenigstens einen beschwichtigenden Kuss mitten in sein fassungsloses Gesicht zu geben.

Ausgerechnet jetzt schrillte das Telefon. Froh um die Ablenkung in dieser verzwickten Lage, war Toni gleichzeitig bewusst, dass spätnächtliche Anrufe nie etwas Gutes zu bedeuten hatten.

Das Telefon läutete, und Ricarda schrak hoch.

Als sie praktiziert hatte, war es nicht ungewöhnlich gewesen, dass sie auf diese Weise weit nach Mitternacht geweckt wurde. Aber nun war sie eine Rentnerin, die mit einem Buch auf der Brust im Bett eingeschlafen war. Morgen früh wollte sie nach Freystetten fahren. Die Zwillinge sollten untersucht werden, deshalb hatte sie sich früh hingelegt, um beizeiten erfrischt aufzustehen. Ihre unterbewussten Alarmglocken trieben sie aus dem Bett. Henny? In New York war Nachmittag – war sie es? Antonia? Sie hatte frei und würde sich ausruhen. Georg, natürlich!

Gleich, nachdem Henny mit ihrer Familie in die USA aufgebrochen war, hatte Ricarda die Münchner besucht. Sophies Zustand hatte sich während Ricardas Zeit in Berlin kaum verschlechtert, und auch als sie wieder heimgekehrt war, hielten die Medikamente Sophie auf einem stabilen Niveau. Das Ende war dennoch absehbar, und Sophie war es lieber, wenn ihren Söhnen dies nicht täglich vor Augen geführt wurde. So verbrachte Georg den größten Teil des Sommers mit den Jungen in den Bergen.

Der nächtliche Anrufer war denn auch er: »Mutter, wir kamen noch gerade rechtzeitig, um uns von Sophie zu verabschieden.«

Georg klang sehr gefasst. Wie ein Mann, der sich damit abgefunden hatte, dass Wunder nicht möglich gewesen waren. Dass es seit einiger Zeit nur darum ging, wie seine Kinder damit umgehen konnten, dass der Tod letzten Endes mächtiger war als das Leben.

»Wie geht es den Jungen?«, fragte Ricarda.

»Nicht gut, Mutter.«

»Ich nehme den Zug am Morgen zu euch. Es tut mir leid für euch vier, Georg. Aber für Sophie …«

»Ja, für sie ist es so besser. Sie ist erlöst.«

Sie legte auf und setzte sich in die nächtliche Küche, um die Nachricht zu verarbeiten.

Bevor sie zuletzt aus München fortgefahren war, hatte Ricarda lange ernste Gespräche mit Georg geführt. Gedanken über Schuld und Sühne, Vergebung und Tod. Ihr Sohn litt darunter, dass die Krankheit seiner Frau eine Aufarbeitung der Geschehnisse nicht mehr möglich machte. Ihre Hinfälligkeit überlagerte alles, das Schlechte, aber auch das Gute. Davon hatte es durchaus viel gegeben, denn die beiden hatten sich kennengelernt, als sie noch Kinder gewesen waren. Mit Sophie, die drei Jahre älter als er gewesen war, verlor Georg auch den Menschen, der ihn – abgesehen von seiner Mutter – am längsten kannte. Und der ihm in der Jugend Halt gegeben hatte.

Und während Ricarda im Dunkel der Nacht sinnierte, begriff sie die Tiefe seiner Entscheidung, für Sophie ins Gefängnis zu gehen. Er hatte es nicht nur für seine Söhne getan und um Sophie zu beschützen, wie er behauptete. Es war das Leben, das er bis zum Zeitpunkt des verhängnisvollen Schusses geführt hatte. Indem er sich einsperren ließ, bewahrte er es davor, zu zerfallen.

Lieber Georg, es tut mir so leid, dass ich wieder nach Berlin gefahren bin, flüsterte sie im Gespräch mit sich selbst. Das war ein Fehler, ich hätte bei dir bleiben müssen bis zuletzt.

Sie raffte sich auf, ging zum Telefon und ließ sich mit Hennys Anschluss verbinden. Es läutete lange. Schließlich Antonias Stimme, die auf ungewohnte Weise fremd klang.

»Mutter? Ist etwas mit Vater?«, fragte sie sofort.

»Nein, er schläft tief. Tut mir leid, dich zu stören. Sophie ist gestorben. Ich muss morgen früh den ersten Zug nach München nehmen.«

Tonis Verbindung zu Georg war nie so intensiv gewesen wie jene von Henny zu Georg. Und Sophie kennenzulernen, dazu hatte sie kaum Gelegenheit gehabt. Deshalb konnte Ricarda sich darauf konzentrieren, die Tatsachen zu berichten, um dann zu sagen: »Ich wollte morgen die Zwillinge untersuchen. Ist es dir möglich, das für mich zu übernehmen?«

»Keine Frage, Mutter, das mache ich.«

Ricarda meinte, dass bei Antonia im Hintergrund ein Geräusch zu hören gewesen wäre. War sie nicht allein? Und da erst fiel ihr auf, dass sie den neuen Mann im Leben ihrer Jüngsten fast vergessen hatte.

»Ich war eine Weile nicht in Freystetten«, sagte Toni. »Muss ich etwas beachten?«

»Ich bin ein wenig in Sorge wegen Felix. Er entwickelt sich nicht weiter, versucht nicht einmal zu krabbeln.«

»Ich gucke ihn mir etwas genauer an. Gute Reise, Mutter.«

Im Hintergrund war erneut ein Geräusch zu hören.

»Ich rufe Georg morgen an«, sagte Toni hastig und legte auf.

In Hennys mit allen Annehmlichkeiten ausgestatteter Küche wischte Adam gerade mit einem Geschirrhandtuch den Tisch sauber. Während sie telefoniert hatte, hatte er die *Vossische Zeitung* herumliegen sehen und genommen, um sie zu lesen. Dabei war ihm ein Glas mit Weißwein umgefallen. Sein sehniger Körper steckte in langen Shorts, das aufgeknöpfte Hemd trug er anstelle eines Morgenmantels auf der bloßen Haut. Ihr gefiel die Art, wie er sich bewegte, weil darin eine leichte Eleganz lag. Wäre er für sie ein Unbekannter gewesen, sie hätte ihn für den Mieter dieser teuren Wohnung halten können; er passte hierher.

Das durch den Anruf unterbrochene Gespräch war wegen dieses flüchtigen Eindrucks nicht vergessen. Sein Heiratsantrag! So gern sie ihn hatte, sie wollte sich darauf nicht einlassen. Warum konnten sie beide nicht einfach nur ein Paar sein, das sich kennenlernte? Später konnte doch immer noch alles möglich sein.

»Schlechte Nachrichten?«, fragte Adam.

Sie nickte. »Die Frau meines Bruders ist gestorben.«

»Das tut mir leid. Mochtest du sie sehr?«

Sie seufzte. »Sie tat mir leid. Nicht einmal deshalb, weil sie krank war. Sie führte ein trauriges Leben. Ich glaube, das hat sie krank gemacht.«

Adam nahm sie in die Arme und küsste sie zärtlich. »Du hast meine Frage nicht beantwortet«, sagte Adam. »Ich liebe dich und möchte, dass wir Mann und Frau werden, eine Familie.«

»Der Zeitpunkt ist ungünstig, Adam. Mein Kopf ist voller Probleme. Ich kann nicht daran denken, ob ich heiraten will, soll, muss, oder es gar möchte.«

»Ich muss wissen, ob du mich zum Mann nehmen willst, Tonja. Du wirst mein Kind bekommen.«

»Ich glaube nicht, dass ich das werde«, sagte sie.

Er blickte sie auf eine Weise verblüfft an, dass er ihr leidtat. Mit ihrem schlichten Satz hatte sie seinem Heiratsantrag die Grundlage entzogen. Vermutlich hätten viele Männer so wie er reagiert, weil sie es nicht gewohnt waren, dass eine Frau klar zum Ausdruck brachte, was sie wollte. Adam war so ein Mann, in dessen Augen Liebe letztlich der Fortpflanzung diente.

»Aber wir haben … Tonja, ich verstehe das nicht.«

»Nicht jeder Geschlechtsverkehr führt dazu, dass der männliche Samen eine weibliche Eizelle befruchtet. Ich bin Frauenärztin. In dem Punkt darfst du mir glauben.«

»Wie du das sagst …«

»Wie sage ich es denn?«

»Ohne Gefühle.«

»Weil du aus einem biologischen Vorgang Schlüsse für unser Leben ziehst. Ich finde, es ist mein Recht, das auseinanderzuhalten.«

»So hat Gott die Menschen nicht gemacht, Tonja! Liebe

ist größer als Biologie!« Er klang empört und verzweifelt zugleich.

Es ging um alles oder nichts, das wurde mit jeder Sekunde deutlicher. Adam hatte Prinzipien, die sie nicht teilen wollte, und die er nicht aufgeben würde. Ihn bei sich zu haben, war schön gewesen. Sein kaum verhüllter Körper zog sie immer noch an. War es nur das gewesen, was sie an ihm mochte? Nein, er sagte kluge Dinge, wusste enorm viel. Es war nicht nur die Leidenschaft, es war auch sein Geist. Doch seine Überzeugungen passten nicht zu ihren.

Aber sie wollte nicht schon wieder einen Mann, in den sie sich verliebt hatte, verlieren. »Warum die Eile, Adam? Liebe kann man nicht erzwingen.«

»Ich zwinge dich zu nichts, Antonia.«

Er verharrte untätig und schien sich zu fragen, wie er sich verhalten sollte. Und knöpfte dann langsam sein Hemd zu.

»Jemand hat etwas zu mir gesagt, das ich nicht glauben wollte«, begann er. »Er sagte: ›Adam, geh nicht nach Berlin. Die Menschen dort sind schlecht und die Frauen verdorben.‹ Ich traf dich und dachte: Sie ist anders als alle anderen. Antonia ist ein guter Mensch mit einem reinen Herzen.« Er schüttelte den Kopf. »Ich habe mich geirrt. In dieser Stadt gibt es keine guten Menschen.«

Er verließ die Küche, und wenige Augenblicke später hörte sie die Wohnungstür ins Schloss fallen. Sie erwog, ihm nachzueilen. Doch zu keiner Bewegung fähig, stand sie in der luxuriösen Küche und fragte sich, ob sie vielleicht nicht in der Lage war, zu lieben. Oder hatte sie ein unseliges Talent, sich die falschen Männer auszusuchen?

Die Weite der grünen Oase ließ Henny vergessen, dass sie sich inmitten der unendlich großen Stadt New York befand. An diesem Nachmittag flanierten zahlreiche Paare auf den Wegen, die sich keusch an den Händen hielten. Öffentliche Küsse waren im puritanischen Osten der Vereinigten Staaten verpönt, stellte Henny fest. Wurden in Berlin die Sitten immer lockerer, so herrschte in New York noch die Moral der Gründerväter des Landes.

Henny hatte Victor zu diesem Spaziergang durch den Central Park fast schon gezwungen: »Wir müssen ohne Mithörer reden!« Nur Leo hatten sie im Kinderwagen mitgenommen, Vicky hielt in der Wohnung der Großmutter eisern ihr tägliches Übungspensum von drei Stunden ein.

»Ist es nicht möglich, dass wir ohne deine Mutter nach Los Angeles reisen?«, fragte Henny.

»Du meinst, sie solle nachkommen? Weshalb?«

»Ehrlich gesagt: Sie soll uns gar nicht begleiten.«

»Sie hat für uns alle einen Salonwagen gebucht.«

Florentine war in ihrer ersten kurzen Ehe mit dem Erben einer Bahngesellschaft verheiratet gewesen, weshalb sie nach wie vor über Aktienanteile und damit verbundene Privilegien verfügte.

»Das ist genau das, was ich meine, Victor: Deine Mutter ebnet dir scheinbar jeden Weg. Aber das hat seinen Preis. Du begibst dich in Anhängigkeit zu ihr. Sie redet dir in alles rein. Und damit auch mir.«

»Sie meint es doch gut«, widersprach Victor.

»Das sieht nur so aus. In Wahrheit geht es ihr darum, Einfluss zu haben, um Dinge in ihrem Sinn zu gestalten.«

Victor legte den Arm um ihre Hüfte, hauchte ihr einen Beschwichtigungskuss auf die Wange. »Du bist doch nicht etwa eifersüchtig?«

Henny blieb stehen. »Deine Mutter hat entschieden, wer Flämmchen spielt. Wusstest du das?«

»Wie meinst du das? Ich hatte schon mit Marlene Dietrich über die Rolle gesprochen. Sie liegt genau auf dem Typ.«

»Joan Crawford soll es werden.«

»Hm.« Victor zündete sich eine Zigarette an. »So einen Film zu besetzen, ist schwierig«, sagte er. »Das wird schon.« Er ging ein paar Schritte. »Die Dietrich kennt hier noch niemand. Wahrscheinlich deshalb.«

Das mochte sein, räumte sie ein. Dennoch war es ihr ein Beleg dafür, dass Victor unter Florentines Pantoffel stand. Denn sie hatte ihm kein Wort davon gesagt.

»Wird deine Mutter in Hollywood bei uns wohnen?«

»Unser Haus liegt traumhaft. Pacific Palisades. Dort leben viele Deutsche. Für Mutter ist auch Platz. Ich kann sie doch nicht allein lassen in der fremden Stadt.«

»Nicht, dass sie sich verläuft.«

»Sei nicht so gallig, Henny. Mutter mag dich.«

»Als wir beide damals unsere Krise hatten, war sie die treibende Kraft, die mir Vicky wegnehmen wollte.«

»Meine Güte, sie ist meine Mutter. Du wirst dasselbe für unsere Kinder tun, wenn es sein muss.« Er schenkte ihr ein Lächeln. »Vergiss den alten Streit. Bitte, Henny. Selbst deine Mutter hat vergessen, dass sie mich früher nicht leiden konnte.«

Henny grinste. »Punkt für dich. Dennoch: Lass dich von ihr nicht aus deinem Film drängen. Sei auf der Hut. Denn wir sind hier, weil du *deinen* Traum leben willst. Nicht, dass wir *ihren* Traum leben.«

Er küsste sie.

»Haben Sie kein Zuhause, wo Sie das tun können?«, fragte eine ältere Dame, die vorbeiging, im Ostküsten-Amerikanisch der Oberschicht.

»Danke für den Hinweis«, alberte Victor. »Übrigens

geht unser Zug morgen Abend«, sagte er zu Henny. »Ich freue mich darauf, diese Stadt zu verlassen.«

Im Gegensatz zu ihr hatte er New York schon ein Jahrzehnt zuvor nicht gemocht.

»Dieses Mal wirst du Kalifornien genießen«, versprach er.

Trotz Sonne und Palmen war ihre Ehe beim letzten Mal zerbrochen. Und diesmal wäre obendrein die Schwiegermutter mit dabei.

Obwohl Antonia für gewöhnlich gerade die Sommermonate auf dem Land genoss, traf sie an diesem Morgen ungern in Freystetten ein. Nicht nur die Nacht mit Adam lag ihr im Magen. Das letzte Treffen mit ihrem Onkel an ihrem Geburtstag, bei dem Frieda die Hintergründe des Überfalls enthüllt hatte, würde aufgearbeitet werden müssen.

Wider Erwarten holte sie der Graf persönlich am Bahnhof Gusow vom Zug ab, was sonst stets Aufgabe seines Chauffeurs gewesen war. Antonia hoffte auf einen grundlegenden Sinneswandel des einst verehrten Onkels, als sie in seinem Cabriolet Platz nahm, dessen Dach zurückgeklappt war. Der Graf machte einen aufgeräumten Eindruck.

»Es ist so schön, wie du in die Fußstapfen deiner Familie trittst«, sagte Friedemann.

Sie wunderte sich: Ausgerechnet er appellierte an die Zusammengehörigkeit? Obwohl Henny ohne ein Wort der Entschuldigung von Franz hatte nach Amerika reisen müssen. Es wäre am Grafen gewesen, vermittelnd einzugreifen.

»Ich kann nicht lange bleiben, nur ein paar Stunden«, erwiderte sie.

»Selbstverständlich bringe ich dich anschließend wieder zum Bahnhof. Aber es tut gut, mal wieder hier zu sein, nicht wahr?«

»Ich bin wegen deiner Enkelkinder gekommen, Onkel Friedemann.«

Er verstand, dass sie nicht bereit war, ihm vorzuspielen, alles wäre wieder gut, und schwieg eine Weile.

»Vielleicht sollte ich die Sache direkt ansprechen, Antonia«, sagte er in vollkommen verändertem Tonfall, kurz bevor sie das Schloss erreichten. Jetzt sprach nicht mehr der Onkel, sondern der Graf. »Friedas Vorwürfe gegen Franz sind aus der Luft gegriffen. Niemand kennt einen Hans, der all diese schrecklichen Dinge getan haben soll, die Frieda behauptet. Sie befindet sich auf einer Art Rachefeldzug gegen ihre Familie.«

»Wofür sollte Frieda sich rächen? Sie schenkte dir und Tante Rosel Erben. Ich habe selbst gesehen, wie glücklich die Tante mit den Kindern ist. Ist es dir keine Freude, sie zu haben?«

»Selbstverständlich ist es das, Antonia. Du weißt, was ich meine: Frieda überzieht vor allem ihren Bruder mit Lügen.«

»Du meinst, sie wäre eine Lügnerin, weil Franz keinen Schläger namens Hans findet?« Antonia schüttelte traurig lächelnd den Kopf. »Genau das hat Frieda kommen sehen. Hans heißt nämlich ganz anders. Hätte sie seinen Namen verraten, hätte der wahre Hans vermutlich keine Freude mehr am Leben. Du bist in die Falle getappt, die Frieda dir und Franz absichtlich gestellt hat.«

Antonia sah ihm an, dass sie ihn aus dem Konzept gebracht hatte.

»Bitte, Onkel Friedemann, nimm Vernunft an. Du bist kein Faschist, der Schläger braucht, um Politik zu machen. Du arbeitest diesen Leuten jedoch zu, wenn du Franz ohne jeden Vorbehalt unterstützt.«

Der Wagen hielt in der Einfahrt des Schlosses. Friedemann stellte den Motor aus, machte jedoch keine Anstalten, auszusteigen. Da öffnete Antonia die Tür in der Annahme, das Gespräch wäre beendet.

»Warte, Antonia. Du hast seit langer Zeit einen besonderen Platz in meinem Herzen. Und ich habe großen Respekt vor der Art, wie du versuchst, zwischen den Familien zu vermitteln.« Er räusperte sich. »Darum schmerzt es mich besonders, wie es um uns beide gerade bestellt ist.«

»So geht es mir auch. Deshalb habe ich versucht, was ich konnte. Du bist am Zug, Onkel. Ich bitte dich inständig: Sieh nicht tatenlos zu, wie dein ältester Sohn in politische Gefilde abrutscht, die einem nur zuwider sein können. Hast du als Vater nicht das Recht oder sogar die Pflicht, ihm zu sagen: Franz, das sind die falschen Leute, mit denen du dich umgibst?«

Sie sah ihm nicht an, was er über ihren Vorstoß dachte. Sein Gesicht blieb völlig reglos.

»Frieda sagte, sie habe Franz angezeigt. Weißt du, was daraus wurde?«, fragte er.

»Möchtest du, dass wir das Gespräch dazu missbrauchen, um einander auszuhorchen?« Sie öffnete die Wagentür. »Danke fürs Abholen. Bitte sorge dafür, dass ich den Zug um eins erreichen kann.«

Felicitas, das kleine Glückskind, krabbelte auf allen vieren durch das Kinderzimmer, brabbelte vor sich hin, zog sich an einem Hocker hoch und stand triumphierend strahlend auf ihren Beinchen. Rosel saß im Lehnsessel daneben und schien mit der Welt zufrieden zu sein.

»Sie ist ein solch liebenswertes Kindchen«, schwärmte die Großmutter.

Der kleine Bruder der munteren Felicitas lag daneben

auf dem Rücken im Sonnenlicht, ruderte ein wenig mit Beinen und Armen, ein glückliches Lächeln im Gesicht.

Antonia hatte die Bitte ihrer Mutter im Ohr, bei Felix genauer hinzusehen, als sie fragte: »Hat Felix schon versucht zu krabbeln?«

Kurz nach dem Gespräch mit Friedemann war sie im Zimmer der Zwillinge eingetroffen, hatte die notwendigen Instrumente aus ihrer Arzttasche geholt und machte sich nun daran, zunächst Felix zu untersuchen.

»Vor ein paar Wochen sah es so aus, als würde er es tun«, erzählte Rosel. »Dann hat er es sich wieder anders überlegt. Du weißt ja, wie die Jungen im Allgemeinen sind: In dem Alter sind sie langsamer als die Mädchen.«

Die Zwillinge waren elf Monate alt, und Antonia vermutete, dass sich Ricarda, die die beiden regelmäßig als Ärztin betreut hatte, aus dem von Rosel angegebenen Grund keine Sorgen gemacht hatte. Schließlich hatte Felix nach der Geburt lange gebraucht, um sich zu erholen. Mittlerweile war der anfangs viel zu zierliche Säugling sogar zu schwer. Vor allem seine Beinchen waren zu dick. Darin sah sie einen möglichen Grund, weshalb er eindeutig zu behäbig war.

»Stillt Emma noch?«, fragte Antonia.

Und erfuhr, dass die Amme inzwischen selbst schwanger war: »Sie hat vor zwei Monaten aufgehört. Die beiden werden von unserer Küche verwöhnt. Kraftbrühe, Kartoffeln, Karotten, ganz wie deine Mutter es der Köchin aufgeschrieben hat.«

Nun wurde der Kleine von ihr abgehorcht, aber was Antonia hörte, gefiel ihr nicht. Immer wieder legte sie das Stethoskop auf den Körper des Kindes.

»Was ist?« Rosel bemerkte, dass Antonia ihre Besorgnis kaum verbergen konnte.

»Ich weiß nicht, Tante. Sein Herz klingt nicht, wie es sollte.«

»Um Himmels Willen! Antonia, was sagst du da!« Die Tante war aufgesprungen. »Rica hat nichts bemerkt. Bist du dir sicher, dich nicht zu irren?«

»Nein, ich bin mir nicht sicher«, gab sie zu. »Ich habe jedoch gelernt, dass in der Medizin nichts gefährlicher ist als ein Arzt, der Zweifel hat und dem nicht nachgeht.«

»Das ist gut, Antonia. Da hast du recht. Was schlägst du vor?«

»Ich untersuche erst mal Felicitas, und dann rufe ich meine Freundin in Berlin an, um mich mit ihr zu beraten«, sagte Antonia.

Wenig später, nachdem sie sich vergewissert hatte, dass Felicitas kerngesund war, rief sie Celia an und schilderte die Situation.

»Bring den Jungen mit in die Praxis, Toni. Guntram ist Pädiater. Er soll ihn sich ansehen.«

»Guntram ist Kinderarzt?«, fragte sie verwundert. »Das wusste ich nicht.«

Seit Wochen hatte sie ihn nicht mehr getroffen. Mehr als ein freundlich ausgetauschter, oberflächlicher Gruß hatte sich nicht ergeben. Schließlich wohnte sie erst seit Kurzem in der Wohnung oberhalb der Praxis und führte ein unregelmäßiges Leben, zu dem ein Besuch in der Praxis nicht gehörte.

»Du kannst Guntram den Kleinen anvertrauen, Toni«, sagte Celia. »Man ist sehr zufrieden mit seiner Arbeit.«

»Und was machen wir mit Felix, wenn er in Berlin ist, Lia? Ich muss arbeiten. Und dein Kindermädchen wird nicht obendrein einen Säugling betreuen können.«

Nach einer kurzen Nachdenkpause antwortete Celia: »Der Kleine hat doch eine Mutter. Soll die mal ran!«

»Frieda! Meinst du das ernst?« Antonia lachte laut auf, so abwegig erschien ihr der Vorschlag.

Den hochbeinigen Kinderwagen in das Auto des Grafen zu bugsieren, war schon ein Kunststück gewesen. Anschließend hatte es helfender Hände bedurft, um das Gefährt in die Bahn zu schaffen. Antonia hatte auf diese Weise erstmals am eigenen Leib erfahren, mit welchen Problemen sich junge Mütter herumschlugen. Da das alles nur ein paar Stunden nach der Auseinandersetzung mit Adam geschah, war sie gerade sehr nachdenklich. Ihr war, als wollte das Leben sie eindrücklich darauf hinweisen, worüber sie sich mit Adam tatsächlich gestritten hatte. Und nicht nur theoretisch.

»So ein süßes Kind. Ein Junge, nicht wahr? Das sieht man sofort«, sagte die ältere Dame, die neben Antonia im Abteil saß. »Die gute Landluft lässt die Kleinen gedeihen.« Sie reckte den Hals zum Kinderwagen. »Und nun bringt dich deine Mutti wieder in die stinkende Großstadt. Du armes Wurm!« Die Frau blickte Antonia an, als sie fragte: »Wie alt ist er denn?«

»Elf Monate.«

Die ihr fälschlicherweise zugeschriebene Mutterrolle war so ungewohnt, dass sie sich schlagfertige Antworten verkniff. Junge Mütter waren ja wohl eher devot gegenüber Älteren, vermutete sie.

»Ach, und da ist er noch so ruhig?«, fragte die Dame.

»Die gute Landluft«, zitierte Antonia ihre Mitreisende.

»Ich weiß nicht, mein Kind. Mit elf Monaten müsste er schon munterer sein.«

»Berlin macht jeden munter.«

Das hatte sie sich dann doch nicht verkneifen können zu sagen.

Als sie aus dem Zug steigen musste, half ihr dieselbe Dame mit dem Kinderwagen. Und da eilte auch schon Frieda herbei in einem hübschen Sommerkleid, die roten Haare offen, umhüllt von einer Wolke teuren Parfüms. Nach einer Umarmung für Antonia blickte sie in den Kinderwagen.

»Kleiner Unglücksrabe, was ist mit dir?«

Antonias Reisegefährtin beobachtete die Begegnung mit unverhohlener Neugier. »Ach, Sie sind die Mutter!« Und an Antonia gewandt: »Sie sollten ein wenig mehr Liebe für Ihren Schützling zeigen. Er hat ein bisschen zu viel auf den Rippen. Das bremst in der Entwicklung.« An Frieda richtete sie den Rat: »Nun nehmen Sie Ihren Sohn doch mal aus dem Wagen und begrüßen ihn anständig!«

Frieda blickte der davongehenden Dame nach. »Lernt man solche Leute kennen, wenn man Kinder hat?«

»Frag mich bitte Dinge, mit denen ich mich auskenne!«, seufzte Antonia. »Lia hat dich also alarmiert? Ich freue mich, dass du einspringst.«

»Ich habe dir doch gesagt, dass ich den Schlamassel, den ich angerichtet habe, wieder aufräumen will.« Frieda schmunzelte.

»Die Kinder inbegriffen?«

»Nicht so ganz …«

Sie wirkte verlegen. Antonia hatte den Eindruck, dass ihr jemand ins Gewissen geredet haben musste. Oder war dieser Sinneswandel von allein gekommen?

Niemand sagte ein Wort, als Guntram in der Praxis Behrenstraße das Stethoskop auf die winzige Kinderbrust legte. Man hätte eine Stecknadel fallen hören können. Was würde das geschulte Ohr eines Kinderarztes erlauschen? Antonia sah Frieda und Celia ihre Anspannung an und hoffte inständig, dass sie sich irrte und der kleine Felix gesund war.

Nun, da er demnächst sein erstes Lebensjahr vollendete, wurde deutlich, wie wenig er seiner Mutter ähnelte. Frieda hatte die typisch helle Haut der Rothaarigen. Ihr Sohn war das Gegenteil, sein Haar war dicht und schwarz, die Lippen gut geschnitten, dazu Friedas Grübchen im Kinn. Er würde wohl einmal ein hübscher Mann werden.

Guntram entfernte das Stethoskop endgültig von dem kleinen Körper. Lunge und Herz hatte er ausgiebig abgehorcht. Nicht einen Mucks hatte Felix während der Untersuchung von sich gegeben.

»Du hast recht, Toni«, sagte Guntram. »Es ist sein Herz.«

Sie bemerkte trotz der Situation sehr wohl, dass er wie ein Freund sprach. Viele Semester hatten sie gemeinsam studiert, etliche Dispute über medizinische Themen geführt, sich gegenseitig unterstützt. Und dann war die Nacht nach der zweiten Prüfung gewesen, in der sie unbedingt hatte wissen wollen, was er wirklich für sie empfand.

Sie blieb jetzt sachlich: »Du meinst auch, es ist die Herzklappe?«

»Was heißt das, Toni?«, fragte Frieda unerwartet intensiv. »Du hast damals gesagt …« Sie brach ab und starrte Antonia entsetzt an. »Wird er sterben?«

»Nein, gnädige Frau«, sagte Guntram viel zu schnell in einem Ton, der keinen Zweifel zuließ.

Antonia wusste, dass er es genau so sagen musste. Denn die beste Heilmethode, die ihnen zur Verfügung stand, hieß Hoffnung. Die wollte Guntram unbedingt aufrechterhalten. Obwohl es um die Chancen des Kleinkindes schlecht bestellt war.

Obendrein waren die Verhältnisse in diesem Fall zusätzlich kompliziert, aber das ahnte Guntram nicht. Er ging davon aus, dass Frieda eine liebende Mutter voller Sorge war. Vor allem wusste er nichts von ihrem exzessiven Leben bis kurz vor der Geburt der Kinder. Und den möglichen Auswirkungen auf Felix.

»Ich sehe Ihnen an, dass Sie mir etwas verheimlichen wollen, Dr. Harrich«, sagte Frieda. »Toni, was hat das zu bedeuten? Was hat Felix?«

»Dr. Harrich kennt sich besser aus. Er erklärt dir das«, sagte Antonia.

Frieda war für sie wie eine kleine Schwester. Jetzt jedoch hieß es, objektiv zu bleiben, sich zu keiner gefühlsbetonten Äußerung hinreißen zu lassen.

»Grob gesagt, gnädige Frau, hat das Herz zwei Hälften«, erklärte Guntram. »Wir sprechen von Kammern, durch die das Blut durch den Körper gepumpt wird. Es fließt nicht so, wie man eine Wasserleitung aufdreht, sondern in Intervallen, unserem Herzschlag. Damit das funktioniert, gibt es Herzklappen, die sich schließen und öffnen. Wenn diese Klappen nicht richtig arbeiten, staut sich Blut oder es fließt zu viel davon. Das kommt ganz darauf an, welche Klappe gewissermaßen undicht ist. Bei Felix wird es vermutlich die rechte sein.«

»Warum nicht die linke?«, fragte Frieda.

»Weil er dann Wasser in der Lunge hätte. Er könnte nicht atmen, müsste ständig husten.«

Weiter führte er das nicht aus, aber es war wahrscheinlich, dass Felix dann nicht mehr lange zu leben gehabt hätte.

»Bei ihm ist die rechte Klappe betroffen. Charakteristisch dafür ist, dass seine Beine geschwollen sind«, sagte Dr. Harrich. »Manche Kollegen sprechen deshalb von Wassersucht.«

»Mit anderen Worten, Frieda: Felix ist nicht krank«, führte Celia aus. »Was wir Ärzte eine Herzschwäche nennen, ist ein Syndrom, ein Zustand, der sich aus etwas ergibt, das im Körper geschieht.«

»Das hat er einfach so?«, fragte Frieda.

Antonia hörte die in ihr aufsteigende Panik.

»Herzschwäche entsteht im Normalfall im Laufe des Lebens. Wenn wir das bei so einem kleinen Kind feststellen, gibt es nur die Möglichkeit, dass es so auf die Welt gekommen ist«, bestätigte Dr. Harrich.

»Und ihr seid euch sicher?« Friedas Stimme schwankte.

»Wir können keinen Säugling röntgen«, sagte Antonia. »Felix würde nicht still liegen. Die Strahlen könnten mehr Schaden bei ihm anrichten, als dass sie nutzen würden.«

Frieda starrte auf den winzigen Jungen, ihre Augen füllten sich mit Tränen. Der Anblick erschütterte Antonia selbst so sehr, dass sie um Fassung rang. Frieda, die auf die Moral pfiff, mit ihren Zwillingen bis zu diesem Tag nichts zu tun gehabt haben wollte, entdeckte Gefühle für ihr Kind!

»Ihr macht ihn gesund, nicht wahr?«, fragte sie kaum hörbar.

Die drei Ärzte tauschten lange Blicke, niemand traute sich, jetzt die Wahrheit zu sagen.

»Warum schweigt ihr?«, fragte Frieda.

Antonia raffte sich zu einer Antwort auf. Sie wollte es ihrer Kusine Schritt für Schritt beibringen: »Celia hat es schon gesagt, Frieda. Felix ist nicht im eigentlichen Wortsinn krank.«

»Ich verstehe nicht, was du mir sagen willst, Toni.«

»Nur Krankheiten kann man heilen, Frieda. Felix muss mit seinem Herzen so leben, wie es ist. Wir würden dir gern etwas anderes sagen, aber das können wir nicht«, sagte Antonia.

»Man kann ihn nicht heilen?«, fragte Frieda ungläubig. »Oh, Gott! Was habe ich getan!« Sie stürzte zu einem Stuhl und vergrub das Gesicht in ihren Händen.

»Sollen wir ihr ein Beruhigungsmittel geben?«, fragte Guntram leise.

Antonia schüttelte den Kopf.

Sie hörte ihre Kusine sagen: *Du musst mir Kokain besorgen, damit ich das hier durchstehe.* Und sie erinnerte sich daran, als wäre es gerade geschehen, wie lange Henny den Körper des Neugeborenen massiert hatte, bis sein Herz regelmäßig schlagen konnte. Niemand musste Frieda mehr sagen, dass das schwache Herz ihres Kindes auf ihren Lebenswandel zurückzuführen war. Frieda war kein schlechter Mensch, ihr hatte das Verantwortungsgefühl für das Leben gefehlt, das in ihr herangereift war. Es wäre darum falsch gewesen, sie nun, da sie die Folgen ihres Handelns erkannte, erneut zu betäuben, fand Antonia.

»Du hattest recht, Toni«, schluchzte Frieda. »Ich habe den kleinen Felix krank gemacht. Es tut mir so leid. Was soll ich nur tun?«

Als Ärztin wusste Antonia keine Antwort; sie war kein Pädiater. Aber sie spürte, dass Frieda dieses Zimmer als eine andere verlassen würde, als die sie es betreten hatte.

Und da sagte Antonia das, was das Herz ihr befahl: »Ich lasse dich und Felix nicht im Stich.«

Im Blick ihrer Freundin Celia las sie die Warnung, dass sie im Begriff war, sich eine sehr große Last auf die Schultern zu laden. Aber sie konnte nicht anders. Frieda war nun mal ein geliebter Teil ihrer Familie. Ganz gleich, was sonst geschehen war.

IN DER ACHTERBAHN

— ◆ —

September 1930

Die gigantische Achterbahn überragte den Strand von Santa Monica wie eine Riesenschlange, die auf einem Holzgerüst ruhte. Henny blickte daran empor und sah den Wagen zu, die mit atemberaubender Geschwindigkeit in die Tiefe rasten. Die Stahlrollen lärmten auf den Schienen, aber dennoch hörte sie die Stimme ihrer Tochter heraus. Vicky jauchzte und kreischte, und Henny erhaschte einen kurzen Blick auf ihr lachendes Gesicht. Sie saß in der ersten Reihe des offenen, aus drei aneinandergekoppelten Wagen bestehenden Gespanns. Neben ihr versuchte Florentine, ihre Enkelin mit Gekreisch zu überbieten. Flora, die keinesfalls als Großmutter wahrgenommen werden wollte, verlor just in dem Moment ihren mit Blumen verzierten Hut, da sie Henny und Leo zuwinkte.

Der Ausflug zum Santa-Monica-Pier war ihre Idee gewesen und der Höhepunkt der zweiten Woche in Kalifornien. Der sogenannte *Roller Coaster* galt als die große Attraktion von Los Angeles und gehörte zu einem Vergnügungspark direkt am Pazifischen Ozean. Zwar hatte auch Berlin mit dem *Luna Park* einen Vergnügungspark, aber die dortige *Gebirgsbahn* konnte nicht mithalten mit dem an seiner höchsten Stelle achtzig Meter messenden und dreieinhalb Streckenkilometer langen Monster namens *Whirlwind Dipper*.

Schon allein wegen Leo hatte Henny nicht erwogen, die *Wirbelwindwagen* zu besteigen, denn die erreichten Geschwindigkeiten waren beängstigend. Wäre es nach ihr gegangen, hätte Vicky dieses Ungetüm nicht betreten. Einen Streit wollte sie nicht riskieren, die Situation war ohnehin so kompliziert wie erwartet. Und so stand sie mit Leo zwischen der Achterbahn und dem gegenüberliegenden *Hippodrom*, aus dem heitere Musik herüberdrang.

Allerdings waren nur wenige Besucher hier, denn ebenso wie in New York machte sich auch in Los Angeles die große Arbeitslosigkeit bemerkbar, die seit der Bankenkrise weitaus schlimmer war als in Deutschland. Für Henny war es nicht so spürbar, weil die Menschen so viel aufgeschlossener waren. War sie wegen eines züchtigen Kusses im Central Park gerügt worden, so war es hier alltäglich, dass Paare in der Öffentlichkeit Zärtlichkeiten austauschten.

Der Vergnügungspark war zum Teil auf jener einstigen Landungsbrücke für Frachtschiffe aufgebaut worden, an die Henny sich noch von ihrem letzten Aufenthalt erinnerte. So wie dieses Pier hatte die Stadt sich verändert. Damals hatte Los Angeles aus kleinen Kommunen bestanden, die über Feldwege miteinander verbunden gewesen waren. Inzwischen waren Siedlungen hinzugekommen, die sich auf unzählige Hügel auszubreiten begannen. Es gab neue, breite Straßen, und die Straßenbahn verband alles miteinander.

Hand in Hand kamen Vicky und Flora auf Henny und Leo zu, beide glücklich strahlend.

»Darf ich jetzt ins Hippodrom?«, fragte Vicky.

»Zuerst ein Eis!«, sagte die überdrehte Großmutter und wollte schon zu dem bunten Verkaufswägelchen gehen.

Vicky hielt sie zurück. »Ich muss erst *Mom* fragen!«

Ihre Eltern waren seit New York *Mom and Dad*.

»Zu viel Zucker macht die Zähne kaputt. Wie wäre es mit Eiswasser?«

»Meine Güte, Henny, gib deine preußische Strenge auf. Vicky soll Spaß haben.«

»Eiswasser ist bei dreißig Grad auch Spaß.«

»Ich möchte ein Eiswasser«, sagte Vicky. »Darf Leo das auch?«

Henny blickte sich um. Sie hatte den Jungen gerade abgesetzt; er konnte ohne Hilfe stehen, jedoch nicht laufen.

Aber er war weg. Innerhalb der höchstens einen Minute, in der Henny mit Tochter und Schwiegermutter gesprochen hatte.

»Leo!«, rief sie panisch.

Vicky und Flora echoten den Ruf. Die Leute ringsum wurden aufmerksam.

»Da läuft ein kleiner Junge ganz allein«, sagte eine Frau auf Amerikanisch, die selbst zwei Kinder hatte.

Henny traute ihren Augen nicht. Leo hatte sich zum ersten Mal in seinem Leben selbstständig gemacht. Ohne jede Hilfe lief er etwas wackelig mitten durch den Vergnügungspark. Er stolperte, setzte sich auf seinen Po und lachte über das ganze Gesicht, als seine Mutter bei ihm eintraf.

Florentine kam heran, in jeder Hand Eis. »Das muss gefeiert werden! Hier kleiner Leo, Eis für dich!«

Schon am Tag nach der Ankunft hatte Florentine sich einen schicken Wagen gekauft, mit dem sie sich, Henny und die Kinder gerade nach Hause fuhr. Der von Victor angemietete Bungalow im Stadtteil Pacific Palisades hatte vier Zimmer und lag in einem Grundstück mit einem kleinen Garten, in dem ein Orangen- und ein Zitronenbaum standen. Da auch dieser Stadtteil auf einer leichten Anhöhe lag, war der Ausblick von der langen Terrasse auf das Meer fantastisch. Platz für ein Piano war zwar nicht vorhanden, aber ein gebrauchtes Klavier war für Vicky bestellt. Bis dahin übte sie Cello, was in Hennys Ohren nicht so angenehm klang wie das ersehnte Tasteninstrument.

Nun lenkte Florentine den Wagen in eine Seitenstraße, in der sich ein paar Villen auf weitläufigen Grundstücken verloren.

»Schön hier, findet ihr nicht?«, fragte die Großmutter gut gelaunt. Und hielt vor einer opulenten Villa. »Wir sind da! Alle aussteigen!«

»Wer wohnt denn hier?«, fragte Vicky.

Henny ahnte bereits, wie die Antwort lautete.

Florentine machte es geheimnisvoller: »Dein Piano, Vicky! Geh rein, *darling*. Es erwartet dich.«

Henny spürte Verärgerung in sich aufsteigen. Genau so war ihre Schwiegermutter: Stets musste sie beweisen, dass sie alles besser konnte als ihr Sohn.

»Das ist ja ein Bechstein!«, jubelte Vicky.

Der Flügel des Berliner Herstellers war der jungen Pianistin somit nachgereist, womit die edle Spenderin ihre Finanzkraft beweisen konnte.

Für das Haus hatte Vicky keine Augen, aber Henny erkannte mit einem Blick: Nur dieses Ambiente war einer Florentine von Freystetten würdig.

»Sieh dich um, Henny! Da drüben ist euer Trakt. Victor hat natürlich ein eigenes Arbeitszimmer. Und du musst den Salon sehen, *darling!* Komm! Ja, Leo, hier kannst du so weit laufen, wie dich deine Beinchen tragen! Hier ist genug Platz für alle.«

Das Haus war märchenhaft schön, ein Palast, gestand Henny sich ein. Das Meer war zwar weiter entfernt, dafür lockte im Garten das satte Blau eines Swimmingpools unter Palmen.

»Du hast gemietet?«, fragte Henny.

»Gekauft habe ich es, *darling!* Die bisherigen Besitzer sind bankrott. Wie so viele Leute hier. Da muss man zuschnappen. Gibt's gerade alles fast geschenkt. Ach, komm schon! Mach nicht so ein Gesicht. Natürlich habe ich das nicht mit Victor abgesprochen. Wo bliebe denn da die Überraschung? *Bigger than life, darling*. Du erinnerst dich? In Hollywood gilt das mehr als anderswo. Alles ist nur schöner Schein. Da muss man mitspielen, sonst wird das nichts mit dem großen Film. Hierher kann man die Stars einladen, die Victor braucht. Geld stinkt nicht. Es glitzert.« Sie zwinkerte ihr zu. »In ein paar Jahren ist das Haus mehr als doppelt so viel wert.«

Wahrscheinlich hatte Florentine recht. Bevormundet fühlte Henny sich dennoch.

»Sieh mal in die Küche, Henny«, sagte Florentine. »Da gibt's einen Kühlschrank, der macht eisgekühltes Wasser. Ist der neueste Schrei.«

Als Henny tatsächlich ein Glas befüllte, trat Florentine neben sie. »Na, *darling*, versöhnt?«

Kriminalrat Wagner schnitt ein Stück von dem Apfelkuchen ab, für den er auf seinem ansonsten mit Akten bedeckten Schreibtisch im Berliner Polizeipräsidium noch ein freies Fleckchen gefunden hatte. Vor dem geöffneten Fenster donnerte die auf dem Hochgleis fahrende Stadtbahn mit einer Lautstärke vorbei, als rumple sie durch das Büro. Ganz in der Nähe der als *Rote Burg* bekannten Strafverfolgungsbehörde befand sich der Bahnhof Alexanderplatz.

Wagner reichte Antonia einen Teller mit einem Kuchenstück.

»Heute, Fräulein Thomasius, bekommen Sie beides: die

Leckerei und die Gerechtigkeit. Ich habe Sie schließlich hergebeten, weil Ihre geschätzte Freundin, Frau Dr. Fahrland, mir gehörig in den Ohren gelegen hat. Eine hartnäckige Dame, das gebe ich zu. Wo sie recht hat, hat sie recht. Deshalb kann ich nun sagen: Meine Beamten haben Beweise gefunden, dass Frau Dr. Vandenberg von Schlägern der SA verprügelt wurde.«

»Das wurde aber auch Zeit.«

Antonia atmete zwar erleichtert auf. Verflogen war ihre Verärgerung über die Arbeit der Polizei deshalb nicht. Der Überfall auf Henny lag mehr als ein Vierteljahr zurück. Nur wegen Celias Hartnäckigkeit und ihrer Verbindung zu Kriminalrat Wagner waren die Ermittlungen nicht eingestellt worden.

»Junge Menschen haben nie Geduld. Wissen Sie, ich hatte immer Geduld. Deswegen zittert die Berliner Unterwelt vor mir. Ich kriege sie alle. Auch die mit dem blauen Blut.« Er tippte mit seinem schweren Finger auf ein Vernehmungsprotokoll. »Dieser Herr gibt also zu, dass er …« Wagner unterbrach sich. »Dazu muss ich vorab noch etwas erklären: Ein solches Geständnis kostet etwas. Also nicht Sie, natürlich. Vielmehr haben wir einen anderen Fall, bei dem es um Totschlag geht. Das wiegt schwerer als Körperverletzung mit Vorsatz, verstehen Sie?«

»Vollkommen, Herr Kriminalrat. Ihre Aufklärungsrate bei Mord und Totschlag ist die höchste in Deutschland. Sie müssen schließlich nicht nur die Verbrecher im Auge behalten, sondern auch Ihre wunderbare Statistik mit der Erfolgsquote. Haben Sie die nicht sogar selbst initiiert, die Statistik?«

»Sehr wohl!« Wagner nickte zufrieden lächelnd. »Es ist immer wieder schön, wenn man es mit einem gebildeten Menschen zu tun hat. Ärztin sind Sie, nicht wahr? Da fällt mir ein: Habe ich Ihnen eigentlich von jener sehr engagierten Polizeiärztin erzählt, die einzuarbeiten ich die Ehre hatte? Ganz famose Person, diese Frau Fuchs. Ich weiß gar nicht, was aus ihr wurde.«

»Meine Mutter hat ihre Praxis übernommen«, warf Antonia ein, die die Polizeiärztin nur kurz getroffen hatte. »Sie wollten mir etwas zu dem Geständnis erklären, Herr Kriminalrat, das Sie in der Hand halten?«

»Es kam zustande, weil derselbe Herr …« – er tippte auf das Protokoll – »… sich mit diesem Geständnis vom Vorwurf des Totschlags freigekauft hat. Der Herr Staatsanwalt hätte daraus womöglich sogar eine Anklage wegen Mordes gemacht. So verriet er lieber, dass Oberst Freystetten ihm den Auftrag gab, Grit von Freystetten ordentlich zu … na ja … vermöbeln. Das steht hier etwas anders. Wie sie halt so reden, diese Burschen. Sind ja allesamt nicht die hellsten Lichter am Christbaum. Sie verstehen.«

»Und was wurde aus dem Totschlagsvorwurf?«

»Sehr gute Frage. Führt mich direkt zu dem zweiten Herrn, den wir vernommen haben. Der war auch dabei, als Frau Grit vermöbelt werden sollte. Weil der andere Herr nicht mehr als Totschläger infrage kommt, soll er es also gewesen sein.« Wagner brach ab. »Verwirre ich Sie?«

»Ein wenig.«

»Ich wollte nur, dass Sie mal sehen, mit welcher Kundschaft ich es zu tun habe. Frau Fuchs fand das immer sehr spannend. Gut. Also …« Er blickte auf den Apfelkuchen. »Mit der Gerechtigkeit ist es so wie mit dem Kuchen. Es ist nie genug für alle da.«

»Dennoch haben Sie das Geständnis, dass Franz von Freystetten diesen Männern befahl, seine Frau krankenhausreif zu schlagen.«

Antonia hatte den Eindruck, der berühmte Polizist führe

sie gerade an der Nase herum. Celia hatte sie gewarnt, dass Wagner solcherlei Tricks liebte.

»Ja, aber das Geständnis wird in einem Prozess vermutlich keinen Bestand haben, Fräulein Thomasius. Der Staatsanwalt würde Franz von Freystetten anklagen. Und die Zeugen würden sich gegenseitig widersprechen wegen dieses unseligen Totschlagsfalls. Und ihn also nicht verurteilen, weil dem Staatsanwalt der Totschlag wichtiger ist. Der eine Fall blockiert somit die Aufklärung des anderen. Sie verstehen?«

»Es wird besser«, sagte Antonia. Nun öffnete sie ihre Handtasche. »Ich bekam kürzlich Post aus Bremerhaven. Dort befindet sich die Reederei Deutscher Lloyd. Mit deren Dampfer *Bremen* fuhr meine Schwester, Frau Dr. Henriette Vandenberg, nach New York. Der Kapitän war so freundlich, seine Unterschrift unter dieses Dokument zu setzen, das ich Ihnen hiermit überreiche.«

Wagner las die wenigen Sätze und blickte sie anschließend lauernd an. »Sind Sie eigentlich zufrieden in Ihrer jetzigen Position?«

»Jetzt verstehe ich in der Tat nicht, auf was Sie hinauswollen, Herr Kriminalrat.«

»Mit Frau Dr. Vandenbergs Versicherung an Eides statt, dass ein Herr Ottmar sie im Auftrag eines anderen Mannes verprügelte, kann ich für Gerechtigkeit sorgen. Ich will diesem Gesindel von der NSDAP ohnehin das Handwerk legen.« Sein weiches Gesicht umspielte ein bitteres Lächeln. »Leider ist mein oberster Vorgesetzter diesen Herrschaften freundschaftlich zugetan.«

»Recht muss doch Recht bleiben!«, rief Antonia empört.

»Das Recht ist auf der Seite des Stärkeren. Das war schon immer so.« Der Kriminalist versuchte ein Lächeln, das wohl versöhnlich wirken sollte. »Gerade jetzt kommt es auf jeden an. Dazu fällt mir ein: Das Präsidium könnte eine fähige Polizeiärztin sehr gut gebrauchen. Wäre das nichts für Sie?« Er deutete auf den Teller, den Antonia nicht angerührt hatte. »Nun probieren Sie doch wenigstens den Apfelkuchen, Fräulein Vandenberg!«

»Thomasius, Herr Kriminalrat.«

»Sehen Sie: Ich bin ganz auf Seiten Ihrer Schwester.« Wagner grinste.

Der Kuchen war in der Tat so gut wie jener von Großmutter Karla. Zumindest fast.

Die Gleisbauarbeiten am Alexanderplatz waren immer noch nicht abgeschlossen. Nach wie vor hämmerte die Dampframme den Boden auf. Der Lärm war kaum auszuhalten. Dennoch war der zentrale Ort im Herzen der Stadt nach wie vor dafür bekannt, dass hier Kundgebungen abgehalten wurden. Seitdem Antonia dort neun Monate zuvor, an Silvester, Adam getroffen hatte, musste sie stets an ihn denken, wenn sie dort entlangging. Auch heute schwankten direkt vor dem Prachtbau des Kaufhauses Tietz über den Köpfen der Versammelten rote Fahnen, Plakate und Spruchbänder. Und wieder hielten wenige Meter entfernt Nationalsozialisten eine Gegenveranstaltung ab. Man versuchte, sich gegenseitig niederzubrüllen, und auch erste Schubsereien begannen gerade.

Seitdem Adam die Wohnung grußlos verlassen hatte, waren sie einander nicht mehr begegnet. Da Antonia nicht wusste, bei welchen Freunden er Unterschlupf fand, nahm sie es als Zeichen, gerade jetzt vorbeizukommen, und reckte den Hals, ob sie ihn eventuell erspähen konnte.

»Machen Se lieber, dass Se wegkommen, Frollein«, riet eine Verkäuferin, die ihren Bauchladen mit Wurststullen vor sich her schob. »Gleich jibt's hier Kloppe.«

In der Tat begann direkt neben Antonia eine Prügelei. Mit schnellen Schritten versuchte sie, sich in Sicherheit zu bringen. Da wurde sie von hinten so heftig geschubst, dass sie strauchelte und stürzte. Sie rappelte sich auf und hetzte zum nahen Eingang des Kaufhauses. Ihren kleinen Glockenhut hatte sie verloren, die Strumpfhose war am Knie zerrissen. Vor allem ärgerte sie sich über sich selbst. Warum musste sie sich in einen Mann verlieben, der sich in so einem gefährlichen Umfeld herumtrieb? Und der dann auch noch vom Heiraten sprach! Und von Kindern! Wie widersinnig das doch war.

Da der Weg zur Stadtbahn ohnehin durch die Straßenschlägerei versperrt war, erstand sie im Kaufhaus eine Strumpfhose. Für einen neuen Hut reichte das Geld nicht. Als sie wieder auf den Alexanderplatz trat, löste die Polizei die Klopperei gerade auf. Ihr kleiner Hut, von zahlreichen Füßen zertreten, lag unbeachtet herum. Sie hob ihn auf und fragte sich, ob das verdreckte Modestück ein Symbol ihrer Liebe zu Adam war.

»Mit dem Hut werden Se keinen Staat mehr machen, Frollein«, sagte ein Mann, der ein zusammengerolltes Spruchband über der Schulter trug. Er hatte eine großkarierte Schiebermütze auf dem Kopf und kam ihr bekannt vor.

»Sind Sie zufällig ein Freund von Adam Mills?«, fragte sie.

»Ja.« Er war verwundert.

»Wissen Sie, wo er ist? War er heute hier?«

»Warum wollen Se dit wissen, Frollein?«

»Ist es ein Geheimnis, wenn Sie es mir sagen?«, fragte sie zurück.

Er hob ratlos die Schultern.

»Wenn Sie ihn treffen, sagen Sie ihm bitte, dass Toni ihn gesucht hat.«

Schlagartig veränderte sich der Gesichtsausdruck des Fremden von abweisend hin zu aufgeschlossen. »Jetzt kenn ich Se wieder! Silvester, das waren ooch Sie. Das Frollein, das Adam jeholfen hat. Tut mir leid, dass ich Se nich sofort erkannt habe. Ja, nee, aber Adam, der is weg.«

Antonia meinte, ihr Herz würde aussetzen. »Weg? Wohin? Zurück nach Amerika?«

»Nee. Moskau. Zu den Jenossen. Zum Lernen. Hat Russisch jepaukt, um den Kommunismus richtig zu verstehen. Gerade gestern erst is er jefahren.«

»Oh.« Ihr war, als hätte ihr jemand die Luft abgeschnitten. »Wann kommt er wieder?«, fragte sie.

»Keene Ahnung. Aber ick bin jerade frei.« Er grinste auf eine Art, die wohl einladend wirken sollte. »Trinken wir 'nen Kaffe zusammen, Frollein?«

»Ein andermal. Wiedersehen.«

Gedankenschwer ging sie zur Stadtbahn. Sie dachte daran, wie sie Adam gefragt hatte, weshalb er sich nicht wie ein Arbeiter kleidete, sondern stets im Anzug herumlief. Und er geantwortet hatte: *Ich gebe nichts vor, das ich nicht bin.* So hatte er es auch mit der Liebe gemacht. Er war kompromisslos ehrlich: Liebe ohne Ehe, das passte für ihn nicht zusammen. Also war er fort. Wie widersprüchlich die Liebe war: Für kurze Zeit war zwischen ihnen beiden so viel Nähe gewesen. Doch gerade diese Nähe hatte ihre Unterschiede offenbart und sie dadurch voneinander entfernt.

Moskau. Ihr fehlte jede Vorstellung davon, was ihn dort erwarten würde. Bei Russland dachte sie an Kirchen mit bunten Zwiebeltürmen und Schnee, an Lenin, das tote Idol des Kommunismus, und Stalin, der von Kollektivierung sprach und dennoch alles allein zu entscheiden schien. Wie würde ein Mann wie Adam Jacob Mills, der an seinem Glauben festhielt, im gelebten Sozialismus zurechtkommen? Oder die Genossen dort sich ihm gegenüber verhalten? Die Zeitungen hatten im letzten Winter geschrieben, die Russen hungerten und Tausende würden sterben. Aber stimmte, was geschrieben wurde?

In Russland begannen die Winter früh. Sie stellte sich einen einsamen Adam auf einem menschenleeren Roten Platz vor. Es fröstelte sie, und das Herz wurde ihr schwer.

Hätte er nicht wenigstens versuchen können, noch einmal mit ihr zu sprechen?

Und was hätte sie ihm gesagt? Was? Leb wohl? Pass auf dich auf? Vermutlich wäre es gewesen: Ich vermisse dich. Oder: Es war schön, dich gekannt zu haben.

»Großmutter, wann kommst du uns das nächste Mal besuchen?«, fragte Richard und blickte zu Ricarda auf.

Ihr neun Jahre alter Enkel, der nach ihr benannt worden war, hielt ihre Hand, während sie die Neuhauser Straße entlanggingen. Ricarda hatte erwartet, dass er diese Frage früher oder später stellen würde.

Sie war seit nunmehr drei Wochen in München, und die Beerdigung ihrer Schwiegertochter lag vierzehn Tage zurück.

»Sobald es geht, Richard. Jetzt, wo ihr so schön in den Bergen wohnt, wirst du mich gar nicht mehr so schnell vermissen.«

Georg hatte sein Leben in der Tat umgekrempelt. Anstatt jeden Tag in München im Büro zu sitzen, lebte er nun meistens mit seinen Söhnen im bayerischen Oberland. Die Firma wurde von einem Geschäftsführer geleitet. Ricarda sah ihrem Sohn von Tag zu Tag mehr an, wie gut es ihm tat, seine Schwerpunkte anders gesetzt zu haben.

Gemeinsam mit Richard betrat sie das Kaufhaus Oberpollinger. Der Junge hatte einen Wachstumsschub gehabt und benötigte für die bevorstehende kühle Jahreszeit neue Anzüge. Die Klosterschule, die er und sein Bruder Berthold besuchten, legte großen Wert auf konservative Kleidung. Da nichts von den angebotenen Stücken passte, wurde die Änderungsschneiderin gerufen. Es war eine groß gewachsene schlanke Person in einem unauffälligen grauen Kostüm, die ihre Arbeit konzentriert, schnell und ohne große Worte tat. Jeder Handgriff sah nach jahrelanger Routine aus.

»Das können Sie morgen abholen«, sagte die Schneiderin. »Auf welchen Namen geht es?«

»Thomasius«, erwiderte Ricarda.

Die Schneiderin blickte von ihrem Notizblock auf und sah Ricarda zum ersten Mal an. »Frau Doktor? Sie sind in München? Ich habe Sie gar nicht erkannt.«

Das Namensschild wies sie als Frau von Pollheim aus.

Mit der Ehefrau ihres Neffen Franz hatte Ricarda nie viel zu tun gehabt. Sie hatte sie in Freystetten als elegante und hochmütige Person erlebt, die nicht nur aus einer anderen Welt stammte, sondern auch in einer anderen lebte. Dass sie beide sich nicht sofort erkannt hatten, verwunderte sie nicht. Die unscheinbare Schneiderin hatte nichts gemeinsam gehabt mit der strahlenden Gräfin. Im Kaufhaus war ihr eine Frau begegnet, die tief gefallen war.

Jetzt, am frühen Abend, saßen sich die beiden Frauen in einer bayerischen Wirtschaft gegenüber, und Ricarda fand kaum mehr eine Spur in Grits Gesicht, die auf die Gräfin Freystetten von früher schließen ließ. Unter ihrem grauen Glockenhut, den sie sich so tief ins Gesicht gezogen hatte, als wollte sie unsichtbar sein, blickte sie sich nervös um, als erwarte sie eine andere Person. Ricarda sprach sie direkt darauf an.

»Nein, Frau Doktor, ich erwarte niemanden«, erwiderte Grit. »Aber sie sind überall.«

»Wer?«

»SA, SS, die Leute, die Franz mir nachschickt.«

Ricarda ließ den Blick schweifen. Es war früher Abend, das gemütliche Lokal nicht besonders voll. Von den martialisch auftretenden Männern nichts zu sehen. Viele Wirte – das wusste Ricarda von ihrem Sohn, dem Brauereibesitzer Georg – verwehrten SA- und SS-Leuten den Zutritt. Nicht aus politischer Überzeugung, eher weil Schlägereien sich negativ auf den Umsatz auswirkten.

»Inwiefern *nachschickt?*«, fragte Ricarda. Franz war – trotz allem – ihr Neffe. Konnte es nicht sein, dass die ehemalige Gräfin unter Verfolgungswahn litt? »Hat es einen weiteren Überfall gegeben?«, fragte sie.

»Das wissen Sie nicht? Mein Salon wurde verwüstet. Ich hatte gerade Räumungsverkauf.« Sie lachte bitter. »Was noch da gewesen war, konnte ich anschließend wegwerfen. Die haben alles zerstört. Es war so sinnlos. Ich hatte Franz' Anwältin doch zuvor geschrieben, dass ich die Scheidung wünsche. Ich. Nicht er. Trotzdem hat er mir diese Männer auf den Hals geschickt!«

»Haben Sie Bedingungen gestellt?«

»Natürlich. Aber nur eine: Er sollte die Schuld auf sich nehmen. Er ist homosexuell, kann ihm doch einerlei sein. Heiraten wird der nicht mehr. Franz und seine Familie waren es, die von unserem Arrangement die Vorteile hatten.«

Grit sprach erstaunlich offen, fand Ricarda. Schließlich war sie Franz' Tante. Umso mehr freute es sie, für vertrauenswürdig gehalten zu werden. Es tat ihr leid, dass sie sich um die ganze Angelegenheit nicht zuvor gekümmert hatte.

»Ich verstehe Sie vollkommen«, sagte Ricarda. »Weshalb sollten Sie als schuldig Geschiedene dastehen?«

»Genau das sah ich auch nicht ein. Ich bin jung. Vielleicht will ich irgendwann wieder heiraten. Eine schuldig Geschiedene heiratet doch kein Mann! Außerdem habe ich verlangt, dass mir der Schaden ersetzt wird«, fuhr Grit fort. »Allein der Vermieter will mehrere Tausend Mark von mir. Woher soll ich die denn nehmen? Ich verlangte also Schadensersatz. Die Antwort war, dass am nächsten Tag Leute von der SS an der Wohnung meiner Mutter auftauchten.«

Ricarda begann zu verstehen: Grit hatte sich mit einer Übermacht angelegt. Wusste Friedemann von dem Rachefeldzug seines Sohnes? Sie begann, sich noch mehr zu schämen, als sie es ohnehin schon tat.

»Wurde Ihrer Mutter etwas getan?«, fragte sie.

Grit lachte. »Was glauben Sie, was meine Mutter schon alles erlebt hat! Die hat die beiden Kerle hereingelassen. Und als sie drin waren, hat sie einem von ihnen den Revolver gegen den Unterleib gehalten und ihm gesagt, dass er sich keine Gedanken mehr um seine Familienplanung machen müsse, wenn er nicht sofort verschwände. Die sind ja feige, diese Kerle. Die türmen, wenn man ihnen so kommt. Ich kann das nicht. Ich bin weg aus Berlin.« Sie versuchte ein Lächeln. »Die Couturière vom Oberpollinger geht bald in Rente. Ich komme schon wieder auf die Beine, Frau Doktor. Wie geht es Henny?«

Ricarda erzählte von der Eidesstattlichen Versicherung, die sie an Toni geschickt hatte, und dass sie in den USA wäre. Zum Abschied schloss Ricarda die einstige Gräfin Freystetten in die Arme.

»Seien Sie auf der Hut vor diesen Leuten, Frau Doktor. Vergessen Sie unsere Begegnung und alles, was ich Ihnen erzählt habe. Ich will nicht, dass Sie genauso wie ich in Angst leben müssen. Und sagen Sie bitte vor allem Antonia nichts von alledem. Sie würde sich mit Franz anlegen. Ich habe großen Respekt vor ihr. Ihr darf nicht wehgetan werden«, sagte Grit noch.

In ihre schweren Gedanken vertieft, kehrte Ricarda zu Georgs Villa in Bogenhausen zurück. Immer wieder hörte sie, wie die schweren Stiefel von Männertrupps auf dem Pflaster der nächtlich stillen Straßen im Takt marschierten. Es klang, als näherte sich ein Ungeheuer.

Es war an der Zeit, gegen dieses Ungeheuer vorzugehen. Zumindest in dem Maß, wie sie es konnte. Das bedeutete, sie musste Franz endgültig Einhalt gebieten. Nein, sie hatte keine Angst vor der Auseinandersetzung mit ihm!

Vicky blickte ihre Mutter mit vorwurfsvollem Gesicht an. »*Mom*, ich muss üben! Morgen früh um sieben Uhr kommt der Klavierlehrer zu Flora. Er ist der beste in der Gegend. Das sagt auch Dad. Da ist es doch viel logischer, wenn ich gleich bei Flora übernachte.«

Die Erwiderung lag Henny auf der Zunge: Deine Großmutter kauft sich ein Haus, groß wie ein Palast, und fühlt sich einsam. Obwohl sie bei uns hätte wohnen können. Umgekehrt waren weder Henny noch Victor bereit, die Spiele der reichen Dame mitzumachen. Sie waren gewillt, dort wohnen zu bleiben, wo sie waren. In der Ecke stand das am Morgen gelieferte Klavier. Vicky hatte pflichtschuldig ein wenig darauf gespielt. Selbst Henny, die von Musik nicht viel verstand, hatte den Unterschied zu dem Konzertflügel gehört, der in Florentines Villa mitten im Raum thronte. Es war ein ungleiches Rennen, das sie sich mit ihrer Schwiegermutter lieferte. Gewinnen konnte sie es nur um den Preis, den Zwist auf Vickys Rücken auszutragen. Also gab sie nach.

»Bis morgen, *Mom!*«

Ihre Tochter gab ihr einen Abschiedskuss und eilte aus dem Haus.

Während Henny versuchte, Leo beizubringen, Bauklötzchen zu stapeln, lag auf dem Tisch neben ihr eine amerikanische Ärztezeitschrift. Es gab neue Erkenntnisse zur Behandlung von Krebs. Aber nicht nur die Weiterentwicklungen in der Medizin erinnerten sie daran, dass sie dabei war, den Anschluss zu verpassen. Erst die Folgen des Überfalls, die sie außer Gefecht gesetzt hatten, dann die Aufgabe der Praxis und nun der Umzug nach Kalifornien.

Sie war stets von ihrem Ehrgeiz getrieben gewesen, sich weiterzuentwickeln. Nun, da ihr stumpfer innerer Friede schwand, wurde ihr klar, dass sie sich in einem Stillstand befand. Dasselbe war ihr nach Vickys Geburt passiert, denn ihre Tochter war zu früh zur Welt gekommen und hätte ohne Hennys intensive Betreuung kaum überleben können. Letztlich hatte dies zur Entfremdung von Victor und schließlich zum Ende ihrer Ehe geführt.

Ihr Blick ging zum Fenster, wo in der Ferne das Meer lag. Die Fenster standen offen, es duftete nach den Bougainvilleen, die sich am Haus emporrankten, und nachts leuchteten die zahllosen Lichter der Stadt wie auf die Erde herabgefallene Sterne. Damals hatten sie im Laurel Canyon ähnlich schön gewohnt. Aber Henny hatte einsehen müssen, dass ein Traumhaus nicht automatisch die Grundlage für ein erfülltes Leben war. Auch dieses Mal hatte sie gewusst, auf was sie sich einließ: Victor arbeitete, sie kümmerte sich um die Kinder.

Aber Vicky war zur Großmutter gegangen.

Mit Victor hatte sie sich darauf geeinigt, keine Verabredungen mehr zu treffen, zu welcher Uhrzeit er heimkäme. Weder wollte sie frustriert sein, wenn er sich verspätete, noch sollte er sich unter Druck gesetzt fühlen. Wie lange sie als Daheimgebliebene diese Regelung durchhalten konnte, die ihm die größtmögliche Freiheit gab, wusste sie nicht. Es war ein Versuch, der bislang funktionierte. Auch an diesem Abend.

Er rief an, um Besuch anzukündigen, kam wenig später mit einem Strauß Blumen und brachte seinen Trauzeugen Kurt Vollmer und ein Paar mit, das Henny nur flüchtig kannte.

Marlene Dietrich hatte sich seit Hennys letzter Begegnung mit ihr völlig verändert. Sie trug eine weit geschnittene helle Hose, deren Bund in der Taille saß, eine leichte Bluse und darüber eine Weste. Dass sie extrem abgenommen hatte, fiel dadurch nicht sofort ins Auge. Ihr Begleiter Josef von Sternberg, der den *Blauen Engel* inszeniert hatte, hatte den Blick eines Jägers auf der Pirsch. Hennys Gefühl sagte ihr sofort, dass der Regisseur nicht zu seinem Zeitvertreib hier war. Galant küsste er Henny die Hand.

»Eine ungewohnte Geste«, sagte sie verblüfft.

»Die Begegnung mit einer schönen Frau sollte die besten Seiten eines Mannes hervorbringen«, erwiderte er mit leichtem Wiener Akzent.

Sie bedankte sich für das Kompliment, obwohl es nicht mehr als eine Phrase war, leicht dahingesagt. Das kannte sie von den Filmleuten aus Victors Umfeld nicht anders. Die meisten traten auf, als wäre das Leben an sich ein Kino und sie darin die Hauptdarsteller. Sie war froh, dass Victor sich nicht mehr so benahm.

Sternberg mochte etwas jünger als sie sein, bemühte sich aber, älter zu wirken. Sie fand, dass ihn eine leicht düstere Aura umgab, was nicht nur an den nach unten gezogenen Enden seines Schnauzbartes lag, sondern an diesem Blick, der jedes Detail seiner Umgebung einer unerbittlichen Prüfung zu unterziehen schien. Sie erinnerte sich daran, dass

Victor von seinen Launen erzählt hatte, die am Set gefürchtet waren.

Sein Urteil über den schlichten Bungalow fiel vernichtend aus: »Der Ausblick ist gut, Victor.«

Victor zahlte mit derselben Münze zurück: »Ich glaube, ich war noch keine zwei Mal auf der Terrasse.«

»Und ich war noch kein einziges Mal am Meer. Deshalb sind wir ja auch nicht in Kalifornien«, sagte Marlene Dietrich, setzte sich ans Klavier und klimperte drauflos.

»Marlene spielt auch Cello«, stellte Victor fest.

»Was man nicht alles so lernt. Und dann kriegt man eine Nuttenrolle nach der anderen«, schaltete sich Marlene ein.

Ihre Stimme war tief, ihr Lachen trocken.

Mit einem Blick auf Leo, den Henny inzwischen auf den Arm genommen hatte, fragte sie: »Sie sind Ärztin, wie Victor sagte. Fällt Ihnen hier nicht die Decke auf den Kopf?«

»Jeder Abschnitt des Lebens hat eine Berechtigung«, wich Henny aus. »Kinder sind nur kurze Zeit klein und die längste groß. Darum versuche ich, die kurze Zeit zu genießen. Was mir nicht immer gelingt.«

»Vielleicht sollte ich Sie um Ihren Müßiggang beneiden. Leider fehlt mir dazu das Talent.«

Sie strich mit der Hand, deren Fingernägel tiefrot lackiert waren, über Leos Wange. Für einen Moment schien es Henny so, als wiche die Härte, die sie ausstrahlte, einer Weichheit. Sternheim ignorierte zwar diesen intimen Augenblick, aber in Victors Miene las Henny, dass er die Geste zu deuten wusste.

Am liebsten hätte Henny gefragt: Also, um was geht es denn nun?

Da sagte Marlene Dietrich: »Hätten Sie vielleicht morgen Zeit?« Nach einer winzigen Pause setzte sie hinzu: »Frau Doktor.«

Marlene Dietrich schritt auf Schuhen mit so hohem Absatz, wie es für eine Dame in Berlin als unsittlich gegolten hätte, voran in ihr Haus. Henny folgte, den kleinen Leo auf dem Arm, ihre Arzttasche in der anderen Hand.

»Das Kind ist in seinem Zimmer«, sagte sie. »Es hat achtunddreißig Grad Fieber und ist wehleidig. Die lange Reise. Vielleicht liegt es daran.«

Henny wusste bereits, dass es sich bei dem *Kind*, das die Schauspielerin auch am Vorabend auf seltsam distanzierte Weise kurz erwähnt hatte, um ihre knapp sechs Jahre alte Tochter handelte. Sie war erst wenige Tage zuvor in Los Angeles eingetroffen. Über die Umstände der Reise hatte Frau Dietrich kein Wort verloren.

»Ich habe dir eine Ärztin besorgt, Maria«, sagte sie zu ihrer Tochter. »Tu, was Sie dir sagt.«

»Ja, Mutter.«

Das blonde, blasse Mädchen lag im Bett, die Decke bis ans Kinn hochgezogen.

»Wenn Sie mich brauchen – ich bin im Salon.« Damit schloss Frau Dietrich die Tür hinter sich.

»Das ist Leo«, sagte Henny.

Sie stellte ihren Sohn hin. Ihm war nicht nach Laufen zumute, er setzte sich und sah zu, was seine Mutter in dieser fremden Umgebung tat.

»Ich bin Doktor Vandenberg. Ich wohne in der Nähe. So, Maria, nun erzähl mal, wie es dir geht.«

»Mir ist heiß. Ich hab wohl Fieber, und mein Bauch tut weh. Da.« Sie zeigte auf ihren Unterbauch.

Henny öffnete ihre Tasche und gewährte der Tochter der Schauspielerin einen Blick hinein. Die Kleine wirkte reifer, als es ihrem Alter entsprach. Vor allem machte sie keineswegs den von ihrer Mutter als wehleidig bezeichneten Eindruck. Auch als Henny den Bauch des Kindes abtastete, schrie sie nicht auf, sie verzog nur ganz leicht das Gesicht. Hennys Urteil war schnell gefasst: ein Kind, das es gewohnt war, seine Mutter nicht stören zu dürfen. Aber eine knapp Sechsjährige, die aus ihrer gewohnten Umgebung geholt worden war, brauchte Aufmerksamkeit, um die neuen Eindrücke zu verarbeiten. Das hatte weniger mit Medizin zu tun, die Folgen dieses Mangels hingegen schon. Seelische Sorgen konnten sich auf die Verfassung des Körpers auswirken, lautete eine neue Erkenntnis der Psychologie.

»Bin ich sehr krank? Ich will Mutter nämlich keinen Ärger machen, Frau Doktor.«

»Das tust du nicht. Sei unbesorgt. Deine Mutter hat viel zu tun, aber sie will, dass es dir gut geht. Darum hat sie mich gerufen.«

Marias verhärteter Bauch ließ auf schlechten Stuhlgang schließen. Die weitere Untersuchung ergab, dass die Kleine einen ansonsten gesunden Eindruck machte.

Sie war tatsächlich seit einer Woche nicht mehr auf der Toilette gewesen: »Ich bin mit Papi Zug gefahren. Da wollte ich nicht aufs Klo gehen!«

Vicky war es ähnlich ergangen.

»Dein Vater ist mitgekommen? Aus Berlin?«

»Ja. Aber Papi wohnt nicht hier.«

Henny hatte nicht einmal gewusst, dass die Schauspielerin verheiratet war. Sie verabreichte Maria ein Klistier und erklärte ihr die Wirkung.

»Es kann eine Weile dauern, bis du nun auf die Toilette musst. Ich warte so lange bei deiner Mutter.«

Sie fand die Schauspielerin rauchend im Salon, wo sie in einem Sessel saß und ein Drehbuch las.

»Was ist mit dem Kind?«, fragte sie.

»Verstopfung. Ich habe ihr ein Klistier gegeben. Ich möchte gern abwarten, wie es wirkt.«

»Natürlich, gern. Was möchten Sie trinken?«

»Ich glaube, Leo würde sich über etwas Wasser freuen.«

Ihr Sohn stand mitten in dem großen Salon. Henny streckte ihm die Arme entgegen. »Komm zu *Mom!*«

Frau Dietrich reichte ihr das Glas, in der anderen Hand das Drehbuch. »Ich bin so froh, dass mein Kind schon ohne mich zurechtkommt.«

»Sie erleben gerade selbst in Ihrem Leben einen Wendepunkt.« Henny deutete auf das Skript. »Wieder ein neuer Film?«

Der erste amerikanische Dietrich-Film namens *Marokko* war gerade in der Postproduktion. Um als Aufnahmeleiter daran mitzuarbeiten und auf diese Weise einen Einstand im hiesigen Filmgeschäft zu haben, war Victor Anfang April nach Hollywood gekommen.

»Seit dem *Blauen Engel* legt man mich fest auf die Femme fatale. Mal mit mehr, mal mit weniger Anstand im Leib.« Sie zog die Augenbrauen hoch. »Meistens weniger. Soll ich mich beschweren? Hier verdiene ich im Monat fast so viel, wie ich für den gesamten *Engel* bekommen habe.«

Victor hatte erzählt, dass ihre Gage zwanzigtausend Mark betragen hatte, der männliche Hauptdarsteller jedoch das Zehnfache bekommen hatte; eine Berliner Sekretärin verdiente im Monat einhundertvierzig Mark.

Allmählich begann Henny zu verstehen, weshalb Victor Probleme hatte, den endgültig als *Grand Hotel* betitelten Film zu finanzieren: Ihre Gastgeberin war auf dem besten Weg, als Darstellerin unbezahlbar zu werden.

»Aber Sie scheinen mit Ihren Rollen nicht zufrieden zu sein«, sagte sie. »Haben Sie sich gegen *Grand Hotel* entschieden?«

Marlene Dietrich zündete sich eine weitere Zigarette an: »Ich darf die Rolle Flämmchen nicht spielen, Henny! Ihr

Mann verhandelt mit der MGM, und ich stehe bei der Paramount exklusiv unter Vertrag. Von denen bekomme ich meinen monatlichen Scheck. Das ist wie ein Gehalt.« Sie lächelte. »Wo wir gerade dabei sind: Was schulde ich Ihnen?«

»Nennen Sie es Nachbarschaftshilfe.«

»Danke! Ich habe noch eine Bitte, Frau Doktor. Sie wissen ja, wir einstigen Berliner sind hier wie eine große Familie. Am Savignyplatz habe ich vor Jahren in einer netten kleinen Pension gewohnt, mich mit einer Kollegin angefreundet und sie hier wiedergetroffen. Sie ist ein paar Jahre vor mir nach Hollywood gezogen. Es sind ja so viele von Berlin hierher gegangen. Und Doris ist eine, die am längsten hier ist. Aber es gibt keine Ärzte.« Sie seufzte tief. »Oh, wie mir die Großstadt fehlt! Doris würde Ihre Hilfe brauchen, Henny. Es geht ihr schlecht. Sehr schlecht. Darf ich Doris zu Ihnen schicken?«

Antonia hatte sich beeilt, nach der Nachtschicht rechtzeitig heimzukommen. Es war fast zehn Uhr morgens, Frieda schlief, neben ihr im Kinderbett der kleine Felix. Da er so schwach war, machte er es der unfreiwillig in die Mutterrolle gedrängten Frieda leicht: Er schlummerte sehr viel und sah auf den ersten Blick aus wie ein zufriedener Säugling. Als Antonia jetzt an sein Bettchen trat, war er dennoch ein wenig missgestimmt. Sie roch, dass seine Windel voll war.

Frieda schlug die Augen auf, als Antonia den Jungen aus dem Bettchen nahm.

»Ich kann das nicht, Toni. Dafür bin ich nicht gemacht«, klagte die Kusine.

Nicht nur, weil Antonia über Hennys Wohnung verfügte, deren Größe sie kaum nutzte, hatte sie Frieda eingeladen, fürs Erste einzuziehen. Denn die Therapie, die sich

Guntram Harrich für Felix ausgedacht hatte, war zeitaufwendig. Die Person, die er deshalb dafür am geeignetsten hielt, war die Mutter des kleinen Patienten. Dazu musste Frieda allerdings bereit sein, die Therapiemethode zu erlernen. Auch an diesem Morgen sah es so aus, als könnte sie sich nicht einmal dazu aufraffen, am Morgen ihr Kind zu wickeln.

»Welche Frau ist schon dafür gemacht, Mutter zu sein? Abgesehen von den biologischen Voraussetzungen.« Antonia lächelte. »Das müssen wir alle lernen.«

Sie gab Felix neue Windeln. Er war ein wenig wund, und sie fragte lieber nicht, wann Frieda ihn zuletzt sauber gemacht hatte. Ihre Kusine reagierte auf persönliche Krisen mit tiefer Niedergeschlagenheit, aus der sie nur schwer herausfand. In Felix' Herzschwäche sah sie eine Strafe für ihren früheren Lebenswandel. Es war besser, sie jetzt einfühlsam zu behandeln, um ihr und damit Felix helfen zu können. Noch war Ricarda in München. Bis dahin war es an Antonia, neben ihrer Arbeit in der Charité für Mutter und Kind da zu sein.

Frieda gesellte sich zu Antonia, sah scheinbar bei jedem Handgriff genau zu. Aber Antonia spürte, dass sie in Gedanken woanders war.

»Vergeude ich mein Leben?«, fragte die Kusine.

»Wenn es dir so erscheint, dann kannst du das ändern. Du bist erst dreiundzwanzig, Frieda.«

»Ich habe zwei Kinder!«, protestierte Frieda, als würde sie das erst jetzt bemerken.

»Sieh dir Felix an. Wie glücklich er jetzt wieder ist. Mach ihm etwas zu essen, füttere ihn. Zieh aus seiner Zufriedenheit für dich selbst Kraft. Das soll ja nicht deine Lebensaufgabe sein. Nur die, die du gerade tust, um einem anderen Menschen beizustehen.«

Das mit der Lebensaufgabe war nur so dahingesagt, um ihre Kusine nicht zu entmutigen. Ein Quäntchen Wahrheit steckte durchaus darin.

Antonia reichte ihr den Jungen. Frieda nahm ihn ihr ab, setzte ihn sich aber ein wenig verkrampft auf die Hüfte. Obwohl sie sich vorgenommen hatte, den selbst angerichteten *Schlamassel* zu beseitigen, fiel ihr das in Bezug auf Felix sichtbar schwer.

»Ich glaube schon, dass ich ihn lieb habe«, sagte Frieda mit Blick auf den Kleinen. »Oder tut er mir nur leid?«

»Es nützt Felix nichts, wenn er dir leidtut. Nur deine Liebe hilft ihm weiter. Für mich bedeutet Liebe, für einen anderen Menschen einzustehen. Dabei muss ich natürlich von meinen eigenen Wünschen ein Stück zurücktreten«, sagte Antonia.

Als sie es ausgesprochen hatte, fiel ihr Adam ein. War das sein Verständnis von Liebe? Oder nur ihres? War er so besitzergreifend, dass er es nicht verkraften konnte, seinen Heiratsantrag vergeblich gestellt zu haben? Hätte er ihr nicht wenigstens einen Abschiedsbrief schreiben können?

Antonia zog langsam mit dem Stift den schwarzen Kajalstrich unter ihrem Auge. Mitten in der Bewegung hielt sie inne und lachte über sich selbst. Sie hatte ein Bad genommen und wollte nur rasch unten in der Praxis vorbeischauen. Weshalb malte sie sich dafür an?

Unten lief ihr Guntram prompt über den Weg, fragte nicht, wie die Nachtschicht in der Charité war, sondern: »Du kommst von Frieda und Felix? Hat sie mit ihm die Übungen gemacht?«

»Nein, sie hadert grundsätzlich mit ihrer Mutterrolle«, erwiderte Antonia. »Sie füttert den Jungen gerade, und dann zeigst du ihr noch einmal die Übungen, wenn du einverstanden bist.«

»Wirst du dabei sein?« Guntram sah sie auf eine Weise an, dass ihr heiß und kalt wurde.

Sich über Frieda und Felix zu unterhalten, war wie die Verschnaufpause auf einer Brücke, die über ein Niemandsland führte. Was sie füreinander empfunden hatten oder gar in diesem Augenblick spürten, blieb ausgeklammert. Was ohne Worte geschah, nur mit Blicken und Gesten, verriet, dass sie sich keinesfalls im Niemandsland befanden. Sie gaben sich nur Mühe, es zu ignorieren.

»Ich möchte schon lernen, wie Heilgymnastik Säuglingen helfen kann«, sagte Antonia, obwohl Kinder nicht ihr Fachgebiet waren oder werden sollten. »Bist du wirklich überzeugt, dass Muskelaufbau dem Herzen nützt?«

»Bei einem Säugling darf man es natürlich nicht übertreiben. Sein Herz soll dadurch nicht zu stark belastet werden. Das versteht sich von selbst.«

Das hatte Guntram ihr bereits erklärt, als er gesagt hatte, dass sanfte Übungen den kleinen Körper kräftigen könnten. Gerade wollten sie beide das Gespräch wohl vor allem künstlich verlängern. Um irgendwann endlich sagen zu können: Ich mag dich noch immer.

Aus der Tür zu Celias Sprechzimmer trat eine Patientin, und Celia rief von drinnen: »Toni, hast du einen Moment?«

Sekunden später plumpste Antonia in Celias Besucherstuhl.

»Ich bin so dämlich!«, stöhnte sie.

»Guntram?« Die Freundin grinste. »Die Patientinnen sind auch in ihn vernarrt. Ich dachte, du hättest ihn dir aus dem Kopf geschlagen.«

»Was hat der Kopf damit zu tun? Dann wäre es ja einfach.«

»Hat sich dein Adam nicht mehr gemeldet? War der nicht beides: Kopf und Herz?«

»Der hat von beidem zu viel«, seufzte Antonia. Sie tat gerade so, als wäre sie schon über Adam hinweg. Was nicht stimmte. Er war wie ein Roman, den sie angefangen, aber nicht zu Ende gelesen hatte.

»Kann es sein, dass du dich mit Vorliebe in schwierige Männer verliebst?«, fragte Celia.

»Die anderen sind mir vielleicht zu langweilig.« Sie grinste. »Aber im Ernst: Die Liebe an sich ist kompliziert. Adam wollte, dass ich ihn heirate und viele Kinder bekomme. Ich will arbeiten. Wie soll man denn das unter einen Hut bekommen?«

Celia verdrehte in gespielter Verzweiflung die Augen. »Wenn ich zum Speisen ins Restaurant gehe, muss ich dann den Koch heiraten? Oder reicht es mir, dass er mir etwas Leckeres kocht?«

»Du Schlimme!« Antonia lachte.

»Weshalb ich dich sprechen wollte«, sagte die Freundin. »Kriminalrat Wagner hat in der Früh angerufen. Hast du ihm etwa angeboten, als Polizeiärztin zu arbeiten?«

»Nee! Er hat mir von einer Dame vorgeschwärmt, die das gemacht hat.«

»Ich dachte nur, dass du vielleicht wegen Guntram hier nicht mehr anfangen willst.«

»Unsinn, Lia. Und deshalb hat Herr Wagner angerufen?«

»Nein, wegen Hennys Anzeige. Er wollte nicht genau sagen, was los ist. Er will die Ermittlungen nicht beeinflussen. Irgend so ein Polizistengefasel. Es wäre aber wichtig.«

»Hat er dich denn auch mal angehauen, für das Präsidium zu arbeiten?«

»Mich?« Celia lachte. »Der hat gegen mich ermittelt! Für

eine Mörderin hat er mich gehalten, aber ich habe mich gewehrt und gewonnen. Seitdem sind wir so etwas wie Komplizen.«

Antonia rief im Präsidium an und vereinbarte über Wagners Sekretärin einen Termin mit ihm. Eigentlich hatte alles gut ausgesehen mit den Ermittlungen. War nun doch etwas dazwischengekommen? Hatte Cousin Franz seine Taktik geändert und ließ nun seine Beziehungen spielen? Denn als Mitglied der Heeresleitung der Reichswehr kannte er einflussreiche Männer.

Frieda legte ihren Sohn übervorsichtig auf dem Wickeltisch in Guntrams Sprechzimmer ab. »Der ist ganz schön schwer«, stellte sie fest.

Seitdem Antonia sie geweckt hatte, war etwas mehr als eine Stunde vergangen. Ihre Kusine hatte sie offensichtlich auch dazu genutzt, sich in die Frau zu verwandeln, die Männer mit einem Augenaufschlag betören konnte. Bei Guntram verfing das jedoch nicht; er schien sie kaum wahrzunehmen. Seine ganze Aufmerksamkeit galt dem kleinen Felix. Er kam sofort zur Sache.

»Ihrem Sohn geht wegen seines schwachen Herzens schnell die Kraft aus. Sein Reflex ist deshalb, nichts zu tun. Er schont sich. Ihre Aufgabe, gnädige Frau, ist es, ihm zu zeigen, dass ihm Bewegung guttut.«

»Ich habe Toni schon gesagt, dass ich das nicht kann. Die Hand hinhalten, damit er dagegen drückt. Ich spüre nicht, dass er das will.«

»Das will er durchaus. In ihm schlummern Reflexe, die Sie stimulieren sollen, gnädige Frau.«

»Hören Sie bitte mit dem Gerede von der gnädigen Frau auf! Ich bin nicht gnädig. Im Gegenteil: Ich bin in Ungnade gefallen! Wissen Sie, was, Doktor: Der Krümel hier hätte der Erbe des Hauses Freystetten werden sollen.« Friedas Stimme wurde immer lauter. »Und jetzt liegt da ein Krüppel!« Über ihr Gesicht rannen Tränen, die ihr Make-up verlaufen ließen.

Felix reagierte, indem sich sein Gesicht wie unter Schmerzen verzog. Dann begann er zu weinen.

Antonia wollte zugreifen, um ihn tröstend in den Arm zu nehmen. Guntram schüttelte stumm den Kopf, um sie davon abzuhalten.

»Gnädige Frau, Sie bringen Ihren Sohn zum Weinen«, sagte er.

»Das sehe ich selbst!« Zögernd nahm sie ihn auf den Arm, wiegte ihn, sprach leise auf ihn ein und beruhigte sich dabei ebenso wie ihr Kind.

Wenig später war sie bereit, sich die Übungen zeigen zu lassen, und verließ schließlich die Praxis mit dem Kind auf dem Arm. Antonia und Guntram standen sich in dem plötzlich leeren und stillen Raum gegenüber.

»Du kannst so etwas«, sagte Antonia. »Kompliment.«

»Danke.« Er blickte verlegen auf den Wickeltisch.

»Darf ich dich etwas fragen?«

»Ja, natürlich, Toni«, sagte er.

»Es ist persönlich. Du hast auch ein Kind. Tut es dir weh, wenn du täglich mit Kindern zu tun hast?«

Ihre Frage verunsicherte ihn kurzzeitig. »Du warst schon immer so direkt.« Er lächelte. »Nein, es tut nicht weh, weil ich das nicht mit meiner Tochter in Verbindung bringe. Sie heißt übrigens Stella.«

Sie wussten beide nicht, was sie sagen sollten. Antonia spürte, dass sie nicht so weit waren, um Freunde zu sein. Die Arbeit mit Felix konnte allenfalls eine Möglichkeit sein, herauszufinden, ob sie noch Gefühle füreinander hatten. Und wie tief sie waren.

Guntrams Frage war entsprechend unverfänglich: »Wollen wir deiner in Ungnade gefallenen Kusine morgen wieder zeigen, wie sie ihrem Sohn auf die Beine helfen kann?«

Der korpulente Kriminalrat Wagner machte an diesem Nachmittag ein Gesicht wie eine traurige Bulldogge, der jemand den Knochen gestohlen hatte. Und von seiner heutigen Torte war auch nur noch ein mickriger Rest übrig geblieben. Wieder Schwarzwälder Kirsch, wie Antonia feststellte.

»Können Sie sich erinnern, wann Sie Herrn Franz von Freystetten das letzte Mal gesprochen haben?«, fragte der Polizist.

»Das ist sehr lange her«, sagte sie. »Mit ihm hatte ich ja direkt kaum zu tun. Bei seiner Hochzeit war die Familie zwar versammelt, aber ich nicht in Deutschland. Und zu Hennys Hochzeit ist er nicht gekommen. Weshalb fragen Sie?«

Der Kriminalist wich mit einer Gegenfrage aus: »Hat sonst jemand, den Sie kennen, mit Franz von Freystetten regen Kontakt?«

»Mit seinem Vater sprach ich über ihn.«

»Informierten Sie ihn über Herrn Ottmar?«

»Natürlich nicht. Ich will über Franz' Vater erreichen, dass Franz Henny um Verzeihung bittet.«

Wagner blickte sie ungläubig an. »Das reicht Ihnen?«

»In einer Familie ist das viel, finde ich.« Sie entschloss sich, von einem Telefonat mit ihrer Mutter zu berichten: »Meine Mutter traf Grit kürzlich in München. Sie erzählte, die Vandalen der SA hätten ihren Laden verwüstet und sie sitze deshalb auf Schulden. Das solle Cousin Franz bezahlen, verlangte sie. Jetzt wüsste ich wirklich gern, weshalb Sie mich herbestellt haben.«

»Hergebeten, Fräulein Thomasius. Nur gebeten.« Der schwere Mann seufzte. »Die Staatsanwaltschaft hat die Ermittlungen gegen Herrn von Freystetten eingestellt. Denn der Zeuge Ottmar ist tot in seiner Zelle aufgefunden worden. Der Pathologe vermutet Suizid. Ansonsten müsste wegen Mordes gegen Unbekannt ermittelt werden. Was bedeutet: gegen einen Beamten oder einen Insassen, der nicht beaufsichtigt wurde. Beides sieht man in Moabit nicht so gern und tut alles, um dies zu vermeiden. Bevor er diese Welt verlassen hat, verfasste dieser Ottmar noch ein kurzes Schreiben, indem er in dem anderen Fall den Totschlag freimütig zugab. Damit sind die Staatsanwaltschaft und meine Wenigkeit zufrieden.«

Antonia spürte, dass sie gegen derartige Intrigen nicht gewinnen konnte. »Und was ist mit der Aussage meiner Schwester?«, fragte sie.

»Ich fürchte, die Herren bei der Staatsanwaltschaft sind nicht erpicht auf ein Verfahren, bei dem die einzige Zeugin sich erst nach Wochen an den Vorfall erinnert, und die zudem im fernen Kalifornien weilt. Ganz abgesehen davon, dass sie die Kusine des Beschuldigten ist.«

»Keine Gerechtigkeit, Herr Kriminalrat?«

Wagner blickte zu seiner fast leer gegessenen Tortenplatte. »Ich hatte es Ihnen ja gesagt, Fräulein Thomasius: Es ist stets zu wenig für alle da. Und dann gibt es da seit ein paar Tagen eine Kleinigkeit, die den Tod des Zeugen Ottmar fast schon überflüssig macht: Ihr Cousin ist seit Kurzem Abgeordneter des Reichstags, Fräulein Thomasius. Wussten Sie nicht, dass er damit Immunität genießt?«

Wagner klappte die Akte zu.

Der Ausgang der Reichstagswahl in diesem Monat wurde überall erregt diskutiert. Denn die NSDAP stellte so viele Abgeordnete wie nie zuvor – fast jeden fünften. Franz hatte zwar für Hitlers Partei kandidiert. Dass er gewählt werden würde, davon war sie nicht ausgegangen. Folglich würde niemand ihren Cousin zur Verantwortung ziehen für das, was er Henny und Grit angetan hatte.

Antonia war entschlossen, ihn nicht davonkommen zu lassen. Sie wusste zwar noch nicht, wie ihr dies gelingen würde. Aber sie würde es schaffen, da war sie sich sicher.

Der Umschlag in Antonias Briefkasten trug die Aufschrift *An Frl. Antonia Thomasius in Berlin* und sonst nichts, vor allem nicht den Namen des Absenders. Er fühlte sich leicht an, als wäre höchstens ein Blatt darin.

Es war die linierte graue, leicht verschmutzte Seite eines Notizblocks. Die Schrift darauf zeugte von der großen Eile des Verfassers.

Tonja, ich bin irgendwo in der Nähe von Moskau. Man nennt mich einen Konterrevolutionär. In wenigen Minuten holt man mich ab. Ich weiß nicht, was mit mir geschehen wird. Vermutlich ein Gulag. Vergiss mich für immer. Adam

Antonia starrte das Blatt ratlos an, das wohl durch viele Hände gegangen war, bevor es in den Adressumschlag gelegt worden war. Was hatte das zu bedeuten? Warum diese seltsam distanziert klingenden Worte?

Immer wieder las sie die Nachricht. Und erst dann bemerkte sie, dass es nur an einer einzigen Stelle eine Anspielung auf ihre einstige Innigkeit gab. Er hatte *Tonja* geschrieben, obwohl er sie sonst beim Streiten Antonia genannt hatte. Ein Zufall? Oder ein Zeichen? Wofür? *Man holt mich ab.* Das war Passiv, auf Deutsch: die Leidensform. Wohin musste er? *Ich weiß nicht, was mit mir geschehen wird.* Was befürchtete er denn? Was war das, ein

Gulag? Ein Ort für *Konterrevolutionäre?* Und was geschah dort mit denen?

Antonias Dienst in der Charité begann schon bald. Sie hatte kaum Zeit, dennoch fiel ihr nur ein Ort ein, an dem sie sich auf die Schnelle Antworten auf ihre Fragen erhoffte.

Am Alexanderplatz war gerade nicht viel los, zwar die üblichen Bauarbeiten, aber keine Schlägerei. Nur eine kleine Gruppe Männer, die eine einzige rote Fahne hochhielt und sich bemühte, Flugblätter an vorbeieilende Passanten zu verteilen. Zwei Männer trugen Schiebermützen, aber jener, der Adam kannte, war nicht darunter.

»Ich habe mal eine Frage«, sagte sie.

»Wat 'n, Frollein? Wollen Se inne Partei?«, fragte ein junger Bursche mit Glatze.

»Weiß jemand von Ihnen, was ein Gulag ist?«

»Gehen Se weiter, Frollein.« Alle drehten ihr den Rücken zu.

»Kennt jemand von Ihnen Adam Mills?«

Schlagartig wandten sie sich ihr wieder zu.

»Der is in Moskau«, sagte einer der beiden Schiebermützen-Träger.

Antonia hielt ihnen den Brief hin. »Adam schreibt, er soll in ein Gulag.«

Der Glatzkopf las, und sie sah, wie er trocken schluckte. Mit völlig verändertem Gesichtsausdruck reichte er das Blatt an den Nächsten weiter.

»Versteh ick nich. Wieso Adam? Wieso ausgerechnet der?«, sagte einer.

»Was ist ein Gulag?«, fragte Antonia.

»Wird wohl irjendwat jemacht haben«, sagte der Glatzkopf.

»So isset. Sonst wär er da nich«, meinte der mit der Mütze.

»Wo wäre er nicht?«, fragte sie verzweifelt.

»Na, so wat wie 'n Jefängnis.«

»Ein Arbeitslager, um ein anderer Mensch zu werden«, verbesserte einer der Mützenträger.

»Da kommste nich so einfach wieda raus«, meinte der Glatzkopf. Er klang, als wühle ihn Adams Brief auf. »Der Sozialismus is der einzige Weg, Frollein«, sagte er trotzig und gab ihr den Zettel zurück.

Gefängnis für einen Konterrevolutionär. Sie sah Adam vor sich in seinem gepflegten Anzug. Krawatte, Hut, ein Gentleman, der sich nicht als Arbeiter ausgeben wollte. Ein Mann des Wortes, der sich nicht prügelte. Stand darauf in Moskau Gefängnis?

Gerade, als sie die Treppe zur Stadtbahn erreicht hatte, wurde sie von dem glatzköpfigen Kommunisten eingeholt.

»Hör'n Se, Frollein: Geh'n Se mit dem Brief nich überall hausieren. Det schadet unserer jemeinsamen Sache, vastehn Se? Der Einzelne is nüscht. Et jeht ums jroße Janze. Und dit is die Freiheit der Werktätigen. Würde Adam ooch so seh'n. Also: vajessen Se Adam.« Er schüttelte den Kopf. »Der kommt nich wieda.«

In Sekundenschnelle war der Mann in der Masse der Reisenden verschwunden. Toni blickte ihm fassungslos nach.

Sie erinnerte sich, wie Adam im Krankenhaus erfuhr, dass seine Milz entfernt worden war. Hatte er damals verstanden, was es bedeutete, weniger Abwehrkräfte zu haben? Geflirtet hatte er mit ihr ... Ein Mann mit Künstlerhänden, der gegen Gewalt war, gefangen in einem Arbeitslager! Wie sollte er das überstehen?

Sie spürte, wie ihr Herz raste, hatte sie doch gemeint, ihre Gefühle für Adam geordnet zu haben. Nun jedoch empfand sie wieder fast jenen Schmerz, den nach Bens Tod.

Sie hatte dafür keine Worte, weil die Ohnmacht, einem anderen nie mehr beistehen zu können, ihn zu sehen, zu berühren, zu sprechen, unbeschreiblich war. Adam hatte sie heiraten wollen! Sie begriff immer noch nicht, wie in so kurzer Zeit aus so viel Nähe so viel Distanz hatte werden können.

DAS GOLD DIESER TAGE

— ♦ —

Oktober 1930

»Toni, komm, das musst du sehen!«

Friedas Ruf schallte durch die große Wohnung, als Antonia gerade vor dem Spiegel ihr Aussehen überprüfte. Schließlich war heute ein sehr wichtiger Tag. Sie hastete zu dem Zimmer, das ihre Kusine mit Felix bewohnte, und beobachtete, wie der Einjährige es schaffte, sich aufzusetzen. Die blauen Augen des Knaben strahlten. Er schien genau zu wissen, dass er allen Grund zum Triumphieren hatte.

In wenigen Wochen hatten Mutter und Sohn große Fortschritte gemacht bei der Anwendung der Heilgymnastik, die Dr. Harrich Frieda beigebracht hatte. Ihre Kusine verbrachte zwar immer noch viel Zeit im Bett, aber die Phasen ihrer schweren Melancholie lösten sich immer öfter mit heiteren Phasen ab. Nicht ein einziges Mal hatte sie es versäumt, die Windeln ihres Kindes zu wechseln. Vor allem hatte sie mehrmals täglich mit ihm geübt.

»Das habt ihr beiden wunderbar gemacht!«, lobte Antonia.

»Nein, Kusinchen, das hast du gemacht!« Frieda drückte ihr einen raschen Kuss auf die Wange und wandte sich wieder dem Kind zu. »Du hast mir die Augen geöffnet.«

Antonia hatte sich an die Stimmungsschwankungen ihrer Kusine gewöhnt, aber dies hatte wohl eine andere Qualität. »Danke, dass du das sagst. Inwiefern habe ich das?«

»Toni, ich hatte mein Leben vergeudet. Du hast mir gezeigt, was wichtig ist. Er hier, der kleine Kerl, der ist wichtig. Ich kann ihm helfen.« Sie blickte Antonia mit glühenden Augen an. »Felix ist das, worauf ich gewartet habe, ohne zu wissen, auf was ich warte.«

»Nun ja, du bist seine Mutter«, warf Antonia ein; sie hatte sich nie damit abgefunden, dass Frieda mit ihren Kindern fremdelte.

Während sie mit dem Kleinen die Gymnastik fortsetzte, sagte Frieda sehr bedächtig: »Dass ich ihn zur Welt gebracht habe – darum geht es nicht, Toni. Sondern um das, was ich jeden Tag für ihn tun kann. Das könnte ich auch, wenn er nicht mein Sohn wäre. Ich weiß nicht einmal, ob ich mich als Mutter fühle.« Sie lächelte schelmisch. »Ich bin doch seine Tante.«

»Und was ist mit Felicitas? Die beiden waren die ganze Zeit zusammen, Frieda. Ich weiß nicht, ob es richtig ist, sie zu trennen.«

Um das kleine Mädchen kümmerte sich nach wie vor Rosel überaus liebevoll. Allerdings hatte Antonia es zeitlich nicht geschafft, nach Freystetten zu fahren, und nur mit ihrer Tante telefoniert.

»Du rührst da an Fragen, über die ich noch nicht nachdenken konnte«, sagte Frieda.

Sie brachte ihren Sohn erneut dazu, sich aufzusetzen. Anschließend horchte Antonia ihn ab. Sein Herz klang angestrengt. Plötzlich kam Antonia eine Idee: Sie nahm das Stethoskop ab und reichte es ihrer Kusine.

»Jetzt du.«

Sie zeigte ihr, wie sie es richtig machte. Während Frieda lauschte, veränderte sich ihr Gesichtsausdruck. Zunächst wirkte sie nur erstaunt, dann trat ein leichtes Lächeln in ihr Gesicht, und schließlich war sie regelrecht verzückt. Antonia hatte ohne einen konkreten Plan gehandelt, einfach aus einer Eingebung heraus. Es sah aus, als wäre die goldrichtig.

»Unglaublich«, flüsterte ihre Kusine. »So etwas hörst du den ganzen Tag! Wann weiß ich, dass es zu schnell schlägt?«

Frieda reichte ihr das Stethoskop zurück.

»Das leihe ich dir. Probiere es in verschiedenen Situationen aus. Sehr bald wirst du es nicht mehr gebrauchen, weil du im Gefühl haben wirst, was Felix guttut.«

»An die Geburt der Kinder habe ich kaum eine Erinnerung. Nur so ganz schwach. Du warst völlig anders. So wie gerade jetzt. So … gar nicht Toni.«

»Was soll ich sagen?« Sie hob die Schultern. »Manchmal bin ich Ärztin.«

»Und ich halte dich auf. Tut mir leid.« Mit einem leisen Lächeln musterte Frieda sie. »Das ist also das Kleid für deinen ersten Arbeitstag? Schick. Ist das nicht ein bisschen sehr brav?«

Antonia hatte sich für einen cremefarbenen, das Knie umspielenden Faltenrock zur dunkelblauen Bluse entschieden. Beides war im Stil der umschwärmten Pariser Couturière Coco Chanel.

»Ich muss seriös wirken.« Antonia grinste, denn die Zeiten, in denen sie wie ein Junge herumlief, waren endgültig vorbei.

»Dr. Harrich ist ja auch ein sehr seriöser Herr«, sagte Frieda augenzwinkernd. »Du trauerst doch nicht etwa dem Amerikaner nach? Bitte nicht, Toni! Warum in die Ferne schweifen, liegt das Gute doch so nah!«

Sie trauerte Adam nicht nach. Es war im Grunde schlimmer: Sie machte sich um ihn Sorgen, weil dieser Mensch, der ihr einmal so nah gewesen war, in einer Art von Nebel verschwunden war.

»Das mit Guntram ist Vergangenheit«, sagte Antonia. »Ich wärme keine alte Kartoffelsuppe auf.«

»Wenn es einmal geschmeckt hat, schmeckt es auch ein zweites Mal.«

Der Moment des Genusses hatte durchaus *geschmeckt*, das musste sie zugeben.

Aber dann setzte Frieda hinzu: »Nimm dir ein Beispiel an Henny.«

Den Vergleich brauchte Antonia wirklich nicht! Sie wandte sich zum Gehen. »Bevor ich mir weitere Liebesweisheiten anhöre …«

»Warte«, unterbrach Frieda sie. »Ich habe Felix' Vater – also den allerhöchstwahrscheinlichen Vater – angerufen.«

Jetzt wird es kompliziert, dachte Antonia alarmiert.

Und da fuhr Frieda auch schon fort: »Er soll seinen allerhöchstwahrscheinlichen Sohn kennenlernen. Jonathan weiß nicht einmal, dass es Felix gibt.«

Das ist auch besser so für alle Beteiligten, dachte Antonia. Schließlich galten die Zwillinge vor dem Gesetz als Kinder von Franz, der sie adoptiert hatte.

»Und weshalb sollte Jonathan es wissen?«

»Weil er der beste Mann ist, den ich je hatte.«

»Klingt überzeugend.«

»Du kennst ihn übrigens. Du bist ihm während des Silvesterfests begegnet.«

»Da waren unzählige Männer, die dich umschwärmten! Und was ist mit dem Vater von Felicitas?«

»Der war nur eine Laune. In derselben Nacht lernte ich dann Jonathan kennen. Näher kennen«, verbesserte sich Frieda und lächelte auf eine Weise, die kein Nein erlaubte, als sie fragte: »Bist du einverstanden, wenn er uns hier besucht?«

Eine Diskussion über dieses komplexe Thema verbot

sich angesichts des Umstands, dass die Uhr die volle Stunde schlug.

Auf dem Messingschild an der Tür zu der alteingesessenen Praxis in der Behrenstraße prangten seit diesem Morgen die Namen von drei Ärzten. Es erfüllte Antonia mit ein wenig Stolz, ihren dort zu lesen. Bislang war sie eine von vielen in der großen Medizinerschar der Charité gewesen. Nun war sie gewissermaßen sichtbar geworden, indem sie mit ihrem Namen für ihre Leistung einstand. Zwar an unterster Stelle, da man sich darauf geeinigt hatte, nach Alphabet vorzugehen. Allerdings fiel auf, dass nur ihr der Doktortitel fehlte. Sie war gespannt, wie sich das bei den Patientinnen auswirken würde.

Erst, als sie sich zu ihrer Gemeinschaft entschlossen hatten, war den Freunden bewusst geworden, dass sie ihrer Zeit ein wenig voraus waren. Im eigentlichen Sinne gab es erst wenige Kollegen, die sich Fachärzte nannten, aber der Deutsche Ärztetag hatte die Weichen bereits entsprechend gestellt. Guntram war der Spezialist für Kinderheilkunde, Antonia für Gynäkologie und Geburtshilfe, Celia hatte sich auf Allgemeinmedizin festgelegt.

Zu Antonias Begrüßung waren Papiergirlanden aufgehängt, aber es sah nicht so aus, als wäre den Anwesenden zum Feiern zumute. Vor dem Empfangstresen hatten sich mehrere Patientinnen um Josefine geschart, die von ihrer Freundin Celia Fahrland tröstend im Arm gehalten wurde. Alle sprachen durcheinander.

»Ich habe es immer gesagt: Die Nationalsozialisten sind gefährlich. Die gehen über Leichen!«, rief eine empörte Frau.

»Und es werden immer mehr«, pflichtete eine andere ihr bei.

»Josefines Vater wurde gestern Abend vor seinem eigenen Haus verprügelt«, berichtete Guntram Antonia. »Offenbar ein ähnlicher Schlägertrupp wie jener, der deiner Schwester aufgelauert hat.«

Durch die erregt geführte Debatte erfuhr sie auch, dass in der vergangenen Nacht beim Kaufhaus Wertheim am nahen Potsdamer Platz, wo sie sich ihre hübsche Einstandskleidung besorgt hatte, Schaufenster eingeschlagen worden waren. Man habe Schilder an die Wand geklebt, auf denen *Kauft nicht beim Juden* geschrieben stände.

Der Zusammenhang wurde Antonia erst klar, als Celia, Guntram und sie sich zu einer kurzen Besprechung trafen.

»Finis Vater gehört das Kronstatt-Haus am Kürfürstendamm, Ecke Uhlandstraße«, sagte Celia. »Die Familie ist jüdisch.«

Der Name prangte in stolzen goldenen Lettern an der Fassade.

Sie war offensichtlich erschüttert: »Erst Henny und nun Finis Vater! In welchen Zeiten leben wir nur? Wann hört das wieder auf?«

»Und wenn das erst der Anfang ist?«, fragte Guntram. »Sehen wir das nicht gerade überall: Gewalt statt Worte?«

»Was mich an Henny denken lässt: Ich habe Franz von Freystetten sogar geholfen, indem ich ihm meine Anwältin vermittelt habe. Einem Faschisten!«, sagte Celia ärgerlich. »Ich mache mir große Vorwürfe.«

»Wir alle haben nicht geahnt, dass Franz sich so entwickelt«, widersprach Antonia. »Du hast es gut gemeint.«

»Gut gemeint ist nicht wohlgetan«, rügte sich die Freundin selbst. »Kannst du mit Franz reden, Toni? Er ist Abgeordneter der NSDAP. Was haben er und seine Freunde vor?«

Antonia überlief ein kalter Schauer. So nah war sie an dem dran, was sich zusammenzubrauen schien. Zu dem Angriff auf Henny hatte Franz sich nie geäußert. Er hatte nicht einmal durch seinen Vater abstreiten lassen, dass er davon im Vorfeld gewusst hatte. Immer noch stand Friedemanns Satz *Das hat niemand gewollt* wie eine Mauer zwischen ihnen.

Die Vorstellung, mit Franz über Politik zu reden, löste bei Antonia Beklemmungen aus.

An ihrem Ausblick von ihrem bisherigen *living room* konnte Henny sich noch immer nicht sattsehen. Ein paar Hundert Meter von ihrem Wohnzimmer entfernt glitzerte der Pazifik im Sonnenlicht, und dazwischen zeichneten sich die Umrisse von Palmen ab. Gerade trank ein winziger Kolibri, dessen Flügel so rasend schnell schlugen, dass die Bewegungen nicht zu erkennen waren, aus einer der süß duftenden Blüten auf der Terrasse den Nektar. Der Friede mutete paradiesisch an. Die innere Ruhe, die vor einigen Wochen wie eine Lähmung gewesen war, empfand Henny jetzt als erholsam. Wie einen Urlaub, bei dem sie allerdings nicht träge herumlag.

Denn der Bungalow war ihre Praxis geworden; man war in Florentines großes Haus umgezogen. Damit hatte sich die Schwiegermutter zwar durchgesetzt, aber gleichzeitig hatte das Gezerre um Vicky ein Ende.

Direkt neben dem Fenster stand Hennys Praxistisch, der bis vor Kurzem der Küchentisch gewesen war. Sie verfügte über einen Blutdruckmesser, ein Stethoskop, eine Liege und einige medizinische Standard-Instrumente. Mit dem, was sie sich in Berlin erschaffen hatte, war das nicht vergleichbar. Die Erinnerung daran, dass sie die erste Ärztin gewesen war, die in der deutschen Hauptstadt in ihren

Räumen ein Röntgengerät stehen gehabt hatte, war weit entfernt. Aber es störte sie nicht.

Im Gegenteil, wenn sie daran dachte, überkam sie ein besonderes Gefühl der Dankbarkeit. Der Überfall hatte sie verändert. Die Henny von früher war durch ihre Tage gehetzt, hatte sich ständig darum Sorgen gemacht, wo das Geld herkommen sollte für die Kredite. Die Liebe zu ihren Kindern hatte sie dosiert wie die Medizin, die sie ihren Patientinnen verschrieb. Diesen Monat war sie vierzig geworden. Eine große Feier hatte es nicht gegeben. Vicky und Victor hatten ihr ein vierhändiges Ständchen gespielt, und Leo hatte jauchzend seine Mutter nachgemacht, als sie Beifall geklatscht hatte. Manchmal zählte das kleine Glück eben mehr.

Gerade warf ihr Sohn die Bausteine, die er aufeinandergestapelt hatte, wieder um. Henny setzte sich zu ihm auf den Boden und ermutigte ihn, sie erneut aufzubauen.

Als Vicky so alt gewesen war, war sie von Victor schon fast getrennt. Und immer war ein Kindermädchen dabei gewesen. Das gab es jetzt nicht, denn sie hatte sich entschieden, Leos Heranwachsen zu erleben. Ihr fehlten ohnehin einige Wochen, in denen sie dazu nicht in der Lage gewesen war. Während sie ihren kleinen Sohn beobachtete, wusste sie, was es war, das sie empfand: Dankbarkeit. Dafür, dieses Leben führen zu dürfen.

Es läutete an der Tür, sie stand auf, um zu öffnen. »Leo, jetzt macht *Mom* jemanden gesund. Du spielst einfach weiter.«

An drei Tagen in der Woche stand der Bungalow, der nunmehr nur noch Praxis war, Patienten offen. Niemand, der zu Henny kam, sprach Englisch, aber alle Deutsch. Sie nannten sich selbst *Ex-Patriates*, der Heimat Entkommene, die sich zu einer Gemeinschaft zusammengeschlossen hatten. In Kalifornien, wo achtzig Jahre zuvor erstmals richtiges Gold ausgegraben worden war, wollten auch die Deutschen das Gold dieser Tage schürfen – den Ruhm im Filmgeschäft. Fast alle stammten von der Spree, kannten sich bereits von Studios in Babelsberg – einige sogar aus New York – und waren so wie Victor hierher gewechselt.

Henny erlebte auch gerade, dass der angestrebte Ruhm oft von kurzer Dauer war. Von der Besucherin, die vor ihrer Tür stand, hatte Marlene Dietrich gesagt, sie wäre dort angekommen; ihre Karriere befände sich am Tiefpunkt. Auch deshalb brauche sie Hilfe.

»Ich bin Doris Kaufmann. Nennen Sie mich Doris«, stellte sich die Besucherin im kalifornischen Begrüßungsstil vor.

Henny schätzte sie auf das Alter ihrer eigenen Schwester Toni. Eine schmale Frau mit kinnlangem schwarzen Bob, den sie mit einem Pony trug, unter dem heraus sie ihre Ärztin aus graublauen Augen musterte. Henny meinte, darin eine leichte Verunsicherung erkennen zu können, die ihre Besucherin mit dem antrainierten Lachen einer Schauspielerin zu überspielen versuchte. Ihre Lippen waren so blutrot wie ihre Fingernägel, die Kleidung so schwarz wie das Haar, ihre Haut schneeweiß. Apart, aber umgeben von einer dunklen Aura, wie Henny fand. Sie roch nach einem teuren Parfüm und Alkohol. Der war zwar nach wie vor wegen des Prohibitionsgesetzes verboten, doch an der Westküste des konservativen Riesenlandes scherte das nicht einmal die Polizei, hatte Victor seiner Frau erzählt.

»Ist das Ihrer?«, fragte Hennys Patientin sofort und stürzte auf Leo zu, herzte ihn und sagte: »So etwas hätte ich auch zu gerne gehabt. Ganz allerliebst.«

Leo erschrak, obwohl er sonst nicht fremdelte. Aber Henny konnte ihn schnell beruhigen.

»So geht es mir, seit ich in dieser Stadt bin«, sagte Doris.

»Wie meinen Sie das?«

»Ablehnung. Ich bekomme keinen Fuß auf den Boden. Dabei war ich in Berlin ein Star. Ein richtiger Glanz, wie ich immer einer sein wollte. Und hier? Ich bin eine bessere Statistin.«

Etwas Ähnliches hatte Marlene Dietrich angedeutet.

»Sind Sie verwandt mit Victor Vandenberg?«, fragte Doris Kaufmann. »Seine Frau? Okay. Keine Sorge, ich will nicht versuchen, über Sie die Rolle zu bekommen. Die Flämmchen in *Grand Hotel*: Das bin ich. Nein, ich war mal so. Eine, von der die Männer glauben, dass sie es ihnen recht macht. Ich habe bei Victor vorgesprochen. Und es in seinem Gesicht gesehen: Ich bin sein Flämmchen. Und dann: Absage.«

Sie griff in ihre Handtasche, holte eine flache silberne Flasche heraus, trank ungeniert und ließ sie wieder verschwinden.

»Wer Kummer hat, hat auch Likör.« Sie grinste.

Für Henny war es nicht einfach, diese hübsche Frau darüber reden zu hören, wie sie versucht hatte, ihrem Mann zu gefallen. Allerdings hatte sie gelernt, den Produzenten Victor von ihrem Ehemann zu unterscheiden. Ob das die Frauen, die in Hollywood Arbeit suchten, ebenfalls taten, wusste sie nicht. Zumindest hatte sie Victors Wort, dass er keine Grenzen überschritt.

Lieber war es ihr trotzdem, zur Sache zu kommen: »Frau Dietrich sagte, sie sorge sich um Sie. Sie wären krank.«

»Ich habe ständig Magenschmerzen«, sagte Doris wie nebenbei und winkte Leo zu.

Henny ging auf den Blickwechsel ein, indem sie fragte:

»Warum sagten Sie, Sie hätten gern ein Kind gehabt? Wie alt sind Sie? Dreißig? Möchten Sie über Ihre Regelschmerzen sprechen?«

»Gut geschätzt, Frau Doktor. Nächstes Jahr werde ich dreißig. Die Regel ist es nicht. Ein Engelmacher in Schöneberg hat mich verpfuscht.« Sie lächelte traurig. »Eine schöne Hülle, so hat mich einer meiner *lover* genannt, aber nichts mehr drin. Und als Schauspielerin gescheitert, weil ich meinen verdammten *german accent* nicht loswerde. Eine schöne stumme Hülle mit Bauchschmerzen.« Sie blies eine ihrer Haarsträhnen fort. »Ein verblassender Glanz.«

»Ich koche Ihnen einen Kamillentee«, schlug Henny vor.

In Deutschland ein allgegenwärtiges Heilkraut, war es in Kalifornien eine teure Seltenheit.

Wie sehr ihr Doris Kaufmann leidtat, sagte Henny nicht. Und auch nicht, dass sich keine Frau auf ihre Gebärfähigkeit reduzieren lassen sollte und kein Mensch auf den beruflichen Erfolg. Dieser Rat jedoch fiel nicht in den Aufgabenbereich einer Ärztin, die behandeln sollte. Eher einer Psychologin.

Doch als Frau eines Produzenten sagte sie: »Victor hat mir erzählt, dass Emil Jannings ebenfalls Schwierigkeiten mit seinem deutschen Akzent hatte. Er ist nach Berlin zurückgekehrt. Warum tun Sie das nicht auch? Victor zufolge boomt das Film-Business daheim.«

»Ich habe hier mit Jannings gedreht«, sagte Doris Kaufmann. »Er konnte es sich leisten, heimzukehren. Mit seinem Oscar im Gepäck. Wenn ich nach Berlin komme, sagt jeder: ›In Hollywood ist sie auf die Nase gefallen.‹ Nee, Frau Doktor, ich müsste nach Hause. Und das ist in Elberfeld.« Sie lachte abfällig. »Besser gesagt: Wuppertal, wie sich die paar Städtchen dort seit diesem Jahr nennen, die gemeinsam eine Stadt sein wollen. Meine Mutter lebt dort. Sie hat nie an mich geglaubt. Für sie ist eine Schauspielerin so etwas wie eine Dirne. Soll ich etwa zu ihr zurück, um am Ende in Wuppertal über die Wupper zu gehen?« Was eine alte Formulierung für Sterben war. »So weit bin ich noch nicht.«

Henny deutete auf ihre Liege. »Machen Sie es sich bequem. Ich untersuche Sie.«

Eines passte zum anderen: die Verzweiflung, der Alkohol, der Druck im Bauch. »Das ist nicht auf die leichte Schulter zu nehmen«, fasste Henny das Ergebnis zusammen. »Ihre Leber ist deutlich vergrößert. Und ich vermute, dass Sie ein Zwölffingerdarmgeschwür haben.«

»Ist das gefährlich?«

»Es kommt darauf an, wie Sie damit umgehen. Wenn Sie nicht sofort auf den Alkohol verzichten und strenge Diät halten, kann es tatsächlich gefährlich werden.«

»Sie meinen: sterben?«

»Nur, wenn Sie ignorieren, dass Ihr Körper um Hilfe schreit.«

Doris Kaufmann lachte. »Damals, der Engelmacher, der hat mich auch nicht erledigen können. Ich überlebe immer. Wie eine Katze.«

Sie setzte sich auf, richtete ihre Kleidung. Henny reichte ihr den Kamillentee.

Die Schauspielerin winkte ab. »Lassen Sie nur, Frau Doktor.«

Sie bevorzugte ihren mitgebrachten Alkohol und legte einige Dollarscheine auf den Tisch als Bezahlung.

Henny wies das Geld zurück. »Ich habe Ihnen nicht wirklich geholfen, Fräulein Kaufmann. In Berlin hätte ich Sie geröntgt, und Sie hätten mit eigenen Augen gesehen, dass Ihr Körper Hilfe braucht. Gehen Sie ins Krankenhaus. Das *Cedars of Lebanon* in Beverly Hills hat einen guten Ruf.«

Henny kannte es von ihrem letzten Aufenthalt in der Stadt.

»Ich lasse nicht mehr an mir rumschnippeln!«

»Ändern Sie wenigstens Ihren Lebensstil.«

»*Bye, bye*, kleiner Leo«, sagte die Schauspielerin und warf dem Kind eine Kusshand zu.

»Weshalb haben Sie mich besucht, wenn Sie nicht auf meinen ärztlichen Rat hören wollen?«, fragte Henny.

Doris Kaufmann hob die Schultern und lächelte vielsagend. »Vielleicht tue ich es ja.«

Am Abend, als Victor in den Bungalow kam, machte er einen betrübten Eindruck. Eigentlich hatten sie sich in Florentines Haus verabredet, wo sie mittlerweile wohnten, aber hier konnten sie ungestört miteinander sprechen. Henny erzählte ihm von ihrer Besucherin, ohne deren gesundheitliche Probleme zu erwähnen.

»Ja, die Kaufmann liegt auf der Rolle. Flämmchen ist wie für sie geschrieben«, sagte Victor. »Das hätte ihrer Karriere Schwung gegeben.«

»Aber?«

Victor sah zur Terrasse. Unten am Meer gingen die Lichter der Straße an. Es war ein romantischer Anblick, doch Victor drehte der Aussicht den Rücken zu, als er sich an das von Vicky verschmähte Klavier setzte und gedankenverloren zu improvisieren begann.

»Man erzählt sich, dass Hollywood in *Dreamland* umbenannt werden sollte«, erzählte er. »Ein paar kluge Leute fanden jedoch, es sollte bei Hollywood bleiben. Schließlich hieße die Gegend so wegen der Stechpalmen, die in den trockenen Hügeln wachsen. Es wären mindestens so viele, wie das Filmgeschäft Dornen hat.«

Henny gesellte sich zu ihm auf die Klavierbank. »Es sind

die Dornen und nicht Fräulein Kaufmanns Akzent, der ihrer Karriere schadet?«

Victors Finger spielten mit den Tasten, als streichelte er sie. »Im Gegenteil: Ihre Aussprache hätte sehr gut gepasst. Es hätte betont, dass sie nicht an den Ort gehört, an dem sie sein muss. Jetzt kommt es so, wie meine Mutter es in New York prophezeit hat: Joan Crawford spielt die Rolle. Sie ist ihr eigentlich zu klein. Sie will nur noch Hauptrollen übernehmen. Aber das Studio zwingt sie, weil wir zu viele Nicht-Amerikaner in der Besetzung haben. Was natürlich blöd ist bei einem Film, der in einem internationalen Hotel spielt«, scherzte er und hauchte Henny einen Kuss auf die Wange. »Joan wird es trotzdem sehr gut machen.«

»Höre ich da heraus, dass du frustriert bist?«

Victor beendete sein Spiel, um sich ihr voll zuzuwenden. »Ich weiß: Ich kann dir nichts vormachen. Ja, ich bin ein wenig enttäuscht. Aber man hat mir heute ein Angebot gemacht: Der große Louis B. Mayer von der MGM will mir die Rechte an dem Stoff abkaufen.«

»Und dann hast du nichts mehr zu sagen bei deinem eigenen Projekt?« Henny wurde heiß und kalt. Sie waren erst ein paar Wochen in Kalifornien, hatten in Berlin alles stehen und liegen gelassen! Bedeutete das, Victor würde in Hollywood kein Gold finden?

»Was hast du geantwortet?«

»Dass ich es mir überlege.«

»Nein, Victor, da gibt es nichts zu überlegen«, sagte Henny resolut. »Du lehnst Mayers Angebot ab.«

Er guckte verblüfft. »Ich dachte, ich täte dir einen Gefallen, wenn ich annehme.«

»Tust du keineswegs, mein Liebling. Ja, ich habe Celia ungern die Behrenstraße überlassen. Aber jetzt sind wir hier. Weil du deinen Traum verwirklichen willst. Wenn du ihn dir jetzt abkaufen lässt, wirst du dir das irgendwann vorwerfen.«

Er zog sie zärtlich an sich. »Du überraschst mich immer wieder.«

»Das Leben ist ein Kampf. Oder? Dazu gehören Überraschungen. Wir können zwar nicht jeden Kampf gewinnen, aber gerade darum ist es so wichtig, von Anfang an entschlossen zu sein, das gesetzte Ziel zu erreichen.«

»Und wenn ich es nicht schaffe?«

Im Augenblick reichte es, ihn zu küssen und zu sagen: »Du schaffst es.« Insgeheim nahm sie sich vor, ihn stärker zu unterstützen. Ein Gedanke, der sie daran erinnerte, nun zu Florentine fahren zu müssen, wo sie beide ungern zuhause waren, und wo Vicky inzwischen seit Stunden den Bechstein-Flügel bearbeiten durfte. Und höchstwahrscheinlich mit sehr viel Eiscreme verwöhnt wurde.

Gerade, als sie und Victor aus der Tür gehen wollten, läutete das Telefon. Eine aufgekratzt klingende Vicki Baum war am Apparat.

»Henny, ich bin seit gestern in der Stadt. Wir müssen uns unbedingt treffen!«, rief die Schriftstellerin.

Henny hätte fast geantwortet: Nichts lieber als das. Aber zu offensichtlich wollte sie nicht zeigen, dass sie auf den Beistand der Autorin hoffte, um Victors Traum zu retten.

Antonia hatte die seltsamen Fiebertage lange nicht mehr gehabt. Sie dachte erst wieder an diesem Morgen daran, als sie davon erwachte, dass ihr heiß war. Und da fiel ihr ein, dass es etwas über ein Jahr her war, dass sie daran gelitten hatte.

Damals hatte ihr Dr. Nocht gesagt, als sie sich an seinem Hamburger Institut für Schiffs- und Tropenkrankheiten vorgestellt hatte, es könnte sich um die Malaria Quartana handeln. Und sie solle ihr Blut untersuchen lassen, was sie nie getan hatte, weil sie gemeint hatte, wieder gesund zu sein. Sie maß ihre Körpertemperatur: 39 Grad. Erst seit zwei Wochen arbeitete sie in der Praxis, da konnte sie sich doch nicht krankmelden! Was würden Celia und Guntram von ihr denken? Wenn es sich tatsächlich um den Malaria-Fieberschub handelte, wäre sie auch nicht ansteckend. Sie fühlte sich geschwächt und beschloss, es entsprechend ruhig anzugehen. Also kleidete sie sich für einen Arbeitstag an.

Die Tür zu Friedas und Felix' Zimmer war geschlossen, was noch nie der Fall gewesen war. Antonia meinte, eine männliche Stimme zu hören, war sich aber nicht sicher, da sie wegen des Fiebers ein leichtes Rauschen im Ohr hatte. In der Küche bereitete sie eine große Kanne Lindenblütentee, der im Ruf stand, fiebersenkend zu wirken. Der milde Duft erfüllte bereits den Raum, als Frieda im Morgenrock hereinkam. Sie lächelte verlegen, was, wie Antonia fand, nicht so recht zu ihr passte.

»Toni, ich wollte dir nur sagen: Ich habe Besuch. Nicht, dass du dich wunderst. Jonathan ist hier.«

»Entschuldige, ich bin nicht ganz wach. Wer ist noch mal Jonathan?«

»Der Vater von Felix.«

»Ich erinnere mich: Der beste Mann, den du je hattest.«

»Das bin ich in der Tat«, bestätigte jener Herr, der nun im Anzug und mit offenem Hemdkragen die Küche betrat.

An Friedas Geschmack bei Männern war nichts auszusetzen, gab Antonia insgeheim zu. Der *beste Mann* war mindestens eins achtzig, hatte jenes volle dunkle Haar, das er an Felix weitergegeben hatte, ein schmales Kinn, einen gut geschnittenen Mund, bei dem Antonia trotz ihres Fiebers dachte, dass er zum Küssen einlud, und fast bernsteinfarbene Augen. Er war deutlich älter als Frieda, sie schätzte ihn auf Mitte dreißig. Dennoch konnte sie sich kaum erinnern, ihn während Kurt Vollmers Silvesterparty getroffen zu haben.

»Guten Morgen!« Er streckte ihr mit einem breiten Lächeln die Hand entgegen. »Ich bin Jonathan Landsmann. Sie müssen Toni sein. Frieda hat mir viel von Ihnen erzählt. Ich freue mich wirklich, Sie endlich persönlich zu treffen.«

»Morgens in meiner Küche stehen die Chancen dafür recht gut.«

Das rutschte ihr so raus, denn ein wenig ärgerte sie sich schon, von Frieda derart überrumpelt worden zu sein. Allerdings sah sie es ihr auch nach, für einen solchen Mann die guten Sitten zu vernachlässigen oder wieder einmal den lästigen Kuppelparagrafen zu ignorieren.

»Entschuldigung«, schob Antonia rasch nach. »In meiner Küche nehme ich nie ein Blatt vor den Mund.«

Jonathan lächelte gewinnend. »Sie sehen fiebrig aus. Darum der Lindenblütentee?«

Aufmerksam war er auch noch! Der *beste Mann*, das traf wohl zu. Weshalb hatte Frieda nicht gleich mit beiden Händen zugegriffen, um diesen Herrn festzuhalten? Hatte er verborgene Fehler?

»Ich scheine mir eine ungewöhnliche Krankheit eingefangen zu haben«, sagte Antonia.

»Was hast du denn?«, fragte Frieda besorgt. »Du willst doch nicht so krank in die Praxis?«

»Malaria ist nicht ansteckend. In zwei Tagen ist alles vorbei.«

»Ich dachte, Malaria dauert länger«, sagte Jonathan Landsmann.

»Nicht diese Form. Entschuldigen Sie mich, bitte. Ich

muss mir in der Praxis Blut abnehmen lassen, bevor der Trubel losgeht. Macht es euch gemütlich. Ist Felix in Ordnung?«, fragte sie noch.

»Jonathan hat schon mit ihm Morgengymnastik geübt«, berichtete Frieda.

Erst jetzt nahm Antonia ihre Kusine bewusst wahr. Sie sah so glücklich aus, dass sie ihr unmöglich böse sein konnte.

»Wird dir schlecht, wenn du dein eigenes Blut siehst?«, fragte Guntram, während er die Stelle an ihrer Armbeuge desinfizierte, an der er sogleich die Nadel in Antonias Vene einführen würde.

»Das ist ja vielleicht eine seltsame Frage! Natürlich nicht!«

»So seltsam ist die gar nicht«, rechtfertigte sich Guntram. »Ich habe Kollegen – also Männer, keine Frauen – erlebt, die fielen bei Eigenblutuntersuchungen ohnmächtig vom Stuhl.«

»Keine Sorge. Mich haut so schnell nichts um.«

»Du bist ja Toni.«

Damit schob er die Nadel so sanft in die Ader, dass sie es kaum spürte.

»Was willst du damit sagen: Ich wäre ja Toni?«

»Dass du hart im Nehmen bist.«

»Kommt ganz drauf an«, schränkte sie ein. »Es gibt Sachen, die tun mir jahrelang weh.«

Diese Anspielung war so deutlich, dass er an der Spritze ruckelte, als er den Kolben zurückzog.

»Entschuldigung«, sagte er und meinte wohl seinen kleinen Kunstfehler und nicht seine einstige Gefühllosigkeit ihr gegenüber.

»Musst dich nicht entschuldigen. Hab alles gut überstanden«, sagte sie mit erneuter Doppeldeutigkeit und drückte die Einstichstelle ab.

Antonia hatte beabsichtigt, dass Celia ihr das Blut abnimmt, aber die Freundin war noch nicht in der Praxis. So hatte sie die Vorbereitungen getroffen, um es allein zu machen. Dabei war sie von Guntram im Labor überrascht worden. Somit waren sie sich in diesem Moment so nah wie in den Tagen zuvor nicht. Die Enge in dem kleinen Raum trug ihr Übriges dazu bei.

»Willst du dein Blut selbst untersuchen?«, fragte Guntram. »Auf was überhaupt? Du siehst krank aus.«

Er griff nach ihrer Hand, die sie zurückzog.

»Ich wollte nur deinen Puls fühlen.«

»Ja, natürlich.« Sie reichte ihm ihren Arm. »Es kann sein, dass ich mich in Afrika mit Malaria Quartana infiziert habe. Die Plasmodien kann man unter Umständen im Blut erkennen. Das Dumme ist leider, dass die Fachliteratur, die ich dazu gelesen habe, nicht genau beschreibt, welche Umstände das bei der Quartana sind.«

»Damit kenne ich mich gar nicht aus.«

»Du warst ja auch nicht in Afrika.«

Auch das war eine heimliche Spitze, die er mit einem stummen Nicken quittierte. Ursprünglich hatte er einmal vorgehabt, sie zu begleiten.

»Ich habe in der Charité angerufen«, fuhr sie fort. »Gleich kommt ein Bote und holt die Probe ab. Danke fürs Blutabnehmen.«

Sie machte sich daran, das Röhrchen zu beschriften und einen Auftragszettel auszufüllen.

»Toni, wir müssen reden«, sagte Guntram.

»Über Malaria?«, fragte sie, obwohl sie genau wusste, worauf er hinauswollte.

»Ich habe dich nach wie vor sehr gern«, sagte Guntram.

Sie fand, dass sie sein bisheriges Verhalten nicht auf diese Aussage vorbereitet hatte.

»Nach wie vor«, echote sie verwundert. »Was heißt das?«

»Ob du dir vorstellen kannst, dass wir beide eine zweite Chance bekommen.«

»Erst mal muss ich die Malaria überleben«, sagte sie so schnoddrig, wie es ihr gerade möglich war.

Denn seine Frage überforderte sie vollständig. Er wollte die Uhr zurückdrehen? Nach so langer Zeit? Wo sie sich gerade jeden Tag darum bemühte, in ihm nur den Kollegen zu sehen?

»Um Himmels Willen, Toni! So gefährlich ist das?«

Impulsiv trat er einen Schritt auf sie zu und war nunmehr nur noch wenige Zentimeter von ihr entfernt.

»Nein, überhaupt nicht. Das war ein misslungener Witz. Mit dem Tod soll man nicht scherzen.«

»Ich finde, den Tod darf man nicht zu ernst nehmen.« Er lächelte. »Ich habe dich nie vergessen.«

»Außer, als du geheiratet hast.«

»Svenja war schwanger. Es ging nicht anders. Ich stand vor dem Standesbeamten und wusste, dass ich gerade einen Fehler mache. Ich wusste aber nicht, was ich sonst hätte tun sollen. Ich wollte, dass mein Kind nicht schutzlos der Willkür der Behörden ausgeliefert ist, wenn es unehelich geboren wird.«

»Das hast du gut gemacht«, sagte sie.

Er sah sie verblüfft an. »Ja, findest du?«

»Dass ein Kind gezeugt wird, ist oft ein Zufall, für den das Kind nichts kann, den es aber ausbaden muss, wenn es Pech hat. Bist du schon geschieden?«

»Nein, Svenja willigt nicht ein. Ich lasse ihr Zeit. Ich habe es nicht eilig. Und du? Gibt es da wen?«

Sie grinste und wiederholte seine Worte: »Ich habe es nicht eilig.« An Adam dachte sie dabei nur ganz kurz.

Zu ihrem Glück läutete gerade der Bote, den die Charité geschickt hatte. Mit klopfendem Herzen eilte sie hinaus, drückte dem schmalen jungen Burschen den Umschlag mit ihrem Blut in die Hand, schickte ihn fort und lehnte sich gegen die Praxistür.

War das, was gerade im Labor geschehen war, ein Fiebertraum gewesen?

Als Antonia zur Mittagszeit die Wohnung in der ersten Etage aufsperrte, schmerzte ihr gesamter Körper wie bei einer schweren Grippe. Sie hatte nur noch den Wunsch, sich hinzulegen und zu schlafen, bis das Fieber vorüber wäre. An Frieda, ihr plötzliches Liebesglück und an die Begegnung in der Küche dachte sie nicht mehr. Sie stellte die Kanne, die sie in die Praxis mitgenommen hatte, ab und machte sich daran, einen neuen Lindenblütentee zuzubereiten. Wenn Dr. Nocht recht hatte und die Quartana die Nieren angriff, war viel Trinken noch wichtiger als bei normalem Fieber.

Frieda kam herein. »Ruh dich aus, Toni, ich bring dir deinen Tee.«

»Danke.« Sie raffte sich auf, um ins Bett zu gehen.

»Was hältst du von Jonathan?«, fragte Frieda in einem Ton, der ihre große Ungeduld verriet. Sie waren sich durch die Sorge um Felix sehr nah gekommen; Toni wusste, wie wichtig Frieda ihr Urteil war.

»Er sieht sehr gut aus«, erwiderte sie knapp, weil ihr die Kraft zu ausschweifendem Lob fehlte.

»Wir werden heiraten.«

Das war eine Ankündigung, deren Bedeutung sofort zu Antonia durchdrang. Sie schleppte sich zu einem Stuhl, setzte sich.

»Wirklich?« Weil sie das Gespräch mit Guntram am Morgen noch in einer Ecke ihrer vom Kopfschmerz bedrängten Erinnerung aufbewahrt hatte, fragte sie: »Ist er schon geschieden?«

»Woher weißt du, dass er verheiratet ist?«

»Männer, die so aussehen und in seinem Alter sind, laufen nicht frei herum.«

Der Teekessel pfiff. Frieda goss den Tee auf.

»Jonathan hat die Scheidung eingereicht, und seine Frau willigt ein. Gabriele hat einen Neuen.«

»Und er hat dich«, sagte Antonia. »Und jetzt geht es gewiss um die Frage, wer die Schuld auf sich nimmt.« Das war schließlich immer so.

Sie rechnete nach: Das war nach Grit und Guntram die dritte Scheidung, von der sie innerhalb kurzer Zeit erfuhr. Die Beteiligten waren in etwa in ihrem Alter. Aber sie war ledig. Es sah so aus, als hätte sie nichts Wesentliches verpasst, indem sie bislang unverheiratet war. Sie nahm sich trotz ihrer heftigen Kopfschmerzen vor, diese Erkenntnis in Erinnerung zu behalten.

»Jonathan sagt, er und Gabriele hätten sich nie geliebt. Die Familien hätten die Ehe arrangiert.«

»Haben sie Kinder?«

»Er hat immer gedacht, es liegt an ihm, dass Gabriele nicht schwanger wird.« Frieda strahlte. »Darum ist er ja so glücklich, dass es Felix gibt.«

»Er weiß, dass sein Sohn als Sohn von Franz gilt?« Es war alles so kompliziert, dass Antonia sich sehr konzentrieren musste, um die Zuordnung richtig hinzubekommen. »Wie stellt er sich das vor?«

»Jonathan will zu meinem Vater nach Freystetten fahren.« Ihre Kusine kicherte wie ein verliebter Backfisch. »Er will bei Vater um meine Hand anhalten. Und wenn wir verheiratet sind, wird er die Kinder adoptieren. Die Ehe von Franz und Grit ist ohnehin Geschichte. Da wird es doch Zeit, dass die Kinder bei ihren Eltern leben. Niemand wird sich dem entgegenstellen.«

Frieda war gerade so euphorisch, dass Antonia lieber nicht sagte, dass sie daran große Zweifel hatte. Schließlich hatte sich Frieda selbst das ganze Arrangement einfallen lassen in der Absicht, der Grafenfamilie Erben zu verschaffen.

Vicki Baum blickte Henny fragend an. »Das hier soll eine Schule sein?«

Die *Hollywood School for Girls* lag am Rand von West Hollywood und somit auf halbem Weg zwischen den Filmstudios und Pacific Palisades. Die Gegend war spärlich bebaut mit ein paar für hiesige Verhältnisse alten Häusern, die so ähnlich in einem Dorf nahe Berlin hätten stehen können. Das Gebäude sah so ähnlich aus: ein einstöckiges Haus aus Holz in einem großen Garten. Allerdings umstanden von turmhohen Palmen. Henny war gewohnt, dass ein Gymnasium in der deutschen Hauptstadt in der Regel wie eine Burg des Bildungsbürgertums aussah. Dies wirkte, als steckte die Bildung noch in den Kinderschuhen.

»Und hier lässt du Vicky unterrichten?«, fragte die ursprünglich aus Wien stammende Schriftstellerin grenzenlos verwundert.

»Da immer Sommer ist, findet der Unterricht meistens im Garten statt«, erklärte Henny, die bei ihrer ersten Annäherung an die Schule ähnlich irritiert wie die Autorin gewesen war. »Vicky sagt, dass sie noch nie so gern zur Schule gegangen ist.«

»Kinder begreifen schneller als wir Erwachsene, wenn sich durch Veränderungen Chancen auftun«, sagte Vicki

Baum. »Meinst du wirklich, ich kann meine Söhne hier unterrichten lassen?«

Einer war ein Jahr älter als Hennys Tochter, der andere drei Jahre jünger.

»Ein paar Jungs haben sie schon aufgenommen. Man sieht das alles entspannter als bei uns in Preußen.«

»Gefällt dir Kalifornien?«, fragte die neue Freundin.

»Mal ja, mal nein«, erwiderte Henny. »Diese Schule ist ein Beispiel dafür. So etwas kann man sich in Berlin gar nicht vorstellen. Aber die Kinder sind glücklich.«

Sie schlenderten durch den weitläufigen Garten, in dem mehrere Klassen in Stuhlkreisen unterrichtet wurden. Gerade trug Vicky ihre Meinung zu einem Gedicht vor und kämpfte mit den englischen Worten. Einem weiteren Mädchen, die ebenfalls einen starken deutschen Akzent hatte, erging es nicht anders. Niemand lachte über Aussprachefehler, alle waren so konzentriert, dass sie die beiden Besucherinnen nicht wahrnahmen.

»Vicky tut es gut, das erleben zu können«, sagte Henny. Und dann gab sie preis, was sie sich in den letzten Wochen überlegt hatte: »Als Kind lebte ich mit meinen Eltern in Afrika und habe es gehasst. Heute sehe ich das anders: Es hat mich positiv beeinflusst, weil ich dadurch weltoffener wurde. Erst jetzt sehe ich das ein. Wenn du mich also fragst, ob ich diese Schule in Bezug auf deine Söhne für geeignet halte, dann kennst du nun meine Antwort«, sagte sie lächelnd.

Noch gingen Vickis Jungen in Berliner Schulen.

»Vielleicht hätte auch ich als Kind in Afrika leben sollen«, gab die Schriftstellerin zu bedenken. »New York hat mich zu sehr gefordert. Die Menschen stehen alle wie unter Strom. Und hier geben sie sich für meinen Geschmack zu lässig.«

Sie ließen sich unter einem Baum nieder und beobachteten die Kinder.

»Übrigens arbeiten die Eltern von fast allen in den Filmstudios. Und die Französischlehrerin hat aufgehört, um für die Paramount Kostüme zu entwerfen.« Henny lachte. »Willkommen in Hollywood.«

»Haben du und Victor auch eine Einladung zu diesem großen Fest erhalten?«, fragte Vicki Baum. »Ein hiesiger Zeitungsverleger. Muss sagenhaft reich sein. Mein Verleger sagt, ich solle unbedingt hingehen. Ganz Hollywood wäre dort. Was interessiert mich ganz Hollywood? Greta Garbo wird definitiv die Hauptrolle in *Grand Hotel* spielen. Ich soll sie kennenlernen. Wozu, Henny? Warum soll ich Menschen treffen, die Menschen spielen, die es wochen- oder monatelang nur in meinem Kopf gegeben hat? Damit sie mir sagen, wie interessant sie sind? Weil sie womöglich mit meinen Fantasiegestalten konkurrieren wollen?«

Bislang hatte Henny Vicki Baum noch nichts von den Schwierigkeiten erzählt, die Victor gerade hatte. Es war an der Zeit, dies nachzuholen. Schon während sie sprach, sah Henny der Eigenbrötlerin an, dass von ihr keine Hilfe zu erwarten war. Und sie dachte an das Treffen mit ihr im Boxstudio, das sie völlig falsch interpretiert hatte. Vicki hatte ohne Zuschauer geboxt, ohne jemanden, der sie anfeuerte. Was sie tat, tat sie für sich selbst.

Entsprechend fiel ihre Reaktion aus. »Victor soll sich auszahlen lassen?«, fragte die Freundin. »Geld macht frei. Warum also nicht? Aber fragen wir doch mal so: Was willst du, Henny? Möchtest du hierbleiben? Ansonsten wäre dies der richtige Zeitpunkt, um Victor zur Heimkehr zu bewegen.«

»Ich bin zwiegespalten. Berlin fehlt mir, es wird mir immer fehlen. Aber die Menschen in Los Angeles sind so viel freundlicher. Hier prügeln sich die Leute nicht wegen ihrer politischen Ansichten auf der Straße. Die Sonne scheint, gestern hat Vicky im Meer gebadet … Mein Gemüt ist heiterer. Ja, ich glaube, das ist es.«

»Kannst du das nicht auch haben, wenn du von Berlin aus gelegentlich mit deinen Lieben in Urlaub fährst?«, fragte die Schriftstellerin. »Ehrlich gesagt: Ich sehne mich zurück nach meinem Schreibtisch und meiner Schreibmaschine.«

Und ich nach meiner Praxis, dachte Henny. Das laut auszusprechen, traute sie sich nicht. Nicht etwa, weil Vicki Baum es hören konnte. Sie wollte es sich selbst nicht sagen hören. Es wäre das Eingeständnis ihres Heimwehs gewesen.

»Seht euch das an, Kinder!« Florentines Stimme überschlug sich vor ungläubiger Begeisterung. »Hollywood macht einen Familienausflug!«

Gerade fuhr Henny mit ihrer Familie die *California State Route 1* von Los Angeles aus in Richtung Norden. Sie befanden sich in einer Art Konvoi aus Limousinen und Cabrios der höchsten Preisklasse. Denn wer in der Filmindustrie als wichtig gelten wollte, musste dies mit einem teuren Auto beweisen. Nachdem Victors Mutter das verstanden hatte, hatte sie sich einen schneeweißen Rolls-Royce gekauft. Selbst zu lenken hatte sie nie gelernt, dafür hatte sie stets Chauffeure gehabt. Gegenwärtig übernahm das Victor, während Henny mit Leo und Vicky hinten saß. Auch so gesehen, war es ein Familienausflug.

Vicki Baum hatte die große Party, zu der sie unterwegs waren, nebenbei erwähnt. Im Gegensatz zu Florentine hatte Victor keine Einladung erhalten. Als Mutters Sohn wollte er bei diesem Ereignis jedoch nicht gelten.

Und hatte von ihr eine kleine Standpauke erhalten: »Es ist völlig egal, *darling*, ob du da hinwillst. Mister Hearst ist einer der reichsten Menschen dieses Planeten. Du musst dabei sein, wenn ein Kaiser Hof hält. Schließlich werden alle da sein, die in Hollywood etwas zu sagen haben. Und keiner von denen hat dickere Eier als Mister Hearst.«

Eier – das hatte sie wirklich gesagt. Henny amüsierte sich immer noch über Victors schockiertes Gesicht. Wobei Florentine damit Randolph Hearsts gigantischen Einfluss meinte: Jeder dritte Mensch in den USA las eine seiner Zeitungen, die pausenlos Klatsch und Tratsch über die diversen Stars und Produktionen veröffentlichten und somit eine große Macht ausübten. Ein Filmstudio hatte er natürlich auch, und Henny wusste, dass Florentine sich vor allem davon Hilfe bei ihren ersten Schritten in diesem Geschäft versprach.

Dieser Ausflug, der zwei Tage dauern sollte, hatte etwas Schicksalhaftes an sich, davon war Henny überzeugt. Nicht nur, was Victors Laufbahn betraf; es ging auch um das Verhältnis zu seiner Mutter. In seiner Jugend hatte sie ihn jahrelang bei anderen Menschen in Obhut gegeben – unter anderem bei einem ihrer Ex-Männer – und ihn zu sich geholt, wenn sie sich seiner erinnerte. Gerade waren es offensichtlich seine Rechte an dem Roman *Menschen im Hotel*, die ihr den Sohn attraktiv erscheinen ließen. Henny machte sich nichts vor: Würde es Victor nicht gelingen, sich gegen Louis B. Mayer durchzusetzen, würde auch die eigene Mutter ihn fallen lassen. Oder er sich rechtzeitig von ihr abwenden. Darin sah Henny im Grunde die bessere Möglichkeit.

Eine wichtige Rolle dabei spielte jedoch Vicky, die an ihrer überdrehten Großmutter hing, die wie ein niemals erwachsen werdendes Kind auftrat.

Kurz darauf flötete Florentine nach hinten: »Vicky, *darling*, habe ich dir eigentlich erzählt, dass da, wo wir hinfahren, ein Swimmingpool ist? Der ist fast so groß wie das Meer! Da drin darfst du schwimmen. Der gehört dem Mann, der uns eingeladen hat. Er hat sich so etwas wie das legendäre Xanadu bauen lassen. Da will er doch nicht allein drin rumhocken. Wir sollen alle sehen, wie schön er's hat.«

»Ich wette, der war noch nie in seinem Pool«, sagte Vicky in Anspielung auf die Millionäre in Southampton.

»Wirklich reiche Leute schwimmen nicht. Die lassen andere baden gehen«, sagte Henny. »Ist das nicht auch deine Erfahrung, Flora?«

Trotz Florentines Ankündigung hatte Mister Hearsts Pool Ausmaße jenseits von Hennys Vorstellungskraft. Er war umstanden von einem kleinen tempelartigen Gebäude und von langen Wandelhallen, die Schutz vor der grellen kalifornischen Sonne boten. Da der Hausherr seinen Besuchern offenbar den Eindruck vermitteln wollte, zu Gast im alten Rom zu sein, hatte er zahlreiche Statuen aufstellen lassen. Dazwischen rekelten sich auf *deck chairs* Cocktails schlürfende Menschen, denen livrierte Kellner zur Musik einer auf einer Freitreppe platzierten Jazz-Combo immer neue Drinks und Speisen servierten. Vicky und Leo waren in der Tat nicht die einzigen Kinder, die herumtollten, was Henny kurzzeitig vergessen ließ, dass dies ein Treffen der Filmbranche war. Victor, wie immer elegant im weißen Anzug, fachsimpelte gerade mit einem ebenso eleganten Herrn seines Alters, der einen Drink nach dem anderen zu sich nahm. Als die beiden sich verabschiedeten, kam Victor zu ihr.

»Wie unwirklich das alles ist!«, sagte Victor mit Blick auf die an dem überdimensionierten Pool Feiernden. »Als wollte Mister Hearst beweisen, dass er die Realität noch greller erscheinen lassen kann als die Filme, die wir jeden Tag drehen. Scott – das ist der Herr, mit dem ich gerade sprach – hat ein Buch geschrieben, das einflussreichen Herren wie Mister Hearst einen Spiegel vorhält. Es heißt *Der große Gatsby*. Deshalb hat ihn das Studio, mit dem ich zuletzt gearbeitet habe, als Drehbuchautor angeheuert. Nun ist er ihnen zu anspruchsvoll. Und er meint, er könne nichts. Und säuft.« Victor nahm einen Schluck Limonade.

»Vielleicht sollte er über etwas anderes schreiben«, meinte Henny.

»Er arbeitet an einem Roman über seine Frau. Er hat sie einmal sehr geliebt, und jetzt ist sie in der Irrenanstalt.«

Gerade in dem Augenblick, als Vicky aus dem Pool zu ihren Eltern kam, flanierte eine Gruppe von Menschen vorbei, deren Mittelpunkt ein untersetzter Herr von Ende vierzig mit Brille war. Er erblickte Victor, der Vicky gerade ein Badetuch umlegte, und hielt direkt auf ihn zu. Auf Henny machte er sofort den Eindruck, sich an diesem Ort keineswegs zum Vergnügen aufzuhalten; dies war Arbeit.

»Victor Vandenberg! Sie sind ja ein Familienmensch. Das gefällt mir«, sagte der Herr.

Henny sah ihrem Mann seine Verblüffung an. »Oh, Mister Mayer, guten Tag. Meine Frau, meine Tochter, mein Sohn, meine Mutter.«

Der Mann, der Victor seinen Traum abkaufen wollte! Hennys Herz schlug bis zum Hals, während sie zugleich Florentine ihr Missfallen ansah: Ihr Sohn hatte ausgerechnet sie als Letzte vorgestellt.

Misters Mayers Entourage bestand aus seinen Töchtern und seinem Schwiegersohn, die er alle vorstellte, um sich dann Henny zuzuwenden: »Darf ich Ihren Mann eine Weile entführen? Wir müssen mal ausführlich reden.«

Victor wurde von der kleinen Gruppe an der Jazz-Band vorbei zum eigentlichen *Castle* begleitet, das mit seinen zwei plumpen Türmen an der Stirnseite einer spanischen Kathedrale ähnelte. Es thronte über dem Pool wie ein Sinnbild des bislang unsichtbaren, aber allmächtigen Gastgebers.

»Was machen die mit *daddy?*«, fragte Vicky.

»Eigentlich hätte Victor mich bitten sollen, ihn zu begleiten«, schnappte Florentine.

Und Henny meinte: »Wie wäre es, wenn wir jetzt herausfinden, wo es das Eis gibt?«

Denn sie brauchte dringend etwas, um ihre eigene innere Anspannung abzukühlen. Würde sich dieser Familienausflug zu einem Glücksfall entwickeln oder zu dem, was Victor befürchtet hatte – einem Fiasko?

Antonia starrte die beiden Worte an, die für das standen, was sie befürchtet hatte. *Plasmodium malariae*.

Also doch! Professor Nocht hatte mit seiner Vermutung richtig gelegen. Die Fieberanfälle, die sie in unregelmäßigen Abständen überkamen, waren eine besondere Art von Mitbringsel aus Afrika.

Den Brief mit den Laborwerten, den der Bote an diesem Morgen gerade eben aus der Charité in ihre Praxis gebracht und den sie sofort geöffnet hatte, hielt sie noch in der Hand und setzte sich auf den erstbesten Stuhl. Bedeutete das Vorhandensein des Erregers, dass sie ihr gesamtes Leben mit der in unregelmäßigen Abständen aufflammenden Malaria verbringen müsste? Die paar Tage Fieber waren nicht schlimm, beunruhigend daran war jedoch, dass die Nieren geschädigt wurden, wenn sie nicht gut aufpasste.

Von außen wurde der Schlüssel ins Schloss der Praxis gesteckt. Es war kurz vor acht. Mithin kamen entweder Celia,

Josefine oder Guntram zur Arbeit. Es war Letzterer. Sein Blick fiel auf den Laborbericht in ihrer Hand. Da er ihr das Blut selbst abgenommen hatte, kombinierte er richtig.

»Darf ich?«, fragte er nach einem kurzen Guten-Morgen-Gruß und nahm ihr das Blatt ab. »Du lagst richtig mit deiner Eigendiagnose. Das ist Mist. Was willst du tun?«

»Ich kann nichts tun. Mir bleibt nur, künftig auf die Signale zu achten, die mir mein Körper schickt.« Ihr kam ein Gedanke, der sie sogar lächeln ließ: »Es gibt noch ein paar andere Formen der Malaria. Die sind weitaus gefährlicher.«

Guntram stand dicht vor ihr. Sie meinte, seinen Atem zu spüren.

»Dann hast du doch eigentlich Glück gehabt, dass es dich nicht schlimmer erwischt hat, Toni«, sagte er und drückte damit aus, was sie gerade gedacht hatte.

»Ja, ich sollte dankbar sein, dass ich meine Zeit in Afrika insgesamt heil überstanden habe«, sagte sie nachdenklich. Und plötzlich überkam sie das Gefühl, etwas vergessen zu haben.

In einer Glasvitrine im Empfangsbereich hatte ihre Mutter Mitbringsel aus Afrika ausgestellt. Darunter Werkzeuge, wie sie traditionelle Heiler benutzten. Lanzetten für Hautritzungen, um Medizin zu verabreichen, oder Kalebassen für Flüssigkeiten. Und das erinnerte sie daran, was sie vergessen hatte.

Der Brief, den Schwester Hilla geschickt hatte, in dem sie um Geld für ihre Buschklinik bat! Seit Monaten trug sie ihn in ihrer Handtasche herum. Beantwortet hatte sie ihn noch nicht, weil ihr das Geld gefehlt hatte, das Hilla für ihr Vorhaben benötigte.

In Afrika brachten die Menschen Opfer, um die Götter milde zu stimmen. Dies war der richtige Zeitpunkt, um ihre Dankbarkeit dafür zu beweisen, dass sie *nur* die Quartana hatte.

Sie fischte sich einen Umschlag aus der Rezeptionsschublade und schrieb Hillas Adresse darauf. Guntram sah ihr zu, fragte, was sie täte, und sie erklärte es ihm.

»Wir haben hier recht viele Patienten und Patientinnen, die gewiss gern Gutes tun«, sagte Guntram, während er sein eigenes Portemonnaie hervorholte. »Wenn Hilla ein Buschkrankenhaus aufbaut, braucht sie gewiss viel Geld. Wie wäre es, wenn wir hier so etwas wie eine Spardose aufstellen, in die man Spenden für Afrika hineintun kann?«

Inzwischen war Josefine dazugekommen und griff Guntrams Vorschlag auf: »Ich bastle eine richtig schöne Spendenschachtel!«

Antonia war gerührt. Es tat gut, von Menschen umgeben zu sein, die zusammenhielten.

»Für den Nachmittag hat Frieda von Freystetten einen Termin mit Felix«, sagte Guntram. »Hast du Zeit, dabei zu sein, Toni?«

Er hätte nicht sie fragen müssen; Josefine konnte ebenso gut assistieren.

Sie lächelte ihn an. »Mal sehen, ob ich es einrichten kann, Herr Kollege.«

Guntram behauchte das Bruststück des Stethoskops, damit sich das Metall erwärmte, und legte es sanft auf den zarten Körper des Säuglings. Frieda stand neben ihrem Kind, das sich auf der großen Untersuchungsliege winzig ausnahm, und gab sich Mühe, Felix abzulenken. Antonia sah ihr die Anspannung an, unter der sie stand.

Seitdem ihre Kusine um den empfindlichen Gesundheitszustand ihres Sohnes wusste, hatte sie eine Veränderung durchgemacht. Vielleicht fiel sie Antonia deshalb auf, weil sie in Sorge um Frieda war. Die Vorwürfe, die sie sich zunächst wegen der Verwicklungen um Grit und Henny und dann wegen Felix machte, waren eine Belastung, an der sie durchaus hätte zerbrechen können. Zurzeit sah es stattdessen so aus, als würde sie endlich erwachsen werden.

Heute wurde der Kleine einer ausgiebigen Untersuchung unterzogen – einer sorgsamen Auskultation des Herzens, um die Strömungsgeräusche des Bluts zu erkennen. Seine Mutter machte zwar regelmäßig die Heilgymnastik mit ihm. Ob die Funktion der Herzklappen dennoch nachließ, war dadurch nicht vorauszusehen.

Guntram standen dazu lediglich sein Gehör und sein Tastsinn zur Verfügung. Zunächst setzte er das Bruststück kurz unterhalb des Halses auf. Dies war die Stelle, um die Funktion der Pulmonalklappe zu erlauschen. Sodann folgten vier weitere Punkte. Er hatte die Augen voller Konzentration geschlossen, und Antonias Blick glitt von seinem Gesicht zu seinen schlanken Händen. Es lag trotz seiner Professionalität etwas Liebevolles in seiner Arbeitsweise.

Als er aufsah und das Bruststück hochnahm, kreuzten sich ihre Blicke. Ihr Herz stolperte, als ihr heiß wurde und ein Lächeln in seine Augen trat.

»Und?«, fragte Frieda atemlos. »Ist es besser geworden?«

»Aber ja«, wich Guntram aus.

So schnell würde nichts besser, das hatte sich Antonia inzwischen angelesen. Es durfte nicht schlechter werden, darin lag in diesem Fall der Fortschritt. Nachdem Guntram das Stethoskop an den anderen Punkten des Brustkorbs aufgelegt hatte, sollte der Puls an verschiedenen Körperstellen gemessen werden. Es erforderte viel Geduld und besonderes Fingerspitzengefühl, um dies bei einem so winzigen Patienten an der Halsschlagader, den Fuß- und Handgelenken und den Leisten durchzuführen. Anschließend zeigte Frieda die Übungen, die sie mit Felix ausführte, und Guntram beobachtete den Kleinen dabei.

»Sie machen das sehr gut, gnädige Frau«, lobte er.

Offensichtlich war es ihm wichtig, diese Distanzierung beizubehalten.

»Sobald Sie bemerken, dass sich die Lippen von Felix blau verfärben, er zu schwitzen beginnt oder ...«, begann Guntram aufzuzählen.

»Danke, Doktor, das weiß ich bereits alles«, unterbrach Frieda ihn. »Ich mache fast nichts anderes mehr, als mich um den Kleinen zu kümmern und mir alles über Herzschwäche anzulesen.« Sie blickte zu Antonia, als sie fortfuhr: »Toni, du musst mir einen großen Gefallen tun.«

Guntram lächelte verhalten, als wollte er sagen: Das sind aber eine Menge erbetener Gefallen!

»Jonathan, unser Felix und ich fahren nach Freystetten. Du musst dabei sein, wenn Jonathan um meine Hand anhält. Mein Vater sieht in dir die Tochter, die ich ihm nicht sein kann. Er wird auf dich hören. Hilf mir, Toni, bitte.«

Er wird nicht auf mich hören, widersprach Antonia, aber die Worte fanden nicht über ihre Lippen. Ihre Kusine träumte von einem ganz anderen Leben als jenem, das sie bisher geführt hatte. Die Hoffnung, die sie in Friedas Augen las, wollte sie nicht zerstören.

Schließlich war die Untersuchung des Kindes abgeschlossen und Frieda mit dem Hinweis entlassen, weiterhin mit ihrem Sohn zu üben. Denn seine Entwicklung war ermutigend. Vermutlich trug die Kräftigung des Körpers durch die Heilgymnastik dazu bei.

»Sie hat etwas an sich, deine Kusine, das ... wie soll ich sagen ...«, begann Guntram.

»Du meinst, sie ist fordernd«, ergänzte Antonia.

»Könnte man so ausdrücken.«

»Das ist seltsam mit ihr und mir«, sinnierte Antonia. »Ich kann ihr nichts abschlagen.«

»Ich habe da noch einen ganz unprofessionellen Vorschlag, der uns beide betrifft«, sagte er und grinste.

Sie ahnte, was er meinen konnte, und fragte spitzbübisch lächelnd: »Welchen denn?«

Siegfried hatte eine neue Angewohnheit: Gelegentlich rauchte er Pfeife. Ricarda hatte noch nicht herausgefunden, wann ihn die Lust dazu überkam, aber sie mochte den Geruch des Tabaks. Gerade entzündete er seine Pfeife, die bei einem Mann wie ihm, der Luxus nichts abgewinnen konnte, nur wenig gekostet hatte. Er saß dabei auf einer der neuen Bänke im Park des Freystettener Schlosses, denn er brauchte bei Spaziergängen gelegentliche Pausen. Ricarda gesellte sich zu ihm und stellte den Korb mit den im nahen Wald gesammelten Pilzen ab. Er war voller Pfifferlinge und Steinpilze. Schweigend genossen sie den Blick über die sanft gewellte Landschaft. Der Herbst hatte seinen Höhepunkt erreicht. Die Felder waren abgeerntet, die Bäume leuchteten golden.

Ricarda mochte diese Jahreszeit, weil sie so viel Ruhe ausstrahlte. Sie dachte, wie erholsam es war, nichts tun zu müssen. Sie waren übers Wochenende hier, und das verband sie damit, nach Felicitas zu gucken, die nach wie vor ohne ihren Bruder bei Rosel lebte.

»Es ist schön«, sagte Siegfried.

Seine Frau war es nicht von ihm gewöhnt, dass er sich positiv über Freystetten äußerte. Insofern war seine Bemerkung in ihrer Kargheit typisch für ihn.

»Du bist ja richtig euphorisch«, neckte sie ihn.

»Wir sollten uns stets der Tatsache bewusst sein, wo wir

sind, Rica«, sagte Siegfried und zog gedankenschwer an seiner Pfeife. »Freystetten ist zwar deine Heimat, aber es gehört Menschen, deren Tun ich missbillige.«

»Wirf Franz und Friedemann nicht in einen Topf, Siegfried. Friedemann ist nicht so. Er besinnt sich wieder.«

»Du wirst altersmilde«, entgegnete Siegfried und grinste sie so verschmitzt an wie gelegentlich früher.

»Manchmal«, sagte sie und wägte jedes Wort vorsichtig ab, »könnte ich mir vorstellen, hier zu leben.«

»Aber nicht im Schloss«, erwiderte Siegfried knapp.

Was an sich schon ein unglaubliches Entgegenkommen signalisierte. Die Zeiten, in denen er kategorisch Nein gesagt hätte, waren nicht lange her. Sie hielt es für klüger, es bei diesem Herantasten an das Thema zu belassen.

Kurz darauf saßen sie mit Ricardas Mutter Karla in deren Garten, alle drei in Decken gehüllt, und putzten die Pilze. Das Ehepaar wohnte mit Karla in deren Gesindehaus, das neben dem Schloss lag, obwohl ihnen dort wie früher ein eigenes Zimmer zur Verfügung gestanden hätte. Denn mit seiner Anspielung auf das Wohnen im Schloss hatte Siegfried auf das Fortbestehen des Zerwürfnisses mit dem Grafen angespielt.

Während sie noch mit dem Putzen beschäftigt war, fiel Ricarda auf, dass über einen der Steinpilze Blut lief, den ihre Mutter gerade bearbeitete. Karla schien es nicht zu bemerken.

»Mutter, du hast dich geschnitten«, sagte Ricarda. »Lass uns das mal eben verarzten.«

»Das habe ich gar nicht gespürt«, erwiderte die achtundachtzigjährige Seniorin.

Immer mehr Blut trat aus der Wunde. Siegfried wickelte sein frisches Stofftaschentuch um die Hand der Schwiegermutter und begleitete sie und Ricarda ins Haus.

»Zwei Ärzte wegen so einem bisschen«, scherzte die alte Dame. Doch als der oberflächliche Schnitt gesäubert und der Daumen verbunden wurde, sagte sie: »Morgens ist mir oft so schwindelig, dass ich mich wieder hinlege.«

»Das ist bei alten Menschen keine Seltenheit«, sagte Ricarda. »Wenn du dich ausruhen willst, tue es. Es gibt niemanden, der dich zu etwas drängt.«

Da sie seit der Geburt von Friedas Kindern ohnehin eine gepackte Arzttasche in diesem Haus hatte, kontrollierte sie den Blutdruck ihrer Mutter; er war erwartungsgemäß niedrig.

»Ich weiß nicht, ob ich noch einen weiteren Winter erleben will«, sagte Karla.

Ricarda gab es einen Stich. Ihre Mutter, die bislang voller Energie gewesen war, hatte sich nie dazu geäußert, nicht mehr leben zu wollen.

»Du bist zu viel allein«, stellte Siegfried fest. »Rica hat gerade erst gesagt, dass sie sich vorstellen könnte, hier zu leben.«

Er blickte kurz über den Rand seiner Brille zu ihr, und ihr wurde warm ums Herz. Wenn Karlas Tage sich dem Ende zuneigten, wäre es wunderbar, diese Zeit mit ihr zu verbringen. Und zwar möglichst viel davon.

»Ihr beide seid Großstadtmenschen. Ihr würdet euch doch auf Dauer gar nicht wohlfühlen, wenn ihr nur hier wärt«, gab Karla zu bedenken.

»Wir werden auch nicht jünger. Die hektische Großstadt ist nichts für die Langsamen. Und wenn uns doch der Sinn danach steht, können wir ja immer noch in die Stadt fahren«, sagte Siegfried.

Der einstige Sanitätsoffizier hatte inzwischen sein siebzigstes Lebensjahr vollendet.

Es war das erste Mal, dass Ricarda ihren Mann so reden hörte. Entsprang das einer Stimmung, die vergehen würde?

Es klopfte, und Ricardas Schwester Rosel trat ein. Sie hatte die kleine Felicitas an der Hand, die eigenständig und etwas wackelig selbst lief.

»Frieda hat angerufen«, sagte Rosel. »Sie will uns mit Felix besuchen und sagt, sie bringt jemanden mit. Sie klang ganz verändert.«

»Es wird ja auch allmählich Zeit, dass deine Tochter dir den Mann vorstellt, den sie heiraten will«, befand Großmutter Karla.

Rosel wandte sich an ihre Schwester: »Ich fände es schön, wenn du dabei wärst, Rica. Du bist doch bestimmt auch neugierig, wen Frieda uns präsentiert?«

Genau genommen, geht mich das nichts an, dachte Ricarda, verstand die Bitte ihrer Schwester aber so, wie sie wohl gemeint war: als Hilferuf. Rosel fürchtete, der Lage nicht gewachsen zu sein.

Der junge Mann hielt Felix im Arm und gleichzeitig Händchen mit Frieda. Er schritt forsch aus, als er den Salon des Schlosses betrat, und lächelte nicht wie ein Bittsteller, sondern wie ein siegreicher Held. Ricarda war von seinem Auftreten schon beeindruckt, bevor der Herr nur ein Wort gesagt hatte. Schöner konnte er nicht zum Ausdruck bringen, dass er sich für die Frau an seiner Seite und das Kind entschieden hatte. Die Ähnlichkeit zwischen Vater und Sohn war offensichtlich. Der Fremde trug sein Kind, das auserkoren war, einmal der Erbe von Freystetten zu sein. Ricarda ahnte, dass das, was folgen würde, nur mit sehr viel Glück gut ausgehen konnte.

Es war Frieda, die das Wort ergriff: »Vater, Mutter, ich

stelle euch Jonathan Landsmann vor. Jonathan ist Felix' leiblicher Vater.«

Ihre Stimme war fest, ihr Blick offen. Keine Scheu. Es sah aus, als brauchte sie keinen Beistand; Liebe konnte ungekannte Kräfte entfalten.

Rosel saß in einem Stuhl mit hoher Lehne und hielt Felicitas in einer Weise auf dem Schoß, als wäre sie unentschieden, wer vor wem zu beschützen wäre. Sie als Großmutter vor dem Eindringling, oder ihre Enkelin davor, entführt zu werden. Friedemann hatte sich in gräfliche Positur geworfen, den Rücken steif durchgedrückt in einem identischen Sessel wie seine Frau, die Beine übereinandergeschlagen, die Hände im Schoß. Es verstrichen endlos lange Sekunden, bevor der Graf sich erhob.

»Guten Tag, Herr Landsmann«, sagte Friedemann mit eisiger Miene und streckte ihm die Hand entgegen. »Willkommen auf Freystetten.«

Was nicht zwangsläufig ernst gemeint sein musste; er sagte das zu allen Gästen.

In diesem Augenblick schoss Ricarda durch den Kopf, dass der Besucher unter Umständen einmal Herr dieses Schlosses werden könnte. Das Format dafür brachte er erkennbar mit; sein Auftreten war stilsicher und zeugte von Selbstbewusstsein. Ricarda kannte – von Victor abgesehen – wenige Männer, die bei solcher Gelegenheit ihr Kind auf dem Arm trugen; das war Frauensache oder – in diesen Kreisen – jene des Kindermädchens. Oder war gerade dies der Grund für das Abweichen von der Regel: Sah Herr Landsmann in dem Kleinen so etwas wie ein Faustpfand, das ihn überhaupt zum Eintritt berechtigte?

»Guten Tag, wir bringen den kleinen Grafen zurück«, sagte Jonathan Landsmann lächelnd.

Er strafte damit Ricardas Vermutung Lügen. Da sie davon ausging, dass Rosel und Friedemann die gleichen Befürchtungen hatten, war sein Einfühlungsvermögen erstaunlich.

»Ihre Tochter hat mit Felix täglich Gymnastik gemacht«, fuhr Jonathan fort.

»Herr Landsmann hat begonnen zu lernen, wie wir Felix stärken können«, sagte Frieda. »Antonia hat mir gezeigt, wie ich Felix' Gesundheit überwachen kann.«

Zum Beweis zog sie ein Stethoskop aus ihrer Handtasche.

Ricardas erster Eindruck wurde gerade bestätigt: Die ihren Weg suchende Frieda hatte eine Aufgabe gefunden. Gleichzeitig las sie im Gesicht ihrer Schwester, dass diese eine Aufgabe verloren hatte.

»Sehr schön«, sagte Friedemann mit einem Unterton, der eher vom Gegenteil kündete.

Erst jetzt kam Antonia hinzu, die den Kinderwagen schob.

»Das Kindermädchen hat den Zug genommen!«, rief Antonia in das Schweigen hinein.

Ricarda kannte ihre Tochter gut genug, um zu wissen, dass alles eine wohlüberlegte Inszenierung war.

»Ich habe mich verspätet, Felix. Jetzt darfst du wieder in deinen Wagen.«

Jonathan gab Antonia den Jungen mit jener Selbstverständlichkeit, die auf Vertrauen schließen ließ.

Antonia wandte sich ihrer Mutter zu: »Ich wusste nicht, dass du hier bist. Jonathan, meine Mutter, Dr. Thomasius«, stellte sie vor, legte Felix in den Wagen und beschränkte sich wieder auf die Rolle eines Kindermädchens: »Ich wollte nicht stören. Entschuldigen Sie, Jonathan. Sie wollten etwas sagen.«

Nun, da er die Hände frei hatte, führte Herr Landsmann

Frieda zu ihrem Vater und verneigte sich kurz. »Durchlaucht, Sie kennen mich nicht, und mein Ansinnen wird Sie überraschen. Dennoch bin ich so frei, Sie zu bitten, mir Ihre Tochter zur Frau zu geben. Ich liebe Frieda aufrichtig und von ganzem Herzen und gelobe, immer für sie da zu sein.«

Bei ihrer Schwester meinte Ricarda, eine Träne der Rührung zu erkennen. Sie lächelte und nickte Frieda zu, als würde sie Frieda zu ihrer Wahl beglückwünschen. Früher war Rosels Herz gegenüber ihrer Tochter verhärtet gewesen. Durch die Liebe, die sie in sich selbst wiederentdeckt hatte, indem sie die Zwillinge gepflegt hatte, hatte sich das offensichtlich geändert.

Friedemann reagierte ganz anders. »Herr Landsmann, welche Sicherheiten bieten Sie meiner Tochter?«

»Ich arbeite als Architekt, Durchlaucht.«

»Kenne ich Bauten, die Sie zu verantworten haben?«

»Möglicherweise. Ich habe mitgewirkt am Entwurf des Kaufhauses Jonaß, sowie zahlreicher Privatbauten. Ich arbeite im Stil der Neuen Sachlichkeit, was Durchlaucht gewiss ein Begriff sein dürfte.«

»Jonaß, sagten Sie.« Der Graf machte eine kurze Pause. »Das ist ein jüdisches Kaufhaus. Man kann dort auf Kredit kaufen, wie es die Juden schon immer gehandhabt haben. Denn nur der Jude darf Geld verleihen.«

»Diese Zeiten liegen lange zurück, Durchlaucht. Geld zu verleihen, steht dem Christen ebenso frei.«

»Die Juden halten immer zusammen. Sind Sie Jude?«, fragte der Graf.

»Verzeih, Onkel«, mischte sich Antonia ein. »Ich habe auch bei Jonaß gekauft. Man fragte mich dort nicht, ob ich Jüdin bin. Wenn Herr Landsmann Frieda heiraten will – sollten wir uns dann nicht über das Glück der beiden freuen?«

»Du weißt, ich schätze dich, Antonia. Aber davon verstehst du nichts«, beschied sie der Graf.

Bevor Antonia etwas erwidern konnte, sagte Herr Landsmann: »Meine Großeltern stammen aus Galizien, aus der Bukowina. Sie sind Juden. Ich habe keinen Grund, das zu verheimlichen, denn ich verehre die beiden sehr. Mein Vater und meine Mutter legten den Glauben ab, in dem sie aufwuchsen. Ich bin als evangelischer Christ getauft, Durchlaucht. Frieda hat den Wunsch geäußert, dass wir gegenüber vom Schloss in der Kirche heiraten. Ich würde das sehr gern tun.«

»Ich bin nicht der Pfarrer«, sagte Friedemann schmallippig.

»Wir wollen nicht die guten Sitten vergessen. Auf Freystetten gibt es nachmittags stets Tee«, meldete sich Rosel zu Wort. »Gehen wir Frauen ins Kinderzimmer? Frieda, zeig mir doch mal, was Felix schon kann.«

Das war zwar ein taktisch kluges Vorgehen, wie Ricarda fand. Aber Frieda sah sie deren Unmut gleichwohl an; sie mochte nicht ausgeschlossen werden, wenn es um sie ginge.

»Es kann nicht ganz falsch sein«, sagte Ricarda, »wenn jemand für die Zwillinge spricht, um deren Wohl und Wehe es auch gehen wird. Ich biete mich an. Hat einer der beiden Herren etwas dagegen?«

Wir Frauen ins Kinderzimmer.

Diese Art von Bevormundung weckte Antonias Widerspruchsgeist. Fortgeschickt zu werden, während der Herr Graf das Schicksal von Frieda und deren Kinder aushandelte! Dennoch hatte sie sich stillschweigend gefügt, um keine Eskalation zu riskieren. Ihre Hoffnung ruhte auf ihrer Mutter. Gegenüber den Männern würde es ihr hoffentlich gelingen, Friedas Interessen zu vertreten.

Nach langen Wochen waren die Zwillinge wieder vereint. »Glückskind« Felicitas befand sich ganz offensichtlich in ihrem eigenen Reich, in dem sie sich mit großer Selbstverständlichkeit bewegte. Mal krabbelte sie, dann richtete sie sich auf, lief ein Stück, setzte sich. Sie hatte ihre Puppen, unter denen sich ein Liebling befand, und einen Teddy, den sie bei der Hand fasste, wie es wohl ihre Großmutter mit ihr tat. Von ihrem Brüderchen nahm sie kaum Notiz. Frieda führte voller Stolz vor, dass es Felix gelang zu krabbeln, wenn sie seine Füßchen stützte. Der Kleine lachte und jauchzte, weil er es für ein Spiel hielt.

»Ich erkenne dich kaum wieder«, sagte Rosel. »Das liegt dir, Frieda.«

»Danke, Mutter. Das habe ich auch festgestellt. Jonathan ermutigt mich, dass ich eine Ausbildung als orthopädische Hilfsarbeiterin beginne. Oder, wie es inzwischen zumeist heißt: Heilgymnastin. An der Charité gibt es dazu einen Lehrgang.«

Sie lächelte Antonia zu, um ihrer Mutter zu zeigen, wer sie zu dieser Entwicklung ermutigt hatte.

»Du willst eine Arbeit annehmen?«, hakte Rosel in einem Unterton nach, in dem leise Missbilligung mitschwang. »Verdient Herr Landsmann denn nicht ausreichend, um eine Familie zu ernähren?«

Antonia nahm ihr die Frage nicht übel. Es war die Sicht einer Frau von Mitte sechzig, die zwar den Beruf einer Mamsell, einer Hauswirtschafterin, erlernt, aber weder diesen noch einen anderen je hatte ausüben müssen.

Auch Frieda blieb sachlich: »Felix hat mir gezeigt, wozu ich fähig bin. Das möchte ich auch an andere Kinder weitergeben. Dabei geht es mir nicht ums Geldverdienen, Mutter. Jonathan ist wohlhabend.« Mit sanften Bewegungen brachte sie Felix dazu, zu seinem Schwesterchen zu robben. »Sieh mal, Felix, wer da ist.«

Jetzt setzte sich Rosel auf den Boden dazu. Antonia meinte, ihr ansehen zu können, was gerade in ihr vorging. Für die Großmutter war die Enkelin eine Aufgabe, die sich im Alter als Glücksfall erwies, und das hatte sie erkannt. Die Enkelkinder um sich zu haben, gab ihren Tagen einen neuen Sinn.

Der Kleine erreichte den liegen gelassenen Teddy. Er griff danach, hob ihn an seinen Mund. Sein Schwesterchen sah zu und ließ es geschehen. Sie gehören zusammen, dachte Antonia, und erinnerte sich gleichzeitig daran, wie Jonathan das Kind, das so offensichtlich von ihm gezeugt worden war, ins Schloss trug. Felicitas war ebenso eindeutig nicht Jonathans Tochter.

»Das machst du sehr gut, Felix«, lobte Frieda.

Was Felicitas tat, schien sie nicht so sehr zu interessieren wie die Fortschritte des Jungen. Was ging in ihr vor sich? Lag es daran, dass sie zum Vater von Felix eine innere Verbindung hatte und jener von Felicitas nur *eine Laune* gewesen war, wie sie das genannt hatte? Die Zwillinge wussten von alldem nichts, und es würde sie auch nie interessieren.

Es sei denn, die Erwachsenen würden diese Frage thematisieren.

»Erzählen Sie doch bitte von sich«, sagte Friedemann.

Ricarda saß zwischen ihm und Jonathan Landsmann an einem runden Tisch im kleinen Salon, dessen zwei bodentiefe Fenster den Blick in den langsam in abendlicher Dämmerung versinkenden Park gewährten. Von den Wänden blickten Vorfahren aus Ölgemälden herab. Es war offensichtlich, weshalb der Graf diesen Raum gewählt hatte, wo doch zuvor in einem anderen bereits eingedeckt gewesen war. Die gerade gestellte Frage zielte auf den Unterschied zwischen sich und seinem Gast ab.

»Ich denke mir aus, wie Häuser aussehen sollen, in denen Menschen sich wohlfühlen. Ich habe den Eindruck, dass mir das bislang gut gelungen ist.«

»Sie wissen, dass ich das nicht meine, Herr Landsmann.«

»Verzeihen Sie, Durchlaucht. Wie darf ich Ihre Frage verstehen?«

»Sie sind Christ, behaupten Sie. Ihre Vorfahren sind Juden. Sie möchten die Tochter einer preußischen Familie von altem Adel heiraten. Meiner Erfahrung nach passt das nicht zusammen.«

»Auf was begründet sich diese Erfahrung?«

»Es gibt gewisse Unterschiede in der Herkunft, Herr Landsmann.«

»Die gibt es in der Tat, Durchlaucht. Wie gerade ausgeführt, gilt dies nicht so sehr für die Gegenwart.«

Ricarda bemerkte, dass er sein charmantes Lächeln beibehielt. Friedemann hatte sichtlich Mühe, die Rolle weiterzuspielen, die er gewählt hatte. Sie wollte zwar nicht, dass das Gespräch diese falsche Richtung nahm. Ihrem Schwager aus den sich anbahnenden Schwierigkeiten einer Rechtfertigung herauszuhelfen, kam jedoch auch nicht infrage. Ihre Sympathien galten gerade ohnehin dem jungen Besucher, der sich den Vorurteilen des alten Grafen stellen musste.

»Meine Tochter wird völlig unter dem Einfluss ihrer Mischpoke stehen. So sagt man ja wohl in Ihren Kreisen«, fuhr Friedemann fort.

Ricarda fröstelte angesichts des aggressiven Tons.

»Sie meinen das hebräische Wort für Familie, Durchlaucht. Aber wir sprechen Hochdeutsch wie Sie. Sind das die Themen, die Sie bewegen? Oder wollen wir über Frieda reden?«

»Sie haben ein selbstbewusstes Auftreten, Herr Landsmann. Zu selbstbewusst, wie ich finde.«

»Ich bin gekommen, um mich als Ihr Schwiegersohn zu empfehlen. Als Knecht tauge ich nämlich nicht, Durchlaucht.«

Offenbar war Friedemann ein solches Auftreten nicht gewohnt. Ricarda kannte ihn gut genug, um ihm anzumerken, dass er seine Gesprächsstrategie gerade überdachte, dafür aber eine Pause brauchte.

»Sie haben den Tee noch nicht probiert. Darjeeling ist angenehm leicht am Nachmittag«, sagte er und trank.

»Sprechen wir offen, Durchlaucht«, sagte Jonathan, nachdem er der Form halber am Tee genippt hatte. »Ich bin der Vater von Felix, aber wohl nicht der seiner Schwester. Dennoch bin ich gewillt, nach meiner Verheiratung mit Frieda beide Kinder zu adoptieren. Sie sollten bei ihrer Mutter aufwachsen, die diese Aufgabe wahrnehmen möchte.«

»Beide Kinder tragen den Namen Freystetten. Und das bleibt so«, stellte Friedemann klar.

»Ihr Sohn steht kurz davor, geschieden zu werden. Er kennt die Kinder kaum, heißt es. Aber sie haben eine Mutter, die sich nach Ihnen sehnt.«

»Meine Tochter hat bislang wenig Anstalten gemacht, diese Sehnsucht zu zeigen, Herr Landsmann. Meine Frau wird Ihnen das bestätigen.«

»Ich kann das nicht bestätigen, Friedemann«, sagte Ricarda. »Der Not gehorchend, hat Frieda auf die Kinder verzichtet. In diesem einen Jahr ist viel geschehen. Sie hat sich geändert. Durch Felix. Ich freue mich sehr für sie. Das solltest du auch.«

»Das tue ich gewiss, Ricarda. Aber meine Tochter ist ein Mensch, der heute so fühlt und morgen anders.«

»Sie hat die Liebe zu den Kindern entdeckt. Spät, ja, aber früher war es ihr nicht möglich«, erklärte Ricarda. »Wenn du sie liebst, dann hilf ihr, die Zwillinge zurückzubekommen.«

»Dafür ist es jetzt zu spät. Nun sind es die Kinder von Franz. Und ich möchte nicht, dass es jüdische Kinder werden. Das hätte Frieda sich früher überlegen müssen. Ich bin nicht bereit, mich ihren Launen zu unterwerfen. Mehr gibt es dazu nicht zu sagen.«

»Ich kam in der Annahme, dass Sie Ihren Gästen denselben Respekt zollen, den der Gast Ihnen schuldet«, sagte Jonathan. »Respekt ist keine Frage des Glaubens. Dennoch weise ich Sie erneut darauf hin, dass ich ebenso Christ bin wie Sie, Durchlaucht.« Er erhob sich. »Ich werde zu einem anderen Zeitpunkt erneut um die Hand Ihrer Tochter anhalten. Ich bedaure, dass heute der falsche Tag dafür ist.« Er deutete mit dem Kopf eine Verneigung an. »Auf Wiedersehen.« Er lächelte Ricarda zu. »Frau Doktor, es war mir eine Freude, Antonias Mutter kennengelernt zu haben.«

Damit ließ er Ricarda und den Grafen allein.

»Woher kennt Frieda diesen Mann?«, fragte Friedemann nach einem Moment irritierten Schweigens.

»Das geht uns beide nichts an«, erwiderte Ricarda, die sich nur an eine Andeutung von Antonia erinnerte, die beiden flüchtig auf einer Silvesterparty bei dem Schriftsteller Vollmer erlebt zu haben. »Ihn *diesen Mann* zu nennen, widerstrebt mir«, ergänzte sie. »Ich finde, Frieda hat eine gute Wahl getroffen.«

»Er ist Jude.«

»Er ist der Mensch, den sich deine Tochter ausgesucht hat. Frage dich bitte, ob nicht auch du in ihm den richtigen erkennen könntest, wenn dir deine Vorurteile nicht den Blick vernebeln würden.«

Friedemanns Miene blieb undurchdringlich.

Nachdem Victor mit dem wichtigen Filmmogul Louis B. Mayer und dessen Familie fortgegangen war, beobachtete Henny, dass immer mehr Gäste der Pool-Party ihre Sonnenliegen neben ihren aufstellten. Sie wurde lächelnd gegrüßt, in *smalltalks* verwickelt, wer Kinder mitgebracht hatte, sorgte dafür, dass sie mit Vicky und Leo spielten. Allmählich begann sie zu verstehen, dass der Auftritt des MGM-Bosses ihr in dieser Gemeinschaft einen Stellenwert gegeben hatte: Sie wirkte wie die Gattin eines Mannes mit Zugang zum inneren Kreis der Macht. Diese Erkenntnis verlieh dem Geschehen auch für sie eine neue Bedeutung. Hatte sie sich zunächst noch um Victors Zukunft gesorgt, so überwog nun die Zuversicht. Dieses Wochenende würde wohl kein vollkommenes Fiasko werden.

»Sie sind auch hier, Frau Doktor!«, wurde Henny unvermittelt angesprochen. »Gefällt Ihnen das Leben der High Society?«

»Ich bin gerade dabei, mir eine Meinung zu bilden«, erwiderte Henny. »Schön, Sie ebenfalls munter zu sehen!«

Doris Kaufmann, die junge Schauspielerin aus Berlin, die wegen ihres deutschen Akzentes mit ihrer amerikanischen Karriere haderte, hatte sie unter den zahllosen Gästen ausgemacht. Inmitten von Menschen, die weiße oder farbenfrohe Kleidung trugen, hatte sie sich für Pechschwarz entschieden. Mit ihrem Hut, dessen breite Krempe von einem Blumenmuster durchbrochen war, das auf der weißen Gesichtshaut bizarre Schatten warf, war sie ein Hingucker. Unter Stars wie ein wahrer Star zu wirken, das musste man erst mal hinbekommen, dachte Henny voller Respekt.

»Sie hatten recht gehabt«, sagte Doris und setzte sich neben Henny auf den Liegestuhl. »Es ist der Zwölffingerdarm. Sie sind eine gute Ärztin.« Sie lächelte. »Das ist nicht nur meine Meinung.«

»Sie waren im *Cedars of Lebanon*? Haben Sie sich operieren lassen?«

Die Schauspielerin schüttelte den Kopf. »Ich gehe den Weg, den Sie mir vorgeschlagen habe. Ich trinke keinen Alkohol mehr.« Sie zeigte lächelnd das Glas in ihrer Hand; es war Zitronenlimonade. »Und ich halte strenge Diät.«

»Die Ärzte im *Cedars* haben gemeint, das reicht?«

»Ja.«

»Wissen Sie«, sagte Henny, »im Prinzip ist es so, dass Ihr Lebenswandel Sie krank gemacht hat. Wenn Sie den entsprechend ändern, und zwar auf Dauer, dann mag das ausreichen. Jedoch müssen Sie das beobachten lassen.«

»Kennen Sie in Berlin eine Ärztin, die Sie mir empfehlen können?«, fragte Doris Kaufmann.

»In Berlin?« Henny stutzte. Dann begriff sie: »Sie wollen zurück?«

»Und nicht nach Wuppertal zu meiner Mutter. Vielleicht bekomme ich nicht mehr die großen Rollen. Na und? Spiele ich halt die kleinen. Es geht mir so viel besser, seitdem ich herausgefunden habe, dass Hollywood mich krank macht. Sie hatten es mir ziemlich direkt gesagt, Frau Doktor. Ich danke Ihnen. Ich glaube, das ist es, was mir in der Tat die Freude am Leben zurückgibt: einzusehen, dass ich nicht hierhergehöre.«

Die junge Schauspielerin sprach laut. Die Reaktionen der Umstehenden waren entsprechend. Ringsum verstummten die Gespräche. Doris hatte das Tabu ausgesprochen, das alle mieden: Sie waren gekommen, um zu gewinnen, und wussten gleichzeitig, dass die Chancen bei diesem Spiel bestenfalls fünfzig-fünfzig standen.

»Meine bisherige Praxis in der Behrenstraße wurde von meiner Schwester und einer guten Freundin übernommen«, sagte Henny. »Dort sind Sie in den besten Händen. Wer weiß? Vielleicht sind wir auch bald wieder zuhause.«

Doris wog nachdenklich den Kopf. »Das glaube ich nicht. Menschen, die sich überall behaupten können, erkenne ich sofort. Sie gehören dazu, Frau Doktor.«

Sie nahm Leo hoch, drückte dem verdutzten Jungen einen Kuss auf die Wange.

»Mach's gut, kleiner Löwe!«

Mit dem Abdruck ihres knallroten Kussmunds auf der Wange setzte sie ihn wieder ab.

»Bevor ich es vergesse: Ich habe mir erlaubt, den Ärzten im *Cedars of Lebanon* zu sagen, wo man Sie findet. Die suchen eine Ärztin wie Sie. Bis irgendwann, Frau Doktor. Und tausend Dank!«

Während Doris in der Menge verschwand, nahmen die Gespräche ringsum wieder an Fahrt auf. Vielen mochte der Besuch des schwarzen Engels wie ein Spuk erscheinen, aber Henny lehnte sich zurück. Es war ein wundervolles Gefühl, einem anderen Menschen womöglich dabei geholfen zu haben, zu sich selbst zurückzufinden.

Das in der Einsamkeit der kalifornischen Berge gelegene Schloss von Mister Hearst erschien Henny wie eine Zeitmaschine. In der Branche, in der sowohl der Zeitungstycoon als auch seine bunte Gästeschar ihr Geld verdienten, ging es darum, zu wissen, was die Menschen nicht nur mochten, sondern auch, was sie künftig mögen würden. Hearsts *castle* hingegen war eine mit Händen zu greifende Reise in die Vergangenheit. Da gab es die mittelalterliche

Bibliothek, den Rittersaal, die zahlreichen Salons. Hier die Blechrüstungen, dort die Gobelins und andernorts die kostbaren Bücher. Alles erst kürzlich errichtet und aus aller Welt zusammengetragen von einem Hausherrn, der unsichtbar blieb.

Die überkandidelte Gästeschar bediente sich ebenso wie Henny und ihre Familie an den diversen Buffets mit exquisiten Speisen. Inzwischen war es Abend geworden, die Sonne versank glutrot über dem Meer, und tauchte sowohl das Schloss als auch die karge Landschaft, in die es hineingestellt worden war, in ein verzaubert wirkendes Licht.

Florentine hatte auf einer der dem Meer zugewandten Terrassen einen großen Tisch ergattert, an dem gespeist wurde. Ein Pianospieler bediente sein Instrument so unauffällig, dass es einem Hintergrundrauschen glich.

Hennys Schwiegermutter war ausgesprochen schlechter Laune, was sie selten zeigte. Dafür jetzt umso deutlicher.

»Du hast nur deinen eigenen Vorteil im Sinn, Victor«, zischte sie ihren Sohn an. »Was du getan hast, nennt man Verrat. Und das an mir!«

Vicky rührte keinen Bissen an, dabei mochte sie Lachssteak sehr. Der Gefühlsausbruch ihrer Großmutter nahm sie sehr mit.

»Du verlierst keinen Pfennig«, erwiderte Victor. »Im Gegenteil: Deine Investition ist gesichert.«

»Papperlapapp! Investiert habe ich schon immer. Nichts mehr zu sagen habe ich, darum geht es. Ich bin draußen. So sieht es aus«, ereiferte sich Florentine, wobei sie immer noch mit der gedämpften Vornehmheit einer gebürtigen Gräfin sprach.

Victors Unterhaltung mit dem Eigentümer von MGM hatte nur etwas mehr als eine Stunde gedauert. Danach war Victor zu seiner Familie zurückgekehrt. Er hatte zwar die

Filmrechte verkauft, aber einen mehrjährigen Vertrag als Produktionsleiter bekommen.

»Ich musste an meine Familie denken, Mutter. Ich kann nicht von der Hand in den Mund leben, und Henny muss wissen, wo wir in zwei, drei Jahren wohnen werden. Sie soll die Möglichkeit haben, sich in Los Angeles eine Zukunft aufzubauen«, sagte Victor. »Dasselbe gilt für Vicky und bald auch für Leo. So macht man das in einer Familie: Man denkt an das Wohl aller.«

Florentine verstand die gegen sie gerichtete Spitze gut. Sie versuchte, ihre Verärgerung wegzuatmen. Es gelang ihr erstaunlich gut, wie Henny fand. Und sie war voller Stolz auf Victor, der aus einer aussichtslos erscheinenden Situation erfolgreich hervorgegangen war. Die Entwicklung und das Entstehen von *Grand Hotel* konnte er zwar nicht mehr inhaltlich bestimmen, aber ihm oblag die organisatorische Leitung.

»Wir bleiben also in Los Angeles?«, fragte Vicky.

»Ja, wir bleiben hier«, bestätigte Henny.

Sie war sich selbst nicht sicher, was sie empfinden sollte. In Berlin begänne der Winter, während in Kalifornien die Sonne schien. Aber das allein war es lange nicht. Ihre Familie war mehrere Tagesreisen entfernt.

Florentine griff nach der in einem Sektkühler bereitstehenden Flasche Champagner, die sie Victor reichte, der einschenkte.

»Auf die Familie«, lautete Florentines Toast.

Verwundert stieß Henny mit an. Flora gab sich geschlagen? So schnell?

»Ich habe verstanden, Victor. Ich bin dir lästig. Okay. Dann gehe ich. Ihr könnt in meinem Haus wohnen bleiben. Zahlt mir Miete. Und besucht mich irgendwann in Europa.«

»Großmutter!« Vicky sprang auf. »Bitte tu das nicht!« Sie schlang die Arme um Florentine.

»*Darling*, du hast mich Großmutter genannt.« Sie seufzte schwer. »Nun fühle ich mich noch älter.«

»Aber du bist meine Großmutter«, sagte Vicky mit Tränen in den Augen. »Du bist doch ein Teil unserer Familie.«

»Es ist süß von dir, das zu sagen, *darling*. Aber weißt du, ich war eigentlich nie Teil von etwas. Ich war immer nur für mich selbst da. Frag deinen Vater. Er wird es dir bestätigen.«

Victor schwieg, und seine Tochter war schon alt genug, um sein Schweigen richtig zu interpretieren.

»Kehrst du nach Berlin zurück, Florentine?«, fragte Henny.

»Nein, *darling*, gewiss nicht. Sei ehrlich: Vermisst du diese Stadt, die nie zur Ruhe kommt? In der die Menschen wie Ameisen durcheinanderwirbeln? In der es stinkt, lärmt und dreckig ist? Überall stehen Schupos mit Trillerpfeifen, die wegsehen, wenn es für sie Arbeit gäbe. Ich gehe dahin, wo die Sonne so scheint wie hier, lecke ein wenig meine Wunden und …« Sie beugte sich zu Henny und flüsterte ihr ins Ohr. »Und suche mir einen Mann, der mich daran erinnert, wie jung ich bin.« Sie wandte sich an Vicky. »Du warst schon mal vor vielen Jahren bei mir an der Côte d'Azur. Erinnerst du dich, *darling*? Komm mich mal besuchen. Okay?«

Aber Vicky schüttelte mit Tränen in den Augen den Kopf.

Der Pianist am Konzertflügel verließ sein Instrument, um Pause zu machen. Henny fiel nicht auf, dass seine Melodien nicht mehr die Unterhaltungen untermalten. Bis Vicky aufsprang, sich ihre Tränen aus dem Gesicht wischte und zum Piano stürmte. Wie eine Ertrinkende, die nach

Halt suchte, begann sie zu spielen. Die Gespräche verstummten, und die in diesem Märchenschloss versammelten Heimatlosen lauschten fasziniert dem Kind, das in diesem Moment in der Musik ein Zuhause fand.

»Es tat mir weh, Vicky so zu sehen«, sagte Henny. »Ich weiß nicht, ob wir das Richtige tun.«

Von einer der unterhalb des Fensters gelegenen Terrassen drangen trotz der nächtlichen Stunde Gesprächsfetzen und Lachen ins Zimmer. *Casa Grande*, das große Haus, das wie eine spanische Kathedrale aussah, bot vielen Gästen die Möglichkeit zu übernachten. Nach welchem Schema jemand im Haupthaus verweilen oder in einer der vielen kleineren Villen unterkam, erfuhr Henny nicht. Aber Victor war der Ansicht, dass es Mister Hearst bei der gesamten Einladung darum ging, seine einzigartige Bedeutung herauszustellen.

Hennys und Victors im spanisch-mexikanischen Stil eingerichtete Suite bot allen Luxus, aber Schlaf konnte das Ehepaar keinen finden. Es kam schließlich nicht oft vor, dass eine Entscheidung getroffen wurde, die auf Jahre hinaus alles veränderte. Hollywood also und kein Berlin. Ständiger Umgang mit ihr unbekannten Menschen, die durchs Kino weltbekannt waren oder es erst noch wurden. Stattdessen ein Leben fern der eigenen Familie. Vickys Klavierspiel hatte das alles zusammengefasst.

»Vicky wird irgendwann erkennen, dass ihre Großmutter lieber ihren Egoismus füttert, anstatt ihre Familie zu unterstützen. Ich weiß auch, wie sehr dir Berlin fehlt, Henny«, sagte Victor. »Mir doch auch.«

»Nein, das tut es nicht«, widersprach sie sanft, während sie in seinem Arm lag. »Du hängst an Großmutter Karla, sonst hast du in Berlin keine Wurzeln.«

»Das stimmt. Weißt du, was ich dachte, als ich unsere Tochter vorhin spielen sah? Sie ist in Los Angeles geboren. Das hier ist ihre Welt. Es liegt Vicky im Blut, weil das Erste, was sie wahrnahm, die Sonne von Kalifornien war.«

Henny küsste seine Wange und scherzte: »Nun übertreib mal nicht. Das Erste war meine japanische Hebamme und dann ich.«

»Du weißt, was ich meine, Henny: Wir alle schlagen neue Wurzeln. Und es gibt so viele Deutsche, die hier leben, arbeiten und Teile der Stadt prägen.«

Flüchtig dachte Henny an die kurze Begegnung mit der Schauspielerin Doris. Nun, da sie beide einen Plan für die nächsten Jahre hatten, nahm sie sich vor, sich im Krankenhaus *Cedars of Lebanon* vorzustellen. Die improvisierte Hausarztpraxis war keine Herausforderung. Sie brauchte eine richtige Arztstelle, aber dieses Mal als Angestellte mit festen Arbeitszeiten. Und dann ertappte sie sich wieder bei den Gedanken an Berlin: Wie machte sich wohl Toni in der Praxis? Wie ginge es der betagten Großmutter Karla und ihren Eltern?

Würden sie und die Kinder auf Dauer die Trennung von ihnen ertragen?

»Ich liebe dich«, sagte Victor in die Dunkelheit hinein, und sie hörte den ruhigen Atem ihrer Kinder, die in ihren Betten schliefen.

Wie hatte Florentine gesagt? *Ich war eigentlich nie Teil von etwas. Ich war immer nur für mich selbst da.*

Das machte den Unterschied aus. Victor und sie hatten sich und die Kinder. Das war sehr viel. Im Laufe der Zeit würde mehr hinzukommen: jene Menschen in Los Angeles, von denen sie bislang noch gar nicht wussten, dass es sie gab, die aber zu Freunden werden konnten.

WAS ENGEL LIEBEN

— ◆ —

November 1930

Antonia war nervös.

Sie war schon lange nicht mehr so richtig ausgegangen, mit Abendkleid und etwas Schmuck, das Haar hochgesteckt. Das Varieté *Scala* in der Luther-Straße war schließlich etwas anderes als die Musikkneipe, in der Adam aufgetreten war, oder die *Arizona-Bar*. Das *Scala* genoss Weltruf und hatte den entsprechenden Großstadt-Chic mit Glitzer und Glamour.

Nervös war sie aber nicht deshalb, sondern wegen des Mannes an ihrer Seite. Es war ihr erstes Rendezvous mit Guntram, obwohl sie seit Wochen in derselben Praxis arbeiteten und sich seit Jahren kannten. Nur Freunde zu sein, das hatte bislang nicht funktioniert. Denn beim Anblick eines Freundes schlug nicht sofort das Herz schneller, und es stellte sich auch nicht das wohlige Gefühl im Bauch ein, den anderen Menschen als Ergänzung zu empfinden. Guntrams Frage nach der *zweiten Chance*, als sie hohes Fieber gehabt hatte! Sie hatte sich eine Weile geziert, ihn zappeln lassen. Ja, aus Rache, weil er sie damals so kalt abserviert hatte. Schließlich hatte er Nägel mit Köpfen gemacht und seinem *ganz unprofessionellen Vorschlag*, der die Bitte um ein Rendezvous war, Tatsachen folgen lassen. Er war zu ihr mit Eintrittskarten gekommen.

»Kennst du die *Comedian Harmonists?*«, hatte er gefragt.

Wer kannte die in Berlin nicht! Die A-cappella-Sänger hatten eine kurze, steile Karriere hingelegt. Inzwischen wurden ihre Lieder im Rundfunk gespielt.

Guntram half ihr an der Garderobe aus dem Mantel. »Du siehst schön aus«, sagte er dabei.

Das Kleid war neu, betonte ihre weibliche Figur und war bezahlt worden mit ihrem ersten Arztgehalt.

»Danke, der Smoking steht dir auch gut«, erwiderte sie.

»Findest du? Danke. Der hat schon ein paar Jahre auf dem Buckel. In der Nähe meiner Wohnung ist eine Änderungsschneiderei, dort habe ich ihn anpassen lassen. Er gehörte nämlich meinem Onkel.«

Antonia war der Onkel am Morgen nach jener unvergessenen und viel zu abrupt geendeten Liebesnacht nicht begegnet. In seiner Wohnung hatte Guntram ein eigenes, karg eingerichtetes Studentenzimmer gehabt.

»Ja, der liebe Onkel«, sagte sie vieldeutig.

Weil er in jener Nacht nicht in seiner Zweitwohnung gewesen war, war ihre Liebesnacht überhaupt möglich gewesen.

Wie Freunde gingen sie nebeneinander zum mehrere Tausend Zuschauer fassenden Saal.

»Mein Onkel ist Anfang des Jahres verstorben«, sagte Guntram. »Er hatte keine Kinder und hat mich stets gefördert. Ohne ihn hätte ich mir das Studium nie und nimmer leisten können.« Er lächelte. »Und nach der Trennung von meiner Frau würde ich sonst vor einem Berg Schulden stehen.«

»Du wärst also in Kiel geblieben?«

»Nein.« Guntram schüttelte den Kopf. »So oder so hätte ich es da nicht lange ausgehalten. Das ist nicht meine Stadt. Ich bin ja nur des Onkels wegen dorthin gezogen; ich wollte ihm nah sein.« Er seufzte. »Nun ja, ich hatte ein wenig den Boden unter den Füßen verloren: Ich war mit dem Studium fertig, hatte mich in ein Mädchen verliebt. Aber nicht den Mut gehabt, es ihm zu sagen. Ich nahm am Zug Abschied von ihr. Die Worte lagen mir auf der Zunge: Fahr nicht nach Afrika, bleib hier, ich möchte, dass wir zusammen sind. Aber ich war zu feige, es auszusprechen. Und sie fuhr fort.«

Sie nahmen nebeneinander Platz. Die Menschen waren in freudiger Erwartung des Konzerts. Antonias Herz schlug ihr bis zum Hals.

»Du hast dem Mädchen schöne Briefe geschrieben. Über einen freute sie sich besonders. Getrocknete rote Rosenblätter rieselten heraus, als sie ihn öffnete. Da hat das Mädchen gehofft, dass es den jungen Mann doch noch irgendwann würde küssen können«, sagte sie.

»Das hat der junge Mann auch gehofft«, sagte er.

»So, so, der junge Mann ...« Sie grinste. »Und was erhofft sich der Mann, der jetzt neben dem Mädchen sitzt?«

»Den Mut, dem Mädchen zu sagen, dass er sie jeden Tag, an dem er sie gesehen hat, noch lieber gewonnen hat.«

Die Glocke zum Beginn der Vorstellung ertönte zum zweiten Mal, die Gespräche verstummten allmählich. Antonia hatte das Bedürfnis, sich zu ihm zu neigen. Da legte er den Arm um sie und wandte ihr seinen Mund zu. Als das Licht im Saal erlosch, küssten sie sich.

Die *Comedian Harmonists* hatten ihr Publikum vergessen lassen, dass November war. Man trällerte *Veronika, der Lenz ist da* und *Wochenend und Sonnenschein*, als man den von zahlreichen Neonröhren hell erleuchteten Ausgang des *Scala*-Varietés verließ. Die heiteren Lieder, mit einem Augenzwinkern vorgetragen von den schönen Männerstimmen, hatten auch Antonia fröhlich gemacht.

Doch auf der Luther-Straße vor dem Varieté empfing sie die Wirklichkeit Berlins: Es wurde wieder mal demonstriert. Anhänger der Kommunisten – im Reichstag seit Neuestem die viertstärkste Partei – schwenkten Plakate und Fahnen, beschworen lautstark das Ende des Kapitalismus. Sie versperrten den Varieté-Besuchern den Weg. Es kam zu Schubsereien und Pöbeleien zwischen Herren im Mantel mit Pelzkragen und den sogenannten Rotfrontlern. Gemeinsam schoben sie sich am Rande der Demonstration vorbei, als ihnen ein Mann den Weg verstellte.

»Nix da, Herrschaften. Hier jeblieben! Hören Se sich mal hübsch brav an, wat die Kameraden euch Kapitalisten zu sagen haben!«

»Wir sind keine …«, setzte sie an, als sie den Mann wiedererkannte. »Sie sind der Freund von Adam!«, rief sie.

Es war der Mann mit der auffällig karierten Schiebermütze, den sie das erste Mal an Silvester getroffen hatte.

»Was ist aus Adam geworden?«, fragte sie.

Der vermeintliche Freund hob die Schultern. »Dit weeß keener.«

Er gab ihr und Guntram den Weg frei. Antonia hakte sich bei Guntram ein. Aus einem nahe dem Varieté gelegenen Restaurant fiel warmes Licht auf den Asphalt.

»Ich habe uns hier einen Tisch bestellt«, sagte Guntram und stieß die Tür auf.

Das Restaurant verfügte über wenige Tische, von denen nur einer noch frei war. Diensteifrige Kellner umschwirrten das Paar und machten den Straßenlärm fast vergessen. Antonia fühlte sich von so viel Eleganz überrumpelt und willigte erleichtert in die Menüvorschläge des Obers ein.

In Gedanken war sie bei dem Mann mit der Schiebermütze – und bei Adam. Sie saß hier in diesem Gourmettempel, den sich tatsächlich nur Menschen mit entsprechend viel Geld leisten konnten. Und Adam war verschollen in irgendeinem Gulag. Sie hatte unweigerlich ein schlechtes Gewissen.

»Du siehst bedrückt aus«, stellte Guntram fest. »Was hat es mit Adam auf sich? Du bist in Sorge um ihn?«

»Dies war ein verrücktes Jahr. Adam ist ein Teil davon. Ich traf ihn Silvester. Ein Amerikaner und Kommunist.«

Das klang so lapidar, dass er nicht weiter darauf einging. Sie fand, dass es noch nicht an der Zeit war, mehr darüber zu erzählen. Vielleicht ein anderes Mal. Oder gar nicht. Adam hatte sie gelehrt, dass ein Mann nicht unbedingt viel über die Vergangenheit der Frau wissen sollte, die er liebte. Und durch Ben hatte sie erfahren, dass die Wunden von gestern heilen konnten. Der Kuss im Varieté hatte allerdings auch gezeigt, wie eng bei der Liebe Vergangenheit und Gegenwart ineinander verwoben waren. Hatte sie nicht schon vor langer Zeit eingesehen, nichts von der Liebe zu verstehen?

Der Ober brachte, was sie bestellt hatten. Das Gericht war nach dem Namen des Restaurantbesitzers benannt, *Medaillons à la Horcher* – kleine Rinderfilets mit einer Entenlebermousse, gekrönt von einem Blätterteighütchen, dazu frischer Rosenkohl. Köstlich, aber umständlich zu essen, wie Antonia feststellte.

»Danke für die Einladung«, sagte sie, war aber etwas zu aufgeregt, um es wirklich zu genießen. »Was wird nun aus dem jungen Mann und dem Mädchen, die sich am Bahnhof verabschiedet haben?«

»Ich würde den beiden wünschen, dass aus ihnen ein Paar wird.« Er küsste zart ihre Wange.

»Und wenn das mit den beiden schiefgeht?« Den ernsten Hintergrund ihrer Frage formulierte sie halb scherzhaft:

»Man erzählt sich, sie hätten sich wiedergetroffen und arbeiteten in derselben Praxis. Meinst du, dass sie damit Probleme bekommen könnten? Falls das mit den beiden nicht für immer hält?«

Guntram nickte. »Ja, von solchen Fällen habe ich auch gehört. Ich glaube nicht, dass das auf diese beiden zutrifft. Denn sie haben einander lange vermisst und haben sich wiedergefunden. Ich könnte mir vorstellen, dass es für beide die große Liebe ist.«

Ihre Blicke waren einander versunken. Sie vergaßen das gute Essen vollständig, bis der Ober fragte, ob es nicht schmeckte.

»Doch, ganz wunderbar«, erwiderten sie wie aus einem Mund und lachten gleichzeitig.

An ihrem Schwager persönlich hatte Ricarda zwar einiges auszusetzen, aber sie respektierte Friedemann als Ehemann ihrer Schwester. Die beiden waren seit mehr als vierzig Jahren verheiratet, und Friedemann zeigte seiner Frau auch heute immer wieder, wie sehr er sie liebte. Heute, an Rosels Geburtstag, hatte er eine goldene Fünfundsechzig im Gartensalon aufhängen und den großen Raum für ein Galabankett schmücken lassen. Eine Musikkapelle baute gerade ihre Instrumente auf, die Dienerschaft deckte die Tische ein. Der Graf selbst machte einen nervösen Eindruck, was Ricarda ihm selten anmerkte. Der Grund war nicht schwer zu erraten. Wenn ihre Mutter so groß gefeiert wurde, war kaum vorstellbar, dass Franz und Frieda nicht kämen.

Aber wie würden die beiden auftreten? Würden sie wie üblich aufeinander losgehen?

»Hast du Herrn Landsmann ebenfalls eingeladen?«, fragte Ricarda, als gerade die Namensschilder vor den Plätzen aufgestellt wurden.

»Die Gretchenfrage!« Friedemann seufzte schwer. »Ja, Ricarda, ich habe ihn eingeladen. Das war Rosels Wunsch.«

»Es könnte ebenso gut deiner sein.«

Er blickte sie verdutzt an. »Ja, das ist nicht falsch. Ich habe Erkundigungen über Herrn Landsmann eingeholt. Er hat einen untadeligen Ruf als Ehrenmann und als Architekt. Du weißt, dass er in Scheidung lebt?«

»Toni meinte dazu, dass Männer seines Alters in aller Regel vergeben sind.«

»Eine Frau mit Zwillingen will auch nicht jeder heiraten.«

»Aus deinem Mund als Vater klingt das nicht sehr freundlich, Friedemann. Heutzutage ist die Liebe für die jungen Leute so etwas wie ein Blumenstrauß, den man sich schenkt. Früher oder später verwelkt er. Das sollten wir zur Kenntnis nehmen und kein Urteil fällen.«

Friedemann wandte ihr seine ganze Aufmerksamkeit zu. »Du bist eine kluge Frau, Ricarda, und du hast viel ausgehalten.«

Er machte eine kurze Pause, und sie fragte sich, was denn jetzt wohl kommen mochte. Da er ein geradezu feierliches Gesicht aufsetzte, wagte sie zu hoffen, es wäre etwas Positives. Denn der Streit um den Überfall auf Henny war keinesfalls beigelegt. Sie sprachen nur beide nicht mehr darüber, wobei Ricarda nur auf den richtigen Zeitpunkt wartete, um Gerechtigkeit herbeizuführen.

»Diese Angelegenheit mit Henny. Es tut mir leid.«

Friedemann stieß die dürren Worte hervor, als würgte er sie aus den Tiefen seiner Seele empor.

»Das reicht nicht, Friedemann.«

»Was soll ich denn sagen, Ricarda? Ich habe doch erst danach davon erfahren!«

»Aber du wusstest es, Friedemann, und stelltest dich vor

deinen Sohn. Wir dürfen nicht alles entschuldigen, was unsere Kinder tun. Es gibt Grenzen. Und die hat Franz eindeutig überschritten. Die eigene Kusine wurde schwer verletzt, und er verliert kein Wort des Bedauerns.«

Nun kam Rosel hinzu, bereits in einem hellen Kleid, das Haar frisch frisiert. »Wollt ihr beiden mir etwa einen Herzenswunsch erfüllen?«, fragte sie.

Ricarda sah ihrem Schwager an, dass er nun kaum noch eine Möglichkeit hatte, sich dem Unausweichlichen zu entziehen. Er richtete sich zu seiner ganzen Größe auf, womit er die beiden Frauen um eine halbe Kopflänge überragte.

»Ich kann nicht für unseren Sohn sprechen, Ricarda. Nur für Freystetten. Als Familienoberhaupt habe ich Grit die Summe zukommen lassen, die sie verlangt hat. Was Henny betrifft, so muss das Franz regeln. Das werde ich ihm sagen.« Er streckte Ricarda die Hand entgegen. »Ich möchte dir in die Augen blicken können, ohne ein schlechtes Gewissen haben zu müssen oder deine Enttäuschung über mein Verhalten zu spüren.«

Ricarda sah auf die ausgestreckte Hand. Ihr war nicht wohl bei dem Gedanken, sie zu ergreifen. Diese Art der Versöhnung wurde Henny nicht gerecht.

»Wir sind eine Familie, Friedemann«, sagte Rosel. »Da reicht man sich doch nicht die Hände.« Damit schloss sie ihre Schwester in die Arme. »Wir schämen uns für das, was Henny angetan wurde. Nicht wahr, Friedemann, das wolltest du doch auch sagen.«

»Ja, Rosel, das wollte ich«, pflichtete ihr Mann ihr bei.

Machte es einen Unterschied, dass er es nicht sagte, dachte Ricarda. Oder war es spitzfindig, so zu denken?

Einer der livrierten Diener kam herein. »Durchlaucht, Verzeihung, die ersten Gäste fahren vor.«

Friedemann setzte die Miene auf, die er, wie Ricarda vermutete, in der Öffentlichkeit als Graf zur Schau stellte. »Dann soll es wohl losgehen.«

Antonia hatte es nicht anders erwartet: Die Tischordnung hatte Frieda an das andere Ende des Gartensaals gesetzt, weit entfernt von Franz von Freystetten. So sollte wohl auch ein ständiges Aufeinanderprallen der ungleichen, zum Zank neigenden Geschwister vermieden werden. Antonia saß neben ihr und Jonathan. Die Zwillinge waren in der Obhut ihrer einstigen Amme Emma. Inzwischen neigte sich das Mittagessen dem Ende zu, die Stimmung war durch den reichlich ausgeschenkten Wein gelöst. Geburtstagskind Rosel strahlte, es sah danach aus, als würde es ein gelungenes Fest werden.

Da klopfte Franz mit der Gabel gegen sein Kristallglas, die Gespräche verstummten. Von ihm wurde die zweite Lobrede auf die Jubilarin erwartet, mit der ersten hatte Friedemann als Herr des Hauses die Gäste willkommen geheißen. Alle sahen den jungen Grafen erwartungsvoll an, der sich seinerseits Mühe gab, seinen Charme spielen zu lassen. Über den er durchaus verfügte, wie Antonia als seine Kusine wusste. Seine Haut war leicht gebräunt, die Glatze spiegelblank, der dunkle Anzug saß perfekt, im Knopfloch eine rote Rose, an der Brust zwei militärische Orden.

»Liebe Mutter, du hast für mich immer das Ideal der deutschen Frau verkörpert. Du bist edel im Gemüt und treusorgend für deine Kinder. Deine Art der Lebensführung ist vorbildlich und sollte ein Vorbild sein für unser gesamtes deutsches Volk. Die deutsche Frau soll dem deutschen Mann den Rücken freihalten für seine großen Aufgaben in unserem Vaterland.«

Einige der Anwesenden taten ihre Zustimmung durch ein halblaut gemurmeltes »Hört, hört!« kund.

»Große Aufgaben? Er will Krieg spielen«, murrte Frieda.

Antonia sah die nächste Konfrontation der beiden kommen und hoffte, dass dies zumindest an Tante Rosels Ehrentag ausblieb. Auch Jonathan spürte ihre sich verschlechternde Laune und griff nach Friedas Hand, um sie zu beruhigen.

»Zwei deiner Söhne gabst du für unser Land«, fuhr Franz fort. »Ja, ich habe meine Brüder vermisst, aber ich wusste auch stets, dass sie ihr Leben gaben, um unser Land zu verteidigen. Und du wusstest es auch, Mutter, nie hast du gezweifelt. Liebe Mutter, ich spreche es klar aus: Ich danke dir für deine Liebe und deinen Edelmut.« Franz hob sein Glas. »Trinken wir auf Rosamunde von Freystetten! Trinken wir auf das Vaterland!«

Vor Frieda stand ein halb volles Glas Rotwein. Gerade, als alle ihre Gläser hoben, warf sie ihres auf den Boden. Der Wein färbte das Parkett rot.

»Das steht für das Blut meiner Brüder, das sinnlos vergossen wurde!«, rief sie. »Ich verbiete dir, Franz, den Tod unserer Brüder Ferdinand und Florian für deine Parteipolitik zu missbrauchen!«

Die Köpfe wandten sich, und Frieda hatte die Aufmerksamkeit erlangt, die sie offenbar haben wollte. Franz verließ seinen Platz mit vor Zorn gerötetem Gesicht, um zu ihr zu gehen. Doch sein Vater packte ihn an den Schultern und drückte ihn zurück auf seinen Stuhl.

Frieda nahm ein anderes Glas und schlug mit einem Löffel dagegen. »Liebe Mutter, ich danke dir, dass du mir mein Leben geschenkt hast. Denn das tun wir Frauen: Wir können Leben schenken. Wir tun es nicht, damit dieses Leben auf Schlachtfeldern gewaltvoll beendet wird. Wir schicken unsere Söhne nicht freiwillig in Kriege. Sie werden uns genommen von Männern, die Sekunden brauchen, um neues Leben zu zeugen. Leben, das wir Frauen in fast zwei Jahrzehnten aufziehen.«

Durch den Saal ging ein Gemurmel. Franz, der sich bereits gesetzt hatte, stand erneut auf. Antonia sah ihm an, dass er einschreiten wollte.

Frieda fuhr unbeirrt fort: »Mein Vorredner gehört seit Kurzem als Abgeordneter dem Reichstag an. Ich würde ihm dazu gern gratulieren.«

Franz nahm wieder Platz, das Gemurmel ebbte ab.

»Leider gehört der Erbe des Hauses Freystetten der NSDAP an. Das ist jene Partei, die einen neuen Krieg will. Wieder sollen junge Männer hingemetzelt werden. Liebe Mutter, heute ist dein Geburtstag. Sag deinem einzigen Sohn, der dir geblieben ist, was du dir von ihm wünschst: Frieden. Auf dein Wohl, Mutter.«

Wieder erhob sich Franz und ließ sich dieses Mal nicht von seinem Vater aufhalten.

»Verehrte Mutter, liebe Gäste! Der Geist meiner Schwester ist verwirrt. Selbstverständlich wünscht man Frieden, aber nicht jenen, der unserem Vaterland aufgezwungen wurde. Deutschland muss sich gegen diese Unterwerfung wehren.«

Nicht der ganze Saal, aber wohl die Mehrheit der Anwesenden, stimmte mit lautem Applaus zu. Dabei schien niemand zu bemerken, dass Rosel sich Tränen aus dem Gesicht tupfte. Antonia wusste nicht, ob die Erinnerung an ihre toten Söhne sie aufwühlte oder der niemals enden wollende Streit zwischen Franz und Frieda. Gleichzeitig hatte Antonia den Eindruck, dass Franz aus diesem öffentlich ausgetragenen Schlagabtausch als Sieger hervorgangen war. Ihm hatte man applaudiert, nicht Frieda.

Sobald nach dem Dessert die Tischordnung aufgehoben war, baute ein Fotograf seine Kamera auf einem Stativ auf und sein Assistent richtete Stühle und Blumen für eine Gruppenaufnahme aus. Graf Friedemann klatschte in die Hände, um Aufmerksamkeit auf sich zu ziehen.

»Wir machen jetzt ein Familienfoto mit unserer Jubilarin. Kommt bitte zusammen«, sagte der Graf.

»Frieda, holst du bitte die Zwillinge?«, rief Rosel ihrer Tochter zu. »Ich möchte, dass sie mit auf der Aufnahme sind.«

Kurz darauf hatte die junge Mutter Felicitas auf dem Arm, und Jonathan Landsmann brachte Felix. Aber es war klar, dass er, der kein Mitglied der Familie war, nicht mit aufs Foto sollte, und er trat beiseite.

»Mutter, für dich Felicitas, ich nehme Felix auf den Schoß«, schlug Frieda für die Aufstellung zum Gruppenbild vor.

Ricarda folgte dem Blick von Franz, der offensichtlich begriff, wie alles zusammenhing.

Der Fotograf nahm hinter der Kamera Platz, der Assistent sagte: »Bitte recht freundlich! Und nicht bewegen!«

Als der grelle Blitz aufflammte, huschte Franz von Freystetten aus dem Bild.

»Durchlaucht!«, rief der Assistent. »Die Aufnahme ist noch nicht fertig.«

»Doch, ist sie.« Franz ignorierte die Verblüffung seiner Familie und ging zu Jonathan Landsmann. »Sind Sie der Erzeuger des Jungen?«

Landsmann versuchte, sich nicht provozieren zu lassen. Er lächelte, als er erwiderte: »Ihre Schwester und ich, wir haben die Absicht zu heiraten, Durchlaucht.«

»Frieda heiratet keinen Juden«, stellte Franz seine Sicht der Dinge klar.

»Jonathan ist evangelisch«, widersprach Frieda.

»Einmal Jude, immer Jude«, beschied Franz sie. »Nehmen Sie Ihren Sohn und machen Sie, dass Sie fortkommen, Herr Landsmann.«

Ricarda mochte nicht länger tatenlos zusehen. »Franz, dein Benehmen ist eines Grafen von Freystetten nicht würdig!«

»Tante, das geht dich nichts an«, beschied Franz sie.

»Wir sind eine Familie, und du blamierst uns gerade. Also geht mich das sehr wohl etwas an«, sagte Ricarda.

Letztlich schien Franz ihre Autorität zu respektieren, als er sagte: »Gut, ein Foto, aber ohne das jüdische Kind.«

»Franz, du gehst zu weit«, mischte sich endlich Friedemann ein. »Du hast nicht das Recht zu solchen Entscheidungen. Felix und Felicitas gehören zu unserer Familie. Ich bitte dich, das zu respektieren.«

»Und ich bitte dich zu respektieren, Vater, dass das nicht mit meiner Überzeugung zu vereinbaren ist«, erwiderte Franz. »Auf einem solchen Foto werde ich nicht abgebildet sein.«

Ricarda sah, dass sich die Augen ihrer Schwester, die so sehr gehofft hatte, dass es an ihrem Geburtstag keinen Streit geben würde, mit Tränen füllten.

»Willst du, dass deine Mutter an ihrem Geburtstag wegen deines Verhaltens weint?«, fragte Ricarda.

Franz zögerte einen Augenblick. »Aber nur eines«, knurrte er.

Sobald das Foto im Kasten war, wandte Franz sich seiner Schwester zu, die Felix im Arm hielt.

»Du hast ein hinterhältiges Spiel mit mir getrieben, Frieda«, herrschte er sie an. »Mir einen kleinen Juden unterzuschieben, das ist eine Frechheit.«

»Du wirst mit den beiden nichts mehr zu tun haben«, erwiderte Frieda gefasst. »Bei Jonathan und mir werden sie aufwachsen. Jonathan wird sie adoptieren, sobald wir verheiratet sind.«

Franz lächelte abfällig. »Den Bengel kann der Jude meinetwegen haben. Der ist krank und schwächlich. Wie jüdisches Blut eben ist. Das Mädchen bleibt eine Freystetten. Das ist mein letztes Wort dazu.«

Ohne eine Antwort abzuwarten, schritt er festen Schrittes aus dem Raum.

Antonia hatte eine Schrecksekunde verstreichen lassen müssen, bis sie die Tragweite des Vorfalls verarbeitet hatte. Nun holte sie Franz ein, der in der Eingangshalle des Schlosses bereits von zwei Männern erwartet wurde. Auf den Aufschlägen ihrer schwarzen Mäntel prangten die beiden Runen der SS.

»Warte, Franz«, rief Antonia. »Wir müssen reden.«

Die Männer der sogenannten Schutzstaffel stellten sich ihr in den Weg.

»Hast du es nötig, dich von den Kerlen vor deiner Kusine beschützen zu lassen?«, fragte sie scharf.

Franz wies die beiden Leibwächter an, zurückzubleiben.

»Gehen wir in die Bibliothek«, sagte er zu ihr und zu den Männern: »Ihr bewacht die Tür.« Sobald sie beide den Raum betreten hatten, fragte er: »Was willst du, Antonia?«

»Wir müssen über Henny reden, Franz. Du hast Grit einschüchtern wollen und deine Kusine verletzt.«

»Das behauptest du.«

»Es gab einen Zeugen, der das ausgesagt hat: Ottmar.«

»Verräter überleben selten in Gefängnissen.«

»Du gibst es also zu.«

Er erkannte seinen Versprecher zu spät. »Na und? Niemand kann dieses Gespräch bezeugen, Antonia. Sag Henny:

Es tut mir leid. Ottmar war ein Idiot. Die Bewegung braucht keine Idioten. Also? Alles geklärt, Kusine?«

»Was bist du für ein kaltherziger Mensch, Franz. Du willst doch nicht wirklich die Zwillinge trennen? Wozu? Der Plan, den Frieda ausgeheckt hat, hat sich erledigt. Deine Schwester übernimmt freiwillig die Aufgabe, die deiner Rede zufolge einer Frau zufällt. Gib ihr die Kinder zurück.«

»Ich habe meine Meinung geändert, Antonia: Friedas Plan war gut. Freystetten braucht Erben. Aber keine mit jüdischem Blut.«

»In beiden Kindern fließt dasselbe Blut – das ihrer Mutter, deiner Schwester.«

»So einfach ist das nicht. Landsmann ist Jude. Was Frieda getan hat, nennt sich Rassenschande.«

»Jonathan ist Deutscher wie du.«

»Du bist eine gute deutsche Frau, Antonia. Kämpferisch. Das imponiert mir, aber du trittst für die falschen Ziele ein.«

»Ehrlich gesagt, ist es mir wurscht, ob ich dir imponiere, Cousin. Lass zu, dass Frieda beide Kinder zu sich nehmen kann.«

»Kann sie doch. Sie muss nur meine Mutter darum bitten, ihr das Mädchen zu leihen.«

»Sie werden verschiedene Namen tragen.«

»Tja, Antonia, Frieda hatte ja auch mit zwei unterschiedlichen Herren intimen Verkehr. So ist das nun mal.« Er griff nach der Türklinke. »Noch ein guter Rat von mir zum Schluss: Lass dich nicht auch mit einem Juden ein.«

Als er mit seinen beiden Leibwächtern aus dem Schloss ging, blickte sie ihm nach. Sie wünschte sich, wenigstens Wut auf ihn empfinden zu können, aber sie empfand nur Leere. Als würde die Kälte, die von ihm ausging, auch ihr Inneres gefrieren lassen. Schreien hätte sie mögen. Auch deshalb, weil Franz nicht mit Gewalt in den Reichstag gekommen war. Er war gewählt worden. Es gab auch hier so viele Menschen, die seine Ansichten teilten.

»Sie sind zur richtigen Zeit am richtigen Ort, Dr. Vandenberg!«

Der Direktor des *Cedars of Lebanon*-Krankenhauses sprühte vor Begeisterung, während Henny ihm an seinem Schreibtisch gegenübersaß.

»In Los Angeles geht es jetzt richtig los. Unser Krankenhaus steht für diesen Aufbruch.«

Er sprach Deutsch mit leichtem russischen Akzent. Wie so viele, die Henny schon während ihres letzten Aufenthalts in Kalifornien und auch jetzt getroffen hatte, war er vor der Machtübernahme durch die Kommunisten aus Russland in die USA emigriert und hatte wie viele andere in Deutschland eine Zwischenstation eingelegt. Die Mischung aus Heimat und Fremde, die typisch war für diese Stadt, faszinierte Henny. Denn sie traf auf Menschen, die voller Neugier waren. Um sich auszuprobieren und Dinge anders zu machen als in ihren vorherigen Leben, gingen sie auf Fremde aufgeschlossen zu.

Die Vermittlung der Schauspielerin Doris Kaufmann hatte tatsächlich funktioniert: Dr. Rozenberg hatte Henny zwei Tage zuvor in ihrer improvisierten Bungalow-Praxis angerufen und sie eingeladen, sich vorzustellen. Sie hatte ihre Unterlagen, die auch ihre langjährige Arbeit in New York belegten, mitgebracht.

»Ich sehe, dass Geburtshilfe nicht ihr Fachgebiet ist, sondern eher die Onkologie. Was eine ungewöhnliche Ausrichtung für eine Dame ist. Wir bauen eine Frauenstation auf. Wären Sie dennoch bereit, dort die Stelle einer Oberärztin anzutreten?«, fragte Dr. Rozenberg.

»Danke, ich freue mich aufrichtig«, sagte sie. »Endlich wieder mit Menschen arbeiten, die sich voller Enthusiasmus einer Aufgabe stellen.«

Ihr Leben hatte sie gelehrt, dass eine Stelle, die sie erreicht hatte, selten das Ende ihrer Entwicklung bedeutete. Die Onkologie konnte warten, sie steckte ohnehin noch in den Kinderschuhen.

»Willkommen im Team!«, sagte ihr neuer Chef und reichte ihr die Hand.

Wenig später verließ sie das imposante Gebäude in West-Hollywood. Sie fühlte sich leicht und glücklich, sah hinauf zum blauen Himmel und erinnerte sich daran, dass es bereits Dezember war. Hier war nichts vom Winter zu spüren.

Sie ging zu dem cremefarbenen *Ford A* mit den lang geschwungenen Kotflügeln, den glänzenden Felgen und dem schwarzen Dach, den sie vor ein paar Tagen für dreihundert Dollar gebraucht gekauft hatte. Mit dem kastenförmigen, funktionellen Auto gewann sie die Freiheit, die sie brauchte. Sie kurbelte das Fenster runter und fuhr den endlos langen, schnurgeraden Santa-Monica-Boulevard entlang. Zu beiden Straßenseiten reckten sich schlanke Palmen, die warme Luft wehte herein, es roch nach Sonne, die den Boden erwärmte. Rechts und links entstanden neue Häuser, sogar ein vierzehnstöckiges Hochhaus, eine Stadt im Aufbruch. Zum ersten Mal hatte Henny das Gefühl, dass es richtig war, hier zu leben. Sie würde wieder arbeiten können, Menschen behandeln, heilen, neu starten.

Das Haus, das Florentine an die Familie ihres einzigen Kindes vermietet hatte, lag am südlichen Teil des Sunset Boulevard, der hier in eine kurvige kleine Straße überging, die Teile von Pacific Palisades erschloss.

Auf der Terrasse hatte sich eine angeregt diskutierende Runde getroffen, zu der auch Vicki Baum gehörte. Die Luft roch gleichzeitig süßlich nach den zahlreichen Jasminbüschen im Garten und dem Rauch dicker Zigarren. Das Drehbuch, an dem die Schriftstellerin auf Victors Vermittlung hin mitarbeitete, sollte besprochen werden.

Doch Henny hörte sofort heraus, dass sich die Diskussion um einen Film drehte, der nicht hier, sondern gerade in Berlin gestartet war. *Im Westen nichts Neues* des deutschen Autors Erich Maria Remarque war von Hollywood verfilmt worden und nun in der Heimat des Urhebers herausgekommen.

»Die SA hat während der Premiere das Kino gestürmt. Man musste die Vorstellung abbrechen«, berichtete Vicki Baum der neu hinzugekommenen Henny. »Was geht in unserem Land vor sich? Wohin soll das führen?«

»Nicht nur das«, ergänzte Victor. »Überall, wo der Film in Deutschland gezeigt werden soll, verhindern es die Schläger der Nationalsozialisten. Inzwischen hat ihn die Filmprüfstelle verboten.« Er machte eine bedeutungsschwere Pause. »Er würde das deutsche Ansehen in der Welt gefährden.«

»Es ist ein Film gegen den Krieg«, sagte einer aus der Runde. »Diese Leute wollen Krieg.«

Henny und Victor tauschten einen Blick, und er fragte: »Hast du den Job im *Cedars* bekommen?«

»Ja«, sagte sie. »Ich habe ihn.«

»Dann sollten Sie in Kalifornien bleiben. Kriege werden nicht hierher finden«, sagte Vicki Baum. »Es ist ein Ort, um sich wohlzufühlen und unsere Kinder aufwachsen zu lassen.«

Victor ließ den Korken aus einer Champagnerflasche

knallen. »Last uns anstoßen auf einen Neuanfang!«, sagte er.

Vicky, die an ihrem Cello geübt hatte, kam hinzu und grinste. »Wisst ihr eigentlich, wie man die Leute hier nennt? *Angelinos!* Das heißt kleine Engel.«

»Und kleine Engel lieben Eis«, ergänzte Victor und holte die Leckerei aus dem Kühlschrank.

»Vor allem aber lieben Engel den Frieden«, sagte Henny.

Das Gerede über die SA-Schläger hatte ihre Erinnerung an den Überfall auf dem Kurfürstendamm wachgerufen. Es löste ein plötzliches Unwohlsein bei ihr aus, und sie lehnte sich gegen den Türrahmen.

»Was hast du, *Mom?*«, fragte Vicky und blickte ihre Mutter besorgt an.

Auch in ihrer Tochter hatte dieses Jahr seine Spuren hinterlassen. Henny schwach und verletzt erlebt zu haben, hatte auch Vickys Seele Schaden zugefügt.

»Mir geht es gut, mein Schatz«, sagte Henny schnell. »Ich bin froh, dass wir hier sind«.

Solche Bedenken hatte sie gehabt, dass es falsch sein könnte, wieder in Los Angeles zu leben. Und während sie zusah, wie Victor die Diskussion um seinen Film leitete, Vicky ihr Eis naschte und Leo auf sie zulief, dachte sie, dass ihre kleine Familie im Begriff war, neue Wurzeln zu schlagen.

Das Telefon läutete. Es war das *Cedars*, Dr. Rozenberg.

»Verzeihen Sie die Störung, Frau Kollegin«, sagte der Klinik-Chef mit seinem charmanten russischen Akzent. »Wir haben einen Notfall. Ist es Ihnen möglich, zu kommen?«

»Ich mache mich auf den Weg«, erwiderte sie.

Vicky hatte die Antwort ihrer Mutter mitgehört. »Musst du fort?«

»Ja, Schatz, das muss ich. Das Leben geht weiter. Immerzu.«

Sie gab ihr einen Kuss auf die Stirn.

»Bis bald.«

In diesem Jahr war der Schnee zwar spät gefallen, und für das erste Mal war es viel. Auf den Ästen des Apfelbaums in Großmutter Karlas Garten lag er wie eine schwere weiße Decke. Siegfried schwang den Besen, um den Weg vom Häuschen zum Gartentor zu fegen. Er trug bereits Hut, Mantel und die feinen Ausgehschuhe. Ricarda sah ihm zu und stellte fest, dass er dabei kaum hinkte. Sein Stock, ohne den er für gewöhnlich keinen Schritt tat, lehnte an der Wand unter dem Dachüberstand.

Sie beide hatten sich entschlossen, mit Karla in deren Gesindehaus zu wohnen. Die Gesellschaft tat der alten Dame gut, ihre Schwermut war verflogen, und für Ricarda war es, als schlösse sich ein Kreis. Sie war hier geboren worden. Nur Siegfried fehlten die Großstadt und sein Ehrenamt. Da sie ihre alte Wohnung wegen der geringen Miete behalten konnten, verbrachte er stets einige Tage in Berlin. Aber Ricarda merkte ihm an, dass er in dem vor ihnen liegenden Winter dieselbe schwere Entscheidung würde treffen müssen, die sie bereits getroffen hatte.

Siegfried hatte den Weg frei gekehrt, tauschte den Besen gegen den Gehstock und streckte seiner Frau die Hand entgegen.

»Kommt ihr beiden?«, fragte er.

Die Glocken der Kirche läuteten bereits.

»Mutter, bist du bereit?«, fragte Ricarda.

»Immer mit der Ruhe! Eine alte Frau ist doch kein D-Zug«, sagte Karla und hakte sich bei ihrer Tochter ein. »Frieda hat es ganz schön eilig gehabt mit dem Heiraten.

Du weißt doch immer alles, Rica. Ist der Grund jener, den ich vermute?«

»Ach, Mutter, ich nehme es mit der ärztlichen Schweigepflicht sehr genau.«

»Auch, wenn du es nicht gern hörst: Meine Tochter, du bist Rentnerin. Seit wann gilt für unsereins eine Schweigepflicht?«

»Du willst deinen Jonathan noch vor Weihnachten heiraten?«, hörte sich Ricarda ihre Nichte fragen.

»Jonathan und ich, wir sind sehr bibelfest«, hatte Frieda mit leisem Kichern geantwortet. »Es heißt doch: Seid fruchtbar und mehret euch. Bei dem neuen kleinen Menschen soll alles von Anfang an seine Ordnung haben.«

»Was ist mit deinem Vater?«, hatte Ricarda gefragt.

»Er stimmt unserer Ehe zu. Ich glaube, das verdanke ich indirekt Franz. Sein Auftritt vor allen Leuten, als der Fotograf uns ablichten wollte, hat ihm wohl die Augen geöffnet.«

»Ich freue mich für dich«, hatte Ricarda gesagt. Da sie sich immer bemüht hatte, trotz ihrer Rolle als Mutter zu arbeiten, hatte sie gefragt: »Was wird aus deiner Absicht, Orthopädie-Assistentin zu werden?«

Frieda hatte lächelnd erwidert: »Die Frauen in unserer Familie bekommen alles unter einen Hut.«

Jetzt hielt Siegfried das Gartentor auf, die Glocken schlugen, und aus dem Schloss kamen Rosel und Friedemann sowie einige Angestellte, darunter Amme Emma und ihr Mann. Aus Berlin waren kaum Gäste angereist, denn es sollte eine Feier im kleinen Rahmen sein, ohne viel Aufsehen.

In der Dorfkirche saßen Ricarda, ihre Mutter und Siegfried hinter den Brauteltern in der zweiten Reihe. Von Jonathans Seite waren seine Eltern gekommen und einer seiner Brüder. Im Laufe dieses Tages würde man sich gewiss kennenlernen. Ricarda war gespannt auf Jonathans Familie; sie machte einen freundlichen Eindruck. Auf Rosels Schoß saß Felicitas, in Antonias Arm geschmiegt lag Felix.

Für einen Augenblick dachte Ricarda, dass sie ihrer Jüngsten wünschte, die Nächste sein zu können, die heiratete. Nicht, weil es so Sitte war. Um solche Ansichten hatte Ricarda sich nie gekümmert. Aber Toni hatte etwas an sich, das in diesen immer rauer werdenden Zeiten kostbar war. Sie wünschte sich, dass sie diese Liebe auch an ein eigenes Kind weitergeben könnte. Leider war Toni wieder einmal ohne männliche Begleitung gekommen. Sie als Mutter wusste nicht einmal, ob es überhaupt jemanden in ihrem Leben gab, der bleiben würde. Das waren wohl die modernen Zeiten.

Die Orgel begann, den Hochzeitsmarsch zu spielen. Friedemann führte seine Tochter in die Kirche hinein. Frieda, die ehemals wilden rotgoldenen Locken sittsam hochgesteckt, trug ein blütenweißes Hochzeitskleid mit kostbarer Spitze, das Gesicht ganz leicht verhüllt von einem Schleier. Darunter war zu erkennen, wie glücklich sie war, und Jonathan erwartete seine Braut vor dem Altar.

Ricarda griff nach der Hand ihres Mannes. Auf sie beide wartete eine Zukunft, die sie sich nach all den Widerständen, die sie in den langen Jahren, die sie sich nun schon kannten, verdient hatten. Weihnachten würden sie in München bei Georg und seinen Jungs verbringen. Offenbar tat ihnen das Leben im Internat gut, und die Wochenenden verbrachten sie mit ihrem Vater und den Hunden in den Bergen.

Ricardas leiser Kummer war jedoch, dass Hennys Familie so weit entfernt war. Sie vermisste Vicky und Leo.

Später, als Ricarda und Siegfried durch den immer noch

fallenden Schnee zum Schloss gingen, sprach sie ihren Wunsch aus: »Meinst du, wir können uns noch aufraffen, nach Kalifornien zu reisen?«

»Du fragst doch eigentlich, ob wir dazu zu alt sind, Rica.« Siegfried lächelte. »Ja, lass uns nachsehen, wie es Hennys Familie geht. Ich vermisse es, Vicky Klavier spielen zu hören.«

Ricarda hakte sich bei ihm ein. »Man muss sich immer wieder ein neues Ziel setzen«, sagte sie.

Siegfried lachte. »Daran hat es uns beiden wirklich nie gefehlt!«

Antonia hatte Guntram nicht zu Friedas Hochzeit mitnehmen und auch nicht in Freystetten übernachten wollen. Es erschien ihr zu früh, ihn als ihren Freund vorzustellen. Nicht, weil seine Scheidung noch nicht abgeschlossen war. Sondern weil sie wollte, dass er und sie sich langsam kennenlernen konnten, ohne von anderen gefragt zu werden: Wann werdet ihr heiraten?

Stattdessen hatte sie einen der letzten Züge zurück nach Berlin genommen und war direkt zu Guntram gefahren. Es war das erste Mal, dass sie ihn in seiner vom Onkel geerbten Wohnung in Schöneberg besuchte. Das erste Mal zumindest seit jener ersten Nacht, die so leidenschaftlich begonnen und unharmonisch geendet hatte. Drei Jahre und fast drei Monate waren seitdem vergangen.

Sie hatte den Eindruck, nie zuvor in dieser Wohnung gewesen zu sein; nichts kam ihr bekannt vor. Sie war damals im Halbdunkel aufgewacht und wegen der unerwarteten Rückkehr des Onkels gleich hinauskomplimentiert worden. Was sie in dieser Nacht nun sah, war eine elegante Wohnung mit stilvollem Mobiliar.

Dem Junggesellen Guntram war anzumerken, dass er

sich in seiner Rolle als Gastgeber nicht ganz wohlfühlte. Sie fand seine leichte Verlegenheit sogar angenehm, weil sie zu ihm passte. Er war kein Draufgänger.

»Wird deine wilde Kusine eine glückliche Ehefrau?«, fragte Guntram.

»Sie hat sich lange genug ausprobiert. Jetzt hat sie erkannt, dass sie Stabilität braucht«, sagte Antonia.

Guntram sah Antonia mit einem spitzbübischen Grinsen an. »Und du? Hast du dich auch schon lange genug ausprobiert?«

Sie schüttelte vehement den Kopf und nahm grinsend seine Hand. »Nach Ausprobieren stand mir nie der Sinn. Ich hab meinen eigenen Kopf, das hast du ja mitbekommen.«

»Dein Kopf will manchmal durch die Wand. Das stimmt. Daran gewöhne ich mich gerade. Wäre nur schön, wenn du hier die Wände heil ließest«, scherzte er. »Ich habe nämlich erst kürzlich renoviert.«

Wie beiläufig legte sie eine Hand auf seine Brust. »Ich werde mir große Mühe geben, nichts kaputt zu machen. Und mir würde es guttun, wenn auch hier drin nichts kaputtgeht.« Damit führte sie seine Hand auf ihr Herz.

»Da drin ist aber ganz schön was los«, sagte er sanft und küsste sie zärtlich. »Ich bin zwar kein Kardiologe«, sagte er lächelnd, »aber dein Herz ist bei mir in guten Händen.«

Sie legte die Arme um ihn.

»Weißt du eigentlich, dass ich an dich gedacht habe, als ich vor etwas über einem Jahr in Berlin ankam?«, fragte sie. »Ich erträumte mir, du könntest mich vielleicht erwarten.«

»Umso schöner, dass ich deine Hoffnung endlich erfüllen kann«, sagte Guntram.

Sie küssten sich leidenschaftlich. Antonia genoss die Zärtlichkeit. Morgen war Sonntag, die Praxis bliebe geschlossen. Sie hatten sich, und was danach käme, würde sich zeigen.